Douglas K. Huneke

In Deutschland unerwünscht

Hermann Gräbe
Biografie eines Judenretters

BRUNNEN

VERLAG GIESSEN · BASEL

Die amerikanische Originalausgabe erschien unter dem Titel
*The Moses of Rovno. The Stirring Story of Fritz Graebe, a German
Christian Who Risked His Life to Lead Hundreds of Jews to Safety
During the Holocaust*
New York: Dodd, Mead, 1985
© 1985 Douglas K. Huneke und Frederick Gräbe
deutsche Ausgabe: © 2002 zu Klampen Verlag

Aus dem Amerikanischen von Adrian Seifert und Robert Lasser

Der Verlag dankt Katharina und Dietrich Schubert für die freundliche
Genehmigung, den Titel ihres Dokumentarfilms über Fritz Gräbe:
»In Deutschland unerwünscht«, zu nutzen.

Die Karte von Rowno und Umgebung für die Reproduktion stellte
freundlicherweise die Nordost-Bibliothek, Lüneburg, zur Verfügung.

Lizenzausgabe Brunnen Verlag Gießen 2004
Vermittelt durch die Literarische Agentur
Thomas Schlück GmbH, 35398 Garbsen.
Durchgesehene und überarbeitete Ausgabe,
mit freundl. Genehmigung des Verlags zu Klampen.

© für das Umschlagmotiv und die
Abbildungen im Innenteil: Frederick Gräbe
Umschlaggestaltung: Marcellini Design, Bottrop
Satz: DTP Brunnen
Druck: GGP Media GmbH, Pößneck
ISBN 3-7655-3747-0

Vorwort zur Taschenbuch-Ausgabe

Dieses Buch kommt zur rechten Zeit. Die Biografie des Bauingenieurs Hermann »Fritz« Gräbe ist ein beeindruckendes Beispiel für Zivilcourage und Widerstand gegen das barbarische Regime der Nationalsozialisten. Zu wenige wissen heute von den verborgenen, eher im Hintergrund agierenden Helfern, die mit ihrem Mut Menschen vor dem Tod retteten. Für Hermann Gräbe, den überzeugten Christen, war es selbstverständlich, sich dem Unrecht zu widersetzen und den Verfolgten zur Seite zu stehen – ganz im Sinne der Botschaft des Apostel Paulus, »sich nicht dieser Welt gleichzustellen« (Römer 12,2).

So vorbildlich das Handeln Hermann Gräbes war, so beschämend war der öffentliche Umgang mit dem Lebensretter im Nachkriegsdeutschland. Einmal mehr offenbarte sich am Schicksal Gräbes, wie lange noch in unserer Gesellschaft über das von Deutschen begangene Unrecht geschwiegen wurde, wie lange sich die deutsche Nachkriegsgesellschaft weigerte, sich ihrer Verantwortung zu stellen. Auch Hermann Gräbe widerfuhr erst fünf Jahrzehnte später – nach seinem Tod – Rehabilitierung und Gerechtigkeit.

Ich wünsche mir, dass dieses Buch viele Leser, vor allem auch junge Leser findet. Denn Ausgrenzung, Fremdenfeindlichkeit, Rassismus und Antisemitismus gibt es auch heute in unserer Gesellschaft – in Deutschland und in anderen Ländern Europas. Wenn wir eines aus der Geschichte gelernt haben, dann doch dies: Es wäre fatal, wenn sich eine schweigende Mehrheit nicht »zuständig« fühlte für das, was in unserem Land an neuem Unrecht passiert. Helfen statt Wegsehen, Widerspruch statt Schweigen, Verantwortung statt Gleichgültigkeit: Hermann Gräbe hatte sich diese Handlungsmaxime zu eigen gemacht und rettete damit hunderten Menschen das Leben. Diese Einstellung hat an Aktualität nichts verloren, besonders dann, wenn die Rechte und Freiheiten, die unser demokratischer Staat zu sichern hat, gefährdet sind.

Wolfgang Thierse
Präsident des Deutschen Bundestages

Kein Akt der Güte,
ganz gleich wie klein,
ist jemals vergeudet.

Äsop

Es geht alles vorüber,
Es geht alles vorbei,
Nach jedem Dezember
Folgt wieder ein Mai.

*Refrain eines Schlagers,
der bei den Deutschen
im Krieg beliebt war*

Inhalt

Danksagung

Der Beginn meiner wissenschaftlichen Arbeit, die zu einem Treffen zwischen dem Autor und Hermann (Fritz) Gräbe führte, wurde durch ein *Faculty Summer Research Grant* des *Oregon Committee for the Humanities* ermöglicht. Meine Untersuchung wurde auch durch ein Stipendium der *Memorial Foundation for Jewish Culture* unterstützt. Ich bin überaus dankbar für diese beiden Stipendien, die ich in einer Zeit bekam, als die Handlungen und Beweggründe der Retter in der Nazi-Zeit noch kein Gegenstand wissenschaftlicher Untersuchung waren.

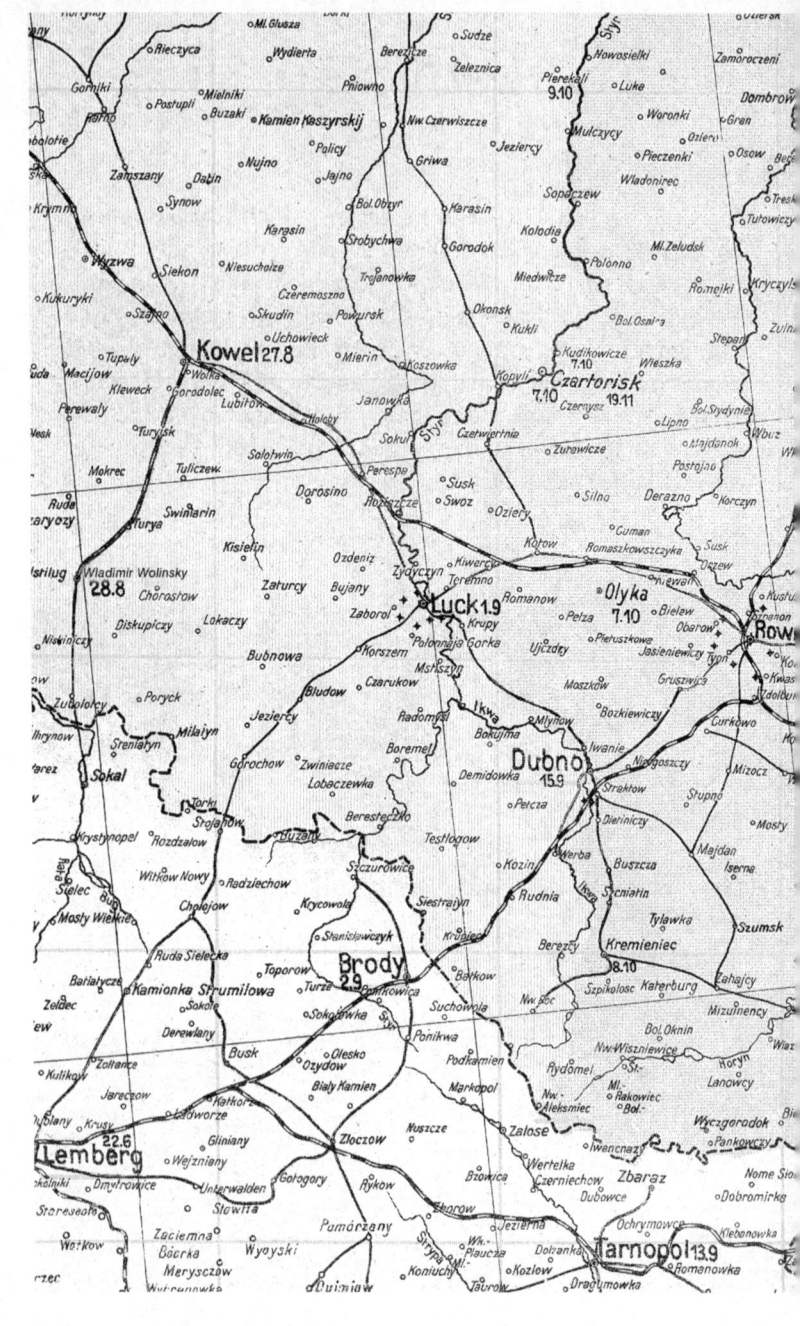

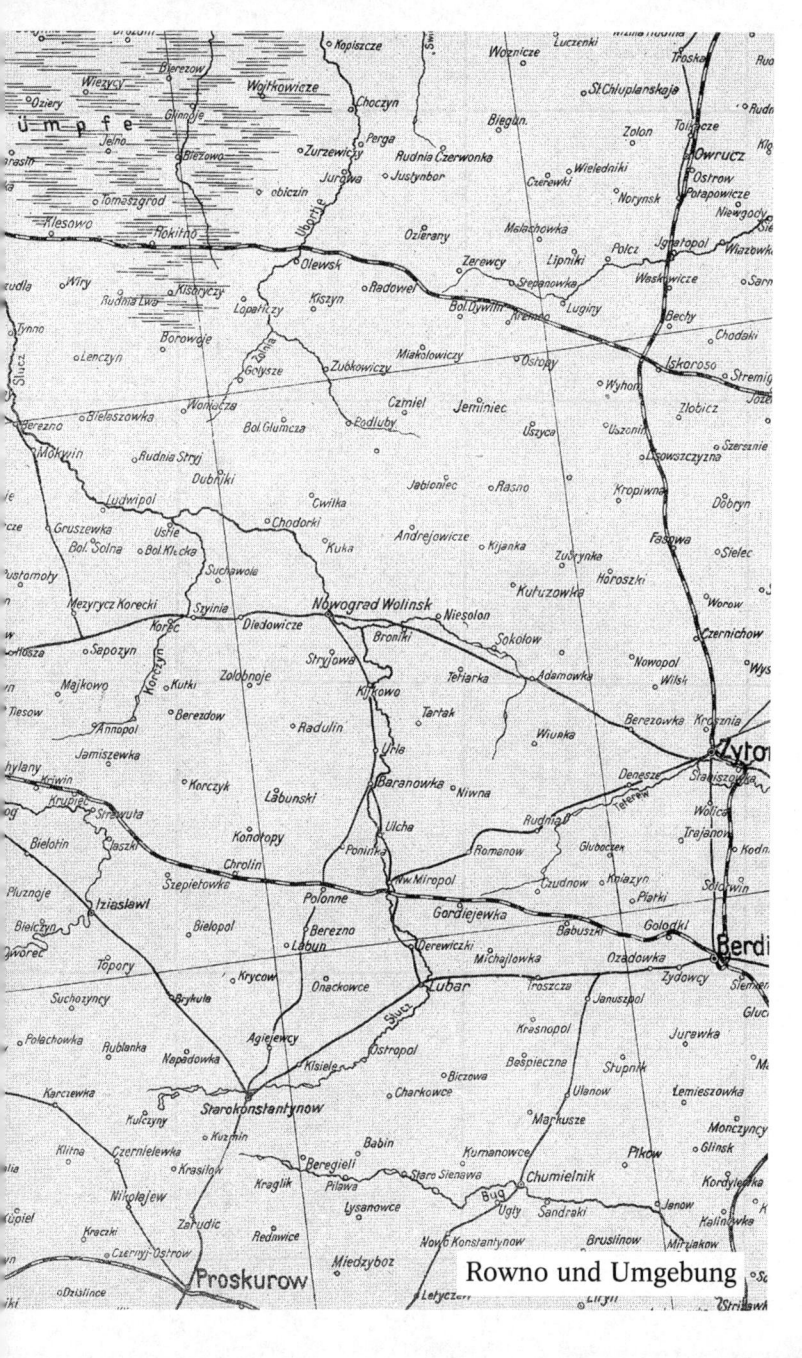

Rowno und Umgebung

Einleitung

Ich wollte es wissen. Nach fast zehn Jahren des Forschens, Studierens, quälenden Nachdenkens und Lehrens wollte ich wissen, ob die Nazi-Mörder das letzte Wort behalten sollten. Ich wollte wissen, ob es während des Holocaust wirklich nur drei verschiedene Verhaltensmuster gab: Mörder, Opfer, Zuschauer. Die Mörder und ihr unkomplizierter, eindimensionaler Auftrag waren für mich dabei uninteressant. Ihre Aggressivität und ihr gedankenloser Gehorsam gegenüber der Staatsgewalt gehören in das Blickfeld einer anderen Wissenschaft vom menschlichen Verhalten. Den Opfern kam für mich eine tiefe Bedeutung zu. Aber es war mir immer klar, daß ich ihren Zeugenaussagen und Lebensgeschichten lediglich zuhören, sie verinnerlichen und mich von ihnen bewegen lassen konnte.

Die dritte Gruppe beschäftigte mich am meisten – die Massen, die ruhig, unberührt, gleichgültig blieben. Wenn sie gehandelt hätten, wäre der Tribut, den die Todeslager forderten, sicherlich geringer ausgefallen. Ich wollte wissen, weshalb sie inaktiv blieben und bei Verhaftungen, Folterungen und Erniedrigungen wegschauten. Warum blieben ihre Herzen verschlossen, ihre Leiber erstarrt? Die Zuschauer führten ein ebenso einfältiges und eindimensionales Leben wie die Mörder. Die Mörder brachten um, und die Zuschauer taten so, als ob sie nichts wahrnähmen, nichts wüßten, nichts verstünden.

Als ich 1976 aus religiösen wie auch wissenschaftlichen Gründen eine Reise zu den früheren Vernichtungs- und Konzentrationslagern in Polen und der DDR sowie zum israelischen Holocaust-Archiv Yad Vashem in Jerusalem unternahm, wurde mir klar, welche Bedeutung ein viertes Verhaltensmuster während der Schreckenszeit hatte. Ich wollte während meiner Odyssee eigentlich nicht nach weiteren Verhaltensmustern suchen, sondern eher eine persönliche, christliche Antwort auf den Holocaust im Sinne seiner Opfer finden.

Das vierte Verhaltensmuster bekam ich zum ersten Mal von dem Taxifahrer vor Augen geführt, der mich aus der Krakauer Innenstadt zum einstigen Vernichtungslager Auschwitz beförderte. Während der Fahrt erkundigte er sich nach dem Zweck meines Besuches und entschloß sich daraufhin fürsorglich, mich bei meinem Besuch in diesem schrecklichsten der Lager zu begleiten. »Niemand sollte diesen Ort allein betreten«, sagte er zu mir. Gemeinsam sahen wir uns eine Filmsequenz an über die Befreiung des Lagers durch sowjetische und alliierte Streitkräfte sowie über gefangengesetzte Nazischergen, die das Lager einst betrieben hatten. Nach der Filmvorführung war der Taxifahrer so aufgewühlt, daß er mich für den Rest meines Aufenthaltes allein ließ. Als wir uns Stunden später wiedertrafen, entschuldigte er sich für seinen emotionalen Ausbruch und versuchte, mir sein Verhalten verständlich zu machen. Wie es sich zutrug, hatte seine Schwester, eine fromme Katholikin, während des Krieges als Krankenschwester beim polnischen Roten Kreuz Dienst getan. In dieser Zeit ging sie regelmäßig ins jüdische Ghetto von Krakau, obwohl sie nur über wenig medizinische Ausrüstung und meist über keinerlei Arzneimittel verfügte.

Die schreckliche Lage der Kinder brachte sie dazu, nach einem Weg zu suchen, wie die Kinder aus dem Ghetto herausgeschafft werden konnten, um sie dann in Wohnungen von Freunden in den Außenbezirken Krakaus unterzubringen. Ihre Rettungstaten erfolgten nach einem genau festgelegten Muster. Sie versteckte ein Kind zwischen ihren Beinen unter den ausladenden Röcken Sobald sie die nötige Gangart beherrschte, konnte sie das Kind durch das Ghetto schleusen, die Wachposten passieren und es anschließend dem Schutz einer Adoptivfamilie anvertrauen. Sechs- oder siebenmal hatte sie es so schon geschafft, als sie versuchte, ein Kind mit Tuberkulose fortzuschaffen. Das Kind mußte jedoch genau im falschen Augenblick husten – unterdrückt zwar, aber doch hörbar. Ein Wachposten wurde auf das Geräusch aufmerksam und packte die Frau. Er stieß sie zu Boden und zerrte das Kind gemeinsam mit anderen Wachleuten, die aus der Dunkelheit herbeigeeilt kamen, hervor und erschoß es direkt vor ihren Augen. Dann wandten sie sich der Krankenschwester zu und exekutierten sie auf der Stelle.

Obgleich ich dem Hauptzweck meiner Reise treu blieb, entwickelte sich diese bewegende Geschichte für mich immer mehr zu einem Gegenpol gegen die Unmenschlichkeit des Holocaust und wurde zum Ursprung meines Interesses für diejenigen, die unerschrocken ein viertes Verhaltensmuster an den Tag legten: die Retter. Seit mehreren Jahren hatte ich unterschiedliche, meist unvollständige Berichte über die Retter gelesen, aber es genügte mir einfach nicht, nur die Geschichten zu kennen. Ich wollte verstehen, was die Retter antrieb, derartige Gefahren zugunsten völlig Fremder auf sich zu nehmen. 1979 und 1981 erhielt ich Stipendien des *Oregon Committee for the Humanities* und der *Memorial Foundation for Jewish Culture*, die es mir ermöglichten, mit der systematischen Forschung über die moralische und seelische Entwicklung der Retter zu beginnen. Ich reiste nach Jerusalem, und mit Unterstützung sowie in Zusammenarbeit mit dem *Department of the Righteous* in Yad Vashem war es mir möglich, Fallstudien zu analysieren und sowohl einige der Retter, die sich zur selben Zeit für Ehrungen in Jerusalem befanden, als auch viele der Geretteten zu befragen. In die Vereinigten Staaten zurückgekehrt, fuhr ich damit fort, Schilderungen der Geschehnisse zu sammeln, und interviewte Männer und Frauen, die das Drama menschlichen Mitleidens durchlebt hatten. Bei meinem Abschied von Yad Vashem aber hatte mir der Direktor der Abteilung die Mahnung mit auf den Weg gegeben: »Gehen Sie zu Hermann Gräbe in San Francisco!«

Bei meinen Archivstudien stieß ich immer wieder auf diesen mitfühlenden, unbeugsamen deutschen Christen, der ungeheure Risiken auf sich nahm, als er sein Rettungsnetzwerk aufbaute und entwickelte, mit dem er das Leben von hunderten Juden und Bauern rettete. Um diese Großtat zu vollbringen, mußte er zu deren eigenem Schutz seine Familie aufgeben. Darüber hinaus verbrauchte er sein Privatvermögen und nahm für seine Aufgabe ernsthafte Gesundheitsprobleme in Kauf. Schließlich verlangte er – als sei das, was er vollbracht hatte, unzulänglich gewesen – Gerechtigkeit für die tausende, die er nicht retten konnte. Fritz (wie er lieber genannt werden wollte) Gräbes Zeugenaussage wurde vor dem Internationalen Militärgerichtshof in Nürnberg verlesen. Die daraus erwachsende öffentliche Aufmerksamkeit führte dazu, daß Gräbe und seine Familie in Deutschland geächtet wurden. Später wurden seine Zeugenaussagen in mehr als einhundert Veröffentlichungen zitiert und in beinahe ein Dutzend Sprachen übersetzt.

Seit unserem ersten Zusammentreffen in seinem Büro in San Francisco war mir klar, daß Fritz Gräbe eine christliche Glaubenshaltung verkörperte, die sich auf biblische Gebote wie »Liebe deinen Nächsten« und »Tragt Sorge für die Hilfsbedürftigen mitten unter euch« gründeten. Hier stand ein Mann, der den vereinten Kräften der kulturellen Tradition, des Nationalismus und der staatlichen Befehlsgewalt widerstand – einzig und allein zu dem Zweck, das Leben äußerst bedrohter Fremder zu retten. Fritz Gräbe bediente sich seiner Stellung als ziviler Angestellter aus dem Reich, als Ingenieur, um seine humanitären Aufgaben zu erfüllen.

Trotz dieser beeindruckenden Haltung sieht sich Fritz Gräbe, wie die meisten anderen Retter, nicht als Held. Seine Handlungsweisen führt er auf einfache, häufig unzulängliche Gesten menschlichen Anstands zurück. Besuchern erzählt er, daß er unter schlimmsten Umständen einfach nur das ihm Mögliche getan habe, um zu helfen: »Ich tat, was jedermann hätte tun können, hätte tun sollen.«

Die Auswirkungen seiner Leistungen – und natürlich auch des Handelns der übrigen Retter – hat Tadeusz Glass, der Leiter einer Gruppe von dreißig Juden, die Gräbe gerettet hatte, in einer ebenso einfachen wie tiefgründigen Würdigung ausgedrückt. Die Würdigung wurde auf ein goldenes Kästchen graviert, das der Retter überreicht bekam: »Gewidmet Herrn Ingenieur Hermann Fritz Gräbe, dessen Taten in der grausamsten aller geschichtlichen Epochen mir den Glauben an die Menschheit zurückgaben. Wiesbaden, den 1. Februar 1947.« Die Retter gaben den Opfern ihre Menschenwürde und Hoffnung in einer hoffnungslosen Zeit zurück. Heute bewahrt Hermann Gräbe – vielleicht als Mahnung – in dem Kästchen mit der Widmung auch eine Photographie auf. Die verschwommene Abbildung auf dem zerknickten Bild zeigt einen Juden, der von einem behelfsmäßigen Galgen herabhängt. Dieser einsame, ermordete Jude symbolisiert alles, wogegen sich Gräbe wandte.

Was brachte Fritz Gräbe dazu, gegen die Anordnungen des Dritten Reiches zu opponieren und den Gehorsam zu verweigern? Was gab ihm die Fähigkeit, in einer durch zügellosen, mörderischen Rassismus geprägten Umgebung den antisemitischen Kräften entgegenzutreten, was ihn selbst zum Ziel von Spitzeln, Mißgünstigen und der gefürchteten Gestapo werden ließ? Warum fanden sich in den vom Christentum geprägten Zivilgesellschaften unterschiedlicher Länder nicht mehr Menschen mit dem Weitblick, der Entschlußkraft und der Hingabe eines Fritz Gräbe? Warum gefährdete er nach dem Abschluß seiner großartigen Rettungstätigkeit und dem Ende des Krieges seine Stellung in der deutschen Gesellschaft, als er dabei half, diejenigen seiner Landsleute vor Gericht zu bringen, die maßgeblich an den grauenhaften Verbrechen beteiligt waren, die er mit eigenen Augen hatte ansehen müssen?

Obwohl seine Anstrengungen wagemutig und tapfer, gefährlich und kostspielig waren, ist eine komplexe psychologische Erklärung für sein Verhalten fehl am Platze. Man würde ihm einen schlechten Dienst erweisen, wenn man ihn als Sonderling darstellte, nur weil sein Handeln das einer Minderheit war. Fritz

Gräbe hat die für seine Taten nötigen Fähigkeiten ebenso erlernt wie den Wert des Mitleids. Seine Handlungsmotive während der Nazi-Zeit können auf die Erziehung durch seine Mutter Louise Gräbe zurückgeführt werden. Sie erzog ihn zum selbständigen Denken und zur Anteilnahme am Schicksal der Benachteiligten und Opfer der Gesellschaft. Sie weckte sein Gerechtigkeitsgefühl, das es ihm erlaubte, mißgünstigen oder grausamen Autoritäten entgegenzutreten.

Seine Lebenserfahrung ging über die jeweiligen Grenzen des Politischen, Religiösen und Sozialen hinaus. Er bewahrte sich eine vorurteilsfreie Haltung gegenüber Menschen anderen Glaubens oder anderer ›Rasse‹. Die christliche Überlieferung der ›goldenen Regel‹ und das biblische Gleichnis vom ›barmherzigen Samariter‹ hatten sich ihm tief eingeprägt.

Alle seine Taten in der Nazi-Zeit wären jedoch unmöglich gewesen ohne die selbst- und bedingungslose Unterstützung seiner Frau Elisabeth Gräbe. Sie wußte nur wenig vom Schicksal der Juden und beinahe nichts von der selbstgewählten Aufgabe ihres Mannes. Sobald sie aber erfuhr, wie viele Menschenleben von seinem Hilfsversprechen abhingen, trat sie ihm zur Seite und drängte ihn sogar dazu, seinem Gelöbnis treu zu bleiben. Sie tat dies während eines Aufenthalts mit ihrem zehnjährigen Sohn in der Ukraine, hunderte Kilometer entfernt vom Schutz ihrer deutschen Heimat und nachdem ihr Mann schon jahrelang nicht mehr zu Hause gewesen war.

Der vorliegende Bericht über das Leben Hermann ›Fritz‹ Gräbes basiert auf seinen eigenen Worten, den Berichten der zahlreichen Menschen, die er gerettet hat, und auf Archivmaterialien. Zweck dieses Buches ist es, der Öffentlichkeit einen Bericht über sein tapferes Verhalten zur Verfügung zu stellen; den schockierten Nach-Holocaust-Generationen das Verhalten eines Mannes vor Augen zu führen, der dem Bösen widerstand, der sich an die Seite der Unterdrückten stellte, der die Mahnung des Apostel Paulus lebte, »sich nicht dieser Welt gleichzumachen« (Römer 12,2).

Schließlich möchte ich die Geschichte eines Mannes erzählen, der den Ehrentitel eines »Gerechten unter den Völkern« trägt. Am 20. August 1965 erhielt Hermann Gräbe die höchsten Ehren, die der Staat Israel durch die Holocaust-Gedächtnisstätte Yad Vashem verleiht. Die Verleihung des Ehrentitels an ihn erfolgte, nachdem er auf dem Hazikaron, dem ›Berg des Gedächtnisses‹ in Jerusalem, in der ›Allee der Gerechten‹ einen Johannisbrotbaum gepflanzt hatte. Heute befindet sich vor dem Baum eine bescheidene schwarze Gedenktafel, die in Englisch und Hebräisch die schlichte Inschrift »Hermann F. Graebe, Germany« trägt. Bevor Fritz Gräbe die Ehrungen zuteil wurden, prüfte das Yad-Vashem-Komitee zur Anerkennung der Gerechten die Berichte von geretteten Juden, vertiefte sich in seine Zeugenaussagen vor dem Internationalen Militärgerichtshof und seine für das Komitee angefertigte, beeidete Erklärung. Schließlich wurde ihm eine Urkunde als Auszeichnung und, als höchste Würdigung, eine speziell gestaltete Ehrenmedaille der Yad-Vashem-Gedenkstätte und des israelischen Volkes überreicht. Sie trägt einen Spruch aus der Mischna: »Wer ein Leben rettet, rettet die ganze Welt.«

Ich hoffe, daß die Leser dieses Berichts mit Fritz Gräbes Wertvorstellungen und seiner Lebensbejahung übereinstimmen. Auch wünsche ich mir, daß sein Verhalten für diejenigen zum Beispiel wird, die sich fragen, wie sie sich unter ähnlichen Umständen verhalten hätten. Sie haben jetzt das Vorbild eines Menschen vor Augen, der nicht weit von ihnen entfernt steht, kein Übermensch, sondern im Gegenteil jemand, in dem wir uns selbst erkennen können.

Für Fritz Gräbe war menschliches Leiden überflüssig. Er hat einen großen Teil seiner Lebenszeit damit zugebracht, den Mächten, die überflüssiges Leid zufügen, zu widerstehen. Sein Verhalten wurde über die Jahre hinweg konstant von einer Maxime geleitet, einer Maxime, die am besten von Dr. Martin Luther King Jr. in seiner letzten öffentlichen Ansprache anschaulich gemacht wurde:

»Deshalb war die erste Frage, die sich der Priester wie Levit stellten: ›Wenn ich anhalte, um diesem Mann zu helfen, was wird mit mir geschehen?‹ Aber dann kam der barmherzige Samariter vorbei und kehrte die Frage um: ›Wenn ich nicht anhalte, um diesem Mann zu helfen, was wird dann mit ihm geschehen?‹ Das ist die Frage, vor der wir stehen ...«[1]

Genau vor diese Frage sah sich Fritz Gräbe gestellt, als er der Rettung von Juden, polnischen Landarbeitern und anderen Flüchtlingen Vorrang vor seiner eigenen Sicherheit einräumte. Dieses Buch ist das Testament eines Menschen, der in der unmenschlichsten aller Epochen für Moral und Hilfsbereitschaft einstand. Und es ist ein Zeugnis dafür, daß die Mörder und gleichgültigen Zuschauer nicht das letzte Wort behalten müssen.

Douglas K. Huneke

I.

Kampf gegen die Juden

Für den Überfall auf die Sowjetunion stellte der Sicherheitsdienst (SD) der SS 1941 vier mobile sogenannte Einsatzgruppen zusammen. Diese Einheiten waren ungefähr dreitausend Mann stark. Ihr Auftrag bestand darin, sämtliche Juden, Kommunisten und ›Abweichler‹ hinzurichten. Die autonom agierenden Einsatzgruppen waren weder durch die normalen militärischen Regeln eingeschränkt, noch waren sie auf die üblichen militärischen Ziele verpflichtet. Meist folgten sie den deutschen Streitkräften in die besetzten Gebiete und töteten Juden oder brachten ›Unerwünschte‹ zur Strecke, die sich dem Militär entzogen hatten. In einigen Fällen gingen die Einsatzgruppen sogar der Armee mit einem blitzartigen Überfall voran, der die Bevölkerung überraschte und es den Einheiten der Einsatzgruppen erlaubte, die Juden zu töten, bevor sie flüchten oder sich verstecken konnten.

Die Einsatzgruppe C, die kleinste der vier Einsatzgruppen, bezog gegen Ende der ersten Augustwoche 1941 in der Nähe der ukrainischen Stadt Sdolbunow Stellung. Die ahnungslose Bevölkerung war auf eine ›Aktion‹ nicht vorbereitet; kaum jemand hatte überhaupt von solchen Geschehnissen gehört. Die Juden glaubten, daß sie umgesiedelt oder, im schlimmsten Fall, grob behandelt würden. Am 7. August bei Tagesanbruch drang die Einheit in die Stadt vor. Wie üblich, trieb sie ausschließlich die jüdischen Männer zusammen. Diese ›Aktion‹ dauerte den gesamten Tag; aber sie war gründlich und erfolgreich. Nachdem die Juden ausfindig gemacht worden waren, wurden sie geschlagen und anschließend gezwungen, sich in der Hitze der Spätsommersonne hinzuhocken und die Hände hinter den gebeugten Köpfen zu falten.

Zwischen vier und fünf Uhr nachmittags wurden zweihundertfünfzig Männer zu einem Massengrab hinter der Zementfabrik gebracht und erschossen. Die Einsatzgruppe C verließ Sdolbunow am darauffolgenden Morgen, um ihre Aufgabe, die Vernichtung der gesamten jüdischen Bevölkerung dieses Gebietes, fortzusetzen. In einem Einsatzbericht an das Reichssicherheitshauptamt vom 12. Dezember 1941 behauptete die Einsatzgruppe, 55.000 Juden ausgelöscht zu haben. Die von weiteren mobilen Exekutionseinheiten durchgeführten ›Aktionen‹ forderten bis zu diesem Zeitpunkt weitere 245.000 jüdische Opfer.[2]

Während die Einsatzgruppen ihr Werk verrichteten, vollendete der Ingenieur Fritz Gräbe im August 1941 einen Auftrag an den Befestigungsanlagen des Westwalls bei Kronenburg in der Nähe der deutsch-belgischen Grenze. Zwischen 1938 und 1939 war der Westwall von den Deutschen in der Absicht errichtet und verstärkt worden, Angriffe der Franzosen oder Briten zurückzuschlagen. Diese Kette von Befestigungsanlagen sollte eine entscheidende Rolle bei der Verteidigung der westlichen Flanken des Reichsgebietes spielen, als die Wehrmacht in Polen eindrang. Gleichwohl blieb der Westwall Gegenstand großer Meinungsverschiedenheiten. Adolf Hitler sah in ihm sowohl eine undurchdringliche Verteidigungslinie als auch den Ausgangspunkt für eine zukünftige Offensive im Westen. Andere im Oberkommando der Wehrmacht erkannten, daß die Linie sogar unter optimalen Bedingungen nicht mehr als ein paar Wochen standhalten würde. Die fünf Armee-Divisionen in der Region hätten im Konfliktfall gegen die überlegenen französischen Streitkräfte nur wenig ausrichten können. Die Befehlshaber der Wehrmacht ahnten, daß die westlichen Befestigungsbauten bestenfalls dazu taugten, die Kooperation zwischen den Franzosen, den Briten und ihren Verbündeten zu hemmen.

Im Frühsommer 1939 hatten die Planungen für eine Invasion in Polen ihr letztes Stadium erreicht. Hitler war von seiner Vorstellung eines schnellen Angriffs im Osten und einer anschließenden Gegenoffensive im Westen nicht abzuhalten. Aus seiner

Sicht sollte der Westwall als mächtiger Puffer zwischen Deutschland und dem Westen dienen, falls Frankreich und Großbritannien sich dazu entschließen sollten, ihren Beistandspakt mit Polen durch einen Vormarsch nach Deutschland einzuhalten. Im August befahl Hitler ein besonders umfangreiches Bauprogramm, um die Westwall-Linie zu verstärken. Die Stahl- und Waffenproduktion wurde kurzfristig auf diese Anstrengung hin ausgerichtet. Hitler, der einen schnellen Sieg in Polen prophezeite, erwartete, daß diese Verteidigungslinie gehalten wurde, bis man in der Lage sein würde, Truppen rasch von der polnischen Front zur Westfront zu verlegen.

Fritz Gräbe war der Repräsentant eines der zahlreichen deutschen Bauunternehmen, die sich vertraglich verpflichtet hatten, die Arbeiten zur Verstärkung der Verteidigungslinie schnellstmöglich durchzuführen. Seit Sommer 1939 hatten sich Gräbe und seine Kollegen damit abgemüht. Ende August 1939 waren die Arbeiten am Westwall zum größten Teil fertiggestellt, und es schien so, als ob die Linie einem Schlag der französischen und britischen Armeen standhalten würde. Der Beginn des Krieges am 1. September 1939, dem ein Attentatsversuch auf Hitler am 8. November in München folgte, und die unter die Leute gebrachte Behauptung, daß dieser Anschlag das Werk des britischen Geheimdienstes sei, verstärkten noch die Entschlossenheit der meisten Arbeiter.

Die Zeit zwischen 1939 und August 1941 verbrachte Fritz Gräbe auf seinem Ingenieursposten in Kronenburg vor allem mit der Bauausführung der in Berlin gefertigten Entwürfe, mit der Überwachung der Arbeiten und mit langen Reisen für seinen Arbeitgeber, die Solinger Baufirma Jung. Gräbe hatte sich schon zuvor durch seine Fähigkeit ausgezeichnet, Arbeitseinsätze zu koordinieren und selbst große Arbeitskolonnen anzuleiten. Seine Arbeitsleistungen und Fähigkeiten, die er beim Bau der wichtigen Befestigungslinie unter Beweis gestellt hatte, ermöglichten es ihm, sich der Generalmobilmachung zu entziehen.

Der August 1941 sollte für Gräbe ein schicksalhafter Monat werden. Ende Juli hatte Hermann Göring den Chef des Reichssicherheitshauptamtes, Reinhard Heydrich, mit der Vorbereitung der »Endlösung der Judenfrage« beauftragt. Obwohl sie sich niemals von Angesicht zu Angesicht treffen sollten, waren Fritz Gräbe und Heydrich schon bald in eine Art Privatkrieg verwickelt; der eine sollte die Mittel des Massenmordes ersinnen, während der andere unermüdlich daran arbeiten würde, das Recht auf Leben zu schützen. Im August 1941 dachte Gräbe aber zunächst einmal über die Bedeutung eines Telegramms nach, das ihm eine wichtige Veränderung in seinem Leben ankündigte. Der junge Ingenieur las das Telegramm aus dem Hauptquartier der Organisation Todt in Berlin wieder und wieder, während er im kühlen Schatten eines Baumes in Kronenburg stand. Das Telegramm ordnete an, daß er sich in der Ukraine zu melden habe, zunächst in Lwow (Lemberg) und anschließend in einer weiter östlich gelegenen Stadt, wo er als Geschäftsführer eines Eisenbahnbauprojektes für die Reichsbahn tätig werden sollte.

Für Gräbe war die Ukraine ein fernes, völlig unbekanntes Land. Die Aufgabe, die er erfüllen sollte, war wichtig, aber auch in gefährlicher Nähe zum Kriegsgeschehen. Für ihn bedeutete es, noch länger als bisher schon von seiner Familie getrennt zu sein. Dennoch würde ihm die dortige Aufgabe eine großartige Gelegenheit bieten, persönlich voranzukommen und seine Fähigkeiten zu entwickeln. Gräbe packte für seine Reise und plante einen kurzen Aufenthalt in Solingen-Gräfrath, seinem Heimatort, um seine Familie zu besuchen und zehn weitere Arbeitskräfte für die Eröffnungsphase des Bauprojekts einzustellen. Seine Frau Elisabeth war es gewohnt, daß ihr Mann oft dienstlich unterwegs war. Insgeheim hoffte sie jedoch, daß er die Aufgabe in der Ukraine nicht annehmen würde. Angst um die Sicherheit ihres Mannes verband sich dabei mit Bedenken wegen der großen Entfernung, die sie und insbesondere ihren neun Jahre alten Sohn Friedel von ihm trennen sollte. Die von Vater und Sohn gemeinsam verbrachte Zeit war ohnehin zu knapp bemessen. Fritz hatte jedoch seine Entscheidung getroffen. Er verließ Gräfrath planmäßig in Richtung Ukraine.

Zu diesem Zeitpunkt des Krieges war das Ausmaß der Grausamkeiten, die jüdische Menschen zu erleiden hatten, nur wenigen bekannt. Die Verordnung vom 29. November 1939, mit der Juden eine Kennzeichnung zu tragen gezwungen wurden, galt zunächst nur für das deutsch besetzte Polen und wurde erst später auf andere besetzte Gebiete und Deutschland ausgedehnt. Die Nachrichten von der Ostfront verbreiteten sich nur langsam, und die Vernichtungsplanungen der Reichsstellen waren geheim. 1941 schwärmten die Einsatzgruppen in die besetzten Gebiete im Osten aus; in den letzten drei Monaten des Jahres 1941 wurden Lager wie Theresienstadt und Chelmno (Kulmhof) errichtet und in der Umgebung Odessas an der Schwarzmeerküste beinahe zwanzigtausend Juden ermordet.

Während Fritz Gräbe sich auf seinen neuen Auftrag vorbereitete, setzte die Einsatzgruppe C an, gegen die Juden derselben kleinen ukrainischen Stadt vorzugehen, in die ihn seine Tätigkeit führen sollte. Eine Stadt, die Gräbe vollkommen unbekannt war, aber deren Name sich ihm schon bald unauslöschlich in sein Gedächtnis einprägen würde: Sdolbunow.

II.
Terror auf den Straßen

Für das Verständnis der Person Gräbes ist es entscheidend, einige der Beweggründe kennenzulernen, die ihn schließlich zu einem Retter von Juden und Angehörigen der polnischen Minderheit machten.

Im Herbst 1941 war Fritz einundvierzig Jahre alt, er war Ehemann und Vater, dazu ein erfolgreicher Bauingenieur. Obwohl insgesamt eher von schmaler Gestalt, befand sich der Brillenträger Gräbe in guter körperlicher Verfassung. Sein geschäftsmäßiges Auftreten wurde von einem leichten Lächeln, das seinem gewöhnlich strengen Gesicht wärmere Züge verlieh, gemildert. Er war Deutscher, sein Heranwachsen, seine Ausbildung und seine Lebenserfahrung waren in wesentlichen Zügen denen einer ganzen Generation Deutscher ähnlich, die in den Jahren vor dem Ersten Weltkrieg geboren worden waren. Fritz Gräbe besaß Verantwortungsgefühl für andere Menschen. Seine Gefühle und Handlungen entsprangen Wurzeln, die sich bereits früh in seiner Kindheit entwickelt hatten. Aber diese Wurzeln blieben verborgen, bis Gräbe sich als Mann in Amt und Würden mit den Grausamkeiten der Nazis in der Ukraine konfrontiert sah.

Hermann Friedrich Gräbe wurde am 19. Juni 1900 in Gräfrath, einer bei Solingen gelegenen kleinen Gemeinde im Rheinland, geboren. Er war der ältere von zwei Jungen, sein Bruder Erich wurde 1902 geboren. Sein Vater, Friedrich Gräbe, war Weber. Er arbeitete viel und widmete den Großteil seiner Freizeit dem Dienst bei der örtlichen Freiwilligen Feuerwehr. Seine Mutter, Louise Gräbe geborene Kinkel, arbeitete als Hausangestellte, um zum Unterhalt der Familie beizutragen. Aber der größte Teil ihrer Kraft war den Kindern vorbehalten. Für Fritz erwies sich ihr Vorbild als Haupteinfluß seines späteren Lebens.

Louise Gräbe war eine tiefreligiöse Frau mit starken Überzeugungen, was Recht und Unrecht anbelangt. Ihr Glaube und ihre eindeutigen moralischen Wertvorstellungen waren in jener Zeit keinesfalls ungewöhnlich, dennoch war sie für ihre mitmenschliche Herzlichkeit bekannt. Für sie waren alle Menschen Kinder Gottes, die Türen ihres Hauses waren im wahrsten Sinne des Wortes für alle offen. Die Gräbes waren Protestanten, von denen es in Gräfrath etwa genauso viele gab wie Katholiken, und Frau Gräbe war ein treues Mitglied ihrer evangelisch-unierten, lutherisch geprägten Kirchengemeinde. Sie zählte einige Juden der Gemeinde zu ihren persönlichen Freunden und gewährte darüber hinaus der örtlichen katholischen Kirche regelmäßige Hilfe für wohltätige Zwecke. Menschen aus nahezu jedem Lebensbereich Gräfraths stießen an Louise Gräbes Tür immer auf ein herzliches Willkommen. Als Beispiel dafür, wie stark ihre Liebe und Hilfsbereitschaft die Stadt berührt hatten, erwies sich ihre Beerdigung 1938. Fritz Gräbe erinnert sich:

Es gab dort für sie außerordentlich viele Blumen. An diesem Ort hatte es nie zuvor solch eine große Beerdigungsprozession gegeben. Der Trauerzug war so ungewöhnlich lang, nahezu einen Kilometer, daß die ersten Leute schon am Friedhof anlangten, als die letzten gerade erst das Haus verließen ... Es war ungeheuer bewegend zu beobachten, daß so viele Menschen gekommen waren, meiner Mutter die letzte Ehre zu bezeugen.

Fritz wuchs in einer Welt auf, die Recht und Unrecht scharf trennte. Dieser Gerechtigkeitssinn wurde jedoch durch ein ebenso starkes Gefühl für Nächstenliebe gemäßigt und die Bereitwilligkeit, die Position eines anderen zu verstehen und anzuerkennen. Louise Gräbe hatte diese beiden Wertvorstellungen durch ihr eigenes Beispiel allmählich zu erwecken vermocht. Charakteristisch ist hier eine Geschichte mit Fritz' jüngerem Bruder Erich, der mit einer Körperbehinderung zur Welt kam, die sich zu einer entstellenden Wirbelsäulenmißbildung entwickelte. Ärzte hatten ursprünglich angenommen, daß er niemals würde laufen können. Seine Mutter jedoch bestand darauf, ihn als so normal wie irgend möglich zu behandeln und erwartete von ihm dieselben Dinge, die sie von Fritz erwartete. Erich war schließlich sogar in der Lage, eine Schule zu besuchen. Seine Klassenkameraden jedoch hatten kein Gefühl dafür, mit welchen Schwierigkeiten diese großartige Leistung für ihn verbunden war. Eines Nachmittags stießen Fritz und seine Mutter auf eine Gruppe Jungen, die Erich wegen seiner Behinderung verspotteten.

Frau Gräbe ließ ein Donnerwetter über die Jungen niedergehen. Dann hielt sie inne, blickte jedem einzeln in die Augen und fragte, wie sie sich wohl fühlen würden, wenn andere mit ihnen Schabernack trieben wegen etwas, für das sie nichts könnten. Ihre Art hatte Erfolg. Die Hänseleien hörten auf, und Erich wurde allmählich von den anderen Kindern akzeptiert. Nur für sich genommen war Frau Gräbes Lektion nicht besonders bemerkenswert. Viele Mütter haben einmal ähnlich gehandelt. Für Fritz Gräbe jedoch ergaben sich buchstäblich Lebenseinschnitte, wenn die Mutter seine Aufmerksamkeit auf eine schwierige oder verwickelte Situation lenkte und ihn liebevoll fragte: »... und du, Fritz, was würdest du machen?« Oft forderte sie ihn auf, sich selbst in die Lage eines anderen zu versetzen:

Ich selbst versetzte mich immer in die Lage der kleinen Leute. ... Als meine Tante Anna ihren Ehemann tötete, wurde sie von der Familie beharrlich gemieden, von allen, mit Ausnahme meiner Mutter, ihrer Schwester. Während andere sie übergingen und sich weigerten, sie im Gefängnis zu besuchen, strengte sich meine Mutter ganz besonders an, um ihrer Schwester beizustehen. Von ihrer eigenen Mutter wurde sie dafür kritisiert, aber später sollte meine Mutter zu mir sagen: Fritz, was hättest du an meiner Stelle getan? Ich hätte meine Tante selbstverständlich unterstützt.

Eine wichtige Rolle im Haushalt der Gräbes spielten harte Arbeit und Gewissenhaftigkeit. Fritz' Familie war arm, aber angesehen, und er nahm schon frühzeitig zur Kenntnis, daß es allein von ihm selbst abhängen würde, seine Fähigkeiten auszuschöp-

29

fen. Wie gewissenhaft er dieser Überzeugung folgte, läßt seine Reaktion auf ein schwieriges Problem erkennen, das ihm in den späten Jugendjahren begegnete. Fritz besuchte eine technische Lehranstalt in einer nahegelegenen Stadt, als er plötzlich ein entnervendes Stottern entwickelte. Beinahe über Nacht zog sich der einstmals beliebte Fritz aus seiner normalen Umgebung zurück, und bald darauf begannen seine schulischen Leistungen zu leiden.

Fritz hatte – Psychologie war noch nicht in Mode gekommen – im Grunde genommen niemanden, der ihm bei seinem Problem Beistand leisten konnte. Wie er letztlich das Stottern überwandt, verrät manches über die Haltungen, die er während des Heranwachsens in seiner Familie erlernt hatte. Und es ist zudem hilfreich, um den gezielt eingesetzten Kraftaufwand zu erklären, der bei seinen späteren Bemühungen in der Ukraine eine entscheidende Rolle spielen sollte. Auf den Punkt gebracht: Fritz Gräbe beschloß, daß das Stottern aufhören mußte. Er kaufte sich ein Selbsthilfebuch und übte fast vier Jahre lang täglich vor einem Spiegel in der Zurückgezogenheit seines Zimmers lautes Vorlesen, bis er ohne eine Spur von Unsicherheit wieder sprechen gelernt hatte. In diesen Jahren ging er zwar weiter zur Schule. Aber um es bis zum Diplomingenieur zu bringen, mußte er sich noch vieles im Selbststudium beibringen. Es gelang ihm, die staatlichen Zulassungsprüfungen erfolgreich zu absolvieren, kaum daß er das Stottern überwunden hatte. Sein Vertrauen in die eigenen Fähigkeiten und sein Vermögen, schwierige Aufgaben mit Ausdauer zu bewältigen, sollten ihm viel später von großem Nutzen sein.

Eine Leidenschaft, der Fritz Gräbe zeitlebens treu blieb, war das Theater, insbesondere die Operette. Er bewunderte die Fähigkeit der Schauspieler, sich in ihre Rollen zu finden, mal willensstark, mal gerissen oder bescheiden zu erscheinen. Nach der Überwindung seiner Sprachprobleme nahm Gräbe wieder Kontakt zu seinen früheren Freunden auf. Am liebsten trafen sie sich in der Nachbarstadt Elberfeld, wo regelmäßig ein Operettenensemble auftrat. Eines Abends wurde Fritz bei einer Vorstellung dieser Truppe auf eine attraktive junge Frau aufmerksam. Aber er war zu schüchtern, um sich der Gruppe junger Frauen, mit der sie zusammensaß, zu nähern. Glücklicherweise war einer seiner Freunde mutiger, ging zu den Frauen hinüber und lud sie ein, sich zu Gräbe und seinen Freunden zu gesellen. Es sollte der Anfang einer sehr förmlichen, zwei Jahre dauernden Werbung von Fritz um Elisabeth Stader sein, die junge Frau, auf die er ein Auge geworfen hatte. Die Romanze entwickelte sich auch deshalb so behutsam, weil Studium und Arbeit den meisten Teil seiner Zeit in Anspruch nahmen.

1923 befand sich Fritz im letzten Ausbildungsjahr. Nebenbei arbeitete er in einer Gräfrather Stahlwarenfabrik, wo er mit der Instandhaltung des Maschinenparks betraut war. Eines Nachts, während er den beschädigten Transmissionsriemen an einer der Maschinen reparierte, zerriß der Riemen plötzlich und schleuderte ihn zu Boden, so daß er sich den Kopf aufschlug. Als man ihn in das Solinger Krankenhaus brachte, waren die Ärzte nicht sehr optimistisch im Blick auf die Heilungsaussichten, weil er aus den Ohren blutete und über Doppelsichtigkeit klagte. Ein Freund stellte rasch Verbindung zu Elisabeth her. Sie traf ein, kurz nachdem der behandelnde Arzt Gräbe davon in Kenntnis gesetzt hatte, daß seine Sehfähigkeit irreparabel geschädigt sei. Eine Krankenschwester informierte Elisabeth vertraulich, Gräbe werde »es nicht schaffen«. Elisabeth jedoch ahnte, was er zur Heilung benötigte. Nachdem sie ihn einige wenige Augenblicke hatte besuchen können, kündigte sie an, daß sie ihn heiraten werde, sobald er wieder genesen sei.

Der Kopfschmerz ließ allmählich nach, und Fritz begann sich so weit zu erholen, daß er nach Hause entlassen werden konnte. Das Hauptproblem blieb jedoch die Doppelsichtigkeit, was bedeutete, daß er nicht an seinen Arbeitsplatz zurückkehren konnte und im Studium wieder Probleme haben würde. Fritz konzentrierte sich ganz auf den Abschluß seiner Ausbildung. Elisabeth, die zu ihrem Wort stand, traf Vorbereitungen für die Hochzeit.

Die Hochzeit fand am 24. Juli 1924 in der Gemeindekirche von Ketzberg statt, ganz in der Nähe Gräfraths. Aber es hatte Schwierigkeiten gegeben. Fritz hatte das Gefühl, daß sich sein Gräfrather Gemeindepfarrer bei einem früheren Ereignis unmoralisch verhalten hatte, weshalb der prinzipienfeste junge Mann sich von diesem Seelsorger nicht trauen lassen wollte. Elisabeth stimmte seiner Entscheidung zu, und gemeinsam fanden sie schließlich einen anderen Geistlichen. Dies verdeutlicht die starke Verpflichtung auf ein System moralischer Werte, die beide, Elisabeth und Fritz, gemeinsam teilten.

Nach der Hochzeit lebte das Ehepaar weiterhin in Gräfrath. Fritz arbeitete am Abschluß seines Studiums, Elisabeth fand in einer Fabrik in der Nachbarstadt Haan eine Beschäftigung als Weberin. Als seine Augen wieder gesund waren, schloß Fritz – wann genau, ist nicht mehr festzustellen – sein Studium ab und arbeitete fortan als Ingenieur. In Deutschland war diese Zeit alles andere als günstig. Der Versailler Vertrag war nach dem Ersten Weltkrieg eine schwere Bürde für die Wirtschaft und die Stimmung im Volk. Elisabeth arbeitete bis November 1931. Mitten in der Wirtschaftskrise nahm sie Urlaub und brachte ihren Sohn zur Welt.

1931 traf Gräbe eine Entscheidung, die er schon bald bedauern sollte. Gegen den energischen Widerstand seiner Frau und wider sein eigenes besseres Wissen trat er der immer populärer werdenden NSDAP bei. Für ihn war die Mitgliedschaft eine zwang- und bedeutungslose Verbindung, die er auf Drängen eines Geschäftspartners einging, der ihn überzeugt hatte, daß die Mitgliedschaft gut für seine Zukunft sei. Fritz lehnte Hitler und die von ihm vertretene Rassenpolitik ab, aber sein Partner bestärkte ihn, über den protzigen Stil der Parteiführung und deren ›naive‹ Politik hinwegzusehen. Der Geschäftsmann war sich sicher, daß solche „Kinderkrankheiten" verschwinden würden, sobald die Partei an die Macht gelangt sei und ihre Arbeit im besten Interesse aller Deutscher beginnen könne. Fritz erinnert sich, was ihn damals antrieb:

Hitler sagte, daß er Deutschland wieder aufbauen würde. Ich war im Baugewerbe, also könnte das für mich vorteilhaft sein. Eine bessere Wirtschaftslage bedeutete mehr Arbeit für mich und dazu in meinem ureigenen Fachgebiet. Ist es nicht genau das gewesen, was jeder in Deutschland glaubte? Ich nehme an, daß wir alle das Bedürfnis hatten, es zu glauben – ich war da keine Ausnahme.

Mitte 1932 war Deutschland ein vor politischer Aktivität schäumender Kessel. Adolf Hitler reiste auf seinem Werbefeldzug von Stadt zu Stadt. Jeden Abend ergossen sich aus Vortragssälen und Stadien gewaltige Ströme von NaziAnhängern, auf vollgestopften Straßen wanden sich Marschkolonnen singender Menschen, beleuchtet vom gespenstischen Lichtschein brennender Fackeln. Solche eindrucksvollen Kulissen, so erschreckend und zugleich überwältigend, prägten die meisten dieser rituellen Großveranstaltungen.

Schon Anfang 1932 begannen sich bei Gräbe jedoch Zweifel zu regen. Männer in braunen Hemden marschierten in kleinen Gruppen umher und sammelten häufig Hilfsgelder für die Sache der nationalsozialistischen Bewegung. Plakate wurden wirklich an jeder Wand und jedem Zaun angebracht und gaben kund, daß der Nationalsozialismus dem Willen des Volkes, dem Schicksal der Nation entspreche. Öffentliche Aufmärsche vermittelten den Eindruck einer großen Unterstützung für ein erneuertes und kraftvolles Deutschland, aber die Straßen vermittelten ein gänzlich anderes Bild. Regelmäßig brachen Kämpfe zwischen Anhängern der Nazi-Partei und ihren Widersachern aus. Die Zusammenstöße häuften sich und wurden immer gewalttätiger, was deutlich machte, daß es sich um weit mehr als jugendliches Ungestüm handelte. Deutschland war gespalten und vor allem die Nazis zeigten sich dabei von der häßlichsten Seite. Gräbe verlor seinen ohnehin eher diffusen Enthusiasmus für Hitler und dessen Programm. Fritz und Elisabeth wurden hilflose Beobachter der sich verschlimmernden politischen Lage. Sie verbanden mit Hitler oder dem Nationalsozialismus nicht länger ein Wiederaufleben von Stolz und Größe. Daher hielten sie sich abseits und gaben ihrer Kritik in beißenden Witzen Ausdruck, die sie mit wenigen, verläßlichen Bekannten austauschten. Aber gelegentlich war es unmöglich, gleichgültig zu bleiben. Fritz erinnert sich:

Eines Tages hatte ich die ganze Propaganda, den ganzen Druck, doch der Partei beizutreten, besonders satt. Ein junger Mann zog durch die Nachbarschaft und steckte so sechs bis zehn Flugblätter in jeden Briefkasten. Der Handzettel zeigte das Bild Adolf Hitlers und enthielt einen patriotischen Aufruf. Mit Marschkolonnen und Kapellen waren sie ständig irgendwo auf den Straßen. Es war einfach zuviel. Ich zog die Flugblätter aus dem Kasten und warf sie auf die Straße hinaus. Mein Nachbar, der mich dabei sah, ermahnte mich. Ich glaubte nicht, daß ich etwas Schlechtes getan hatte. Ein Flugblatt las ich und warf es gleich fort. Es war schlicht Müll. Auch bezweifelte ich, daß mich mein Nachbar anschwärzen würde, so war die Stimmung noch nicht – noch nicht.

Erst als ihr kleiner Sohn krank wurde und 1933 dringend behandelt werden mußte, begannen die Gräbes wahrzunehmen, wie gefährlich die Veränderungen um sie herum bereits waren. Als Elisabeth ihr Haus in Gräfrath verließ, um das Kind zu ihrem Hausarzt, Dr. Walter Marcus, zu bringen, lief sie an Schildern vorbei, die zum Boykott gegen jüdische Unternehmen, Rechtsanwälte und Ärzte aufriefen. Zwischen den Schildern und ihrem privaten Interesse vermochte sie in diesem Augenblick noch keine Verbindung herzustellen.

Aber als sie an dem Bürogebäude ankam, in dem sich auch Dr. Marcus' Arztpraxis befand, stellte sich ihr ein untersetzter SA-Mann energisch in den Weg und fuhr sie an: »Gegen Juden findet ein Boykott statt. Dort dürfen Sie jetzt nicht hineingehen.«

Sie umklammerte ihren fiebernden Sohn fester und versuchte, sich an der Wache vorbeizudrücken, die ihr aber weiterhin den Weg versperrte und verkündete: »Arier gehen zu arischen Ärzten.«

Sie protestierte, aber der Posten blieb hartnäckig. »Wie können Sie Ihren Jungen nur von einem Juden anfassen lassen? Er ist ein so gut aussehender deutscher Junge.«

Das war für Elisabeth zuviel. »Wenn Sie mich auch nur anrühren, werde ich vor aller Welt erzählen, welche Art von Arier Sie sind«, fuhr sie ihn an, drängte sich an dem Posten vorbei und betrat das Gebäude. Trotzdem sollte es ihr letzter Besuch bei Dr. Marcus gewesen sein. Alles war in Veränderung begriffen.

Adolf Hitlers berühmte ›Friedensrede‹ vom 17. Mai 1933 vermittelte den Führern der Welt angesichts eines wiederauflebenden deutschen Nationalismus ein falsches Sicherheitsgefühl. Diese Phase scheinbarer Zugeständnisse war nur kurzlebig und endete abrupt am 14. Oktober 1933, als Adolf Hitler verkündete, daß sich Deutschland sowohl aus der Abrüstungskonferenz des Völkerbunds als auch aus dem Völkerbund selbst zurückziehe.

Schlauerweise kündigte Hitler ein Plebiszit über seine Völkerbund-Entscheidung an, das im wesentlichen ein Vertrauensvotum für seine Politik bringen sollte. Das Datum der Volksabstimmung, die als Ersatz für eine demokratische Wahl herhalten mußte, wurde auf den 12. November 1933 festgesetzt, das heißt genau fünfzehn Jahre und einen Tag nach der Unterzeichnung des schicksalhaften Waffenstillstandsvertrags, der den Ersten Weltkrieg beendete. Für die allermeisten Deutschen war das ein schändliches Datum, das Niederlage und Entehrung zugleich symbolisierte. Zwei Wochen vor dem November-Plebiszit verknüpfte Hitler bei einer großen Kundgebung die Erinnerung an vergangene Niederlagen mit dem Aufruf zur nationalen Erhebung:

Sorgt dafür, daß dieser Tag [der 12. November 1933] *als Tag der Befreiung in die Geschichte unseres Volkes eingehen wird, daß man sagen wird: An einem 11. November verlor das deutsche Volk seine Ehre, aber dann kam fünfzehn Jahre später ein 12. November, an dem das deutsche Volk seine Ehre selber wiederherstellte.*

Hitlers Abstimmungsstrategie war derart scharfsinnig eingefädelt, daß er in der Lage war, mehr als neunzig Prozent der abgegebenen Stimmen auf sich zu vereinen. Das Plebiszit war bei oberflächlicher Betrachtung ein deutliches Vertrauensvotum für Hitler und die von ihm geführte Reichsregierung. Die Entscheidung, die Abrüstungskonferenz zu verlassen und aus dem Völkerbund auszutreten, ebenso wie die Wahlen zum Reichstag mit einer Einheitsliste der Nazi-Partei festigten insgesamt Hitlers Machtstellung. Der Außenwelt mußte es wie ein friedlicher, wenn auch zuweilen etwas beunruhigender Übergangsprozeß erscheinen: eine legale Machtübertragung durch das Votum der Bevölkerungsmehrheit. Ein Augenzeuge des Plebiszits von 1933 machte darauf aufmerksam, daß es sich um eine »Revolution von Amateuren und Zuhältern« gehandelt habe, völlig unbarmherzig, gleichwohl rechtmäßig, aber eben keineswegs notwendigerweise dem freien Willen des deutschen Volkes entsprechend.

In Gräfrath fand die Nazi-Bewegung keine besonders förderlichen Bedingungen vor. Wie in den meisten Kleinstädten lebte man auch hier eher ruhig und bescheiden. Jeder kannte den anderen; es war ein Ort, wo die Leute Klatsch austauschten, familiäre Belange besprachen oder ihren Befürchtungen über die Veränderungen Ausdruck verliehen, die in ihrer Stadt allmählich offenkundig wurden. Jedoch war es in den eng verknüpften Lebensgemeinschaften für die Menschen äußerst schwierig, in der Öffentlichkeit gegen die Nazi-Regierung Position zu beziehen. Diese Überschaubarkeit machte es aber auch unmöglich, die Zeichen der schleichenden Nazifizierung Deutschlands zu übersehen.

Seit dem 30. Januar 1933, als Hitler Reichskanzler geworden war, kam es immer öfter zu Aufmärschen, langweiligen Ansprachen und hitzigen Wortwechseln in den örtlichen Kneipen. In der Nachbarstadt Köln, in der Konrad Adenauer und seine katholische Zentrumspartei sechzehn Jahre lang die Macht in den Händen gehalten hatten, waren die Nazis sehr rasch aus der Position einer kleinen Minderheit in die Kontrollposition des Stadtrates gelangt. Mit großer Geschwindigkeit wurden Straßennamen geändert, um einerseits dem Machtwechsel sichtbar Ausdruck zu verleihen und andererseits die lokalen Parteigetreuen und die hochrangigen Mitglieder der Reichsregierung zu ehren. Noch kurz vor den März-Wahlen 1933 waren bewaffnete Nazi-Wachposten in der Nähe öffentlicher Gebäude keineswegs ungewöhnlich. In Köln wurde nach den März-Wahlen auch auf dem Kölner Rathaus, an Bahnhöfen und Bezirksämtern die Hakenkreuzfahne gehißt.

Weil Gräfrath so klein und geschlossen war, gab es hier zunächst weniger Hausdurchsuchungen, Schlägereien, Straßenkämpfe und Tumulte als im Solinger Zentrum. Trotzdem konnten die Menschen dort, ebensowenig wie im übrigen Deutschland, nicht wirklich der Anziehungskraft von Hitler und seiner Gefolgschaft widerstehen. Die Braunhemden mochten eine so romantische wie undisziplinierte Heerschar sein, aber es war schon beeindruckend, wenn sie marschierten und sangen, wenn die kampferprobten Veteranen und die neuen Visionäre, jung und alt zusammenkamen. Ihre alles beherrschende Gegenwart kam einer Warnung gleich, einer Vorschau auf die Schwierigkeiten, die jeden, der Widerstand leistete, heimsuchen konnten. Der Pomp, die Masse, die Mystik, die Zurschaustellung des Machtanspruchs zunächst an einem Ort und dann sogleich am nächsten, all das verängstigte und verunsicherte die Menschen – sogar in so kleinen, verträumten Städten wie Gräfrath. Widerstand wurde unverzüglich niedergeschlagen und nicht einfach nur ignoriert. Die Nazi-Kultur prägte nun die Verwaltung ebenso wie den allgemeinen Lebensstil und stand sehr rasch auch für diejenigen auf der Tagesordnung, die nicht für Adolf Hitler gestimmt hatten. Es war eine Zeit, in der die Anpassung an das herrschende System und die von ihm geprägte Lebensart Vorrang vor allem anderen beanspruchte. Treue gegenüber der ›Bewegung‹, ganz gleich wie stark oder schwach das Bekenntnis im einzelnen ausgeprägt war, erlangte Vorrang vor Freundschaften, Vereins- und sogar Familienbindungen.

III.
Das Gefängnis in Essen

Im Jahre 1938 arbeitete Fritz Gräbe als Bauunternehmer, der kleine Siedlungshäuser mit anliegenden Garagen errichtete. Dabei handelte es sich eigentlich nicht um die Art von Ingenieursarbeit, die er bevorzugte, aber er war froh, überhaupt Arbeit zu haben. Eines Morgens sah sich Gräbe mit etwas konfrontiert, das ihn zutiefst verstörte. Er war, was er recht häufig tat, aufgebrochen, um Baubedarf bei seinem Geschäftsfreund Cronbach einzukaufen. Gräbe traf auf einen äußerst erregten Cronbach, der nahezu wirres Zeug redete. Irgendwie brachte es Cronbach schließlich zuwege, seine Geschichte hervorzustammeln. Einer seiner Lieferanten, bei dem es sich auch um einen Freund und Kollegen Gräbes handelte, war der jüdische Geschäftsmann Max Gottschalk. Zusammen mit seiner Frau Flora hatte er es fertiggebracht, sein Geschäft zusammenzuhalten, und das trotz einer immer noch schwachen Konjunktur und der Arisierungsgesetze, die gerade zu greifen begannen.

Einige Wochen zuvor hatte Cronbach Gottschalks großzügiges Geschäftslokal aufgesucht. Er wollte einen Auftrag erteilen, obwohl ihm Gottschalk weder ein sicheres Lieferdatum nennen, noch mitteilen konnte, ob es ihm gelingen werde, die bestellten Werkzeuge zu beschaffen. Als sie ihr Geschäft abgeschlossen hatten, sprachen die beiden Männer noch miteinander. Gottschalk schwelgte in Erinnerungen über die Zeit vor Hitler, als es Material in Hülle und Fülle gegeben habe und die Juden nicht in der Angst leben mußten, für jedes Problem Deutschlands verantwortlich gemacht zu werden. »Cronbach«, so fragte er schließlich, »was wird aus uns werden?«

In der darauffolgenden Woche war Cronbach mit einem weiteren Auftrag in Gottschalks Geschäft zurückgekehrt. Gottschalk erschien ihm tief in Gedanken versunken, und seine Frau lief unvermittelt hinaus, als Cronbach an die Ladentheke trat. Als Cronbach nachfragte, was denn los sei, erzählte ihm Gottschalk, daß ihn jüngst Beauftragte der Partei aufgesucht hätten.

»Die kaufen mich auf«, sagte er. »Ich muß für sie eine Inventur erstellen.«

»Aber Gottschalk«, protestierte Cronbach, »Sie wollen doch nicht verkaufen – zu allerletzt an die!«

»Ich habe gar keine andere Wahl, Herr Cronbach«, seufzte Gottschalk. »Ich bin Jude. Meine ganze Familie ist jüdischer Abstammung. Ich will keine Schwierigkeiten, keinen Ärger.«

Cronbach nickte betreten und verließ das Geschäft, die Auftragsliste noch in der Hand. Jetzt, da er Gräbe seine Geschichte erzählte, hielt er kurz inne und fixierte Fritz mit starrem Blick. Schließlich fuhr er fort:

»Gestern ging ich abermals zu Gottschalks Laden. Sie werden es mir vielleicht gar nicht glauben, aber sämtliche Türen und Fenster waren mit Sprüchen beschmiert – obszönen, antisemitischen ... Ich konnte mich kaum rühren. Vollkommen erschüttert stand ich dort. Als ich schließlich hineinging, war das Lokal praktisch schon ausgeräumt, und ein paar Männer, die ich dort nie zuvor gesehen hatte, verpackten das, was noch da war, in Kisten und luden es auf.«

Cronbach schöpfte Atem. »Fritz, und das schlimmste war, daß sich Flora dort befand und sie dabei beobachtete. Ich ging zu ihr hinüber, aber sie war den Tränen so nahe, daß sie kaum sprechen konnte. Ihre Augen waren vor lauter Erschöpfung und Tränen rot unterlaufen, ihre Wangen fahl. Sie erzählte mir, daß Gottschalk spurlos verschwunden sei.«

»Verschwunden!« rief Gräbe.

»Sie sagte mir, die Parteileute hätten ihm mitgeteilt, daß er in ihr Büro kommen und seine Inventurliste einreichen solle. Die richtigen Preise, das heißt die Einkaufs-, nicht die Verkaufspreise. Noch bevor er dort hinging, erschien ein weiterer Mann von der

40

Partei. Er schaute sich um und erklärte ihnen anschließend, daß die Partei alles kaufen würde und ihnen eine Fahrkarte nach Jerusalem ohne Rückfahrt überreichen werde. Daraufhin ging Gottschalk zum Parteibüro und legte eine Einkaufspreisliste über 80.000 Reichsmark vor. Der Parteivertreter händigte Gottschalk einen versiegelten Umschlag aus, aber als der ihn dort gleich öffnen wollte, richtete ihm der Parteimann aus, daß er das gefälligst zu Hause tun solle. Als er nach Hause kam, öffnete er ihn und fand einen Scheck über 8.000 Reichsmark. Er lief zum Parteibüro zurück, weil er doch annahm, daß man lediglich den Punkt falsch gesetzt habe, aber er kam nicht mehr zurück. Jetzt habe ich von einem Bekannten erfahren, daß man ihn in ein Konzentrationslager gesteckt hat.«

Cronbach beendete seine Geschichte mit einer verzweifelten Geste, die seine ganze Hilflosigkeit unterstrich, so als ob er ahnte, daß ihr Freund niemals mehr zurückkehren würde. Daraufhin stellte Gräbe über Gottschalks Verbleib vorsichtig Nachforschungen an, ohne allerdings weiteres in Erfahrung bringen zu können. Er ging sogar noch einmal zu dem Geschäft, das er jedoch nicht mehr betreten konnte. Die haßerfüllten Sprüche prangten dort immer noch auf den Schaufensterscheiben, die immerhin nicht zerstört worden waren. Das Ladenlokal war leergeräumt und mit einem Vorhängeschloß verschlossen. Gottschalk war verschwunden, vermutlich sogar tot, und sein Unternehmen zerstört, alles nur wegen des ›Verbrechens‹, ein Jude zu sein. Gräbe war – wie Cronbach – schockiert.

Einige Wochen später nahm Fritz auf die Bitte Cronbachs hin an einer Veranstaltung teil. Die beiden Männer saßen nebeneinander in einem großen Saal, umgeben von vielleicht knapp tausend anderen Geschäftsleuten aus verschiedenen Teilen Deutschlands. Der Zweck der Abendveranstaltung bestand darin, Informationen über neue Bestimmungen zu geben, die ab jetzt die Geschäftsausübung im Reichsgebiet regulieren sollten. Der Saal war auf eine Art ausgeschmückt, wie es zu dieser Zeit für

Veranstaltungsorte in Deutschland allgemein üblich geworden war. Reichsflaggen hingen von Wänden und Bühne, Plakate und Nazi-Symbole füllten den an den Wänden verbliebenen Platz aus. Stolze, gut gekleidete Parteimitglieder waren anwesend, und der örtliche Parteiführer bereitete sich auf der Bühne darauf vor, vom Vortragspult aus zu sprechen, das nach vorne und zu den Seiten hin durch eine geschlossene Front von Braunhemden abgesichert wurde. Die Menge war aufgewühlt.

Dann plötzlich, wie auf ein geheimes Zeichen hin, wurde es still. Der Parteiführer, ein Gauleiter, trat an das Mikrophon und ließ eine langatmige Ansprache vom Stapel, die sich mit dem Thema befaßte, wie die Juden das Lebensblut der großen deutschen Nation aussaugten. Bald schon verfiel er in die inzwischen bereits wohlvertrauten Phrasen und forderte für alle Juden Fahrkarten nach Jerusalem ohne Rückfahrt.

»Aber«, so versicherte der Gauleiter hoch und heilig, »kein jüdisches Unternehmen wird ohne angemessene Entschädigung übernommen. Wir werden anständige Preise für die Geschäfte bezahlen und die Jidden dann aus Deutschland hinausbefördern!«

Der Menge gefiel das, aber Gräbe wußte, was mit Gottschalk geschehen war und begann mit Cronbach zu flüstern. Cronbach war erschrocken und versuchte ihn davon abzuhalten, was jedoch erfolglos blieb. Die Posten hatten die Störung am Ende des Saales rasch bemerkt und machten den Gauleiter auf die beiden Männer aufmerksam. Der verlangte daraufhin zu wissen, ob es da eine Frage gäbe.

Fritz stand auf und sagte eingeschüchtert: »Ich habe von einem Fall gehört – ...«

Noch bevor er den Satz beenden konnte, forderte ihn der Gauleiter auf, doch nach vorne zu kommen. Gräbe wurde nervös, weil er derartige Aufmerksamkeit keineswegs angestrebt hatte, er befand sich in der Falle. Zögernd begann er sich durch die Stuhlreihen hindurch zur Bühne zu bewegen. Dort wollten sie seinen Namen wissen.

Als er sich ausgewiesen hatte, erklärte er, daß er zu der angemessenen Entschädigung für Betriebe eine Frage habe. Der Gauleiter unterbrach ihn:»Sie machen mit einem Juden Geschäfte?« Die Menge lachte. Seine Überheblichkeit machte Gräbe wütend, so daß er zurückgab:»Ja, ja, das mache ich! Einer meiner Lieferanten ist gezwungen worden, sein Lebenswerk zu veräußern. Zu diesem Zweck hatte er eine Inventarliste zu erstellen; wohlgemerkt, die von ihm angefertigte Liste war von den Behörden genehmigt worden. Aber vor wenigen Wochen, gerade als mein Bekannter den Scheck für den aufgelisteten Warenbestand abholte, erhielt er nur ein Zehntel dessen, was ihm zugestanden hätte – 8.000 Mark anstelle von 80.000 Mark. Er kehrte zurück, um sich zu beschweren, weil er annahm, daß es sich dabei um einen Irrtum gehandelt haben müsse, aber er verschwand und niemand hat etwas von ihm gehört …«

»Ach, Herr Gräbe«, – der Gauleiter hatte seinen Namen im Gedächtnis behalten – »Herr Gräbe! Sie sind Opfer der jüdischen Propaganda.« Der Parteiführer wandte sich feixend zur versammelten Menge.»Wir kennen sie doch, diese Juden! Sie treiben ihre Preise hoch, weil sie ein angeborenes Verlangen nach unserem Geld haben. Die Habsucht dieses Juden war bekannt, das ist alles. Das ist auch der Grund, warum er sich selbst in Schwierigkeiten gebracht hat.«

»Das ist nicht wahr!« Jetzt fühlte Gräbe sich erst recht herausgefordert.»Mein Kollege war pflichtbewußt und ehrbar –.« Der Gauleiter unterbrach ihn und erhob drohend den Zeigefinger.»Lassen Sie sich von diesen Juden nicht für dumm verkaufen, Herr Gräbe!« Dann wechselte er übergangslos das Thema.»Lassen Sie uns jetzt mit der Versammlung fortfahren. Ich möchte jetzt die Wege darstellen, auf denen ordentliche arische Geschäftsleute zurückgelassenes jüdisches Betriebseigentum erwerben können.«

Als Gräbe versuchte, zu seinem Sitzplatz im Publikum zurückzukehren, bemerkte er, daß Cronbach gegangen war. Ein Mann am Rande der Sitzreihe ließ ihn nicht mehr durch. Er verließ die Versammlung und begab sich zurück zu seinem Wagen.

In der Rückschau auf den daran unmittelbar anschließenden Zwischenfall erinnert sich Gräbe seiner Angst, die ihn beim Verlassen des Versammlungsortes befiel, als er ganz allmählich begriff, wie stark er die Partei unterschätzt hatte. Aber er erinnert sich auch, wie wütend er gewesen war und wie stark er das Bedürfnis empfunden hatte, seinen Geschäftspartner zu verteidigen:

Mein Großvater mütterlicherseits hatte in der nahe gelegenen Stadt Marburg an der Lahn zahlreiche jüdische Freunde und Kollegen. Dorthin nahm er meine Mutter mit, die dort bei einer jüdischen Familie ein volles Jahr lang leben und arbeiten sollte. Sie war fleißig – sie bezahlten ihr für die Arbeit in ihrem Fleischerladen das Doppelte vom vereinbarten Arbeitslohn. Mein Großvater mochte diese Bekannten sehr, weil sie liebenswürdig und sehr aufrichtig waren. Sie sagten ›Ja‹ oder ›Nein‹ und meinten das auch so – das war für meine Mutter sehr bedeutsam und ist auch für mein Leben sehr wichtig gewesen. Für mich muß ›Ja‹ ›Ja‹ und ›Nein‹ ›Nein‹ bedeuten. Als der Großvater meine Mutter zu der Familie brachte, wußte sie nicht, daß sie Juden waren. Das hat ihr mein Großvater erst später erzählt. Sie kannte nicht einmal den Unterschied. Das war ihr ebenso unwichtig wie mir.

Gräbe erschien es sinnlos, Menschen einzig deshalb zu verfolgen, weil sie Juden waren, und nach dem, was Gottschalk zugestoßen war, wußte er, daß der Gauleiter ein Lügner war. Die von der Reichsregierung propagierte Politik, Juden nach Jerusalem abzuschieben, verschleierte viel schlimmere Aktivitäten in den Konzentrationslagern.

Als er in der einbrechenden Dunkelheit die Straße zurück zu seinem Auto hinunterschritt, spürte Gräbe, daß er aus einiger Entfernung beobachtet wurde. Er beschleunigte seine Schritte, drehte sich aber zunächst nicht um. Er lief weiter und begann gleichzeitig auf Geräusche zu achten, die seine möglichen Verfolger verraten mochten. Bald schon vernahm er tatsächlich Geräusche, die sich nach scheuerndem Leder auf dem Kopfsteinplaster der Straße anhörten, und riskierte einen kurzen Blick über die Schulter, als er gerade um eine Hausecke bog. Zwei Braunhemden rannten hinter ihm her. Fritz kämpfte gegen die anschwellende Angst, die sich seiner schmalen Gestalt bemächtigte. Er eilte durch Seitengassen, nur für Augenblicke in unbeleuchteten Hauseingängen verschnaufend, wo er den Schlag seines heftig pulsierenden Herzens ebenso vernahm wie die trommelnden Schritte von schweren Lederstiefeln, die von den Pflasterstraßen widerhallten. Nach wenigen Minuten fand er einen Ort in einem kleinen Wäldchen inmitten des Stadtviertels, an dem er einen kurzen Moment ausruhen konnte. Dann und wann vernahm er einzelne Stimmen, die sich in der Dunkelheit verloren. Als es ihm schließlich sicher genug erschien, machte er sich auf den Rückweg. Vorsichtig ging Gräbe auf Umwegen zu seinem Auto und war sicher, seine Verfolger abgehängt zu haben.

Als er jedoch in die Nähe seines Wagens gelangte, zeichnete das matte Licht der Straßenbeleuchtung die Umrisse zweier im Schutz der Dunkelheit stehender Figuren. Dann tauchten wie aus dem Nichts zwei weitere Personen im Rücken des jungen Ingenieurs auf, und er hörte die inzwischen allseits gefürchteten Worte: »Herr Gräbe, Gestapo!« Die Worte hallten von den Gebäuden der leeren Straße wider und strotzten vor Selbstvertrauen.

Gräbe wurde in ein Essener Gefängnis gebracht. Er wurde dort nie geschlagen oder sonst irgendwie körperlich mißhandelt, aber er wurde auch nicht formal angeklagt. Niemals erfuhr Gräbe, welches Vergehen er begangen haben sollte. Für das, was ihm zur Last gelegt wurde, existierten lediglich zwei vage Anhaltspunkte. Der eine hatte mit einer Tafel zu tun, die an der Wand seiner Zelle hing. Auf ihr war in verschlüsselter Druckschrift eine Kombination aus Buchstaben und Ziffern verzeichnet, die wohl nur die Gefängniswärter entschlüsseln konnten. Gräbe wurde während seiner Zeit im Gefängnis gesagt, daß sein Vergehen hier niedergelegt sei. Er konnte es jedoch nie entschlüsseln.

Der zweite Anhaltspunkt war noch schwerer zu verstehen.

Fritz' Gefängniszelle war klein und enthielt neben einem Bett noch einen Stuhl, eine Toilette sowie an der Außenwand ein schmutziges, enges Fenster, das viel zu hoch angebracht war, um Tageslicht einfallen zu lassen. In der Zelle fanden sich auch zwei Bücher. Eines war die Bibel, die Gräbe nur sehr unregelmäßig las. Wenn er sie las, wandte er sich zumeist den Psalmen zu, die ihm in schweren Zeiten innere Stärke verliehen. Die Worte der Psalmen Davids in ihrem rhythmischen Versmaß erleichterten seine Seele angesichts der abstumpfenden Isolierung in der Gefängniszelle.

Bei dem zweiten Buch handelte es sich um den Nachdruck einer Schrift von Martin Luther mit dem Titel ›Wider die räuberischen und mörderischen Rotten der Bauern‹, eine Streitschrift, die der Reformator als Antwort auf die Bauernerhebung im südwestlichen Deutschland im Jahre 1525 verfaßt hatte. Das Buch war eindeutig aus einem bestimmten Grund in die Zelle gelegt worden, denn derartige Abhandlungen aus dem sechzehnten Jahrhundert waren selbst in Büchereien nur selten zu finden, geschweige denn in der spartanischen Zelle eines Essener Gefängnisses. Doch war die Absicht zunächst alles andere als deutlich.

Luthers Abhandlung war genau das, was bereits ihr Titel ausdrückte: eine polemische Schmähschrift, die einseitig den Bauern die Schuld am grausamen Blutvergießen während der Bauernrevolte zuweist. Sein Hauptargument bestand darin, daß die Bauern ihren Lehnsherren die Treue aufgekündigt hätten, und weil sie das unter Berufung auf den ›Herrn Jesus Christus‹ taten, hätten sie sich des Verbrechens der Gotteslästerung schuldig gemacht. Das bedeutete, so schloß Luther, daß die Herrschenden berechtigt waren, diesen Aufstand ›tollwütiger Hunde‹ als ›Werk des Teufels‹ zu unterdrücken. Im Ergebnis rief Luther zu nichts anderem als einem heiligen Krieg der deutschen Fürstenstände gegen die gotteslästerliche Bauernschaft zum Wohle der vereinten deutschen Nation auf. Er mahnte: »Darum soll hier zuschlagen, würgen und stechen, heimlich oder öffentlich, wer nur kann, und daran denken, daß es nichts Giftigeres, Schädlicheres, Teuflischeres geben kann als einen aufständischen Menschen ...« Der gutbewaffnete Adelsstand schenkte diesem Ratschlag rasch Beachtung, und die Bauernrevolte wurde von der überlegenen Streitmacht der Herrschenden niedergeschlagen.

Im Bewußtsein all dessen sann Gräbe darüber nach, warum die Nazis gerade Luthers polemische Abhandlung als eine der wenigen Annehmlichkeiten für seine Zelle ausgewählt hatten. Als er diese Schrift dann las, erfaßte er sehr schnell den entscheidenden Punkt: Treue dem Staat gegenüber stand an erster Stelle. Entweder man unterstützte die Machthaber oder man starb wie die schwäbischen Bauern im frühen sechzehnten Jahrhundert als Aufständischer. Und wie Luther darüber hinaus so unmißverständlich versicherte, waren Rebellen zu Höllenqualen verdammt. Die Nazis wollten, daß Gräbe diese Botschaft begriff. Rebellen würden, wie es Martin Luther selbst vorgeschlagen hatte, künftig gnadenlos bestraft. Das war mit Gottschalk passiert, und die Nazis gaben sehr deutlich zu verstehen, daß es Fritz genausogut passieren könnte.

Während seiner Haftzeit hörte Fritz in all den Nächten, häufig aber auch tagsüber, Mitgefangene jammern und um Gnade flehen. Häufig war ein dumpfer Schlag oder sogar der Knall eines Schusses zu vernehmen; all dem folgte wieder Stille. Ihm wurden die Lektionen durch Luthers Abhandlung vorgeführt. Aber Fritz wußte, daß Kooperation nicht richtig war:

Ich las das Buch Luthers, und es erbitterte mich, es erbitterte mich sehr. Das ist auch der Grund dafür, daß ich Luther schließlich ablehnte. Er hätte die Grundbesitzer davon abhalten sollen, den Bauern Leid zuzufügen. Die Bauern hatten ihn doch ihrerseits seit den Tagen von Worms unterstützt. Aber vielleicht ... vielleicht spürte er, daß es wichtiger war, den eigenen Kopf zu retten. Ich konnte nicht länger für Luther eintreten, weil er ungerechterweise für eine habsüchtige Herrscherklasse Partei ergriff und deren Grausamkeiten rechtfertigte. Das ist einfach böse.

Fritz' Zorn auf Luther und diejenigen, die ihm Luthers Schrift in seine Zelle gelegt hatten, kristallisierte sich an dem Tag heraus, als er seinen ersten und einzigen seelsorgerischen Besuch während seiner Haftzeit empfing. Der Gefängnispfarrer war Alt-Lutheraner und vermutlich mit der 1932 gegründeten »Glaubensbewegung Deutsche Christen« verbunden. Diese hatte 1933 den engen Freund und Parteigänger Adolf Hitlers, Ludwig Müller, in das Amt des Reichsbischofs »gewählt« – gegen den regulär gewählten Fritz v. Bodelschwingh, hinter dem die hitlerkritische "Bekennende Kirche" und die großen lutherischen Kirchen standen. Ludwig Müller hatte dann systematisch kirchliche Schlüsselpositionen mit Parteigetreuen besetzt. Anschließend führten diese Kirchenfunktionäre in verschiedenen kirchlichen Arbeitsbereichen die Befehle der Reichsregierung aus, allem Anschein nach auch in dem Essener Gefängnis, wo Gräbe inhaftiert war.

Von seinen Pastoren erwartete Reichsbischof Müller, daß sie religiöse und weltliche Aufgaben gleichermaßen erfüllten. Als der Gefängnisgeistliche Fritz Gräbe aufsuchte, geschah das wahrscheinlich weniger aus Sorge um sein seelisches Wohlergehen, sondern eher, um diesen widerspenstigen Deutschen auf Hitlers Linie zu bringen. Diese politische Absicht wurde Fritz sehr schnell deutlich, nachdem der Pfarrer unerwartet seine Zelle betreten, ihn begrüßt und seine Aufmerksamkeit unverzüglich auf den geheimnisvollen verschlüsselten Text auf der Tafel an der Zellenwand gerichtet hatte.

»Also«, sagte er entschlossen, »Sie haben den Führer beleidigt, sich gegen ihn ausgesprochen.« Mit Blick auf die Tafel fuhr er fort: »So einer sind Sie also ..., so einer also!« Als der Gefängnisgeistliche kam, hatte Fritz auf seinem Bett gelegen, und während er sich aufsetzte, rückte der Pfarrer den Stuhl heran und nahm Platz.

»Herr Gräbe«, stimmte er feierlich an, »Sie sollten sich schämen. Ein Mann wie Sie im Gefängnis – es ist eine Schande für Ihre Familie.«

Gräbe traute dem Mann nicht und schwieg. Der Geistliche fuhr mit seiner Predigt fort. »Man sagte mir, daß Sie jegliche Zusammenarbeit verweigern, keine Leibesübungen machen, nicht mit anderen reden, nicht viel essen, keine Besucher empfangen und nicht einmal den Gottesdienst besuchen.«

Fritz schwieg weiter. Der Pfarrer unternahm also einen weiteren Anlauf.

»Das Dritte Reich benötigt Sie. Es braucht Persönlichkeiten mit Fähigkeiten und Hingabe.«

Wieder schweigsame Stille.

»Zu große Widerspenstigkeit kann zu ernsten Unannehmlichkeiten führen, die leicht zwanzig oder dreißig Jahre andauern können. Sie tragen Verantwortung gegenüber Ihrem Vaterland, Ihrer Familie, sogar der Welt. Das ist Ihre Pflicht als Christ.«

Ich kann warten, dachte Fritz, und um sich von dem Pfarrer abzulenken, begann er geistesabwesend seine Bibel zu durchblättern, wobei er fast unhörbar vor sich hinflüsterte, daß er warten wolle, bis sich die Dinge änderten. Das setzte sich so noch einige Augenblicke fort, mit einem auf ihn einpredigenden Pfarrer und einem Gräbe, der Widersetzliches vor sich hinmurmelte, während seine Finger die Seiten der Bibel umblätterten.

Schließlich hatte Gräbe genug. Er drehte sich um und blickte dem Geistlichen unvermittelt ins Gesicht, drohte ihm mit dem Finger und stieß hervor: »Herr Pfarrer, sogar für Sie wird es Veränderungen geben. Was mich betrifft, ich kann warten.«

Der Pfarrer war überrascht und reagierte mit Drohungen. »Ich werde das alles berichten,« stotterte er hervor, »Sie werden dafür noch büßen müssen!«

Fritz schwieg und fragte sich, ob er sein Schicksal nicht zu stark herausgefordert hatte. Der Pfarrer seinerseits predigte weiter darüber, daß Fritz für den Ärger, den er verursachte, noch würde bezahlen müssen.

Fritz hatte genug gehört. »Passen Sie auf«, sagte er, »tun Sie sich selbst einen Gefallen und verschwinden Sie.« Fritz packte rasch den Stuhl, auf dem der Pfarrer einige Augenblicke zuvor noch gesessen hatte, und hob den Arm. »Ich sagte, gehen Sie, andernfalls ...«

Der Pfarrer hastete aus der Tür, in der Gefängniszelle wurde es wieder so still wie zuvor.

Nun griff Fritz Luthers Schrift und begann darin zu lesen, bis er die Zeile gefunden hatte, nach der er die ganze Zeit vergeblich gesucht hatte: ›Aber wenn der Herrscher ein Christ ist und das Evangelium anerkennt, so daß die Bauern auch nicht den geringsten Anschein einer berechtigten Klage gegen ihn haben ...‹

»Genau das ist es«, bemerkte Fritz. »Sie sind gar nicht von Gott eingesetzt. Sie aber benutzen Gott dazu, um uns zu bestrafen, um uns an der Nase herumzuführen und um Menschen zu schaden. Sie haben Unrecht – und ich weiß es!«

Ironischerweise erlangten Luthers Worte nunmehr eine ganz gegenteilige Bedeutung, genau das Gegenteil dessen, was von Gräbes Nazi-Gefängnisaufsehern beabsichtigt worden war. Jetzt war sich Fritz sicher, daß er begriffen hatte, worum es in Luthers Abhandlung ging und wie gefährlich und wertlos sie damit war. »Es war schlicht Müll. Ich warf das Werk deshalb dorthin, wohin man Müll wirft. Ich wurde ein erbitterter Gegner von Luther, und, Luther sei Dank, von Hitler.«

Der Pfarrer kam niemals wieder. Und einige Monate später war Fritz erleichtert, als ihm ein Parteifunktionär eher beiläufig mitteilte, daß ihm seine Parteimitgliedschaft entzogen worden war. Er wurde wegen eines groben ›Verstoßes gegen die Parteidisziplin‹ – seine mündliche Parteinahme für Gottschalk – ausgeschlossen. Schon während seiner Haftzeit hatte sich Fritz dazu entschlossen, daß er seine Mitgliedschaft nach seiner Freilassung niederlegen würde, wenn man sie bis dahin nicht ohnehin bereits widerrufen hatte.

IV.

Von Kronenburg nach Sdolbunow

Fritz Gräbe hat nie erfahren, wer seine Freilassung aus dem Essener Gefängnis angeordnet hatte. Der Grund seiner Freilassung blieb auch deshalb unklar, weil er den Forderungen der Gefängnisaufseher und Parteifunktionäre weder zugestimmt, noch nachgegeben hatte. Eines Morgens öffnete der Wachposten die Zellentür und teilte Gräbe mit, daß er seine persönlichen Gegenstände einsammeln und gehen solle. Es wurde weiter nichts geredet, bis Gräbe aus dem Gebäude heraustrat.

In der Zeit nach der Haft bildete sich Fritz Gräbe unermüdlich fort und baute weiterhin Wohnhäuser, Garagen oder was immer einer, der ihn bezahlte, zu bauen beabsichtigte. Aufmerksam beobachtete Gräbe das Geschehen in Deutschland: Kriegsgerede, Aufmärsche, vormilitärische Ausbildung, Aufbau der Rüstungsindustrien und eine Flutwelle des Nationalismus, der sich unter anderem in den allgegenwärtigen Hakenkreuzfahnen und dem unablässigen Absingen von »Deutschland über alles« manifestierte. Mit Bedacht ging er politischen Auseinandersetzungen aus dem Wege, stürzte sich bewußt auf neue Bauvorhaben und arbeitete weiterhin intensiv Fachliteratur durch, alles in der Absicht, in seinem Beruf auf dem laufenden zu bleiben.

1938 wurde Gräbe aufgefordert, sich zum Militärdienst zu melden. Aber er wollte dieser Regierung und der von ihr vertretenen Sorte Menschen, die ihn in Essen ins Gefängnis geworfen hatten, nicht dienen. Seine persönlichen Wertvorstellungen standen in Widerspruch zu dem, was er auf den Straßen wahrnehmen und in den Zeitungen lesen konnte. Außerdem waren ihm Familie und Beruf wichtiger als die ermüdenden Aufgaben beim Militär. Aber er war in einer schwierigen Situation. Er durfte sich nicht wieder in Auseinandersetzungen mit den Herrschenden begeben oder Gesetze mißachten.

In einer schlaflosen Nacht kam ihm die rettende Idee, wie er sowohl dem Militär entgehen als auch sein Ansehen bei der Gräfrather Bevölkerung aufrechterhalten konnte. An dem Tag, als er sich zur Musterung melden sollte, verließ er frühmorgens seine Wohnung. An einer sorgsam ausgewählten Stelle auf der nahezu unbefahrenen Schnellstraße hielt Fritz an, nahm zwei mit spitzen Nägeln beschlagene Bretter aus dem Kofferraum, legte sie vor die Räder seines Wagens und fuhr darüber, woraufhin alle vier Reifen die Luft verloren. Er wartete am Straßenrand, bis fast eine Stunde nach dem Musterungstermin schließlich eine Polizeistreife vorbeikam. Den Polizisten gegenüber klagte er nun, daß er zu spät zur Musterung kommen und dadurch in größte Schwierigkeiten gestürzt würde, worüber er als patriotisch gesinnter Volksgenosse verzweifelt sei. Die Polizisten fragten ihn, warum er die Bretter nicht bemerkt habe und rechtzeitig ausgewichen sei.

Seine Antwort, typisch für das forsche Auftreten, das seine späteren Rettungsanstrengungen kennzeichnen sollte, lautete: »Draußen war es noch recht dunkel, ich wollte doch unbedingt der erste sein, der sich einschreibt. Deshalb verließ ich das Haus sehr zeitig. Ich muß noch so müde gewesen sein, daß ich die Bretter glatt übersehen habe.« Die Polizisten schienen beeindruckt, kauften ihm die Geschichte ab und schrieben einen kurzen Vermerk auf die Rückseite der Musterungsvorladung, der seine Verspätung begründete. Fritz reparierte die Reifen seines Wagens und kam wie erwartet zu spät zur Anmeldung. Er schlug kräftig gegen die Gebäudetüren, bis er schließlich einen Büroangestellten mobilisiert hatte. Verzweiflung heuchelnd, brachte er den schon etwas älteren Mann dazu, ihm einen weiteren Vermerk auszufertigen, der darauf verwies, daß Gräbe zwar zu den Anmeldeformalitäten erschienen, die Musterungskommission aber inzwischen abgerückt war. Die beiden Vermerke und seinen geheuchelten nationalistischen Eifer trug er zur örtlichen Rekrutierungsbehörde, wo ihm mitgeteilt wurde, daß sie ihn zu einem späteren Zeitpunkt vorladen wollten. So schaffte Gräbe es, den Militärdienst zu umgehen und nach einer zivilen Beschäftigung Ausschau zu halten.

Fritz beschloß, sich der Regierung als Bauingenieur zur Verfügung zu stellen. Auf diese Weise konnte er Konflikte mit der Partei verhindern, auch wenn das nun eine kurze Abwesenheit von seiner Familie mit sich brachte. Ende 1938 war er angewiesen worden, sich in der Grenzstadt Aachen zu melden, wo er mit anderen Bautechnikern an der Errichtung des Westwalls arbeiten sollte. Sein Freund und Kollege Max Jung trat mit der Bitte an ihn heran, seinen Einfluß geltend zu machen, um Aufträge für die Baufirma Josef Jung zu erhalten. Mit seiner einnehmenden Persönlichkeit und seiner selbstbewußten Art gelang es Fritz, für Max und seinen Vater einen Bauauftrag an Land zu ziehen. Sie sollten Großbunker zum Schutz vor Panzerangriffen errichten. Fritz selbst wurde als verantwortlicher Baustellenleiter eingesetzt.

Im Herbst 1938 arbeitete Fritz in Düsseldorf und lebte bei seiner Familie in Gräfrath. Die kommenden Ereignisse sollten die deutsche Politik und damit das Schicksal der Juden unter deutscher Herrschaft verändern. In den letzten Oktobertagen des Jahres 1938 wurden Juden aus verschiedenen deutschen Städten zusammengetrieben und sollten nach Polen abgeschoben werden. Die Familie des siebzehnjährigen Herschel Grynszpan befand sich unter den Juden, die aus ihren Wohnungen in Hannover getrieben und in ein Lager an der deutsch-polnischen Grenze geschafft wurden. Grynszpan selbst lebte zu der Zeit als jüdischer Flüchtling in Paris. Ein Brief seiner internierten Angehörigen informierte ihn über ihre bedrohliche Lage, er war völlig niedergeschlagen.

Seine schlechte Lage als Flüchtling, die große Gefahr für seine Familie und die Wut darüber, wie die Nazis die jüdische Bevölkerung behandelten, trieben ihn zur Rache. Am 7. November

1938 betrat er mit einer Pistole die Büros der Deutschen Botschaft in Paris, traf auf den Legationssekretär Ernst vom Rath, schrie seinen Protest heraus und schoß ihn nieder. (Ironischerweise war vom Rath kein ausgesprochener Nazi-Anhänger gewesen.) Hitler ergriff umgehend die Gelegenheit und beförderte vom Rath. Anschließend enthüllte Hitler ›eine schwerwiegende jüdische Verschwörung gegen die höchsten Amtsträger des Reiches‹. v. Raths Tod am 9. November 1938 führte zu einer Nacht gewalttätiger Aktionen gegen deutsche Juden. Sie wurde wegen der ungeheuren Mengen zerborstenen Glases, das nach den Aktionen gegen Synagogen und jüdische Geschäfte in den Straßen zurückblieb, volkstümlich ›Reichskristallnacht‹ genannt.

Was die NSDAP ›spontane Kundgebungen‹ nannte, waren organisierte Ausschreitungen deutscher Bürger, vor allem aber von Parteianhängern, die auf die Straßen strömten, Schaufensterscheiben einschlugen, Synagogen schändeten, jüdische Wohnungen und Geschäfte verwüsteten oder in Brand setzten.

Fotografien der Ereignisse vermitteln auf schaurige Weise allesamt dasselbe: Straßen voller Glassplitter, rauchende Trümmer ausgebrannter Synagogen, Gruppen von Juden umringt von Gestapo und Parteianhängern, die gespenstische Mitternachtskulisse brennender Synagogen. Die Szenerie in Düsseldorf, dem Ort, wo vom Raths Beerdigung am 16. November abgehalten wurde, war nahezu unbeschreiblich.

Als Fritz Gräbe am Morgen nach der ›Kristallnacht‹ seine Wohnung verließ, um mit dem Auto nach Düsseldorf zu fahren, ahnte er noch nichts von den Vorgängen, die in der Nacht stattgefunden hatten. Während seiner Fahrt durch die Stadt fand er Straßen voller Glasscherben und zerstörter Möbel vor. Vor einem Wohnhaus hielt er seinen Wagen an und starrte auf die traurigen Überreste zerschmetterter Porzellanfiguren und auf einen einstmals ausladend verzierten, jetzt völlig verzogenen Bilderrahmen, aus dem die zerrissene Leinwand wie eine ausgetrocknete Zunge heraushing. Wie betäubt fuhr Gräbe seinen Wagen sehr langsam die Straße hinunter. Jenseits der Straßenkreuzung bemerkte er Menschen, die auf die alte Synagoge blickten. Gräbe parkte seinen Wagen unmittelbar gegenüber der immer noch schwelenden Ruine. Auf dem Gehweg vor den zerborstenen Synagogentüren lagen zerrissene Bücher und geschändete Tora-Rollen, ein verbogener Menora-Leuchter lag auf den Treppenstufen, die zerfetzten Seitenwände einer verzierten Bessamim-Büchse waren durch die Wucht einer eingestürzten Ziegelwand in der Gegend verstreut worden. Die rasende Horde war in die brennende Synagoge eingedrungen, um die Bima, das Podium, von dem aus der Rabbiner normalerweise spricht, hervorzuzerren und diese dann auf die scharfen Metallspitzen der eisernen Synagogenumzäunung zu werfen. Ein Gebetsriemen bewegte sich schwerelos in einem schwachen Lüftchen und wurde von dem dürren Ast eines nahe der Eingangspforte stehenden Baumes aufgefangen. Fritz fuhr weiter, hielt aber vor einem schräg gegenüber der Synagoge gelegenen Geschäft erneut an, dessen Wände mit den Worten ›Strafe für Paris‹ beschmiert waren. Aus dem eingeschlagenen Schaufenster des Ladens taumelten zwei Männer hervor, die den leblosen Körper des Besitzers hinter sich her zerrten.

Ein Passant blieb stehen, um zuzuschauen. Fritz kurbelte die Seitenscheibe der Fahrertür herunter, um sich bei dem Mann zu erkundigen, wie es zu all diesen Zerstörungen gekommen war. Erst jetzt erfuhr er von dem Mordanschlag und dem Ausmaß der blutrünstigen Racheaktionen. Mit seltsam arrogantem Blick betrachtete der Fußgänger zuerst den toten jüdischen Kaufmann und anschließend den vor dem Laden verstreuten Schutt, um dann den Mord an ›jüdischen Renegaten‹ zu rühmen. Angewidert trat Gräbe auf das Gaspedal und ließ den Mann mitten im Satz zurück. Fritz war entschlossen, der abstoßenden Szenerie zu entfliehen, aber er hielt nur wenige hundert Meter weiter erneut an, um drei SA-Männer zu beobachten, die offenbar von einer amtlichen Meldeliste Namen ablasen und in Richtung einiger umliegender Wohnungen gestikulierten. Sie blickten umher und verglichen ihr Namensverzeichnis mit den Klingelschildern an der Eingangstür. Dann drangen sie in den Hausflur ein. Kurz darauf stießen sie ein Fenster weit auf und begannen damit, Gegenstände aus dem Fenster zu werfen. Eine kleine Skulptur krachte zu Boden, und Porzellan zerplatzte auf dem Gehsteig. Bücher und Gemälde flogen heraus, gefolgt von einem Spiegel und einem Kronleuchter. Plötzlich ragte ein Konzertflügel aus dem Fenster. Gräbe vernahm die lauten, wütenden Stimmen der Männer, die das voluminöse Instrument wieder hineinzerren mußten und es mit Äxten auseinanderhackten. Innerhalb von Minuten stürzten Teile des Instruments laut polternd aus dem Fenster auf den wachsenden Trümmerhaufen am Straßenrand. Schließlich tauchten die drei Männer am Fenster auf und stritten um einen sehr geschmackvollen Menora-Leuchter. Sie wußten nicht, was sie da in der Hand hielten, aber schließlich packte ihn einer der Männer und warf ihn zu Boden. Gräbe erkannte in dem Mann einen Beschäftigten der Mercedes-Benz-Reparaturwerkstatt, wo er seinen Wagen warten ließ. Fritz erinnert sich: »Die Zeitung berichtete am folgenden Tag von einer ›spontanen Handlung des deutschen Volkes‹. So spontan kann die ganze Sache nicht gewesen sein, denn die drei Kerle besaßen Namenlisten und suchten ganz gezielt. Eine spontane Aktion? Ein Witz.«

Sehr viel später, während seiner Arbeit über Kriegsverbrechen für den Internationalen Militärgerichtshof in Nürnberg, übersetzte Gräbe zahlreiche Direktiven von Hermann Göring zur Zerstörung von Synagogen, Gewerbebetrieben und Wohnhäusern in der Reichspogromnacht. Von Solingen über Düsseldorf nach Mülheim an der Ruhr waren die Bilder an diesem Tag die gleichen. Fahnen grau-schwarzen Rauches zogen gen Himmel wie die flehentlich gereckten Arme eines sterbenden Menschen, allesamt die quälenden Zeugnisse einer weiteren ausgebrannten Synagoge oder eines Geschäfts. Später am selben Tag hörte Fritz in einem Mülheimer Café, wie sich jüdische Geschäftsleute über die Zerstörungen und die neue Anordnung der Reichsregierung beklagten, die sie daran hinderte, Gelder aus ihren Versicherungen geltend zu machen und ihnen zudem die Kosten für die Säuberung der Gemeinden nach dem Pogrom auferlegte. Weit schlimmere Anordnungen und Ereignisse sollten aber noch bevorstehen. Eine von Dr. Joseph Goebbels herausgegebene Presse-Mitteilung am Nachmittag des 10. November 1938 warnte:

Die berechtigte und verständliche Empörung des deutschen Volkes über den feigen jüdischen Meuchelmord in Paris hat sich in der vergangenen Nacht in umfangreichem Maße Luft verschafft. In zahlreichen Städten und Orten des Reiches wurden Vergeltungsaktionen gegen jüdische Gebäude und Geschäfte vorgenommen. Ich appelliere nunmehr an die gesamte Bevölkerung, von allen weiteren Demonstrationen und Aktionen gegen das Judentum sofort abzusehen. Die endgültige Antwort auf das jüdische Attentat von Paris wird auf dem Wege der Gesetzgebung erteilt werden.[3]

Goebbels' Kommuniqué bildete den Anfang für die schon lange beabsichtigte Verschärfung der deutschen Politik gegenüber Juden. Die ›Kristallnacht‹ war der Höhepunkt einer Phase, die ›Ariern‹ per Gesetz das Recht zugebilligt hatte, jüdische Unternehmen zu enteignen sowie Synagogen und Geschäfte in jüdischem Besitz niederzubrennen. Nun brach eine Zeit an, in der neue Erlasse zur Verbrennung jüdischer Frauen, Kinder und Männer führten.

Im August 1941 bekam Fritz Gräbe von der Organisation Todt in Berlin per Telegramm die Anweisung, sich bei der Dienststelle der Reichsbahnverwaltung in Lwow (Lemberg) zu melden. Zur gleichen Zeit gelang es Max Jung, Fritz davon zu überzeugen, weiterhin unter Vertrag der Firma Josef Jung zu bleiben. Er sollte sich in der Ukraine um Aufträge für das Unternehmen bewerben. Fritz willigte ein, und schon kurz nach seiner Ankunft gelang es ihm, an einen bedeutenden Auftrag zu gelangen.

Fritz traf in Sdolbunow im September 1941 ein und richtete dort zunächst das örtliche Büro der Firma Jung ein. Begleitet wurde er von zwölf Vorarbeitern und vier Ingenieuren aus der Hauptverwaltung in Solingen. Die notwendige Büro- und Außendienstausrüstung sowie die erforderlichen Maschinen für die anfallenden Bauarbeiten trafen jedoch erst Stück für Stück ein. Fritz nutzte diese Zeit, um neue Mitarbeiter zu finden, weitere Aufträge zu akquirieren und sein Büro einzurichten.

Die ihm von der Reichsbahnverwaltung zugewiesene Aufgabe bestand darin, ein Ingenieurbüro einzurichten und Baukolonnen für die Instandhaltung von Gleisanlagen und die Errichtung von Lagerhallen für Ersatzteile zusammenzustellen. Weil die Spurweiten der deutschen und der ukrainischen Eisenbahn unterschiedlich waren, mußten Gräbes Kolonnen außerdem die Gleisspuren für deutsche Züge umrüsten. Bauvorhaben für die Reichsbahn-Verwaltung hatten im Rahmen der Kriegsanstrengungen höchste Priorität. Für den Erfolg des Krieges an der Ostfront war es entscheidend, daß die Infrastruktur durch gute Arbeitskräfte und gute Unternehmen instandgehalten wurde. Die Firma Jung war eine der besten.

Angesichts der systematischen Morde der Einsatzgruppen war es eine schmerzliche Ironie, daß an den Schienenstrecken viele Juden beschäftigt wurden. Obwohl die Mehrzahl der jüdischen Facharbeiter bereits getötet worden war, fand Gräbe noch Nachschub an befähigten jüdischen Zimmerleuten, Maurern, Bautischlern und technischen Zeichnern. Viele Juden hatten ihre Heimatorte verlassen und reisten auf der Suche nach einem Broterwerb umher. Außerdem befand sich eine beträchtliche Anzahl von ihnen in Sdolbunow, eingeschlossen hinter den Linien der Einsatzgruppen und nicht in der Lage, sich fortzubewegen. Diese Leute wollten arbeiten. Und weil die Konkurrenz nicht groß war und die Reichsstellen forderten, die Schienenstrecken und Anlagen ohne Verzögerung fertigzustellen, konnte Gräbe überall in der Region Arbeitsverträge abschließen.

Einige Monate zuvor hatte die Lehrerin Maria Warchiwker ihren Heimatort Lodz in Polen gemeinsam mit ihrem Mann auf der

Suche nach einem Ort weit entfernt von den Kriegsereignissen verlassen. Sie reisten in südöstlicher Richtung nach Sdolbunow in der Hoffnung, dem ihnen in Zentralpolen entgegenschlagenden Antisemitismus, den Quälereien und Pogromen zu entfliehen. Fälschlicherweise hatten sie außerdem angenommen, daß es recht leicht sein würde, bezahlte Arbeit zu finden und sich in der neuen Umgebung unerkannt unter die Bevölkerung zu mischen. Kurz nach ihrer Ankunft in Sdolbunow traf Maria zufällig auf einen Flüchtling, der den Verstand verloren zu haben schien. Er warnte sie vor einer obskuren Militäreinheit, die von Stadt zu Stadt zog und Juden tötete, in der Hauptsache Männer. Zunächst verbuchte Maria diese Darstellung als Einbildung eines phantasierenden Mannes. Sie kümmerte sich nicht weiter darum und suchte weiter nach Arbeit. Sie bestand jedoch darauf, daß ihr Mann in ihrer kleinen Wohnung blieb. Auf dem Marktplatz hatte sie rassistische Bemerkungen gehört und wußte nun, was die örtliche Bevölkerung über Juden dachte. Sie vermutete, daß das sehr stark ›jüdisch‹ erscheinende Aussehen ihres Mannes ihn besonders gefährdete.

Maria wollte nichts riskieren, selbst wenn sie unter diesen Umständen in Isolation und Armut leben mußten. Dann machte am 6. August 1941 in Sdolbunow das Gerücht die Runde, eine deutsche Armeeeinheit habe am Stadtrand gerade ihr Lager aufgeschlagen. Maria dachte an den Flüchtling, und sie erinnerte sich an die geflüsterten Worte seiner Warnung. Fieberhaft suchte sie einen Ausweg. Wenn sie damit beginnen sollten, ausschließlich die Männer zu töten, dann wollte Maria ihren Mann verstecken. Sie suchte eine Familie auf, für die sie einmal gearbeitet hatte. Die Familie jedoch zeigte keinerlei Neigung, ihr zu helfen. Sie fand schließlich einen Kellerraum, in dem sie ihren Mann über Nacht versteckt halten konnte. Doch wurde das Versteck bei Morgengrauen des folgenden Tages entdeckt. Er wurde aus dem engen Kellerverlies herausgeprügelt und noch im Laufe desselben Tages, am 7. August, erschossen. Männer der Einsatzgruppe C warfen seine Leiche zusammen mit den übrigen Erschossenen in ein provisorisches Massengrab hinter der örtlichen Zementfabrik.

Während der traumatischen sechs Wochen, die auf den Mord an ihrem Mann folgten, wurde Maria verhört, wiederholt vorgeladen, mußte ihre Wohnung wechseln und wurde bei einer Zählung der Juden durch die deutsche Ortsverwaltung erfaßt. Sie schwor sich, den Tod ihres Mannes zu rächen, indem sie alles nur irgend mögliche unternehmen wollte, um andere Juden zu retten – sie würde schon einen Weg finden. Weil sie Deutsch sowohl sprechen als auch lesen konnte, wurde sie vom örtlichen deutschen Arbeitsvermittlungsbüro zu Vorstellungsgesprächen bei den Betriebsleitern der zahlreichen deutschen Firmen geschickt, die in der Stadt ihre Filialen eröffneten. Ihr erstes Gespräch fand im Büro der Baufirma Josef Jung aus Solingen statt.

Als Maria das Büro von Fritz Gräbe erreichte, bot sich ihr ein chaotisches Bild. Zimmerleute waren dabei, vorgefertigte Holzwände zu Räumen und Lagerflächen zusammenzufügen. Andere schleppten Schreibtische oder montierten Zeichentische. Der Krach der Sägen, Hämmer und die Zurufe der Arbeiter verstärkten das Durcheinander. Um dem Baustellenchaos und dem ohrenbetäubenden Lärm zu entfliehen, geleitete Gräbe Maria in sein bereits fertiggestelltes Privatbüro. Die gelben Flicken auf der Vorder- und Rückseite ihres Mantels kennzeichneten sie als Jüdin. Ohne sich um die Flicken zu scheren, erkundigte Gräbe sich nach ihren praktischen Arbeitserfahrungen und schien ernsthaft verblüfft, als sie ihm erzählte, daß es ihr als Jüdin nicht erlaubt worden war, ihren Beruf als Lehrerin auszuüben. Erfreut über ihre guten Deutschkenntnisse stellte Fritz sie ein und übertrug ihr die Übersetzung der mit komplizierten Fachtermini gespickten deutschen Ingenieurvorschriften ins Polnische. Eine weitere Jüdin mit Namen Claire wurde ebenfalls für diese Arbeit eingestellt. Auch Claires Mann war während der Einsatzgruppen-Aktion am 7. August 1941 ermordet worden. Die acht Jahre alte Tochter Claires saß tagtäglich unter einem Baum, der sich an einer Außenseite des Bürogebäudes befand, und beobachtete jede ihrer Bewegungen.

Als Vorgesetzter war Gräbe gegenüber seinen jüdischen Arbeitern freundlich – eine Haltung, die, verglichen mit Deutschen in ähnlichen Positionen, recht ungewöhnlich war. Normalerweise wurde mit Beschäftigten ein rein förmlicher Umgang gepflegt. Oft tat er so unerhörte Dinge wie etwa einer Jüdin in ihren Mantel zu helfen. Zuerst war Maria hinsichtlich seiner Absichten argwöhnisch: »Ich war überzeugt, daß er zu uns nur deshalb so freundlich war, weil er die Absicht hatte, uns hereinzulegen. Ich war beinahe überzeugt, daß er ein Gestapo-Mitarbeiter war, der nur darauf wartete, uns eine Falle zu stellen und wegzuschicken.« Doch je länger sie ihn beobachtete, um so mehr begann sie zu glauben, daß sein Verhalten durchaus ehrlich gemeint sein mochte. Dieser Eindruck verstärkte sich noch, als ihr einer der polnischen technischen Zeichner im Büro erzählte, daß Gräbe ihn kürzlich nach seiner Familie gefragt habe. Als der Zeichner ihm mitgeteilt habe, daß seine Tochter krank sei, habe ihm Gräbe Milch und Zucker für das Kind empfohlen. Der Zeichner habe daraufhin nur resigniert den Kopf geschüttelt. Milch sei zwar relativ leicht zu bekommen, habe dieser gesagt, aber Zucker sei ein ebenso seltenes wie teures Lebensmittel. Am späten Nachmittag dieses Tages sei der deutsche Ingenieur vor dem Arbeitstisch des Mannes stehengeblieben und habe ein Päckchen Zucker zurückgelassen. Trotz der Ahnung, daß er möglicherweise vertrauenswürdig war, blieb Maria und den übrigen jüdischen Arbeitern keine andere Wahl, als sich in ihrer Beziehung zu Gräbe zurückzuhalten. Die Folgen wären fatal gewesen, wenn er sich doch als Spion entpuppt hätte.

Einige Monate nach seiner Ankunft in Sdolbunow machte sich Gräbe auf den Weg, um sich mit dem zuständigen Gebietskommissar, Georg Marschall, zu treffen. Gräbe wollte vor allem um höhere Lebensmittelrationen für seine jüdischen Arbeitskräfte bitten. Als Gräbe auf dieses Problem aufmerksam machte, erwies sich Marschall als verständnisvoll und versprach, daß er diese Angelegenheit mit seinem Mitarbeiterstab besprechen werde. Gräbe war über Marschalls Bereitwilligkeit zu helfen derart erleichtert, daß die weitere Unterredung schon bald recht ausgelassen verlief. Nach einigen Minuten derartigen Geplauders fragte Marschall Gräbe eher beiläufig, ob er von den Operationen einer ›Einsatzgruppe‹ in Sdolbunow im vergangenen August wisse. Als Gräbe dies verneinte, fuhr Marschall fort: »Was, Sie wissen nicht, daß die fast zweihundertfünfzig Juden hinter der Zementfabrik umgebracht haben?«

Diese Frage traf Gräbe völlig unvorbereitet. Wie die meisten Deutschen hatte er von der systematischen Ermordung der Juden durch die Einsatzgruppen nichts geahnt und war schockiert zu erfahren, daß eine solche Greueltat erst vor kurzem in Sdolbunow stattgefunden hatte. Gleichzeitig drängte sich ihm eine Frage auf: Warum erzählt Marschall mir das?

»Diese Tat war nicht wohlüberlegt«, fuhr Marschall fort, Gräbes Schweigen ignorierend. »Sie war grausam und unmenschlich. So etwas sollte sich nicht noch einmal ereignen.«

Als Marschall dann einen Augenblick schwieg, fühlte sich Gräbe erleichtert. Offensichtlich wollte Marschall ihm mitteilen, daß derartige Morde gegen die offizielle Politik der Reichsregierung gerichtet waren. Aber Marschall hatte das Gespräch noch nicht beendet.

»In Zukunft werden wir in anderer Weise verfahren, menschlicher. Wir werden nicht nur die Männer erschießen, sondern auch die Frauen und Kinder. Das ist die einzig richtige Methode.« Gräbe starrte ihn ungläubig an. »Dies ist die einzige mögliche Lösung des Judenproblems: sie allesamt zu beseitigen. Jawohl, Herr Gräbe« – Marschall lächelte – »wir haben die Aufgabe, Probleme auf die Art und Weise zu lösen, wie es der Führer möchte.«

Gräbes zuvor empfundene Erleichterung wich furchtbarer Angst. Er starrte den blasierten Gebietskommissar an und wußte im selben Augenblick, daß er ihn niemals wieder würde um

Lohnerhöhungen oder größere Lebensmittelrationen für seine jüdischen Arbeiter bitten können. In der Zukunft würden sie gegen geringere Bezahlung bei gleichbleibend schlechter Ernährung länger und härter arbeiten müssen. Gräbe würde weder bei Marschall, dem offiziellen Vertreter der Reichsregierung in Sdolbunow, noch einem anderen deutschen Amtsinhaber Unterstützung finden. Die Dinge würden künftig »auf die Art, wie es der Führer wünscht«, abgewickelt werden.

Gräbe verließ Marschall sehr viel beunruhigter, als er gekommen war. Immerhin, dachte er auf dem Rückweg in sein Büro, waren ihm Männer wie Marschall schon zuvor begegnet.

Die geordneten Abläufe, die Gräbe für sich und seinen Mitarbeiterstab organisiert hatte, gerieten jetzt häufiger durcheinander. Gräbe wußte nicht, daß die Einsatzgruppe C sich am 6. November 1941 auf das Eindringen in die Stadt Rowno vorbereitete, die ungefähr zwölf Kilometer nördlich von Sdolbunow gelegene Bezirkshauptstadt. Die jüdischen Bewohner, die über die Hälfte der Einwohnerzahl Rownos ausmachten, waren angewiesen worden, ihr Hab und Gut zusammenzupacken und sich auf die zwangsweise Umsiedlung in ein Gebiet in einiger Entfernung von der Front vorzubereiten. An dem festgesetzten Tag mußten sich die Juden auf dem Marktplatz in Rowno melden. Erlaubt war ihnen nur die Mitnahme der Habseligkeiten, die in einem einzigen Reisekoffer Platz fanden.

Die Nachricht von der geplanten Umsiedlungsaktion erreichte auch einen von Fritz' geschätztesten Arbeitern, Franz Rosenzweig. Der jüdische Zimmermann hatte seine Frau und ihre gemeinsame kleine Tochter in Rowno zurückgelassen, als er für die Firma Jung in Sdolbunow zu arbeiten begann. Rosenzweig suchte Gräbe auf und teilte ihm mit, daß er jetzt nicht arbeiten könne. »Ich muß nach Rowno. Meine Frau und unser Kind sollen fortgeschickt werden.«

»Was soll das heißen, fortgeschickt?«

»Sie sollen deportiert werden. – Ich muß sie beschützen.«

63

»Sie arbeiten für mich«, sagte Gräbe. »Ich werde nach Rowno fahren und Ihnen Ihre Familie hierher bringen.«

»Wie wollen Sie das anstellen?«

»Sie haben eine Arbeitserlaubnis, deshalb wird auch Ihre Familie hier sicher sein«, versicherte ihm Gräbe.

Fritz' Antwort war charakteristisch für seine Bereitwilligkeit, sich für ihre Sache einzusetzen. Er wollte den firmeneigenen Wagen nehmen, noch am gleichen Abend nach Rowno fahren, die Familie ausfindig machen und sie unverzüglich nach Sdolbunow bringen, bevor ihnen irgendein Leid zugefügt werden konnte.

Gräbe war auf das, was ihn gegen neun Uhr an diesem Abend in Rowno erwartete, nicht vorbereitet. Die Stadt war von Milizeinheiten abgeriegelt worden. Er probierte jeden nur möglichen Winkelzug, um sich Einlaß zu verschaffen, aber man ließ ihn nicht hinein. Aus der Entfernung hörte er Gewehrfeuer und schreiende Menschen. Die Einsatzgruppe war dabei, beinahe fünftausend jüdische Männer, Frauen und Kinder zu ermorden. Schweigend und fassungslos kehrte er nach Sdolbunow zurück. Fritz konnte nicht schlafen. Er fuhr am folgenden Morgen erneut nach Rowno und wurde wiederum am Betreten der Stadt gehindert, aber jetzt waren die Folgen der Ereignisse des vorhergehenden Abends klar zu erkennen. Maria erinnert sich, daß er völlig verzweifelt war, als er an diesem Vormittag in sein Büro zurückkam. »Ich hatte ihn nie zuvor derart aufgebracht erlebt. Er schrie: ›Maria! Sie haben in Rowno die Juden ermordet!‹«

Als er das äußerte, dachte Maria über diesen so vielschichtigen wie auch widersprüchlichen Menschen nach: Wie war es möglich, daß er von all dem, was mit den Juden in der gesamten Ukraine geschah, nichts wußte – war er wirklich derart abgeschottet?

Marias Gedanken wurden von Gräbes fordernder Stimme unterbrochen: »Wußten Sie davon?«

»Ja, ich wußte es. Wieso sollte ich es nicht wissen? Schließlich ist mein eigener Mann von denen dort ermordet worden.«

»Warum haben Sie mir das nicht erzählt?« schrie er. »Wissen Sie, Sie sind schlimmer als Hitler.«

Beide schwiegen kurz, und Maria dachte: ›Wenn er mit der Gestapo zusammenarbeitet, wie kann er dann etwas Derartiges über Hitler äußern? Er ist so verrückt, daß ich um mein Leben fürchten muß.‹ »Warum hätte ich es Ihnen denn erzählen sollen?« schimpfte Maria zurück. »Sie sind ein Deutscher!«

Gräbe schmiß seinen Mantel auf den Boden und stürmte aus dem Büro. Kurz nach diesem Vorfall kam der Hausmeister, ein Jude namens Witelson, in den Raum, offenbar in der Absicht, das Ofenfeuer zu schüren. Er redete mit Maria und Claire. Witelson, der später der abschließenden Judenvernichtungsaktion in Sdolbunow am 13. Oktober 1942 zum Opfer fallen sollte, erklärte den beiden Frauen, was geschehen war, nachdem Gräbe in der vergangenen Nacht in Rowno eingetroffen war. Als Gräbe nach Sdolbunow zurückgekehrt war, hatte Witelson Gräbe beobachtet, als er Marschalls Büro aufsuchte. Witelson schlich unbemerkt hinter eine Tür, von wo aus er einen Teil der Unterredung zwischen beiden Männern hatte mithören können. Gräbe hatte gefordert, daß ihm Marschall die Genehmigung ausstellen solle, Rosenzweigs Familie zurückzubringen. Marschall hatte das kalt zurückgewiesen.

Während Witelson Maria und Claire informierte, ging Gräbe zum Büro von Marschalls Stellvertreter, dem Stabsleiter Erich Habenicht. Der Leutnant der SS, Beck, war ebenfalls im Raum zugegen, als Gräbe vorsprach.

»Was letzte Nacht in Rowno geschehen ist, darf sich keinesfalls hier in Sdolbunow wiederholen. Ich erhalte meine Befehle von höchsten Dienststellen in Berlin. Ich bin der Armee- und Reichsbahnverwaltung direkt rechenschaftspflichtig –«

Beck unterbrach ihn: »Sie sollten wirklich lernen, sich zu beherrschen, Herr Gräbe. Die Lösung des Judenproblems wurde sorgfältig geplant, und niemand, auch Sie nicht, wird sich ihr in den Weg stellen können.«

»Ich habe feste Übergabetermine«, antwortete Gräbe, »und wenn ich die nicht einhalte, werde ich vors Kriegsgericht gestellt, nicht Sie oder Marschall – ich! Lassen Sie meine Arbeitskolonnen in Ruhe – mir ist es völlig egal, ob das Juden sind oder nicht.«

Habenicht mischte sich nun ein in der Hoffnung, die beiden Männer beruhigen zu können. »Wir haben alle unsere Befehle; übrigens wurde nur die Hälfte der Juden getötet. Für Sie sind also genügend übriggeblieben, Herr Gräbe.«

Gräbe erhob den Zeigefinger in Richtung der beiden Männer. »Wenn ich in Verzug gerate, und sei es auch nur für einen einzigen Tag, weil Ihre Leute meine Juden töten, werde ich mich unverzüglich nach Berlin wenden. Dann wird die Verantwortung auf Ihren Schultern lasten.«

Schweißnaß machte Gräbe auf dem Absatz kehrt, warf die Bürotür hinter sich krachend ins Schloß und trat den Rückweg in seine Unterkunft an. Als der zitternde Ingenieur an seinem Firmengebäude um die Ecke bog, bemerkte er Rosenzweig, der völlig benommen in der Nähe der Eingangstür verharrte. Ihre Augen trafen sich, und keine Worte vermochten dem Schmerz und der Ausweglosigkeit der beiden Männer Ausdruck zu verleihen. Seine eigene Ohnmacht im Angesicht der Mörder und das Leiden eines Ehemannes und Vaters verwandelten Gräbe. Beides ließ ihn den Entschluß fassen, als Zeuge des immer monströseren Bösen, das er aus einiger Entfernung in Rowno erlebt hatte, fest aufzutreten.

Er schlich lautlos in sein Büro, hob den Mantel vom Boden auf und sackte, als er sich in seinen Stuhl setzte, zusammen. Marias und Claires Augen begegneten sich. Die beiden Frauen verharrten bewegungslos und sagten kein Wort. Gräbe erhob sich langsam von seinem Stuhl und schlurfte zur Tür, um den Riegel vorzulegen. Dann drehte er sich zu den beiden Frauen um und sagte: »Es muß etwas geschehen, aber ich schaffe es nicht allein. Ihr müßt mir helfen; ich kann jetzt noch nicht einmal mit irgendjemandem reden.«

Der Terror, dem er in diesem November in Rowno nicht einmal unmittelbar begegnet war, traf Gräbe tief. Die sinnlose Unmenschlichkeit, der gedankenlose Gehorsam gegenüber Machthabern und das Bewußtsein, daß das alles wieder und wieder passieren würde, wenn er nicht eingriff, veranlaßten Gräbe dazu, Rettungsanstrengungen zu planen und umzusetzen. Welche Überlegungen er hinsichtlich seiner eigenen Sicherheit auch immer anstellen mochte, sie verblaßten bei dem Gedanken an den starren Blick seines geschätzten Zimmermanns und die traumatische Situation der jüdischen Frauen in Sdolbunow.

Es ereigneten sich aber noch andere Unterbrechungen des sorgfältig geplanten Tagesablaufs, die zu großen Schwierigkeiten führten. Vorgezogene Termine für Bauvorhaben, die schwierigen Wetterbedingungen und die unzureichenden Nahrungsmittellieferungen für seine Arbeiter hatten Verspätungen zur Folge, und damit schwebte die Gefahr eines Kriegsgerichtsverfahrens über dem örtlichen Bauleiter der Firma Jung. Nach einer Besprechung in Berlin Mitte Dezember 1941 bei Dr. Dorpmüller, dem Reichsverkehrsminister und Generaldirektor der Reichseisenbahnverwaltung, begannen die Arbeitskolonnen Gräbes im Mehrschichtsystem rund um die Uhr zu arbeiten, um die Vertragsverpflichtungen überhaupt erfüllen zu können. Dennoch verzögerte sich infolge des harten Winters und der permanent überarbeiteten Kolonnen die Fertigstellung des Bauprojekts erheblich. Gräbe wurde im Januar 1942 nach Kiew beordert, um Bericht zu erstatten und sich wegen des Verzugs einem Anhörungsverfahren zu unterziehen. Sechs Eisenbahningenieure fungierten als Richter in diesem unter Anwendung von Kriegsrecht ablaufenden Verfahren, das die Anwesenheit eines Rechtsbeistandes nicht erlaubte. Während Gräbe vor dem Tribunal aus Berufskollegen stand, wurde er sich bewußt, daß sein Bemühen um die Sicherheit der jüdischen Beschäftigten als auch sein berufliches Ansehen durch das Verfahren bedroht waren. In der Verhandlung steigerte sich Gräbe in eine theatralische, aber sorgfältig geplante

Wut hinein. Als ihm schließlich das Wort erteilt wurde, umriß er zunächst die Ursachen für die unvermeidlichen Verzögerungen und versicherte seine Treue gegenüber der ihm anvertrauten Aufgabe wie gegenüber dem Reich. Dann drehte er den Spieß um und trat selbst als Richter auf.

»Ich habe mir da draußen den Hintern aufgerissen, und Sie tun mir das hier an! Sie zerren mich den weiten Weg von Sdolbunow hierher; Sie halten mich von der Beaufsichtigung meiner Arbeiter ab – kein Wunder, daß es zu solchen Verzögerungen kommt. Es ist nicht meine Schuld, daß die Kriegsanstrengungen gefährdet sind.« Seine verblüfften Kollegen verharrten schweigend, und Gräbe senkte die Tonlage seiner Stimme. Den Zeigefinger ohne alle Hektik drohend gegen seine Berufskollegen richtend, warnte er: »Es ist Ihre Schuld; Sie sind es, die die Fertigstellung der Arbeit verzögern, Sie sind die Verräter.«

Die verunsicherten Ingenieure, wenig vertraut mit der gerichtlichen Verfahrensordnung und sorgsam darauf bedacht, bei ihrer Arbeit nicht ein Eingreifen Berlins zu provozieren, bliesen angesichts ihres selbstsicheren Kollegen zum Rückzug. Um das Gesicht zu wahren, erteilten sie Gräbe einen Verweis und ermahnten ihn, seine Arbeit gewissenhaft durchzuführen. Auf diese Art und Weise wurde er niemals wieder belästigt.

Nach seinem mißglückten Versuch, Rosenzweigs Frau und Kind in Rowno zu retten, hatte sich Fritz geschworen, Juden künftig vor marodierenden Soldaten zu schützen. Die Schilderung der Einsatzgruppen-Aktionen durch Maria und Claire überzeugten Gräbe davon, daß die Übergriffe keineswegs zufällig erfolgten. Ebenso deutlich war, daß er die Unterstützung der beiden Frauen benötigen würde, um eine wirkungsvolle Methode zur Rettung von Menschenleben zu entwickeln. Er mußte weitere umfangreiche Werkverträge für abgelegene Gebiete abschließen, zusätzliche kleine Außendienststellen der Firma Jung eröffnen und mehr jüdische Arbeiter anfordern. Jede andere Vorgehensweise würde mit Sicherheit den Argwohn von Marschall, Beck, Habenicht und nicht zuletzt auch der Einsatzgruppen-Führung wecken. Maria war ohnehin davon überzeugt, daß nichts die barbarische Raserei der Mordbanden aufhalten konnte. Es waren Gräbes Beharrlichkeit und Vorstellungskraft, die sie von seiner Aufrichtigkeit und seiner Fähigkeit überzeugten, die Mechanismen des Massenmordes zu unterlaufen.

Der erste große Auftrag außerhalb des ›Mutterhauses‹ – diesen Namen hatten Fritz, Maria und Claire dem Hauptsitz der Firma Jung in Sdolbunow gegeben – ergab sich im nordwestlich gelegenen Kiwerce. Weil Claire immer mehr Angst davor bekam, erkannt zu werden und damit auch ihre Tochter zu gefährden, übertrug Fritz ihr die Aufgabe, das kleine neue Außenbüro aufzubauen. Er besorgte ihnen Reisepapiere, gefälschte Personalausweise und fand einen Vorwand, der ihr Verschwinden aus dem Büro in Sdolbunow erklärte – und fort waren sie. Damit war die erste Außenstelle des ›Mutterhauses‹ gegründet und die Niederlassung einer deutschen Baufirma insgeheim in das Hauptquartier eines Rettungsnetzwerkes verwandelt worden.

Um die Gefahr für diejenigen, die gerettet werden sollten, zu verringern und das Auffliegen der Bemühungen zu verhindern, mußte Fritz gefährliche Situationen und Zusammenhänge für sein Rettungsvorhaben antizipieren. Das jedoch war kaum möglich. Spione, Soldaten, Kollaborateure und die Kriegshandlungen selbst brachten ständig Gefahren mit sich. Die Zusammenarbeit mit der deutschen Besatzungsverwaltung und den Zivilangestellten war die eine Sache. Ganz anders verhielt es sich mit der SS. Wieder andere Fähigkeiten und vor allem Selbstbeherrschung waren nötig, um verängstigten Juden und polnischen Kleinbauern gegenüberzutreten, die beinahe alles getan hätten, um sich und ihre Familien zu schützen. Diese in der Falle sitzenden, wehrlosen Menschen waren fast genausowenig einzuschätzen wie der Kriegsverlauf.

So wurden gute Kommunikationsmittel sehr schnell zur wichtigsten Angelegenheit der gesamten Rettungsbemühungen. Ein

Telefonschrank wurde herbeigeschafft, von dem aus Maria ständig Kontakt mit jedem Außenbüro, jeder Baustelle und auch der Heimatbasis in Solingen aufrechterhalten konnte. Maria wurde zur Hauptstütze des ganzen Projekts. Weil sie mehrsprachig war und außerdem ein bekanntes Gesicht im Firmenbüro, konnte sie sowohl die Bauarbeiten beaufsichtigen als auch beinahe jeden Aspekt der Rettungsbemühungen. Ihre Fähigkeiten ermöglichten es Fritz, die notwendige Balance zwischen seinen Rollen als Bauleiter und Hauptantreiber der Rettungsaktivitäten aufrechtzuerhalten.

Die ganze Anstrengung hätte allerdings leicht in einem Meer aus Papierkram versinken können, das die allgegenwärtige deutsche Bürokratie erforderte. Formulare und Ausweise mußten ausgestellt, gestohlen, gefälscht, abgeändert, für gültig erklärt und sorgsam verteilt werden. Diese Dokumente schlossen Arbeitserlaubnisscheine, Reisevermerke, Antragsformulare, Geburtsurkunden und Ariernachweise ein. Sollte jemand an einen anderen Ort gebracht werden, mußte Fritz die notwendigen Ausweise besorgen, ohne dabei Argwohn zu erwecken. Alles mußte routinemäßig erscheinen. Ohne jemals sein wirkliches Anliegen zu offenbaren, baute Fritz ein gutes Verhältnis zu den untergeordneten Verwaltungsbeschäftigten auf, die ihm dienlich sein konnten bei der Anstrengung, Menschen fortzuschaffen.

Ein solches Verhältnis hatte er zu dem Beamten, der die Erlaubnisscheine und Formulare aus dem Hauptquartier der Wehrmacht in Sdolbunow abstempelte. Der ebenso einsame wie gesellige Kerl freute sich regelrecht auf Fritz' Besuche, auf das gemeinsame Gläschen Schnaps, auf die neuen Geschichten und die kleinen Mitbringsel, meist ein paar Zigaretten oder eine Zigarre. Seine ungewöhnlichen und mitunter teuren Gefälligkeiten verschafften Gräbe über den Firmenstützpunkt hinaus Ansehen und Wohlwollen – aber auch das war Bestandteil seiner Planungen. Wann immer er ein abgestempeltes Formular benötigte, würde er es zu diesem Beamten bringen und ihn in freundliche Lästereien über all den Formular- und Vorschriftenkram verwickeln. Wenn der Mann irgendwelche Rückfragen hatte, bot ihm Fritz für gewöhnlich erst einmal eine Zigarette an, woraufhin er wiederum einen Schnaps angeboten bekam. Dann konnten sie ein zwangloses Gespräch führen. Das Ablenkungsmanöver war stets erfolgreich, Fritz wurden die erbetenen Genehmigungen niemals verweigert. An diese Begegnungen erinnert er sich wie folgt:

Ich kannte die Neigungen eines deutschen Verwaltungsangestellten – ich war mit ihnen seit den Jahren in Solingen und Aachen vertraut. Ich mußte freundlich sein, Süßholz raspeln, kleine Gefälligkeiten erweisen oder ein bißchen Bestechungsgeld zahlen – es verfehlte niemals seine Wirkung.

Gräbe ergriff einige spezielle Vorsichtsmaßnahmen, die aus der Rückschau weniger bedeutsam erscheinen mögen, aber vielleicht seine gesamten Bemühungen abschirmten und Menschenleben retteten. Immer wenn Fritz plante, jemanden in ein entfernt gelegenes Baubüro zu verlegen, versteckte er ihn über Nacht in seinem Auto in der Garage. Zur vereinbarten Zeit fuhr Fritz die versteckte Person aus Sdolbunow heraus. Sobald sie die Stadt hinter sich gelassen hatten, erlaubte Fritz der Person, sich im Auto aufzurichten, und sie fuhren weiter zur Eisenbahnstation in der Nachbarstadt Schepetowka südöstlich von Sdolbunow. Fritz ging zu Recht davon aus, daß die Abreise aus einer anderen Stadt es weniger wahrscheinlich machen würde, daß die aus Sdolbunow fortgeschickete Person wiedererkannt und die Flucht vereitelt wurde.

Wann immer jemand auf diese Art reiste, sandte Maria per Telefon verschlüsselte Mitteilungen ab, wie zum Beispiel: »Der von Ihnen angeforderte Bautischler wird mit dem Abendzug eintreffen.« Wenn die betreffende Person das Außenbüro der Firma Jung unbeschadet erreicht hatte, wurde eine verschlüsselte Botschaft an das Büro in Sdolbunow zurückgeschickt. Weil Gräbe auch Details berücksichtigte, wurden seine Widersacher nicht aufmerksam. Sicherlich hegten sie Verdacht. Aber die sorgfältige

Vorgehensweise und eine verläßliche Sekretärin verhinderten, daß Gräbes Feinde in den Besitz stichhaltiger Beweise gelangten, um ihn auszuschalten. Die Sorge um jedes Detail und die Erlebnisse mit der Vernichtung von Juden veränderten allmählich Gräbes Persönlichkeit. Seine Spannkraft begann nachzulassen, Sorgenfalten gruben sich in die Stirn, und sein Lächeln war nicht mehr so zwanglos wie früher. Seine Schulterpartie nahm eine leicht gebeugte Haltung an.

Die Nachricht von Gräbes Einsatz breitete sich innerhalb Sdolbunows jüdischer Bevölkerung rasch, aber diskret aus. »Wenn du eine kleine Vergünstigung benötigst oder eine Reiseerlaubnis, irgendetwas – wende dich an den deutschen Ingenieur.« Jeden Tag durchquerten buchstäblich hunderte flüchtende Juden und vertriebene polnische Landbewohner die Städte und Dörfer in der Umgebung von Sdolbunow. Die jüdischen Flüchtlinge waren ständig in Bewegung, versteckten sich, suchten die Straßen nach Essensresten ab, suchten nach Unterschlupf und nach allem, das den erschöpfenden Kampf ums nackte Leben etwas erleichtern konnte. Weil sie nirgendwo hingehen konnten und entweder keine oder schlecht gefälschte Papiere hatten, waren manche Juden rasch entlarvt und in Ghettos oder zu Zwangsarbeiterkolonnen geschafft worden. Viele von ihnen fielen Greueltaten der Bevölkerung, der Partisanen oder der militärischen Einheiten zum Opfer.

Die in der Ukraine lebende nichtjüdische Bevölkerung verhielt sich gegenüber den Juden sehr rasch wie die Besatzungsmacht. Es tauchten große, handgemalte Hinweisschilder auf, die davor warnten, Juden zu verstecken oder ihnen in irgendeiner Weise zu helfen. Zu der Warnung gehörte auch die Androhung von Strafen – in der Regel Hinrichtungen – für Handlungen, die zu anderen Zeiten und an anderen Orten als menschenfreundlich, christlich und selbstlos gegolten hätten. Weitere Aushänge boten denen Belohnungen an, die die Aufenthaltsorte von Juden preisgaben oder den Behörden in »patriotischer Pflichterfüllung« Personen meldeten, die Juden halfen. In Zeiten der Kriegswirtschaft war die Aussicht auf Bargeld Grund genug für viele Menschen, sich gegen ihre Nachbarn und notleidende Fremde zu wenden.

Die Botschaft von Gewehrkolben und Kugeln der mobilen Mordkommandos konnte niemand ignorieren. Juden waren unerwünschte Personen – überall. Jeder Jude ohne gelben Stern oder Flicken und ohne Registrierung auf der Volkszählungsliste war ein Anwärter auf mitleidlose Verfolgung und grausame Behandlung. Im Verlauf der folgenden Monate erwies sich jedoch auch der Stern oder Flicken als ein Schutz von nur begrenztem Wert.

Vor diesem Hintergrund wandte sich eine jüdische Familie – Tadeusz, Irene und Romak Glass – an Fritz Gräbe und bat um Hilfe. Tadeusz arbeitete zu dem Zeitpunkt, als er das Büro der Firma Jung in Sdolbunow betrat, als Instandhaltungsingenieur. Im Auftreten eher zurückhaltend, dabei aber würdevoll, bat er Gräbe, seiner Familie zu helfen.

»Ich muß aus diesem Ort fliehen, andernfalls werden meine Frau und unser Sohn getötet.«

»Wo wollen Sie hin?« fragte Gräbe.

»Ich weiß es nicht, aber ich werde Papiere benötigen, die mich als Arier ausweisen.«

Maria, die dem vorsichtig geführten Gespräch von ihrem Sitzplatz aus folgte, unterbrach das Gespräch und sagte zu Glass in polnischer Sprache: »Spielen Sie mit offenen Karten – Sie können ihm vertrauen.«

Erst jetzt gab Glass seine Vorsicht auf und schilderte die dramatische Lage. Er beschrieb seine beruflichen Fertigkeiten und wiederholte seine Bitte um Hilfe. Fritz stellte seine Standardfrage: »Sind Sie willens, diese gelben Flicken abzulegen? Wenn Sie es nicht sind, dann kann ich Ihnen nicht von Nutzen sein.«

Glass stimmte zu, ohne zu zögern oder auszuweichen. Ihre erste Begegnung war der Auftakt einer vertrauensvollen Freundschaft zwischen zwei Männern. Fritz fand an Glass sofort Gefallen. Er bat ihn, bei den Rettungsbemühungen behilflich zu sein. Glass war ein vernünftiger Mensch, dessen Mut und berufliche Fähigkeiten ihn zu einem unschätzbaren Aktivposten der Rettungsaktivitäten machten. Fritz war im Begriff, eine weitere Baustelle einzurichten und benötigte zum Auffüllen der Arbeitskolonnen dringend Juden und weitere Hilfskräfte. Die Geschäftsstelle sollte in Rowno eingerichtet werden, wo Glass glaubte, sich sicher fühlen zu können. Aber Gräbe war der Ansicht, daß Rowno zu nahe war. Glass und seine Frau hätten erkannt werden können. Zu viele Deutsche, die in Sdolbunow eingesetzt waren, verbrachten ihre Arbeits- und Freizeit auch in Rowno. Das Risiko war einfach zu groß. Daher wurde die Entscheidung getroffen, die Familie Glass in das kleine Dorf Slawuta zu schicken, das südwestlich von Sdolbunow gelegen war. Bis jetzt gab es in diesem Gebiet zwar keine Arbeitsaufträge, aber eine kleine Geschäftsstelle vor Ort steigerte möglicherweise die Aussichten auf einen Kontrakt. Außerdem war es weiter entfernt von den Zugriffsmöglichkeiten der Behörden.

Fritz plante, Tadeusz als Vertreter der Firma Jung dorthin zu schicken und Irene als Buchhalterin. Gleichwohl ergaben sich größere Probleme, die Fritz und Maria beunruhigten: Tadeusz' Gesichtszüge waren fraglos jüdisch, und der Tonfall der beiden Erwachsenen gab möglicherweise sowohl ihre Abstammung preis als auch die Region, aus der sie stammten. Romak, ihr kleiner Sohn, stellte ein weiteres Problem dar. Er konnte sie unabsichtlich verraten. Auch seine Beschneidung konnte Argwohn wecken, falls sie entdeckt würde. Fritz erinnert sich, wie alltäglich eine solche Situation war:

Die Gefahr einer derartigen Situation war uns klar. Kurze Zeit vor dem Eintreffen von Familie Glass war die Identität einer von Marschalls Sekretärinnen zufälligerweise entdeckt worden, als irgend jemand ihre kleine Tochter befragte. Eine Frage führte zur nächsten, schließlich zu versteckten Familienfotos und letztendlich zur Enthüllung der Tatsache, daß die Eltern des Kindes Juden waren. Bis zu die-

sem Zeitpunkt konnte Frau Pater ihre Identität verheimlichen. Am En-
de des Tages waren Frau Pater und ihre Tochter tot.

Alles in allem schien Slawuta trotzdem die vernünftigste, vielleicht sogar die einzige Alternative zu sein. Familie Glass sollte
sich mit dem Zug dorthin begeben, die Antragsformulare für die
Eröffnung einer Geschäftsstelle ausfüllen und Aufträge für die
Firma Jung einwerben.

Als Geschäftsstellen der Firma Jung in Kiwerce und Rowno eröffnet wurden, mußten sie nach den Statuten der Besatzungspo-
litik deutsche Poliere zur Überwachung der täglichen Baufort-
schritte einsetzen. Jüdische Arbeiter wurden daher für andere
Arbeiten eingesetzt. Poliere aber, die gegenüber den jüdischen
Arbeitern ein fanatisch nationalsozialistisches Verhalten an den
Tag legten, wurden entweder mit anderen Aufgaben betraut, oder
Versetzung und Einberufung zur Wehrmacht angedroht. Das jedoch mußte sehr vorsichtig geschehen, denn Mißhandlungen
und Antisemitismus eigneten sich nicht als offizielle Begründung,
um eine Ablösung zu rechtfertigen. Mehrere von Gräbes Polie-
ren indes waren freundlich gesonnen und sorgten sich über das
Schicksal der Juden, obwohl sie von den Sympathien und Aktivitäten ihres Geschäftsführers überhaupt nichts wußten. Diese
Poliere behandelten die Juden respektvoll.

Während der ganzen Zeit überwachte Maria die Fahrten der
deutschen Firmenmitarbeiter. Sobald die Reise eines Ingenieurs
oder Poliers zwischen Geschäftsstellen der Firma oder deren
Baustellen anberaumt war, wo er möglicherweise einen der verborgenen jüdischen Arbeiter erkennen konnte, schickte Maria
aus Sdolbunow eine verschlüsselte Mitteilung voraus. Weil sie
eng mit ihrem Arbeitgeber und Mitverschwörer zusammen-
arbeitete, gelang es ihr, alle dreißig oder vierzig deutschen Mitarbeiter davon abzuhalten, ›zufällig‹ mit denen in Kontakt zu gelangen, denen falsche Papiere ausgestellt worden waren, die
ihre Flicken abgelegt hatten und nun in einem der Regionalbü-
ros arbeiteten. Aussehen und Dialekt von Gräbes Juden machten

diese Aufgabe äußerst schwierig. Glücklicherweise sprach Maria mehrere Sprachen und sah die Gefahrenquellen. Immer wieder konnte sie Gefahren von den Rettungsanstrengungen abwenden, weil sie auch die kleinsten Kleinigkeiten berücksichtigte.

In der ganzen Zeit hatte sich die Zahl der jüdischen Flüchtlinge, die durch den Landstrich strömten, nicht verringert. Eher war der Strom noch angeschwollen. Gleichzeitig kamen von Berlin aus immer mehr Vorschriften in die besetzten Gebiete. Es war inzwischen zur Gewohnheit geworden, Juden und ihre Helfer zu denunzieren. Blinde Brutalität und strenge Strafen waren alltägliche Erscheinungen. Aus Polen geflüchtete Juden verbreiteten Gerüchte über Todeslager. Die Menschen hatten Angst und waren argwöhnisch. Wann immer es zu einem Zwischenfall kam, erfaßte eine Welle panischer Angst alle Arbeiter Gräbes, die im Besitz falscher Papiere waren. Die antijüdischen Maßnahmen und die verschärfte Rassendiskriminierung ließen die Risiken der Rettungsaktionen immer größer werden. Gräbe war sehr besorgt. Es war klar, daß ihm Aufträge und Geschäftsstellen an Orten fehlten, wo keine Maßnahmen der Nazis durchgesetzt wurden.

Im Februar 1942 jedoch kam Fritz Gräbe beinahe tänzelnd in das Büro in Sdolbunow herein. Maria erinnerte sich: »Er war wie der Sonnenschein und ungeheuer glücklich – für ihn eine seltene Gefühlsregung.« Er hatte es nämlich endlich geschafft, einen solchen Ort weit im Osten ausfindig zu machen – in Poltawa. Außerdem war er kurz davor, den Zuschlag für einen Bauauftrag in diesem Gebiet zu erhalten. Unverzüglich wurden Pläne gemacht. Tadeusz und Irene Glass sollten dorthin gebracht werden, um die Geschäftsstelle zu eröffnen und zu führen. In der Startphase des Projektes würde es große Probleme geben: Es war schwierig, Material in das Gebiet von Poltawa zu transportieren; Arbeitskräfte würden infolge des Winters und der großen Entfernungen nur sehr zögerlich eintreffen, und in Deutschland mußte ein geeignetes Team ausgewählt und in Marsch gesetzt werden. Aber das Hauptproblem bestand darin, die Existenz des

Firmenstandortes in Poltawa dem Hauptsitz der Firma Jung in Solingen zu verheimlichen. Das Projekt offiziell bekanntzugeben hätte Buchprüfungen, sonstige Untersuchungen und damit möglicherweise die Entdeckung der Rettungsanstrengungen nach sich gezogen. Außerdem war es nicht möglich, in aller Eile eine wirtschaftliche Rechtfertigung für ein derartig riskantes Unternehmen zu formulieren und dafür dann rechtzeitig die Einwilligung aus Solingen zu erhalten. Das Unternehmen in Poltawa mußte, obgleich es offiziell unter der Flagge der Firma Jung firmierte, auf eigenen Füßen stehen – wobei es in schwierigen Zeiten größere Zuschüsse aus Fritz Gräbes privaten Finanzen erhalten sollte. Um dieses gewagte Kunststück zu schaffen, mußte Frau Glass ein separates Buchführungssystem entwickeln. Dem Büro in Solingen wurde lediglich mitgeteilt, daß man einen Polier für ein weiteres Bauprojekt benötigte, das in naher Zukunft beginnen sollte. Solingen schickte einen deutschen Vorarbeiter herüber. Er kannte niemanden und besaß keine Vorstellung davon, was sich da um ihn herum abspielte.

In Kiwerce wurde Claire unterdessen wegen neuer Maßnahmen des Reichs und der von durchreisenden Flüchtlingen verbreiteten Schreckensnachrichten immer unruhiger – irgend jemand, befürchtete sie, könnte sie wiedererkennen. Weil sie nicht ständig in Angst leben wollte, bat Claire darum, fortgebracht zu werden. Fritz fuhr nach Kiwerce, verlud die kümmerlichen Reste ihres Familienbesitzes und schaffte Claire und ihre Tochter im Schutz der Dunkelheit zum Bahnhof einer nahegelegenen Stadt. Maria rief Tadeusz in Poltawa an, um ihm anzukündigen, daß seine neue Köchin einige Tage später mit dem Zug eintreffen würde.

Das bedeutete, daß die Geschäftsstelle in Kiwerce vorläufig keinen ›kooperativen‹ Leiter hatte. Etwa zu der Zeit suchte Alojzy Dutkowski, ein Katholik mit einer jüdischen Frau, Fritz Gräbe auf. Alex, wie ihn die Deutschen nannten, die seinen polnischen Namen nicht aussprechen konnten, und seine Frau Lydia lebten in einem der von den Nazis eingerichteten Ghettos. Er war

Zeuge von Greueltaten an Juden geworden. Deutsche Dienststellen hatten ihn wiederholt verhört und schließlich von ihm
verlangt, sich von seiner jüdischen Frau zu trennen. Ein besonders dreister Beamter machte Alex ein Angebot: »Wir werden für
Sie innerhalb weniger Minuten eine Scheidung veranlassen.
Dann sind Sie von dieser jüdischen Bestie befreit.« Alex geriet außer sich und verteidigte die Frau, die er liebte: »Wie können Sie
es wagen, Sie Schweinehund! Verlassen Sie mein Haus, bevor ich
Ihnen die Knochen breche. Sie hat Ihnen nichts getan, und sie
ist meine Frau – verschwinden Sie, aber plötzlich!«

»Herr Dutkowski, wenn Sie sie sich nicht vom Halse schaffen,
werden Sie ihr Schicksal teilen.«

Alex zog daraus den Schluß, daß Lydia schon sehr bald aus
dem Ghetto abgeholt werden würde und ein schlimmeres Schicksal zu erwarten hatte. Aber bevor etwas Derartiges geschah,
sprach Maria mit Alex. Während des Gespräches überlegte sie,
wie Alex in dieser Lage hilfreich sein könnte.

»Herr Dutkowski, Sie haben drei Möglichkeiten: Erstens
könnten Sie das gleiche Schicksal wie Ihre Frau erleiden; zweitens könnten Sie Widerstand leisten, offensichtlich besitzen Sie
die Fähigkeit, einige Angreifer zu töten, bevor Sie und Ihre Frau
umgebracht werden; und drittens könnten Sie in den Untergrund
gehen oder umsiedeln. Wenn Sie gewillt sind umzusiedeln, dann
können wir Sie bei unserem Vorhaben brauchen.«

Maria unterbreitete ihre Einschätzung Fritz, der Alex anschließend selbst befragte. Fritz erkannte wie zuvor Maria die
Charakterstärke, den Mut und die Begabung von Alex. Als An-
gehöriger einer christlichen Konfession würde er nicht besonders
auffallen, er benötigte keine gefälschten Papiere, er war Ingenieur
und hoch motiviert. Er war bei den Juden des Ghettos angesehen
und offensichtlich weder Informant, noch Doppelagent.

Fritz entschied, ihn anzustellen. Er teilte ihm mit: »Sie werden
in der Geschäftsstelle in Kiwerce tätig sein, aber Ihre Frau muß
dort völlig unsichtbar bleiben. Die Gefahren für sie sind sehr

groß. Sie scheinen mir von der Sorte Mann zu sein, die ich zur Leitung einer Zweigniederlassung ebenso benötige wie zur Absicherung der Rettungsbemühungen.«

Alex stimmte zu, die Reisevorbereitungen wurden unauffällig abgeschlossen und die Dutkowskis zur Eisenbahnstation in Schepetowka gebracht. Schon bald hatten sie eine Wohnung in Kiwerce. Für den Moment waren alle Zweigniederlassungen sicher, und sowohl die Bau- als auch die Rettungstätigkeiten konnten ohne größere Störungen fortgesetzt werden.

Die Organisation des Hauptbüros in Sdolbunow jedoch wurde Anfang 1942 durch eine neue Verordnung aus Berlin bedroht. Juden durften nur noch Arbeitskolonnen zugeteilt werden. Fritz Gräbe hatte keinerlei Möglichkeit, diese Verordnung zu umgehen. Alle Juden in den besetzten Gebieten trugen jetzt die gelben Flicken, zudem wurden sie mit Namen, Geburtsdatum und Wohnort in einer getrennten Zählung der jüdischen Bevölkerung erfaßt. In der Ukraine drohte Juden, die nicht registriert waren oder keine Flicken trugen, Deportation oder Hinrichtung. Jeder Firmeninhaber, der Juden weiterhin im Büro beschäftigte, riskierte Gefängnis oder Schlimmeres.

Nachdem er den vom Reichsarbeitsdienst herausgegebenen Vermerk von Gebietskommissar Marschall erhalten hatte, rief Gräbe eines Morgens Maria zu sich ins Büro.

»Sie können als Jüdin nicht meine Sekretärin bleiben. Aber Sie dürfen nicht gehen, weil ich Sie am Telefon brauche. Sie dürfen diese Flicken nicht einen Tag länger tragen.« »Wie kann ich von heute auf morgen in einer Stadt, in der mich alle kennen, nicht mehr Jüdin sein? Ich würde in der Minute umgebracht, in der ich mich auf der Straße ohne die Flicken zeigte.«

Fritz wußte, daß Maria richtig lag, aber er hatte einen Plan. Fritz Gräbe hatte einen Sinn fürs Theatralische. Er war kreativ, hatte dramatische Fertigkeiten und wußte, wie die Deutschen dachten. Mit Hilfe dieser Fähigkeiten wollte er die neuen Vorschriften umgehen. Bereits am Tag nach dem Gespräch mit Maria waren die Dialoge des geplanten Schauspiels ausgearbeitet: An den folgenden Tagen probten er und Maria ihre Rollen. Der einfache, aber gefährliche Plan erforderte gefälschte Papiere und eine ›Unterredung‹ mit Gebietskommissar Marschall. Die Geschichte sollte die sein, daß Maria, deren Name recht christlich klang, tatsächlich Katholikin war, die formal niemals zum jüdischen Glauben übergetreten war. Sie glaubte, daß sie Jüdin geworden sei, als sie einen Juden geheiratet hatte, und nun hatte sie das Gefühl, daß sie im Gedenken an ihren toten Mann die Pflicht habe, Jüdin zu bleiben.

Es war eine glaubwürdige Geschichte, vor allem eine, die Marschall verstehen konnte. Viele Nichtjuden waren mit Juden verheiratet. Sie folgten ihren Ehegatten überallhin, sogar in die Ghettos. Zu der Zeit, als Fritz den Plan zum Schutz Marias entwarf, wohnte er mit Marschall im selben Haus. Marschall hatte verlangt, daß die wichtigsten ortsansässigen Betriebsleiter deutscher Firmen entweder direkt in seinem Haus oder doch zumindest in der Nähe wohnen sollten. Gräbe vermutete, daß Marschall das Geschehen in seiner Wohnung mitbekommen könnte. Um Marschall aus dem Wege zu gehen, zog Gräbe schließlich in ein Haus in der Nachbarschaft seines Büros. Marschall erhob keine Einwände. Eines Abends schilderte Gräbe nach dem Essen die ›verrückte Situation mit meiner Sekretärin‹. Marschall forderte ihn auf, am nächsten Morgen in sein Büro zu kommen, um die Angelegenheit zu erörtern. Nach einer nochmaligen Besprechung ihrer Rollen stand Fritz mit Maria und ihrem ›neuen‹ Taufschein am besagten Morgen vor Marschalls Büro. Während Gräbe mit dem Gebietskommissar sprach, wartete Maria im Vorzimmer, dessen Tür Gräbe absichtlich nur angelehnt hatte.

»Diese Frau hängt mir zum Halse raus! Ich habe ihr gesagt, daß sie diesen blödsinnigen Flicken abmachen soll, wenn sie weiter für mich arbeiten will. Diese ganze verrückte Geschichte hat mit dem dämlichen Flicken zu tun.«

Maria lauschte angestrengt dem Gespräch. Ihr Herz begann

zu rasen, als sie sich vorstellte, in Kürze dem verhaßten Nazi gegenüberzustehen. Würde sie in der Lage sein, ihre Zunge im Angesicht eines Mörders im Zaum zu halten? Konnte sie ihre Rolle spielen, ohne sich zu verraten? Im Nebenraum ereiferte sich Gräbe über etwas, das mit Marias verstorbenem jüdischen Ehemann zu tun hatte. Als sie an den Mann dachte, den sie geliebt und geheiratet hatte, der hinter der Zementfabrik grausam umgebracht worden war, fühlte sich Maria schwach und mutlos. Doch dann erinnerte sich Maria an das Gelübde, das sie geleistet hatte: Sie würde sich nur dadurch rächen können, daß sie das Leben anderer rettete. Ihrem Mann zuliebe und den anderen, denen ein ähnliches Schicksal bevorstand, ihren Juden zuliebe würde sie ihre Rolle mit Überzeugungskraft und Selbstvertrauen vortragen.

Marschall hatte einen Beamten angewiesen, Maria in sein Büro zu bringen. Fritz ergriff die Initiative.

»Herr Gebietskommissar.« Er benutzte diese förmliche Anrede ganz bewußt, damit Marschall sich wichtig fühlte. »Diese Frau ist Katholikin. Ihr Ehemann war Jude, und jetzt trägt sie diesen Flicken der Juden.«

Marschall schnitt Gräbe das Wort ab und wandte sich in freundlichem Ton an Maria: »Wo befindet sich Ihr Ehemann?«

»Er ist nicht zurückgekommen, Herr Gebietskommissar.«

Ihre Antwort war sorgsam bedacht. Sie sollte Marschall weder herausfordern noch verletzten für den Fall, daß er ihr eine Falle stellen oder ihre Einstellung abschätzen wollte. Gräbe täuschte Unzufriedenheit und Ungeduld vor, und brüllte Maria an: »Sie sind derart halsstarrig – Sie machen mich krank.«

Marschall überging Gräbes Ausbruch und fuhr damit fort, Maria zu befragen. Dann prüfte er ihren Taufschein, vergaß aber, nach ihrer Heiratsurkunde zu fragen. Darauf war sie als Jüdin verzeichnet. Als er schließlich zufriedengestellt war, erteilte er ihr eine unmißverständliche Anweisung.

»Sie werden unverzüglich die gelben Flicken ablegen und in

der Öffentlichkeit niemals wieder damit erscheinen. Sie sind Arierin! Haben Sie mich verstanden?«

»Entschuldigen Sie, Herr Gebietskommissar, aber die Leute werden annehmen, daß ich gegen das Gesetz verstoße und mich umbringen, wenn ich die Flicken nicht trage.« Marschall ließ erneut seinen Bürobeamten kommen und wies ihn an, Marias Namen aus der jüdischen Volkszählungsliste zu streichen und ihn in die Liste für Arier einzufügen. Ferner befahl er dem Beamten, eine Bekanntmachung zu veröffentlichen, die die Änderung anzeigte.

Die List war geglückt! Auf Marschalls Befehl hin konnte Maria sich nun frei bewegen und ihre Arbeit ohne Angst vor einer Festnahme und Deportation fortsetzen. Das Rollenspiel war für sie eine schreckliche Erfahrung gewesen, aber es gab ihr neues Selbstvertrauen. Sie konnte jetzt Grenzen überschreiten, wann immer es sich für die Rettungsbemühungen als notwendig erwies. Diese Begegnung mit dem Nazi-Funktionär war ein Wendepunkt bei den Rettungsanstrengungen, weil Maria jetzt Zugang zu den innersten Kreisen der Gebietsverwaltung hatte.

Nachdem die Zweigstelle in Poltawa eröffnet war, wurde jedoch klar, daß sie sich nicht aus eigener Kraft tragen konnte. Da nur zögerlich Aufträge hereinkamen, mußten Mittel umgeleitet werden. Gräbe wagte es aber nicht, Betriebsmittel umzuleiten oder gar zu unterschlagen.

Fritz hatte beinahe eine halbe Million Reichsmark auf seinen Privat- und Geschäftskonten bei einer Solinger Bank eingezahlt, bevor er in die Ukraine aufgebrochen war. Bis Kriegsende hatte er über dreihunderttausend Reichsmark von diesen Konten geholt, um die Rettungsaktivitäten der örtlichen Büros aufrechtzuerhalten. Wenn Geld benötigt wurde, telegrafierte Tadeusz aus Poltawa, oder Alex schickte aus Kiwerce eine Zahlungsaufforderung. Die Gelder, die sie erhielten, stammten von den Privatkonten des deutschen Ingenieurs. Sie waren erforderlich, um für weitere Personen, die zu Baustellen und insbesondere nach Poltawa verlegt wurden, den Lebensunterhalt zu sichern. Die Bitten um Umsiedlung wurden immer offener vorgetragen und nahmen rasant zu.

Symcha Schleifstein war der Vorsitzende des Judenrates in Sdolbunow. Ein pflichtbewußter Mann, der sich jetzt in der Rolle eines Richters über Leben und Tod wiederfand. Er mußte Kompromisse mit der Besatzungsmacht eingehen und war gezwungen, zwischen kleineren und größeren Übeln abzuwägen. Gräbe verstand gut, welche ungeheure Last Schleifstein aufgebürdet war. Wann immer er Fritz aufsuchte, wurde er freundlich empfangen und jeder Versuch unternommen, seinen Bitten zu entsprechen.

Einmal war Schleifstein sehr verzweifelt. Immer öfter wurde gegen die Juden vorgegangen, nichts schien die Flüchtlingswelle aufhalten zu können, die sich in das Gebiet um Sdolbunow ergoß. Überall gab es Kollaborateure, die ihren Vorteil aus dem Leiden der anderen zogen, und nun hatte die Nachricht von Todeslagern den Judenrat erreicht. Schleifstein sah nur eine mögliche Lösung.

»Herr Gräbe, Sie müssen neue Projekte beginnen. Juden mit Arbeitserlaubnis überleben, die anderen sterben. Bitte, Sie müssen mehr Baustellen einrichten, mehr Leute anheuern.«

Fritz wußte bereits von den Lagern, aber er konnte seinem Freund nur versichern, alles in seiner Macht Stehende zu tun, um zu helfen – vorausgesetzt, die gesamte Rettungsanstrengung würde nicht gefährdet. Schleifstein war klar, daß er mehr nicht verlangen konnte. Und die beiden Männer wußten, daß es keine Garantie dafür gab, daß Gräbe überhaupt jemanden zu retten vermochte; bestenfalls konnte er Zeit gewinnen und den Tod hinausschieben. Das mochte am Ende Leben retten.

V.
Der Moses von Rowno: 13. Juli 1942

Im Juli 1942, kaum ein Jahr nach Gräbes Eintreffen in der Ukraine, kam es in Rowno zu einem einschneidenden Ereignis. Das Ausmaß der Gefahren für die Juden und ihren Beschützer in der Ukraine, Fritz Gräbe, wurden auf einen Schlag offensichtlich. Gräbe und Otto Köller, der Reichsbeauftragte für jüdische Angelegenheiten im Gebietskommissariat, wurden zu Widersachern, die genau entgegengesetzte Ziele verfolgten. Ihre wechselseitige Abneigung verbargen sie selten, aber weil Köller mehr Macht hatte, stellte er eine Bedrohung dar.

Am 11. Juli 1942 stattete Fritz Gräbe seiner Geschäftsstelle in Rowno einen der regelmäßigen Besuche ab. Dabei vertraute der Baustellenpolier Fritz Einsporn Gräbe an, daß er von einer für den 13. Juli geplanten ›Judenaktion‹ gehört habe. Die von SS-Sturmbannführer Dr. Pütz geplante Aktion sah vor, alle im Gebiet Rowno lebenden Juden zu vernichten, einschließlich der fast einhundertzwanzig Juden, die für die Firma Jung arbeiteten. Einsporn hatte die Information von einem geschwätzigen Wehrmachtsoffizier erhalten. Gräbe war klar, daß er rasch handeln mußte.

Er wies Einsporn an, »unsere jüdischen Arbeiter und deren Frauen noch heute Mittag mit ihrem gesamten Hab und Gut nach Sdolbunow zu schicken.« »Das wird aber kaum gelingen, ohne Unruhe im Ghetto heraufzubeschwören«, antwortete der Polier. Gräbe jedoch hielt an seiner Anweisung fest, und die jüdischen Arbeiter in Rowno begannen, ihre Sachen zu packen. Gerüchte von einer bevorstehenden Aktion hatten im Ghetto von Rowno schon seit einigen Tagen die Runde gemacht, so daß die Abreise der einhundertzwanzig Arbeiter der Firma Jung das Ghetto in Hysterie stürzte. Die Arbeiter trafen in der nächsten Nacht in

Misocz ein. Ihre Abreise führte zu einer hitzigen Auseinandersetzung zwischen dem Judenrat in Rowno und Dr. Pütz.

»Wir müssen es wissen«, fragte ein Vertreter des Judenrates, »ist eine Aktion geplant?«

Pütz, der nichts von Gräbes Anordnung oder der Abreise der Kolonne erfahren hatte, verlangte Aufklärung. »Warum kommen Sie mir mit dieser idiotischen Frage?«

»Weil der Ingenieur Gräbe von der Firma Jung alle seine Arbeiter abgezogen und nach Sdolbunow gebracht hat«, antworteten die Mitglieder des Judenrates.

Pütz leugnete, daß eine Aktion geplant sei und schickte sie fort. Dann befahl er, den Polier, den Geschäftsstellenleiter und das gesamte polnische Personal Gräbes festzunehmen. Der Geschäftsstellenleiter konnte sich der Verhaftung entziehen und kam noch in der Nacht in Sdolbunow an, wo sich Gräbe nun wieder aufhielt, und berichtete ihm von den Festnahmen. Trotz der Inhaftierungen vertraute Gräbe auf seine normalerweise gut informierten Quellen bei der Polizei; sie hatten von einer geplanten Aktion nichts gehört, und Gräbe war bald überzeugt, daß es sich tatsächlich nur um ein Gerücht handelte. Er wußte auch, daß sich die Angst im Ghetto besonders rasch ausbreitete und daß sich solche Gerüchte unter den verzweifelten Menschen gewöhnlich wie ein Lauffeuer ausbreiteten. Nach einer Beratung mit Maria wurde beschlossen, daß Gräbe nach Misocz fahren und den Arbeitern aus Rowno die Lage verständlich machen sollte.

Die eingeschüchterten Arbeiter zögerten, ihrem Chef zu vertrauen und nach Rowno zurückzukehren. Gräbe beruhigte seine jüngeren Mitarbeiter, indem er ihnen versprach, sie und ihre Eltern zu beschützen, wenn ihr Leben bedroht werden sollte. Am nächsten Morgen kehrte die Kolonne der Firma Jung geschlossen an ihren Arbeitsplatz in Rowno zurück. Ihr Eintreffen wurde genauso aufmerksam registriert wie zuvor ihre Abreise. Nachdem die Gruppe in Rowno angekommen war, machte Fritz einen Besuch bei Dr. Pütz. Gräbe, der vorgab, daß ihn die Verhaftung seiner leitenden

Mitarbeiter bestürze, die im übrigen äußerst ungelegen komme, erläuterte Pütz, daß alle seine Arbeiter in ihren Heimatstützpunkt zur regelmäßig vorgesehenen Entlausung zurückgekehrt seien. »Ich kann mir einen Typhus-Ausbruch nicht leisten. Im letzten Jahr starben, wie Sie wissen, tausende Menschen bei einer Typhus-Epidemie. Ich brauche alle meine Arbeiter, wenn ich meine Aufträge für die Reichsregierung erfüllen will. Aus diesem Grund stehen diese Behandlungen regelmäßig auf dem Programm.«

Pütz' Antwort beruhigte den besorgten Ingenieur. »Also, Herr Gräbe, wirklich! Eine Aktion zum jetzigen Zeitpunkt wäre absurd. Sie benötigen Ihre Leute, die Eisenbahnen brauchen Leute, das Militär benötigt sie; diese Art Aktion würde im Augenblick wichtige Reichsbelange törichterweise behindern.«

Gräbe ließ sich von den Ausführungen des SS-Mannes tatsächlich in die Irre führen. Er ging zu seinem Büro in Rowno und traf dort einen weiteren SS-Mann an, der mit dem Befehl auf ihn gewartet hatte, daß er unverzüglich vor dem Gebietskommissar von Rowno, Dr. Beer (der kein SS-Mitglied war), zu erscheinen habe. Als Fritz beim SS-Hauptquartier anlangte, wurde er jedoch nicht zu Dr. Beer gebracht, sondern zu dessen Stellvertreter Leutnant Beck, den Gräbe von der Rowno-Aktion im vergangenen November her kannte. Der Ingenieur wiederholte seine Geschichte von den planmäßigen Entlausungen und der Sorge über den Ausbruch von Typhus. Gräbe erläuterte: »Ich kann nicht nachdrücklich genug betonen, daß wir uns in einem engen Zeitplan bewegen, der durch Befehle unmittelbar aus Berlin gesteuert wird. Jede Erkrankung oder Aktion wird Verzögerungen verursachen, und Verzögerungen werden Untersuchungen durch Berlin und damit Unannehmlichkeiten für uns alle nach sich ziehen.«

»Herr Gräbe, wer erteilt Ihnen denn Ihre Befehle aus Berlin? Darf ich sie bitte sehen?« Beck unterbrach Gräbes Ausführungen wiederholt, um die Dienststelle oder die Namen derer, die die Anordnungen erlassen hatten, in Erfahrung zu bringen.

Fritz' Antwort war stets die gleiche. »Es ist mir nicht möglich, meine Anweisungen offenzulegen – sie sind vertraulich und kommen von höchsten Stellen ....« Dann sagte er mit wissendem Blick: »Abgesehen davon ist es besser für Sie, daß Sie über Berlin nicht Bescheid wissen.«

Beck jedoch fragte beharrlich, wer in Berlin ihm seine Befehle erteilt hätte und wem gegenüber er rechenschaftspflichtig sei. Gräbe wich erneut aus. Aus unerfindlichen Gründen lehnte sich Beck schließlich über den Tisch und warnte Fritz flüsternd: »Heute Nacht um zehn wird hier eine Aktion stattfinden, aber Sie dürfen auf keinen Fall etwas unternehmen.«

»Ich werde alle meine Leute sofort abziehen und sie nach Sdolbunow zurückschicken«, sagte Gräbe.

»Das dürfen Sie nicht tun!« erwiderte der Offizier erschrokken. »Sie werden eine Panik erzeugen, und dann werden alle sterben. Ich gebe Ihnen ein Schriftstück, das Ihre Beschäftigten schützt. Glauben Sie mir, sie werden sicher sein.«

Beck übergab Fritz das unterzeichnete Schriftstück und bat ihn, Rowno unverzüglich zu verlassen. Jetzt, nachdem ihm Pütz' Verlogenheit bewußt geworden war, vertraute Fritz diesem Dokument nicht mehr, jedoch verließ er Rowno zu einer eiligen Beratung mit Maria in der Geschäftsstelle in Sdolbunow.

Gräbe sah nur eine Möglichkeit. »Ich werde heute Nacht nach Rowno zurückfahren«, sagte er.

»Was? Das dürfen Sie nicht tun!«

»Ich muß. Ich habe unseren Arbeitern versprochen, daß ich sie beschützen werde. Sie könnten in Panik geraten und alle von der Miliz getötet werden, die sich den Teufel darum schert.«

»Sie sind verrückt!« schrie Maria. »Verstehen Sie mich? Sie sind verrückt! Die sind schon dabei, die Leute zu erschießen und werden nicht zögern, auch Sie zu erschießen.«

Marias Entgegnung konnte den prinzipienfesten Deutschen nicht erschüttern, obwohl er wußte, daß seine Sekretärin Recht hatte.

Gräbes Entscheidung wurde schnell bei den jüdischen

Mitarbeitern der Geschäftsstelle in Sdolbunow bekannt. Sie wußten es zu würdigen, daß ihr Arbeitgeber dieses große Risiko auf sich nehmen wollte. Doch einige sorgten sich um seine Sicherheit sowie die Sicherheit des Mitarbeiterstabes in Sdolbunow und der gesamten Rettungsbemühungen. »Was ist, wenn er stirbt – was wird uns und den anderen zustoßen? Er darf da nicht hinfahren und alles aufs Spiel setzen.« Gräbe lagen solche Gefühle der Angst und Hysterie fern. Er hatte den Arbeitern sein Wort gegeben, und er würde bei ihnen sein, um sie zu beschützen. Wenn er etwas befürchtete, dann war es die Möglichkeit, daß die Aktion von Rowno aus auf Sdolbunow übergreifen konnte. Er wies Maria an, im Büro zu bleiben: »Wenn die Erschießungen hier beginnen, dann wird es für niemanden Schutz geben, und ich brauche unbedingt jemanden am Telefon.«

Gräbes Entscheidung wurde dadurch erschwert, daß Elisabeth und Friedel zu dieser Zeit zu einem Familienurlaub in Sdolbunow zu Besuch waren. Fritz hatte Elisabeth aus dem Geschehen um die Juden herausgehalten, weil er vermeiden wollte, daß sie mit hineingezogen würde, falls seine Bemühungen aufgedeckt wurden. Aber jetzt erzählte er ihr beinahe alles, vor allem, weil er befürchtete, ums Leben zu kommen; daher wollte er seine Familie über seinen Einsatz nicht im Ungewissen lassen. Fritz erläuterte Elisabeth die gefährliche Lage seiner Arbeiter in Rowno und das Versprechen, das er ihnen in Misocz gegeben hatte, bevor sie nach Rowno zurückkehrten. Ihre Antwort war typisch für sie: »Fritz, du hast keine Wahl. Du hast diesen armen Menschen dein Wort gegeben, und jetzt mußt du dein Versprechen halten. Ich bitte dich nur darum, für Friedel und mich die sichere Rückkehr nach Solingen zu regeln.«

Das lange ersehnte Familientreffen endete vorzeitig, aber irgendwie schienen Entschuldigungen oder Rechtfertigungen nicht notwendig zu sein. Gräbe entwarf ein Schreiben, das eine sichere Fahrt für seine Familie regelte. Ferner formulierte er einen Brief an seine Frau – einen Brief, den Maria mit der Maschine schreiben und solange zurückhalten sollte, bis die Ergebnisse seiner Bemühungen bekannt waren:

Meine liebe Elisabeth, wenn Du diesen Brief in Händen hältst, wird mich mein Schicksal eingeholt haben. Maria hat das Schreiben, das Dich und Friedel zur Fahrt mit der Eisenbahn berechtigt. Gott schütze Euch – ich liebe Dich und Friedel. Ich bin dankbar, daß Du mir gesagt hast, daß ich die Menschen nicht im Stich lassen darf – so bin ich ihnen in diesen schwierigen Zeiten nicht untreu geworden.

Fritz Gräbe legte die Briefe auf Marias Schreibtisch. Stille senkte sich über das Büro; alle Augen verfolgten jeden einzelnen Schritt des Ingenieurs, als er entschlossen zur Tür schritt und einem ungewissen Schicksal in Rowno entgegenging. Diejenigen, die dabei waren, erinnern sich, daß die Augen fast aller im Büro Anwesenden von Tränen getrübt waren. Geistesabwesend griff Maria die Briefe, während Gräbes Hand die Tür zuzog. Ihre Augen überflogen den Brief, und ihr Schluchzen durchbrach die Stille. »Oh nein!« rief sie.

Gräbe ging zu dem Haus, wo Friedel und Elisabeth warteten. Fritz und seine Frau begaben sich in das Schlafzimmer und ließen Friedel in dem abgedunkelten Wohnraum alleine. Ein schwacher Lichtstrahl drang durch die Ritze unter der Schlafzimmertür. Friedel bemühte sich, eine Bemerkung aufzuschnappen, irgend etwas, das ihm die Situation enthüllen konnte, aber es gelang ihm nur, die Anspannung in den ansonsten ruhigen Stimmen auszumachen. Eine Tasche wurde gepackt, dann kamen die beiden Erwachsenen aus dem Schlafzimmer. Ohne auf ihren Sohn sonderlich zu achten, setzten sie ihr Gespräch fort und trafen Vorbereitungen für Gräbes Abfahrt. Dieser Augenblick stand unmittelbar bevor. Gräbe zog langsam Becks Schriftstück aus seiner Brieftasche und hielt es seiner Frau hin.

»Davon hängt mein Leben ab«, sagte er sehr ernst. Eine liebevolle, zärtliche Umarmung, Tränen. »Du mußt jetzt zu ihnen fahren«, sagte Elisabeth. »Versuche alles in deiner Macht Stehende, dann wird Gott dich schützen.«

Bewegungslos beobachtete Friedel seine Mutter. Die Abschiedsworte seines Vaters weckten bei ihm ein Gefühl von Furcht und Hoffnung.

»Ich werde vorsichtig sein – dir und Friedel zuliebe. Ich liebe euch.«

Später in dieser Nacht lag Friedel in den Armen seiner Mutter. Er stellte sich schlafend und rief sich wieder und wieder die unheilverkündenden Worte ins Gedächtnis zurück, die sein Vater gesprochen hatte.

Maria und Fritz hatten sich eine ganz bestimmte Vorgehensweise ausgedacht. Er sollte gemeinsam mit seinem Kutscher und dessen Pferdegespann nach Rowno aufbrechen und ihn mit einer Nachricht zurückschicken, wenn dort Gefahr drohte. In diesem Fall sollte Maria für die Arbeiter und deren Hab und Gut Lastwagen in Marsch setzen. Wenn die Rückkehr des Fahrers jedoch scheitern oder er ganz ohne Nachricht zurückkehren sollte, dann wäre dies das Zeichen für eine größere Kraftanstrengung. Ganz gegen seine Gewohnheit entschied sich Fritz dafür, eine Maschinenpistole mitzunehmen. Er wußte, daß die Männer der ukrainischen Milizen brutal und unberechenbar waren. Die Feuerkraft einer automatischen Waffe konnte sich als einziger Ausweg erweisen, obwohl er nicht die Absicht hatte zu schießen, solange kein Leben auf dem Spiel stand.

Von dem Zeitpunkt an, als er an diesem Abend in Rowno eintraf, bis fast um sechs Uhr am nächsten Morgen stand Fritz an einer Stelle der Straße, wo ihn seine Arbeiter aus ihren Verstekken in zwei verschiedenen Häusern sehen konnten. Er hielt es für möglich, daß die verzweifelten Flüchtlinge im Fall von Unruhen die Flucht ergreifen und damit ihr Leben noch mehr gefährden würden. Seine Gegenwart sollte sie beruhigen. Eine Schlacht-Orgie tobte während der gesamten Nacht durch die Stadt: Gewehrkugeln pfiffen umher und prallten von Ziegelwänden ab; Handgranaten flogen wie flügellose Fledermäuse, detonierten und ließen Fensterglas zerplatzen und Holz splittern;

Lastwagen mit Milizen schossen in wilder Jagd durch die Gassen; und Menschen schrien, die letzte menschliche Stimme in diesem, in ihrem Requiem.

Die ›Juden-Aktionen‹ waren Lehrstunden des Chaos. Menschen, die unter normalen Umständen niemandem hätten Leid zufügen können, verfielen in Blutdurst und Haß. Die Männer der ukrainischen Milizen liefen von Haus zu Haus, brachen die Türen auf, zerschlugen Fensterscheiben, stampften auf Möbeln und persönlichen Gegenständen herum. Wahllos schlugen sie Kinder, Frauen und alte Männer mit den Gewehrkolben. Einmal erschien ein Trupp Milizmänner an der Tür eines der Häuser, wo Gräbes Juden verborgen waren. Gräbe stürzte auf das Haus zu und schrie sie an, aber weil er kein Ukrainisch sprach, verstanden ihn die Milizionäre nicht. Fritz hat die schreckliche Szene niemals vergessen:

Es war fürchterlich. Was sollte ich machen – ich sprach kein Ukrainisch, und sie sprachen kein Deutsch. Als sie sich daran machten, die verbarrikadierte Tür zu zertrümmern, entschied ich, daß ich keine andere Wahl mehr besaß. Ich riß die Maschinenpistole aus meinem Mantel und machte ihnen sehr deutlich, daß ich schießen würde, wenn sie nicht verschwanden. Sie schienen die Sprache der Gewalt zu verstehen, ich jedoch hatte fürchterliche Angst. Ich war mir sicher, daß ich gezwungen sein würde, zu schießen und jemanden zu verletzen. Die Ukrainer hatten die gleiche Angst, weil sie sahen, daß ich eine automatische Waffe hatte und sie nicht.

Dieser Zusammenstoß ereignete sich ungefähr um drei Uhr morgens. Er veranlaßte Gräbe, schnell eine Mitteilung an Maria zu schreiben und mit dem Kutscher abzuschicken. Der Miliz-Trupp hatte sich das nächste Haus vorgenommen, brach die Haustür auf und warf eine Handgranate durch das Fenster. Niemand überlebte diesen Überfall. Es war jetzt nurmehr eine Frage der Zeit, bis Maria die Lastwagen nach Rowno losschickte.

Zahlreiche Milizmänner verhielten sich wie Sadisten. Es war nicht nur Blutdurst, daß sie sich ausgerechnet die kleinsten Kinder aussuchten. Wann immer sie auf eine Mutter mit einem Kleinkind stießen, rissen sie das Kind der Mutter aus den Armen, rannten auf die Straße und hielten das schreiende Kind an einem Bein fest. Dann wirbelten sie das Kind durch die Luft und schmetterten es gegen einen Pfeiler. Gräbe sah derartige Terrorakte, die sich vor den Augen der vor Schreck gelähmten Mütter abspielten, viele Male. Für einen einzelnen Mann bestand keine Aussicht, dieses Blutbad aufzuhalten. Gräbe beobachtete alles und registrierte in seinem Gedächtnis systematisch die Fälle und die Anstifter.

Fritz Gräbe war den Juden gut bekannt. Während er an der Straßenecke stand, zogen hunderte von ihnen vorüber, vorwärtsgestoßen durch Milizen und Polizeikräfte. Diejenigen, die den Ingenieur erkannten, forderten ihn auf einzuschreiten. Nur einen aus der Marschkolonne zu retten, hätte jedoch bedeuten können, die hundertzwanzig in ihren Schlupfwinkeln zu gefährden. Die Juden zogen an Gräbe vorbei in den Tod.

Gegen fünf Uhr morgens war Fritz sowohl körperlich als auch geistig erschöpft. Die Auseinandersetzung mit den Milizen, die unvergleichlichen Brutalitäten und das vergebliche Bitten hatten ihn seiner Kräfte beraubt. In diesem Zustand der Erschöpfung schwor er sich jedoch, das Erlebte niemals zu vergessen und um Gerechtigkeit zu kämpfen. Die Bilder dieser Nacht gingen für den Rest seines Lebens nicht aus seinem Gedächtnis.

Gegen sechs Uhr morgens schlüpften zwei von Gräbes Arbeitern und der Polier Einsporn von der Geschäftsstelle in Rowno an den Wachen vorbei in das Ghetto. Sie erkannten den Ingenieur kaum wieder.

»Herr Gräbe, Sie sehen schrecklich aus. Sie müssen sich ausruhen. Gehen Sie in das Büro und trinken Sie einen Kaffee.«

»Ihr habt Recht«, gab er zurück. »Bleibt hier an dieser Stelle! Was immer passiert, ihr dürft sie nicht verlassen, auch nicht für eine Minute. Einer von euch holt mich sofort, wenn die Miliz zurückkommt.«

Das Büro, das vielleicht vier- oder fünfhundert Meter von der

Straßenecke entfernt lag, bot dem Ingenieur für einen Augenblick einen Zufluchtsraum. Er sank auf einem Stuhl zusammen und fiel rasch in einen unruhigen Schlummer. Seine Gedanken rasten durch die Szenen des Terrors, aber er konnte sich nicht wachrütteln, um den Träumen zu entfliehen. Als ein deutscher Arbeiter die Zimmertür aufriß, war er hellwach. Vor dem Haus, in dem sich Gräbes Juden versteckt hielten, war es wieder losgegangen.

»Kommen Sie schnell! Einige der Juden haben aus den verbretterten Fenstern der ersten Etage herausgeguckt. Die Miliz hat sie entdeckt. Sie wurden aus dem Haus gezerrt und zum Sammelpunkt gebracht!«

Sieben jüdische Arbeiter waren ins Zentrum der Stadt gebracht worden. Gräbe stürzte zur Tür hinaus, warf dem Polier eine Pistole zu, die er im Büro gegriffen hatte, und brüllte: »Ich befehle Ihnen, auf jeden zu schießen, der versuchen sollte, wieder in dieses Haus einzubrechen. Meine Leute dürfen nicht angerührt werden. Sie sind mir für alles verantwortlich.« Dann rannte er auch schon in Richtung Stadtzentrum. Er hoffte, die Milizkräfte anhalten zu können, bevor sie den Sammelplatz erreichten.

Am Sammelplatz in der Nähe des Springbrunnens befanden sich hunderte Juden, in der Mehrzahl Männer, die dort, die Hände hinter dem Kopf verschränkt, am Boden kauerten. Es bot sich eine grauenvolle Szene mit den Schatten werfenden Opfern und Dr. Pütz, der dastand wie ein Teufel aus einer Bilderfolge Dantes, eine Hand ständig an der Pistolentasche, in der anderen eine Reitpeitsche. Die hochgezogenen Augenbrauen verrieten seine Überraschung, als der heranstürmende Ingenieur rief: »Dr. Pütz!« Gräbe betonte den akademischen Titel in der Hoffnung, die gefährliche Situation beherrschen zu können.

»Ich muß Sie daran erinnern, was Sie mir gestern mitgeteilt haben! Genau das Gegenteil davon ist eingetreten.«

»Warum sind Sie hier, Gräbe?«

»Warum haben Sie mich belogen, Dr. Pütz? Ich sage Ihnen jetzt nochmals das Gleiche, was ich Ihnen schon einmal sagte.

Ich brauche meine Arbeitskräfte alle. Ich will sie sofort zurück haben!« Pütz sagte leise: »Nein«.

Irgendwie mobilisierte Fritz seine letzten Energiereserven, um auf dieser staubigen öffentlichen Bühne die Kontrolle zu behalten. Mit überzeugender Geste zog Gräbe das von Leutnant Beck unterzeichnete Dokument hervor und händigte es Pütz aus. Es wirkte wie kaltes Wasser im Gesicht eines erregten Menschen.

Pütz zitterte und schrie: »Nein! Nein! Ich darf niemanden hier freilassen. Ich bringe zwar Aktionen in Gang, besitze aber nicht die Macht, sie aufzuhalten. Diese Leute sollen an einen anderen Ort gebracht werden.«

Gräbe verharrte bewegungslos. Er starrte Pütz geradewegs an, er wußte: Eine weitere Lüge. Verlegung bedeutet Tod. Ich muß meine Leute zurückhaben.

Pütz konnte das Schweigen nicht ertragen. Als könnte er Gräbes Gedanken lesen, rief er: »Nein, verdammt noch mal! Verschwinden Sie endlich.« Dann lächelte Pütz plötzlich. Langsam zog er seine Pistole aus dem Halfter. Gräbe zog vorsichtig nach, er hielt seine Maschinenpistole sichtbar an der Hüfte.

Pütz' Zeigefinger schob sich langsam um den Abzug. Die stille Konfrontation setzte sich einige Minuten fort, beobachtet von den kauernden Gestalten, von denen viele die deutsche Sprache verstanden. Ungezählte Sekunden, die wie Stunden schienen, standen sie da, die Gesichter einander zugewandt, fast wie Statuen. Pütz war vom Tod so stark gefesselt wie Gräbe vom Leben. Für Pütz waren diese Juden bloß Objekte, die Schwierigkeiten bereiteten.

Beinahe unmerklich entsicherte Pütz den Abzug. Gräbe sah die leichte Bewegung und hob seine Maschinenpistole. Pütz' sich überschlagende Stimme zerriß die Stille. »Niemand kommt hier heraus!«

Er brachte seine Pistole in Anschlag.

Gräbe dachte bei sich: ›Was bin ich nur für ein verdammter Narr. Einer von uns muß sterben. Die Anspannung ist zu groß.

Zu viele Pistolen. Wenn er mich niederschießt, kann ich ihn mitnehmen.‹

Ob er von der Waffe seines Widersachers eingeschüchtert, von Gräbes Willensstärke überzeugt oder nur darum besorgt war, das Töten fortzusetzen – Pütz senkte die Pistole, behielt den Finger aber am Abzug. »Gräbe! Gehen Sie den Rest Ihrer Juden holen; nehmen Sie sie mit und verschwinden Sie.«

»Pütz, ich will meine Handwerker – dort, diese sieben Männer.« Der Poker mißlang. Gräbe mußte sich entscheiden: sieben Männer oder über einhundert? Seine Gedanken rasten; es blieb ihm keine Wahl. Dann stellte er eine letzte Forderung.

»Ich werde gehen, aber Sie müssen mir eine SS-Wache mitschicken, weil die Ukrainer mich nicht verstehen; sie sind mordtrunken, und ich kann weder mich, noch meine Arbeiter vor ihnen schützen.«

Die Forderung wurde eingelöst, aber nicht bedingungslos. »Sie haben Ihre Leute«, sagte Pütz. »Verlassen Sie Rowno bis acht Uhr an diesem Morgen. Wenn Sie bis dahin nicht fort sind, werden Sie und Ihre Arbeiter von meinen Männern hierher zurückgebracht.« Die Peitsche, die bis zu diesem Moment bewegungslos in Pütz' linker Hand geruht hatte, erwachte plötzlich zum Leben und durchschnitt die Luft in Richtung auf die Opfer, die sich duckten, als Pütz knurrte: »Bis acht Uhr, Gräbe, oder Sie werden Probleme bekommen.«

Die beiden Widersacher trennten sich, der eine, um zu töten, der andere auf der Suche nach Mitteln, um zu entkommen. Gräbe ging langsam zu seinen sieben Arbeitern hinüber. In Gräbes Augen müssen der Schmerz und die Machtlosigkeit, die er so intensiv verspürte, ablesbar gewesen sein. Alle anderen Erinnerungen an diese Nacht – die verblutenden Säuglingskörper, die geschlagenen Frauen, das geplünderte Stadtzentrum – wurden zurückgedrängt, als Gräbe jedem der Männer in die Augen blickte und er mit jedem der sieben einen Pakt schloß: ›Ich werde es niemals vergessen. Niemals!‹

Die Männer schienen seine unausgesprochene Botschaft zu begreifen und zu akzeptieren. Gräbe hielt vor jedem der Männer inne. Nicht einer protestierte. Niemals hatte Gräbe solche Stille, so etwas Ergreifendes und solche Angst erfahren. Keiner rührte sich, keiner sprach, als der deutsche Ingenieur davonging. Er hatte das Gefühl, daß dies vielleicht der stillste Moment des Holocaust war.

Es war schon fast sieben Uhr morgens. Fritz rannte zurück und hielt nach dem Kutscher Ausschau, den er Stunden zuvor mit einer Mitteilung an Maria nach Sdolbunow entsandt hatte. Als er an den Häusern ankam, in denen sich seine Juden aufhielten, standen dort weder Last- noch Pferdewagen, nur seine deutschen Mitarbeiter hielten noch immer Wache an der Straßenecke. Es wurde nun kritisch angesichts von weniger als einer verbleibenden Stunde, bis Dr. Pütz seine SS-Schlächter herschicken wollte, um die Häuser zu räumen. Gräbe kämpfte gegen sein Gefühl von Ohnmacht und Leere und hörte auf zu grübeln, um eine Strategie zu entwickeln. Er entschied, seine Juden zu Fuß von Rowno nach Sdolbunow marschieren zu lassen, in der Hoffnung, daß man Lastwagen und Pferdefuhrwerk unterwegs treffen würde. Dann begann der zwölf Kilometer lange Marsch.

Maria hatte in Sdolbunow seit dem Vorabend, sieben Uhr, keinen Telefonanruf erhalten. Alles schien zunächst gut zu laufen, der Ingenieur hatte versprochen, um acht Uhr wieder anzurufen. Beunruhigt darüber, daß der Anruf möglicherweise nicht durchkam, begann Maria bereits gegen halb acht, selbst Rowno anzuwählen. Als sie schließlich eine freie Leitung fand, teilte man ihr mit, daß alle Nachrichtenverbindungen auf Anordnung des Gebietskommissars unterbrochen waren. Das war das befürchtete Signal, daß eine Aktion begonnen hatte. Während der ganzen Nacht blieb Maria in Angst auf ihrem Posten. Sie hielt sich bereit zu handeln, aber es kam weder ein Anruf, noch der Kutscher mit Anweisungen. Die ganze Nacht hindurch malte sie sich die Ereignisse in Rowno aus und stellte sich vor, wie sie Frau Gräbe den Brief und die Reisepapiere aushändigte.

Auch für Elisabeth Gräbe war es eine schlaflose Nacht. Stundenlang wanderte sie auf dem Flur des Hauses herum, um ihren Sohn nicht zu stören. Sie fürchtete um die Sicherheit ihres Mannes, aber auch um das Wohlbefinden seiner Juden.

Gegen sieben Uhr morgens machte ein Lieferant kurz Halt, der Marias schlimmste Befürchtungen bestätigte: Die Juden im Ghetto von Rowno wurden umgebracht. Gegen acht Uhr war sie völlig aufgelöst. Was konnte Gräbe und den einhundertzwanzig Arbeitern zugestoßen sein? Schließlich riß sie das vertraute Geräusch des Pferdegespanns aus ihren Angstphantasien. Sie lief aus dem Büro und auf den Kutscher zu.

»Wo sind sie? Was ist mit dem Ingenieur geschehen?« fragte sie. Während sich der Fahrer aufgeregt an Zaumzeug und Zügeln zu schaffen machte, beschrieb er die Vorgänge in Rowno.

»Sie töten die Juden in den Straßen, auch die Kinder«, sagte er. Als der Kutscher weiter über den Horror in Rowno berichtete, bemerkte Maria, daß seine Pferde gar nicht dampften.

»Wann haben Sie Rowno verlassen?«, verlangte sie zu wissen.

»Oh, kann sein, daß es ungefähr gegen drei oder vier am Morgen war. Ich erinnere mich wirklich nicht.«

Maria explodierte. »Wo sind Sie gewesen? Es dauert kaum mehr als eine Stunde hierher. Warum sind Sie nicht direkt hierher gekommen? Was hat Ihnen Gräbe gesagt?« Ihre Fragen stürzten auf den verwirrten, zusammenfahrenden Kutscher ein.

»Alles, was Gräbe sagte, war: ›Schnell, schnell!‹ Aber was weiß er schon?«

»Wo sind Sie in all diesen Stunden gewesen?«

»Herr Gräbe versteht nichts von Pferden. Man kann sie nicht mitten in der Nacht wecken und von ihnen erwarten, daß sie arbeiten. Als ich mich außerhalb der Hörweite der Schießereien in Rowno befand, ließ ich sie grasen und saufen. Sie brauchen gute Behandlung, oder sie arbeiten nicht.«

Erst jetzt griff der Kutscher in die Tasche und händigte Maria die Notiz ihres Chefs aus.

Maria war wütend, als sie den Brief aufschlitzte. Er war bereits seit zwei Stunden überfällig. Ihr Aufschrei erschreckte die Pferde.

»Oh, mein Gott! Wir müssen sie kriegen, bevor es zu spät ist. Wie konnten Sie das nur tun?« Sämtliche Lastwagen, die zur Rettung der Menschen in Rowno hätten eingesetzt werden können, waren jetzt unterwegs zu den Baustellen ungefähr acht Kilometer in nördlicher Richtung. Maria sprang auf das Fuhrwerk.

»Vorwärts, wir müssen die Lastwagen finden!«

Für Maria war es eine göttliche Fügung, daß sie schon nach wenigen Kilometern die Lastwagenkolonne ausfindig machen konnten. Als sie die Kolonne erreichten, zeigte sich der Vorarbeiter äußerst unkooperativ. Maria gab ihm zu verstehen, daß er Gräbes Anweisungen Folge zu leisten habe. Doch der Vorarbeiter erwiderte, daß seine Anweisungen von einer anderen Bauabteilung kämen. Marias Geduld war erschöpft, sie rief: »Wer fährt diesen Lastwagen? Kommen Sie sofort her!«

Ein jüdischer Bursche mit gelben Flicken auf seiner Jacke sprang aus einem Chausseegraben heraus und stellte sich als Fahrer zur Verfügung.

»Zieh diese Jacke aus und versteck sie im Lastwagen.«

Während Maria und der Junge in Richtung Rowno fuhren, passierten sie ukrainische Bauern, die ihre Waren zum Markt trugen. Die frische Morgenluft und das hochgewachsene Getreide erinnerten Maria an Polen vor dem Krieg. Für einen Moment entfloh sie der Realität des Krieges und ihrem eiligen Auftrag. Dem heruntergekommenen Lastwagen folgte der Kutscher mit dem Pferdegespann.

Während sich der Kutscher mit der dringenden Nachricht noch auf Sdolbunow zu bewegt hatte, hatte Gräbe seine Arbeiter zu einer Marschkolonne geordnet. Ein SS-Mann mit vier Männern der Miliz war von Pütz beauftragt worden, die Kolonne an die Stadtgrenze zu begleiten. Für den Fall, daß eine SS-Streife die Gruppe aufhielt und Ärger machte, waren die Frauen in der Mitte aufgestellt worden. Während einer ›Aktion‹ durchstreiften gewöhnlich SS-Einheiten das Gebiet auf der Suche nach Juden, die geflohen oder ohne Papiere auf der Durchreise waren. Im Augenblick jedoch beunruhigten Fritz vor allem die Männer der ukrainischen Miliz, die den Abzug aus dem Ghetto blockierten. Es war offensichtlich, daß Pütz' Schutzmannschaft nicht zu gebrauchen sein würde; sie fanden das ganze Schauspiel belustigend. Ungefähr gegen halb acht, ohne jeglichen Hinweis auf die Lastwagen, beorderte Gräbe seine deutschen Mitarbeiter an das Ende der Kolonne und ging selbst an die Spitze. Die Kolonne setzte sich in Bewegung, Gräbe hielt seine Maschinenpistole im Anschlag. Dies war den ukrainischen Mördern als Warnung deutlich genug. Die Marschkolonne eilte durch Straßen voller Trümmer. Schließlich erreichte sie die Kreuzung an der Straße nach Kwasilow. Fritz konnte seinen zitternden Arm senken und die Maschinenpistole wegstecken. Sie marschierten so schnell, wie es ging – tatsächlich ging es langsam, weil die Menschen erschöpft und ausgehungert waren. Die Kolonne bewegte sich zunächst nach Kwasilow an der westlichen Grenze des Rownoer Bezirks und dann weiter nach Sdolbunow, immer weiter weg von Dr. Pütz.

Gräbes Gruppe schleppte sich durch die morgendliche Hitze – den wundervollen Himmel nahmen sie nicht wahr – vorbei an Feldern mit hochgewachsenem Getreide. Die Getreidefelder waren in ständiger Bewegung. Juden hielten sich dort verborgen. Wann immer es sicher genug schien, wurde ein Zeichen gegeben, woraufhin ein oder zwei Menschen aus dem Kornfeld sprangen und sich in die Sicherheit der Marschkolonne begaben. Sie trugen allesamt Flicken und waren stark abgemagert. Sobald sich eine Person eingereiht hatte, wurde sie in die Mitte der Kolonne geschickt, wo man sie im Falle eines Zusammenstoßes mit der SS verbergen wollte.

Am Horizont kündigte eine große Staubwolke, die von dem Lastwagen und dem Pferdegespann verursacht wurde, die Ankunft der Retter an. Maria und der junge Bursche fuhren durch die hohen Getreidefelder und sahen plötzlich die Kolonne. Sie erinnert sich ganz genau an die Szene:

Das war ein Anblick: Da waren sie, insgesamt doppelt so viele wie unsere Gruppe, sie kämpften sich hinter Herrn Gräbe her. Er war völlig erschöpft, ich glaube nicht, daß ich ihn jemals so müde gesehen habe. Mit seinem Lederhut und seinem langen Mantel führte er die Juden an. Die Frauen drängten sich in der Mitte; aus dem Getreide hastete aufblitzendes Gelb in die Kolonne. Als wir sie erreichten, sank ich weinend in Gräbes Arme – ich versuchte, ihm etwas von den grasenden Pferden und des Kutschers Gefühlen für seine Pferde verständlich zu machen. Herr Gräbe brachte ein schwaches Lächeln zustande.

Fritz sagte den Leuten, die persönliche Habe dabei hatten, sie sollten sie auf das Fuhrwerk legen. Dann bestieg er die Kutsche, und die Kolonne machte sich auf den Weg nach Sdolbunow. Der Lastwagen bildete die Nachhut, um so etwas wie Flankenschutz zu geben.

Frau Gräbe hatte inzwischen die Nachricht bekommen, daß ihr Mann zurückkehrte. Sie erwartete ihn auf der Veranda des Hauses, und als sie ihn sah, stürzte sie weinend in seine Arme. In Sdolbunow wurden den Menschen ohne Papiere Ausweise ausgefertigt, jeder wurde verpflegt, und Gräbe zog sich in ein Lokal zurück, das von deutschen Soldaten und Arbeitern aufgesucht wurde. Die Nachricht von dem Marsch hatte in Sdolbunow längst die Runde gemacht, und jeder sprach über Gräbe, der die Kolonne seiner Juden angeführt hatte. Als er hereinkam, lästerte ein deutscher Offizier:

»Hier ist der Anführer dieser Juden, der Moses von Rowno.«

Fritz empfand den ironisch gemeinten Titel als große Ehre.

Gräbe war erleichtert, seine Arbeiter sicher nach Sdolbunow zurückgebracht zu haben, aber der Verlust der sieben Männer war eine schwere Last. Der Moses von Rowno überlegte, wie der Moses in Ägypten empfunden und gehandelt haben würde, wenn der Pharao ihm befohlen hätte, sieben Israeliten zurückzulassen.

Kurze Zeit nach der Rettung vertraute ein Wehrmachtsoffizier Gräbe an, daß der einzige Grund für die Judenvernichtung genau in dieser Nacht darin bestanden hatte, daß der Reichskommissar für die Ukraine, Erich Koch, dem Gebiet einen Besuch abstatten wollte. Die Doktoren Pütz und Beer hatten beabsichtigt, ihm ein Geschenk zu machen. Als Koch eintraf, war das Ghetto von Rowno in Blut und Schutt untergegangen; es war *judenrein*. Um mörderische Egos zu befriedigen und ein raubgieriges, krankhaftes politisches System zu nähren, waren tausende Juden ermordet worden. Aber die Augen der sieben jüdischen Handwerker hatten ein Abkommen mit einem deutschen Augenzeugen besiegelt, der versprach, niemals zu vergessen, und der dieses Versprechen hielt.

VI.
Dubno, als die Erde bebte:
5. Oktober 1942

1941 waren deutsche Truppen weit vorgestoßen. Sie hatten Jugoslawien besetzt, die Sowjetunion angegriffen und die Teilräumung Moskaus erzwungen, als deutsche Panzereinheiten sich der Stadt näherten. Die Zeit von Ende 1941 bis einschließlich 1942 war für den Kriegsverlauf und die Anstrengungen des Deutschen Reiches, die jüdische Bevölkerung auf dem europäischen Kontinent auszurotten, eine entscheidende Phase. Die Wannsee-Konferenz am 20. Januar 1942 legte die Planungen für die »Behandlung« der elf Millionen Juden fest, die nach Schätzung der Nationalsozialisten in Mittel- und Osteuropa lebten. Im Juni hatte die Vernichtung in Sobibor, Belzec und Treblinka begonnen; Juden wurden inhaftiert und nach Auschwitz und Majdanek deportiert. Im August waren in den Ghettos von Warschau und Lemberg (Lwow) »Aktionen« gegen die Juden durchgeführt worden. Der Krieg sollte von den Vernichtungslagern ferngehalten werden, auch als die sowjetische Armee am 19. November bei Stalingrad eine große Gegenoffensive einleitete. Die Partisanenbewegungen bauten entweder auf Kommandoaktionen oder blitzartige Überfälle. In ganz Weißrußland, Polen und der Ukraine hatten sich in den Ghettos und den umliegenden Wäldern aber auch einige kleine jüdische Widerstandsgruppen gebildet. Die Partisanen und die jüdischen Widerstandsgruppen konnten Hitlers Armeen erheblichen Schaden zufügen, aber sie waren nicht in der Lage, den Strom von Opfern in die Vernichtungslager zu reduzieren.

Die wichtigsten regionalen Partisanengruppierungen hatten selten Anteil an den Rettungsaktionen, es sei denn, sie sahen eine Gelegenheit, dabei einen Teil der Nazi-Kriegsmaschinerie zu sabotieren. Während einige wenige Gruppierungen Rettungsaktionen unterstützten, waren die meisten so deutlich antijüdisch wie ihre deutschen Widersacher. Juden konnten von ihnen kaum Hilfe erwarten; tatsächlich gibt es zahlreiche belegte Fälle von Ermordungen jüdischer Flüchtlinge durch Partisanen. Auch die Zivilbevölkerung kollaborierte häufig mit den Invasoren und verriet versteckte oder flüchtende Juden. Deutsche Soldaten wurden ebenso eingesetzt, Juden zu verfolgen; keine einzige Gruppierung und kein Land war gewillt, den Flüchtlingen Zuflucht zu gewähren.

Fritz Gräbes Strategie war die bei weitem erfolgreichste in der ganzen Region. Die Juden, die sich in seiner Obhut befanden, waren im allgemeinen sicher, oder sie wurden zumindest mit den notwendigen Dokumenten ausgestattet, um zu entkommen. Eine fast unbemerkt bleibende Subkultur des Mitgefühls gedieh in diesem Gebiet.

Von drei wesentlichen Lebensbereichen blieben jedoch auch Gräbes Arbeiter zunächst ausgeschlossen. Dieser Mangel konnte angesichts des harten Winters oder bei der leichtesten Erkrankung für viele den Tod bedeuten. Gräbe nutzte die Befugnisse seiner Stellung und einen Teil seines Privatvermögens, um Gebäude zu beschlagnahmen für die Eröffnung einer Krankenstation, einer Schneider- und einer Schuhmacherwerkstatt. Kurz darauf kümmerten sich eine Ärztin, zwei Krankenschwestern, fünf Schneider und ein Schuster um die Juden und polnischen Landarbeiter aus den Arbeitskolonnen, den Ghettos und den nahegelegenen Wäldern.

Gegenüber der NS-Gebietsverwaltung hatte der deutsche Ingenieur angegeben, die zusätzlichen Räume für seine Firma zu benötigen. Aus irgendeinem Grund wurde der tatsächliche Zweck der Hilfsdienste von den Behörden übersehen. Allerdings gab es keinerlei Medikamente. Erst viel später, als sie nach Solingen zurückgekehrt war, sollte Elisabeth Pakete zusammenstellen mit Aspirin und was immer sie sonst noch an Medikamenten auftreiben konnte. Ein für die Firma Jung tätiger Kurier, Paul Krilow, verkehrte regelmäßig zwischen Solingen und der Ukraine. Er nahm die Pakete mit. Innerhalb von zwei Jahren machte Paul Krilow fünfundzwanzig Fahrten mit Medikamenten und Hilfsmitteln, den einzigen, die Arzt und Schwestern zur Verfügung standen.

In der Zwischenzeit ratterten vier kleine Nähmaschinen zur Reparatur von Kleidung, während sich der Schuster jeden Tag um zehn Paar Schuhe kümmerte. Noch später, nach der »Aktion« im Oktober 1942, die die jüdische Bevölkerung Sdolbunows dezimierte, wurde eine Küche eröffnet, die eine große Gruppe verschleppter polnischer Landarbeiter versorgte, die sich in einem nahen Wald niedergelassen hatte. Gräbe sorgte sich nicht nur um Einzelheiten der Rettungsaktionen, sondern auch um das Wohlbefinden seiner Arbeiter. Er war gewillt, bis zum Äußersten zu gehen und um jeden Preis eine erträgliche und sichere Umgebung für die Opfer der Nazi-Unterdrückung zu schaffen. Er versorgte seine Schützlinge mit Nahrung, Unterschlupf und Sicherheit. Im Laufe der Zeit war er in der Lage, Arbeit, Kleidung und medizinische Behandlung bereitzustellen.

1942 gab es jedoch auch entscheidende Veränderungen sowohl für das Reich als auch für Gräbes Netzwerk. Innerhalb von Gräbes Einflußbereich hielt die Einrichtung von grundlegenden Dienstleistungen und die wachsende Zahl an Aufträgen das Netzwerk lebensfähig. Äußere Veränderungen jedoch begannen die Rettungsanstrengungen ernsthaft zu bedrohen. Gebietskommissar Georg Marschall blieb im Amt, sein Stellvertreter, Erich Habenicht, jedoch wurde als Wehrmachtsleutnant an die Ostfront versetzt. Verantwortlich für die Veränderungen war der Mann, der ihn ersetzte, Otto Köller. Marschall hatte Köller kennengelernt in der Zeit, als er der Leiter und gleichzeitig Lehrkraft an der Reichsschule für Parteipropaganda in Vogelsang war. Als Reichskommissar für jüdische Angelegenheiten in Sdolbunow,

Ostrog und Misocz nutzte Köller seine Stellung, um Reichsverordnungen unerbittlich anzuwenden, jüdisches Eigentum zu enteignen, Juden zu deportieren und die Liquidation der jüdischen Ghettos zu organisieren. Köller wurde als der »Schlächter von Sdolbunow« bekannt. Köller und Gräbe gerieten wegen der Behandlung der jüdischen Arbeiter in der Region regelmäßig in Konflikt.

War Habenicht human und für Gräbe hilfreich gewesen, so war Köller das genaue Gegenteil. Eines von vielen Beispielen mag das verdeutlichen. Vor dem Eintreffen Köllers hatte Gräbe mit Habenicht vereinbart, die Flüchtlinge in den Arbeitskolonnen mit einem besonderen Filzschuh auszustatten, der überall sonst unerwünscht war. Diese Schuhe spendeten den oft fast erfrorenen Arbeitern ein wenig Wärme und Bequemlichkeit. Nach einer energischen Auseinandersetzung hatte sich Gräbe durchgesetzt, und Marschall gab die Schuhe frei. Als Köller eintraf und sah, daß die Juden Schuhe trugen, war er aufgebracht. Er fuhr seinen Vorgesetzten Marschall an: »Laßt sie sich die Zehen abfrieren!«

Fritz erinnert sich wie folgt:

Ich bemerkte bald, daß Köller einen starken Einfluß auf Marschall hatte; viel stärker, als ich ihn hatte. Als er erkannte, daß sich Marschall gegenüber den Juden ein wenig nachgiebig verhielt, ging er vehement gegen ihn vor. Es gelang ihm, Marschalls Einstellung zu ändern und ihn davon zu überzeugen, Habenicht an die Ostfront zu schicken.

Dennoch schaffte es Gräbe weiterhin, Menschen vor den Nazi-Henkern und den ukrainischen Milizen zu retten, weil er immer gründlich vorausplante. Er antizipierte Zusammenhänge und wahrscheinliche Folgen. Er vermied forsches Auftreten und hütete sich davor, auf irgendetwas nur noch reagieren zu können. Bei der Rettungsaktion im Ghetto von Rowno am 13. Juli 1942 indes war er gezwungen gewesen, seine Prinzipien aufzugeben. In diesen achtundvierzig Stunden waren all die Bedrohungen deutlich geworden, die seine Mission gefährdeten.

Es war die gegen Juden und Zigeuner gerichtete Beschuldigung des ›Schmarotzertums‹, die dem Dritten Reich als theoretische Rechtfertigung für die Gewaltakte und die Vernichtungslager diente. Die Vernichtung von ›Schmarotzern‹ würde eine überlegene Rasse hervorbringen – so wurde argumentiert. In den Dokumentationen des Internationalen Militärgerichtshofes ist Hitlers Äußerung festgehalten: »Der Jude ist ein Parasit ... Die Beseitigung des Juden aus unserer Gemeinschaft ist daher als eine Notwehrmaßnahme anzusehen.« Heinrich Himmler bemerkte anläßlich einer Zusammenkunft von Konzentrationslager-Kommandanten: »Die meisten von Ihnen werden wissen, was es heißt, wenn da 100 Leichen liegen, 500 Leichen, 1000 Leichen ... Dies ist ein niemals geschriebenes und niemals zu schreibendes Ruhmesblatt unserer Geschichte.« Seine Verblendung wurde in einer anderen Aussage noch deutlicher: »Insgesamt können wir sagen, daß wir diese schwere Aufgabe [die Vernichtung der jüdischen Bevölkerung] aus Liebe zu unserem Volk erfüllt haben. Und wir haben keinen Schaden in unserem Inneren, an unserer Seele und an unserem Charakter genommen.«

Fritz Gräbe stellte seinen eigenen Körper zwischen Henker und Opfer. Weil er sich in die heimlichen Todesrituale einmischte, begab Gräbe sich selbst wie seine Rettungsbemühungen in extreme Gefahr. Die langen schlaflosen Nächte und der intensive Druck durch die »Judenaktion« brachten ihn an den Rand des körperlichen Zusammenbruchs. Die kranken, sich wiederholenden Akte äußerster Brutalität der »Aktionen« beraubten ihn seiner emotionalen Kraft, betäubten ihn und untergruben seinen Kampf für die Unverletzlichkeit des Lebens. Gleichzeitig weckte seine drohende, selbstbewußte Art auf dem Stadtplatz in Rowno den Argwohn seiner Widersacher. Sie hatten ihm einmal abgenommen, daß er Anweisungen hochrangiger, geheimer Stellen in Berlin Folge leiste. Jetzt besaßen sie Grund, seine Glaubwürdigkeit, seine Loyalität der nationalsozialistischen Sache gegenüber und seine tatsächlichen Absichten in Zweifel zu ziehen. Diejenigen, die bislang nicht gewagt hatten, nach der Herkunft von Gräbes Anweisungen zu fragen, betrachteten ihn nun als eine Bedrohung, weil er sie straffrei in ihrem Geltungsbereich und in ihren persönlichen Hoheitsrechten herausgefordert hatte.

Die unmittelbar auf die Aktion vom 13. Juli in Rowno folgenden Tage und Wochen gaben dem Ingenieur wenig Gelegenheit, seine Kraft zurückzugewinnen. Gräbe wäre äußerst erleichtert gewesen, wenn er nach seiner Rückkehr nach Sdolbunow hätte feststellen können, daß seine Familie bereits nach Solingen abgereist war. Sie war es nicht; die Züge hatten allesamt wegen unterschiedlicher, meist kriegsbedingter Gründe Verspätung. Elisabeth reagierte sehr emotional, als ihr Mann die Vorfälle im Ghetto von Rowno schilderte. Den Kopf in die Hände gestützt, weinte sie tagelang. Fritz war durcheinander und leicht reizbar. Zwei Wochen vergingen noch, bevor die Zugverbindung nach Solingen wieder hergestellt war.

In den verbleibenden Tagen ließ Fritz Herrn Praschko, einen seiner treuesten jüdischen Arbeiter, Friedel Reitunterricht geben und ihn mit dem Pferdegespann herumfahren. Während Friedel auf diese Weise beschäftigt war, hatten Elisabeth und Fritz die Gelegenheit, für die Zeit nach der Rückkehr der Familie nach Solingen zu planen. Es bestand Übereinstimmung, daß Elisabeth in ihr Haus zurückkehren und ihr Leben so normal wie möglich fortsetzen sollte. Was Aufenthaltsorte und Tun ihres Mannes anlangte, sollte sie Unwissenheit vorschützen. Fritz versprach zu schreiben, sobald es gefahrlos möglich war, aber er wies darauf hin, daß seine Briefe nur das Übliche beinhalten würden. Sie sollte ferner damit rechnen, daß es Zeiten geben würde, in denen er nicht würde schreiben können, lange Zeitabschnitte, in denen sie überhaupt nichts in Erfahrung bringen könnte. Gräbe befand sich in einer Position, die es ihm gelegentlich erlaubte, seiner Familie ein kleines Paket mit Fleisch oder Früchten zuzuschicken, ohne damit gleich die Gesundheit seiner Arbeiter aufs Spiel zu setzen. Er machte seine Frau mit Paul Krilow bekannt, dem Kurier der Firma Jung, der bei den Geschäftsstellen der Firma haltmachen sollte, wann immer er sich in Deutschland aufhielt. Wenn es in die eine oder andere Richtung gehende Nachrichten oder Pakete gab, sollte er sie zustellen.

Elisabeth war mit dieser Strategie einverstanden. Sie wußte, daß bestimmte Sachen gebraucht wurden: Medikamente, Verbandsmaterial, Aspirin. Sie versprach, stets Pakete vorbereitet zu haben, wenn Krilow in Solingen angekündigt war. In dieser Hinsicht fühlte sie sich als Teil dessen, was ihr Mann tat. Sie konnte aber auch ihrerseits jenes System manipulieren, das ihr Mann zu durchkreuzen versuchte. Elisabeth Gräbe hatte bis dahin niemals irgendetwas gesagt oder getan, was ihren Mann von seiner Mission hätte abbringen können. Jetzt konnte sie selbst eine Rolle bei der Rettung von Leben übernehmen. Für sich selbst und ihren Sohn wünschte sie sich insgeheim ihren Mann weit entfernt von den gefährlichen Intrigen in der Ukraine. Den jüdischen Opfern aber wollte sie ihren Mann für die Dauer des Krieges abtreten.

Schließlich kam der Tag der Rückreise. Am Morgen bestand Friedel auf noch einer weiteren Wagenfahrt mit Herrn Praschko, der sein Freund geworden war. Als die beiden zurückkehrten, übernahm Gräbe die Zügel, während Praschko respektvoll seinen Hut zog, den Jungen mit großer Leidenschaft umarmte und zu ihm sprach: »Gott schütze dich, mein lieber Friedel.«

Elisabeth ging hinüber zum Büro der Firma, um sich von Maria zu verabschieden. Während des kurzen Urlaubs hatten sie oft miteinander geredet und Freundschaft geschlossen. Elisabeth wußte, daß Maria mit ihr Verbindung aufnehmen würde, falls irgendetwas geschehen sollte. Als sie sich zum Abschied umarmten, überreichte eine der jüdischen Sekretärinnen, Frau Lerner, Elisabeth einen Strauß frisch geschnittener Blumen, die in ein feuchtes Taschentuch und trockenes Zeitungspapier eingewickelt waren.

Die Szene am Bahnhof war voller Traurigkeit: eine sanfte Umarmung, einige Tränen, die üblichen väterlichen Ermahnungen von Fritz an Friedel, ein besonders langanhaltender Blick, um die zerbrechliche Erinnerung einen Moment festzuhalten. Das Wissen um eine ungewisse Zukunft belastete den Abschied. Ein scharfer Pfiff verkündete die Abfahrt des Zuges.

Gräbe schaute dem Zug hinterher, bis der letzte Wagen hinter einem Pappelwäldchen, dessen Blätter sich bereits verfärbten und den näher rückenden Herbst ankündigten, verschwunden war. Der Ingenieur ging langsam zu seinem Auto zurück und war sich bewußt, daß nun jeder Augenblick der Arbeit und den Rettungen gewidmet werden mußte. Er fragte sich, ob es dabei für seine Familie eine Zukunft geben mochte.

Das schreckliche Geschehen von Rowno veranlaßte Fritz, seine Rettungsanstrengungen zu verdoppeln. Gräbe gehörte zu denen, die sich gut in die Lage der Juden versetzen konnten. In Gedanken sah er das Gesicht seines jungen Sohnes inmitten zerschmetterter, lebloser Gesichter von jüdischen Kleinkindern oder unter den unschuldigen, zu Tode erschreckten Gestalten, die entlang der Entwässerungsgräben in den Außenbezirken der Städte Spalier standen. Die Frage seiner Mutter gab ihm Kraft: »Und was würdest du tun?«

Allmählich nahmen die Tage wieder einen normalen Verlauf. Fritz und Maria hielten nach Anzeichen Ausschau, daß seine Widersacher seine Aktivitäten überwachten, gegen ihn etwas unternahmen oder ein Dossier zusammenstellten, das der SS in Warschau oder Berlin vorgelegt werden würde. Gräbe wußte, daß er in Rowno sich selbst und die Nazis an die äußersten Grenzen der Toleranz gedrängt hatte und daß deshalb auch alles verloren gehen konnte. Es war für ihn an der Zeit, sich zurückzuhalten und stärker mit seiner Arbeit beschäftigt zu erscheinen. Wenn er immer wieder behauptete, daß seine Arbeit für das Reich geheim und lebenswichtig war, dann sollte es auch so aussehen, daß er sich intensiv darum kümmerte. Er sicherte sich Aufträge, besuchte regelmäßig die Bauprojekte und lenkte Beobachter ab, die möglicherweise Informationen sammelten. Aber trotz dieser besonderen Anstrengungen kam Gräbes Rettungsnetzwerk niemals aus dem Takt. Immer noch kamen Menschen, um Arbeitskarten, falsche Personalpapiere und Reisegenehmigungen zu erhalten. Wann immer möglich, wurden Menschen zu einer der Baustellen geschickt. Er sagt:

Nachdem ich solche Sachen [wie Rowno] *gesehen hatte, gab es für mich keine andere Wahl, als noch härter zu arbeiten, um die Juden, die zu mir kamen, zu retten. Man kann nicht so viel Blutvergießen erleben und davon unberührt bleiben. Ich mußte etwas unternehmen. Ich mußte so viele Menschen beschützen, wie ich es konnte.*

Eine der Rettungsaktionen betraf eine äußerst wache Frau, Barbara Faust, eine Jüdin, die falsche Papiere besaß und die Gräbe nach Dubno geschickt hatte, um sie vor den Todesschwadronen zu schützen. Sie traf dort im September ein und begann, in der Geschäftsstelle in unterschiedlichen Funktionen zu arbeiten. Mindestens ein- oder zweimal pro Woche besuchte Fritz die Baustellen in Dubno. Der deutschen Verwaltung und seinen Mitarbeitern in Dubno vermittelte Gräbe den Eindruck, ein seinen Aufgaben verpflichteter Betriebsleiter einer deutschen Baugesellschaft zu sein. Durch seine Aufmerksamkeit auch für Einzelheiten, die kleinen Geschenke für die in dieser vergessenen Wildnis stationierten untergeordneten Beamten und seine freundliche Art gewann er das Vertrauen der Arbeiter in Dubno.

Am 5. Oktober 1942 verließ Fritz die Geschäftsstelle in Sdolbunow, um nach Dubno zu fahren. Von einer bevorstehenden »Aktion« war nicht die Rede, tatsächlich war die Gerüchteküche sogar ungewöhnlich ruhig. Als er in Dubno eintraf, hatten Polizei und schwer bewaffnete Milizmänner die Zufahrten zum Ortsinneren vollständig gesperrt, das allgemein bekannte Zeichen für eine gerade laufende »Judenaktion«. Während einer »Aktion« durfte niemand in den Bereich hinein oder heraus. Gräbe entdeckte einen ihm bekannten Verwaltungsbeamten. Um Zutritt zu erlangen, erzählte er ihm, er müsse dringend einige Akten mit seiner Geschäftsstellenleiterin, Barbara Faust, abklären. Weil die »Aktion« beinahe schon beendet war und sich auf das örtliche

111

Ghetto beschränkte, machte der Beamte Fritz den Weg zum Büro frei.

Barbara Faust, die illegalerweise außerhalb des Ghettos gelebt hatte, war beinahe hysterisch, als Gräbe eintraf. Das Schießen hatte einen ganzen Tag und eine volle Nacht angehalten. Nachrichtenverbindungen waren ohne Vorwarnung unterbrochen worden, und sie hatte die Stadt nicht verlassen können, um ihren Arbeitgeber zu alarmieren. Als Gräbe eintraf, wurden immer noch Juden zusammengetrieben und getötet. Auch die Arbeiter der Firma Jung waren von diesem Horror nicht ausgenommen. Obwohl Barbara Faust sich in Sicherheit befand, war sie hilflos und verängstigt. Nichts konnte sie beruhigen. Gräbe versprach, zur Baustelle zu fahren, um festzustellen, was mit den vielen Menschen geschehen war, die für ihn gearbeitet hatten.

An der Baustelle traf er seinen Vorarbeiter, Herbert Mönnikes, etwa sechzig Jahre alt und aktives Parteimitglied. Mönnikes, der stets Hakenkreuzbinde und Parteiabzeichen trug, war stark erregt. Hastig stieß er hervor, was während der beiden vergangenen Tage passiert war. Das Erlebnis war für den Vorarbeiter eine Offenbarung gewesen. Niemals zuvor war ihm irgendetwas begegnet, das auch nur im entferntesten mit einer »Aktion« zu vergleichen gewesen wäre. »Wenn ich es nicht mit meinen eigenen Augen gesehen hätte, Herr Gräbe, hätte ich niemals geglaubt, daß so etwas möglich ist«, sagte er.

Am ersten Tag hatten SS, Miliz und örtliche Polizei die Stadt ohne jede Vorwarnung eingeschlossen. Die SS-Einheit gehörte zu der dem Bezirk Rowno zugeordneten SS-Brigade, die unverkennbar mit ihrer ›Arbeit‹ vertraut war. Die beinahe fünftausend jüdischen Einwohner der Stadt und die zahlreichen Flüchtlinge wurden aus der Stadt zu dem etwa dreizehn Kilometer entfernt gelegenen Flugplatz getrieben. Der Flugplatz wurde nicht mehr benutzt und lag weniger als dreißig Meter von einer Baustelle der Firma Jung entfernt. Am Rand der Rollbahn befand sich ein drei Meter hoher und rund dreißig Meter langer Erdwall, dahinter war eine Grube, die schon bald zu einem Massengrab werden sollte.

Entsetzt beobachtete Mönnikes, wie SS und ukrainische Miliz am ersten Tag fünfzehnhundert Juden ermordeten. Jeder Jude erhielt eine Kugel, und in nicht wenigen Fällen wurde ein Elternteil gezwungen, ein Kind hochzuhalten, so daß zwei Personen mit einer Kugel hingerichtet werden konnten. Eine perverse Praxis in dieser Ökonomie der Vernichtung, die ansonsten weder Kosten noch Mühen zu scheuen schien, wenn es um die Ermordung von Juden ging. Mönnikes war von den Morden und der offensichtlichen Gleichgültigkeit der Soldaten erschüttert. Sie schienen sich freiwillig an der Vernichtung zu beteiligen. »Wie können sie nur solche Sachen machen und dabei von sich nicht ganz und gar angewidert sein? Wie können sie im Wissen um das, was sie diesen Kindern und Frauen angetan haben, jemals wieder in die Gesichter ihrer eigenen Frauen und Kinder blicken?«

Für den fassungslosen Mönnikes gewann das ›Totenkopf‹-Symbol der SS eine neue Bedeutung. Diese Soldaten hatten ihre Ehrfurcht vor dem Leben preisgegeben, um zu Mördern zu werden. Sie haßten nicht einmal die Leute, die sie töteten, sie befolgten einfach nur Befehle und füllten Rollen aus in dem System, das ihr Leben kontrollierte. Mönnikes, der zuvor in einer äußerst behüteten Umgebung gelebt haben dürfte, war von dem Verhalten der eigenen Landsleute förmlich erschlagen – einem Verhalten, das in seiner Vorstellung mit den Werten deutscher Kultur und Religion unvereinbar war. Als am zweiten Morgen fast fünfzehnhundert weitere Juden ermordet wurden, zerbrach Mönnikes beinahe.

Als die beiden Männer in der Nähe des großen Erdhügels standen, der beim Aushub des Massengrabes entstanden war, begann Mönnikes das Todesritual zu beschreiben. Die Juden waren gezwungen worden, sich gruppenweise, nach Familienverbänden geordnet, aufzureihen. Als sie das Gelände erreichten, befahlen ihnen bewaffnete Wachen, sich auszuziehen, die Kleidungsstücke sauber zu falten und zu stapeln sowie anschließend der Reihe nach vorzurücken. Mönnikes unterbrach seine Darstellung.

»Schauen Sie dort hinüber, Herr Gräbe. Dort, ein Haufen mit Schuhen, hunderten Paaren Schuhen, dort ein Stapel Unterhemden, weitere mit Unterhosen, Damenkleidern und Jacketts. Alles ist fein und säuberlich geordnet, nach Stapeln für Männer, Frauen und Kinder.«

Mönnikes Erinnerung war überaus lebendig. Während er erzählte und den Zeigefinger von Haufen zu Haufen schwenkte, schien es, als ob die Juden wieder anwesend waren, nackt aufgereiht in Familienverbänden und darauf wartend, von den deutschen Wachen an ihren Platz am Rande des Massengrabs gerufen zu werden.

Als Mönnikes am ersten Tag auf das Massengrab zugegangen war, hatte man ihn nicht angehalten. Menschenleiber lagen in wirrem Durcheinander in der Grube. Viele lebten noch, bewegten sich, jedoch ohne bei Bewußtsein zu sein und unfähig zu fliehen.

»Sie können sich das nicht vorstellen, Herr Gräbe. Die drei SS-Wachen standen einfach da, rauchten und waren so gleichgültig, als ob sie einen Trupp beaufsichtigten, der Kohlen entlädt.« Mönnikes fing an zu weinen. »Eine andere Wache saß dort und ließ die Beine über den Rand der Grube baumeln – zehn oder zwölf Menschen wurden in einem Lastwagen herangebracht, unbekleidet. Ihnen wurde befohlen, sich in die Grube zu legen, und der an der Grubenkante sitzende Wachmann erschoß sie. Er kümmerte sich nicht darum, wohin seine Schüsse trafen.«

Am darauffolgenden Morgen wurde eine weitere Grube sichtbar, die ebenfalls etwa sechs Meter breit und dreißig Meter lang war. »Die erste Grube füllten sie innerhalb eines Tages, jetzt ist die zweite bereits halbvoll, und wir haben gerade einmal zehn Uhr. Haben Sie, Herr Gräbe, eine Vorstellung davon, wie viele Menschen es erfordert, um eine derartige Grube zu füllen?« Mönnikes Stimme wurde immer hysterischer. Gräbe streckte die Hand aus, um ihn zu beruhigen, aber Mönnikes sprach fast zwanghaft weiter. »Es ist alles in Ordnung, Herbert«, besänftigte Fritz. »Es gibt nichts, was du oder ich hätten tun können. Diese Schweinehunde hätten dich ausgezogen und getötet und mich genauso.«

Aber Gräbes Worte stießen auf taube Ohren; sie boten Mönnikes nur wenig Trost, einem Mann, den der Verlust seiner Unschuld zerstörte. Mit einem dunklen Ton in der Stimme, der gar nicht aus dem Mund des alten Mannes zu kommen schien, sagte er voller Verzweiflung: »Sie haben es mit mir getan, sie haben mich ausgezogen und getötet. Meine eigenen Landsleute.«

Während Mönnikes sprach, holperte ein Lastwagen lärmend die Straße zum Flughafen hinauf und hielt ganz in der Nähe der beiden Männer. Das ukrainische Milizkommando sprang herunter und begann, die Menschen von dem Lastwagen zu stoßen. Fritz Gräbe beobachtete, wie den Leuten befohlen wurde, sich zu entkleiden. Er erinnerte sich später so:

Ich wollte meine Augen abwenden, aber es gelang mir nicht, sie blieben fest auf die Menschen gerichtet. Sie stapelten ihre Kleidung zu kleinen Haufen, die nach Art der Kleidung und Geschlecht getrennt waren. Die Kinderbekleidung wurde auf gesonderten Haufen abgelegt. Es lief so kalt, so planmäßig ab. Bald standen alle Juden von dem Lastwagen, es mögen etwa fünfundzwanzig gewesen sein, nackt hinter dem Dreckhügel. Mönnikes und ich gingen auf die Grube zu – es war so etwas wie eine magnetische Anziehung, ich konnte mich ihr nicht entziehen. Ich weiß nicht, welche Kraft mich zwang, dorthin zu gehen und zuzuschauen. Was immer es war, es war stärker als mein Wille.

Gräbe blickte auf eine achtköpfige Familie. Sie waren schon nackt und warteten auf den Ruf, ihre Plätze am Grubenrand einzunehmen. Diese Szene sollte Gräbe für den Rest seines Lebens verfolgen; vierzig Jahre später ließ sie ihn immer noch weinen und so heftig schluchzen, daß er am ganzen Körper zitterte. In seiner Vorstellung sah er sich selbst und seine geliebten Friedel und Elisabeth an ihrer Stelle stehen. Er war nicht in der Lage, seine Augen von der unschuldigen Familie abzuwenden. Der

Schwur von Rowno schloß nunmehr die Juden von Dubno ein: »Ich werde es niemals vergessen.«

Dort befand sich der Vater und daneben ein Junge im Alter von vielleicht zehn Jahren, dem Alter Friedels. Der Vater war ein liebenswürdig aussehender Mann, der sich bemühte, die Ängste und Qualen seines Sohnes zu mildern, indem er ihm seine Hand auf die Schulter legte. Mit sanfter, nicht vernehmbarer Stimme sagte der Vater etwas zu seinem Sohn, was den Jungen zum Himmel hinaufschauen ließ. Die Hand des Vaters bewegte sich sacht zum Kopf des Jungen. Die andere Hand deutete zum Himmel, während der Vater erneut sprach. Der Junge kämpfte mit den Tränen und versuchte, seine Fassung zu bewahren. Sie waren so tapfer.

Etwas abseits der beiden standen die Frau des Mannes und eine ältere weißhaarige Dame, die für ein kleines Kind sang, das sie in ihren Armen wiegte. Auch sie streichelte das Kind sanft und versuchte es abzulenken in den verbleibenden Minuten, den letzten Minuten des Lebens. Plötzlich ertönte eine heisere Stimme: »Die nächsten zehn! Bewegung! Schnell! Schnell!« Die Familie bewegte sich geschlossen um den Lastwagen herum und an dem sprachlosen Ingenieur und seinem Vorarbeiter vorbei. Der Junge hielt die Hand seines Vaters fest, während sich das kleinere Kind in die Arme seiner Großmutter schmiegte.

»Herr Ingenieur.«

Die Worte einer ihm unbekannten Frauenstimme ließen Gräbe aufschrecken. Er hatte an dieser Stelle keine ihm bekannten Gesichter ausmachen können. Tatsächlich hatte er angenommen, daß seine Arbeiter entweder alle geflohen oder bereits getötet worden waren. Wer hatte ihn jetzt, in diesem schreckliche Augenblick, erkannt? Gräbe war von einer jungen Frau aus der Familie, die er beobachtet hatte, wiedererkannt worden. Möglicherweise war sie eine der vielen, deren Ausweispapiere er unterzeichnet hatte, ohne sie jemals getroffen zu haben. Als sie an ihm vorüberging, ließ sie die Hand von ihren kleinen Brüsten über ihren ausgezehrten Körper hinabgleiten. »Herr Ingenieur: dreiundzwanzig, ganze dreiundzwanzig Jahre alt.« Sie zeigte zu dem Massengrab hinüber.

Sie ging an mir vorbei, ungefähr so nah, wie ich jetzt bei Ihnen bin. Verstehen Sie? Nur dreiundzwanzig, und sie ging geradewegs zu ihrer Vernichtung. Das war zuviel für mich.

Gräbe schaute der Erschießung nicht zu, er konnte es nicht. Weitere zehn Personen kamen nach vorn, und das Ritual wiederholte sich. Jetzt hatte sich Mönnikes vor lauter Wut sein Parteiabzeichen abgerissen.

»Warum lassen sie uns zuschauen?« fragte Gräbe Mönnikes.

»Warum denn nicht?« fragte Mönnikes zurück. »Gestern kamen die Postarbeiter vorbei, die sich alles genau ansahen. Es war wie im Zirkus. Niemand scherte sich auch nur einen Dreck um die Juden. Diese Wachen sind stolz auf das, was sie tun – sie wünschen sich Publikum.«

Fritz ging jetzt um den Erdhügel herum zur Grube. Die Menschen bewegten sich noch. Der SS-Mann feuerte die Kugeln einzeln ab, eine Kugel für jede Person.

Wer Glück hatte, starb sofort. Ich drehte mich herum und schrie den anderen SS-Mann an: ›Schauen Sie, die bewegen sich noch!‹ Eine der Wachen rief zurück: ›Wir haben nicht genug Munition, um jeden einzelnen Juden ruhigzustellen. Warum mehr als eine Kugel auf sie verschwenden?‹ Mönnikes kam mir nach und sagte mit dieser fremd klingenden Stimme: ›Herr Gräbe, ich habe Mütter und Väter beobachtet, die ihre Kinder hochhielten, damit sie der Schuß zuerst traf und sie nicht leiden mußten.‹ Aus den Augenwinkeln nahm ich in der Grube eine Bewegung wahr. Es war die Schwester der jungen Frau, die mich erkannt hatte. Sie schlug auf den Körper direkt neben ihr ein. Ich schrie den am Grubenrand sitzenden SS-Mann an: ›Tun Sie doch etwas, sie hat Schmerzen – sie ist nicht tot.‹ Darauf antwortete er mir: ›Vergiß es! Heute nacht wird das Grab mit Abfällen und Erde zugeschüttet, und alles wird erledigt sein.‹

Fritz Gräbe war nicht in der Verfassung wegzufahren, zudem war er um seinen traumatisierten Vorarbeiter zutiefst besorgt. Er zog Mönnikes von dem Schauplatz fort und saß mit ihm die Nacht hindurch zusammen. Am nächsten Morgen kehrte Gräbe zur Baustelle zurück. Als er über den Erdhügel kletterte, entdeckte er, daß die Grube nicht abgedeckt worden war und daß es fünf oder sechs Frauen gelungen war, sich aus dem Durcheinander von Leibern herauszuziehen. Weitere fünfzehn oder zwanzig Männer waren herausgekommen, aber die kühle Nacht und der Blutverlust durch die Verwundungen hatten zehn oder zwanzig Meter von der Grube entfernt ihre Opfer gefordert. Mehrere andere verwundete Juden saßen nackt auf dem Boden. Einige von ihnen hatten sich aneinandergekauert, um sich gegenseitig zu beschützen und zu wärmen. Einer stürzte auf Gräbe zu, um Hilfe und Kleidung flehend. Fritz war bereits dabei, sie zu sammeln und zu einer nahegelegenen Baumgruppe zu führen, um sie dort vorübergehend zu verstecken. Er wollte einen seiner Lastwagen ausfindig machen, um sie in Sicherheit zu bringen. Plötzlich jedoch bogen ein Wagen und einige Lastwagen um die Ecke und rasten auf den Platz zu. Die weniger schwer verwundeten Juden strauchelten in Richtung der Bäume. Der Wagen stoppte mit quietschenden Bremsen hinter einem der Lastwagen, während ein weiterer, mit Soldaten besetzter Lastwagen den Verwundeten hinterherraste. Schüsse wurden abgefeuert, ohne irgendjemanden zu treffen. Aber sie stoppten den Fluchtversuch der Juden, die alle zur Grube zurückgebracht wurden. Der kommandierende SS-Offizier, Sturmbannführer Braun, stieg aus seinem Wagen aus und befahl die ›Säuberung‹ der Gegend. Von dem Gelände direkt an der Baustelle hörte Gräbe mehrere Schüsse, dann war Stille. Den ganzen Tag fuhren Personen- und Lastwagen zur Grube und wieder fort. Jedes Fahrzeug setzte einige Juden ab, die sich versteckt hatten, die von Spitzeln verraten worden waren oder die sich auf der Suche nach einem Unterschlupf zufällig in der Gegend aufhielten und ins Schleppnetz der SS geraten waren. Jeder Darsteller – ob Henker oder Opfer – folgte den Regeln des Spiels bis zum finalen Schuß.

Es gab nichts, was Gräbe hätte tun können. Sämtliche Nachrichtenverbindungen waren unterbrochen worden. Niemand konnte das Gebiet betreten oder verlassen. Es gab niemanden, den er auf seine vermißten Arbeiter hätte ansprechen können. Es war einfach zu spät. An diesem Tag wurde der Schwur von Rowno immer wieder erneuert.

Gräbe blieb auf der Firmenbaustelle beim Flugplatz. Das ermöglichte es ihm, die »Judenaktion« im Auge zu behalten. Schließlich traf ein besonders großer Lastkraftwagen ein. Er war voller Menschen, die Krankenhaushemden trugen. Sie waren sehr schwach, viele von ihnen bluteten im Gesicht oder am Kopf. Sie waren bis vor kurzem übersehen worden. Den Milizmännern war dieses Versäumnis offenbar peinlich. Jetzt ärgerten sie sich und ließen ihrer Wut freien Lauf. Die Kranken wurden zu Boden geschleudert, so wie man einen leblosen Ballen Heu vom Erntewagen wirft. Ein Mann wurde an den Füßen vom Lastwagen gezogen. Sein Kopf schlug hart gegen den Kotflügel.

Diese Milizmänner zwangen sogar die kranken Menschen, sich nackt auszuziehen. Alles, was sie trugen, waren ihre Krankenhaushemden. Sie ließen sie so sehr leiden. Sie stapelten ihre Nachthemden auf einen gesonderten Haufen. Mehrere Menschen waren schrecklich schwach und beim Ablegen ihrer Kleidung sehr langsam. Jeder von ihnen erhielt einen Fußtritt oder einen Schlag mit dem Gewehrkolben. Das verlangsamte das Ganze noch mehr und machte die Wachleute noch wütender. Ich ging – ich konnte es nicht länger aushalten. Mein Herz schmerzte. Alles in mir schmerzte. Die Schüsse verhallten, und ich wußte, daß es jetzt vorbei war. In Dubno gab es keine Juden mehr. Auch meine Arbeiter waren tot. Später erfuhr ich, daß einige wenige, die gefälschte Papiere besaßen, sich hatten retten können. Es gab etwas, das bei all diesen ›Aktionen‹ gleich war und mich beschäftigte. Nicht eines der Opfer protestierte, keiner widersetzte sich ernsthaft. Vier Wachleute, sechs Milizmänner, aber kein Widerstand. Warum nur? Warum? Warum? Dann wurde mir klar, was da vor sich gegangen war. Es hatte überhaupt nichts mit der Zahl oder den Waffen zu tun. In die-

sem Augenblick wurde mir bewußt, was der Vater zu seinem Sohn gesagt hatte, als er zum Himmel zeigte. Es war das, was ich meinem Sohn sagen würde. Ich glaube, daß diese Menschen genug gelitten hatten – das ist der Grund, warum sie keinen Widerstand leisteten. Auch ich würde meinen Sohn beruhigen, zum Himmel zeigen und ihm sagen, daß dort eine bessere Zukunft auf ihn warte. Schließlich wird es im Himmel weder SS noch Miliz oder Polizei geben. Das hätte ich meinem Sohn gesagt. Unglaublich. Genau das war es, unglaublich. Das zivilisierte deutsche Volk, meine Landsleute, taten diese Dinge. Es war besser, im Himmel bei einem liebenden Gott zu sein als bei diesen Unwürdigen, die danach strebten, die Welt zu beherrschen. Wie würdest du empfinden? Was würdest du tun?

Fritz Gräbe entfernte sich langsam von der Grube. Als er an dem Berg Schuhe, den Haufen mit Kleidung und Unterwäsche vorbeiging, jagte ein Adrenalinstoß durch seinen Körper. Er konnte sehen, daß die das erste Massengrab bedeckende Erdschicht sich ganz leicht, aber unverkennbar bewegte. Die noch Lebenden kämpften gegen den Tod an, und der Erdhaufen bewegte sich.

Fritz war bis in sein tiefstes Inneres erschöpft. Er wollte allein sein, um darüber nachzusinnen, warum er von den Planungen für die »Aktion« nichts gehört hatte. Er kehrte nach Sdolbunow zurück, um noch mehr Arbeits- und Reisepapiere zu unterzeichnen, noch mehr Bescheinigungen zu fälschen. Er wollte versuchen, noch einige Leben zu retten, solange er Kraft hatte.

VII.

Das Sterben in der Ukraine:
Sdolbunow ist ›judenrein‹

Anfang Oktober 1942 mußten das Hauptbüro der Firma Jung in Sdolbunow wie auch Gräbes Rettungsbemühungen mit einem nicht kalkulierbaren Rückschlag fertig werden. Eine Frau Pater hatte in der Gebietsverwaltung eine ähnliche Stellung inne wie Maria in der Firma Jung. Frau Paters Identität als Jüdin war jedoch zufälligerweise entdeckt worden, woraufhin sie und ihre Tochter ermordet wurden. Maria reagierte in wachsendem Maße ängstlich, weil die Enttarnung von Frau Pater zu Verdächtigungen von weiteren Personen führte, die in sicherheitsrelevanten Bereichen arbeiteten. Als neue, harte Arisierungsbestimmungen aus Berlin eintrafen, wurden sie von den Regionalbehörden auch mit Nachdruck durchgesetzt. Maria hatte die von den neuen Bestimmungen ausgehende Gefahr erkannt und wurde durch die Hinrichtungen in ihren schlimmsten Befürchtungen bestätigt. Weil sie glaubte, daß ihre Ausweispapiere Verdacht wecken würden, überzeugte Maria den sich anfänglich weigernden Gräbe, sie in Poltawa arbeiten zu lassen. Sie befolgte genau den Ablauf, den sie in der Vergangenheit für so viele andere immer sorgfältig vorbereitet hatte, und versteckte sich während der Nacht in Gräbes Auto in einer unterhalb der Unterkünfte deutscher Offiziere gelegenen Garage, um am frühen Morgen zu einer Bahnstation im angrenzenden Bezirk gebracht zu werden. Das vereinbarte telefonische Zeichen, das Tadeusz Glass das Eintreffen Marias ankündigte, lautete: »Der Koch trifft morgen ein.« Ihre Abreise schützte sie vor dem Terror, der die Region überziehen sollte.

Seit zwei Tagen hatten unter den Juden Gerüchte die Runde

gemacht, und eine Gruppe von ihnen kam mit einer Information und einer Frage zu Gräbe. Offenbar waren Leute in der Nähe von Nowo-Mylsk zufällig auf eine Militärkolonne gestoßen, die zwei große Gräben aushob, die offensichtlich als Massengräber benutzt werden sollten. Die Gräben befanden sich in beträchtlicher Entfernung von Sdolbunow, was die Augenzeugen verwirrte. Warum sollten die Nazis Massengräber in solch einer Entfernung errichten? Waren es tatsächlich Massengräber, oder hatten diese Gräben irgendeinen anderen Zweck, möglicherweise als Panzergräben? Diejenigen, die die Arbeiten beobachtet hatten, berichteten es dem Judenrat, der sich nun an Fritz wandte: »Ist eine Aktion geplant? Was sollen wir tun?«

Weil er sich seiner Stellung gegenüber den örtlichen Behördenvertretern nicht sicher sein konnte, war Fritz gezwungen, angesichts einer möglichen »Aktion« vorsichtig zu sein. Gräbe hatte gespürt, daß er seit seinem Eingreifen in Rowno im Juli unter Beobachtung stand. Er war sicher, daß die SS ihn überwachte. Gräbe wußte aber nicht, in welchem Ausmaß man ihn ausspionierte und warum. Hielten ihn die Machtorgane für einen gewitzten ›Judenfreund‹, der die Reichsverwaltung in der Ukraine untergrub? Waren sie beleidigt wegen seiner angeblichen ›geheimen Befehle aus Berlin‹, seiner dreisten Darbietung von Macht? Oder glaubten sie, daß er einfach ein exzentrischer Fachmann war, dem es an der Fähigkeit mangelte, die Kriegserfordernisse in einem größeren Rahmen zu betrachten? Wenn sie das erstere glaubten, dann mußte Gräbe annehmen, daß amtliche Mitteilungen zwischen Berlin und der Ukraine ausgetauscht wurden und daß er selbst und seine Anstrengungen in extremer Gefahr waren. Wenn ihm die SS seine ›Geheimbefehle‹ übelnahm, dann würde sie es nicht wagen, einen Einwand in Berlin vorzubringen, aus Angst davor, daß Gräbe tatsächlich der war, für den er sich ausgab. Gräbe nutzte sein Wissen um die Art und Weise, wie die Nazis dachten:

Es war einfach. Ich wußte, wie der deutsche Verstand arbeitete. Sie

122

beugten sich immer vorgesetzten Behörden. Keine Fragen. Kein Auf-
begehren. Wenn ich theatralisch genug auftreten könnte, würden es die
SS und die Regierungsbeamten aus Furcht um ihre eigene Sicherheit
kaum wagen, mir entgegenzutreten oder gegen mich in Berlin vorzu-
gehen. Ich mußte es riskieren.

Die Risiken mußten auch auf andere verteilt werden. Diese
Last sollte Adam Zimmerer zufallen, einem sympathischen Kollegen, der die deutsche Baufirma Pöhner aus Bayreuth leitete. Einige Monate zuvor hatte Zimmerer Fritz in dessen Verachtung
der Nazi-Grausamkeiten und der Enttäuschung über die Partei
ausdrücklich bestätigt. Am 12. Oktober 1942, eine Woche nach
der Dubno-Aktion, trafen sich Zimmerer und Gräbe in einem
Café, um die Probleme zu erörtern. Sie kamen zu dem Ergebnis,
daß ein direktes Vorgehen notwendig war: ein Besuch bei Gebietskommissar Marschall, um sich darüber zu beschweren, daß
der weitere Verlust an ausgebildeten Arbeitern die Kriegsanstrengungen hemmen würde. Außerdem hatten vorherige Aktionen zum Verlust von Werkzeugen und Präzisionsinstrumenten
geführt. Diese Verluste, so sollte argumentiert werden, bedeuteten einen schwerwiegenden Rückschlag für die Baumaßnahmen.

Mit dieser Strategie gingen die beiden zum Büro des Gebietskommissars. Die Wache im Empfangsbüro kündigte Marschall
die Besucher an, Marschall jedoch weigerte sich, die Ingenieure
zu empfangen. Sie ließen aber nicht locker und gingen zum Büro seines Stellvertreters, Otto Köller. Köller, der zynische, recht-
haberische Totschläger, willigte in ein Treffen ein.

Er empfing die beiden Ingenieure, wie man ein Problemkind
empfangen würde, um es zu disziplinieren. Eine bewaffnete Wache begleitete die beiden Männer in das großzügige Büro, während der Mann von der Partei hinter seinem ausladenden, reich
verzierten Holzschreibtisch sitzen blieb. Er bot seinen Widersachern nicht einmal eine Sitzgelegenheit an. Während sie den
Raum betraten, lehnte Köller sich in dem großen Ledersessel zurück und ließ die Handflächen auf seinem Schreibtisch ruhen.

Sein autoritäres und hochmütiges Gehabe signalisierte Schwierigkeiten.

Zimmerer schwieg, während Gräbe ihre Fragen und Bedenken vorbrachte.

»Wird es eine Aktion geben? Wenn das so ist, sollten Sie wissen, daß der Verlust an Personal und Arbeitskräften und die Gefährdung der Ausrüstung die Arbeit an den Bauprojekten und damit Reichsinteressen aufs Spiel setzen wird.«

Zwischen dem ›Schlächter von Sdolbunow‹ und dem ›Moses von Rowno‹ fand eine Art Privatkrieg statt. Die Auseinandersetzung hatte einen viel persönlicheren Charakter, als es den Anschein haben mochte. Deshalb war es wahrscheinlich eine schlechte Strategie, Fritz sprechen zu lassen.

Einen nachdenklichen Gesichtsausdruck heuchelnd, erwiderte Köller: »Ich antworte Ihnen nicht, meine Herren; wir sind keine politischen Klippschüler, wissen Sie. Hier gebe ich die Befehle.«

»Was heißt ›politische Klippschüler‹? Entweder ja oder nein. Ist eine Aktion geplant?« Gräbes Direktheit überraschte – die Macht jedoch befand sich auf der anderen Seite des Schreibtischs, bei Köller.

»Ich antworte keinem von Ihnen. Ich habe für Sie keine Zeit mehr. Verschwinden Sie!«

Zimmerer und Gräbe wurden sofort aus dem Büro herausgeführt. Sie zogen sich zurück, um das Geschehen zu bewerten. Obwohl ihn die Auseinandersetzung wütend gemacht hatte, war Zimmerer nicht davon überzeugt, daß überhaupt eine Aktion geplant war. Die beiden Männer entschlossen sich, ihre Informationsquellen zu überprüfen und nach Anzeichen für eine bevorstehende Mordaktion Ausschau halten zu lassen. Es war bereits zu spät. Die Aktion begann nur Stunden, nachdem die beiden Ingenieure sich an diesem Abend voneinander getrennt hatten.

Um drei Uhr morgens wurde Gräbe durch Hämmern gegen seine Haustür und lautes Geschrei geweckt. Das Feuer aus halbautomatischen Waffen riß die Schläfrigkeit von ihm. Als er die Haustür erreichte, stürmten die Polizisten schon herein. Fritz versperrte ihnen den Weg und forderte sie auf, ihm den Grund des Eindringens zu nennen. Sie drängten an ihm vorbei, ignorierten ihn völlig und begannen mit der Durchsuchung des gesamten Hauses. Sie schlugen auf der Suche nach versteckten Durchbrüchen und Zwischenräumen gegen Wände, Fußböden und Zimmerdecken, sie schauten unter Betten und hinter Türen. Ein Polizist verkündete einem in der Nähe stehenden SS-Offizier das Ergebnis: »Keine Juden.« Sie entfernten sich. Die Aktion, die Sdolbunow ›judenrein‹ machen sollte, hatte begonnen.

Als die Durchsuchung von Gräbes Haus abgeschlossen wurde, war der jüdische Teil Sdolbunows bereits von zwei- bis dreihundert ukrainischen Milizmännern und den örtlichen Polizeikräften vollständig eingeschlossen worden. In der Absicht, nach seinen Arbeitern zu suchen, verließ Gräbe sein Haus in Richtung Ghetto. Fast fünfzehnhundert Juden aus dem Ghetto arbeiteten für die Firma Jung. Dabei dürften sich insgesamt mehr als doppelt so viele Juden im Ghettogebiet befunden haben. Wie sollte er sie dort herausbekommen? Wen konnte er um Hilfe bitten? Es gab niemanden mehr, und Maria befand sich weit entfernt in Poltawa. Es hätte ohnehin keine Rolle gespielt. Gräbe wurde an sämtlichen Zugängen zu der Zone abgewiesen. Die Wachleute nahmen seine Drohungen und Argumente überhaupt nicht zur Kenntnis.

Daraufhin machte sich Gräbe auf den Weg zur Geschäftsstelle. Als er dort ankam, fand er eine Frau vor, die ihn erwartete. Rosa Schachter hatte bis Juni 1942 in Ostrog gelebt, von wo aus sie hatte flüchten müssen, als die ersten »Aktionen« einsetzten. Sie ließ sich in Ozenin nieder, aber schon bald wurde auch dieses Gebiet vom Terror heimgesucht. In Ozenin hörte sie, daß ein deutscher Ingenieur Juden beschäftigte und ihnen dabei half, dem Grauen zu entkommen. Drei Monate lang hatte sie sich vorsichtig Richtung Sdolbunow bewegt. Es war ein grausamer Streich des

Schicksals, daß sie den ›sicheren Hafen‹ gerade zu dem Zeitpunkt erreichte, als eine erneute ›Aktion‹ einsetzte. Gräbe wartete nicht ab, bis sie ihre ganze Geschichte erzählt hatte. Er ließ einen seiner Lastwagen kommen und Frau Schachter zum einzig sicheren Ort in der Zone bringen: den Wohnquartieren der deutschen Firmenmitarbeiter. Sie wurde in einem dunklen, leeren Raum eingeschlossen und verbrachte dort verängstigt und weinend die Nacht, während das Gemetzel lärmend um sie herum wütete. Sehr früh am folgenden Morgen kam ein Fahrer, der Passierschein und Arbeitspapiere für die ›vor kurzem eingetroffene‹ Mitarbeiterin der Firma Jung dabei hatte. Er nahm Frau Schachter im Lastwagen mit zum Firmenbüro in Rowno, wo sie der dortige Vorarbeiter Einsporn zur Arbeit in der Firmenkantine einsetzte. Gräbe schickte sie nach Rowno, weil er sich sicher war, daß es dort, in einem bereits »judenreinen« Gebiet, keine weiteren »Aktionen« geben würde.

Pütz, Köller und Marschall hatten sich gegen mich gewappnet. Sie hatten alles so vorbereitet, daß es mir unmöglich war, die Aktion zu stören. Rosa Schachter war die einzige Person, der ich unmittelbar helfen konnte – können Sie sich vorstellen, daß ich von fünfzehnhundert Menschen gerade einmal einen einzigen retten konnte? Pütz muß die Wachleute vorgewarnt haben, denn sie hielten mich energisch vom Ghetto fern. Mir blieb nur, mich gegenüber dem Ghettoeingang auf die Treppenstufen des Postamts zu stellen und von dort aus das schamlose Treiben zu beobachten. Um meinen Arbeitern Hoffnung zu geben, daß ich sie beschützen könnte, spielten Köller oder Marschall ein äußerst mieses Spiel. SS-Männer liefen mit Lautsprechern durch die Straßen und riefen: ›Alle Arbeiter der Firma Jung begeben sich zum Hinterhof des Gymnasiums.‹ Meine Arbeiter sollten glauben, daß sie sicher waren und beruhigt zur Schule kommen konnten. Ich aber besaß in Sdolbunow keine Einflußmöglichkeiten mehr. Ich verlor alle meine jüdischen Mitarbeiter mit Ausnahme der wenigen, von denen ich annehme, daß sie entkommen konnten.

Vom Postamt aus beobachtete Gräbe den mit einer Pistole bewaffneten Köller, der die Straßen herauf und herunter ging. Die Sdolbunow-Aktion hatte den Charakter einer für alle offenen Veranstaltung. Eisenbahnarbeiter und Postbedienstete beteiligten sich an der Jagd auf Juden im Ghetto. Nach Beendigung der ›Aktion‹ sprach Fritz mit dem Polizeiführer und fragte ihn, ob diesen Leuten befohlen worden war, sich zu beteiligen.

»Aber nein!« antwortete der Mann. »Das war eine völlig freiwillige Sache. Für einige, so wie mich, ist das aber nichts.« Die Eisenbahnarbeiter hatten um die Erlaubnis gebeten, mitmachen zu dürfen. Das war von dem örtlichen Verwaltungschef und der Polizei bewilligt worden.

Gräbe wurde Augenzeuge der besonders brutalen Tat eines Polizisten namens Wacker. Dieser Wacker kam mit einem jüdischen Kleinkind in seinen Händen aus dem Eingang eines Hauses gestürzt und schmetterte es gegen den Türpfosten. Kurz darauf folgte der Rest der Familie, und Wacker hielt den Eltern den blutenden, leblosen Säugling triumphierend unter die Nase, bevor er sie zum Sammelpunkt brachte. Fritz kam durch einen Zufall zu Ohren, daß sich dieser Beamte seines ›außergewöhnlichen Mutes‹ beim Aufbrechen von Türen rühmte, um versteckte Juden aufzustöbern. Wacker beendete den Bericht über seinen ›heldenhaften Kampf‹, indem er der SS dankte, »die mir diese besonders wirkungsvolle Methode gezeigt hat«.

Juden wurden durch die Straßen Sdolbunows getrieben, viele wurden niedergeschossen, geschlagen oder mit bloßen Händen getötet, bevor sie den Sammelpunkt bei der Schule erreichten. Diejenigen, die es bis dorthin schafften, wurden auf Lastwagen geladen und zu den vorbereiteten Massengräbern bei dem Dorf Nowo-Mylsk gefahren, wo man sie zwang, sich zu entkleiden und in die Gruben zu steigen. Dort wurden sie getötet, jeder mit einem einzelnen Gewehrschuß.

Während aller drei ›Aktionen‹ im Verwaltungsbezirk Sdolbunow (Dubno, Misocz und Sdolbunow) im Oktober 1942 passierte etwas Ungewöhnliches. Freiwillige der Polizei unterstützten die ohnehin zahlreichen Milizkräfte. Die Polizeifreiwilligen waren häufig grausamer als die schlimmsten Sadisten der SS. Unter den Freiwilligen befand sich auch ein rangniedriger Beamter namens Attinger.

Attinger schien ein unersättliches Verlangen nach Henkerstaten zu haben. Sein Blutdurst ließ ihn zu einem der gefürchtetsten Männer des Bezirks werden. Er schien sich unaufhaltsam von Blutbad zu Greueltat, von Ghetto zu Massengrab zu bewegen. Irgendwann einmal feierte Attinger seinen zweitausendsten Mord an einem Juden. Er genoß seinen Ruf als Mörder jüdischer Kinder, die er des öfteren aus Geschäften zerrte und auf offener Straße niederstreckte oder die er im Visier seiner Waffe einfing, ihre Bewegungen verfolgte und sie dann erschoß. Während der Sdolbunower »Aktion« konnte Gräbe von seiner Position vor dem Postamt aus beobachten, daß Attinger Menschen zur Schule führte, einige schlug und andere erschoß, wie er gerade Lust hatte. Laut späteren Berichten ging Attinger zu den Massengräbern und exekutierte Juden rund um die Uhr.

Ziemlich spät am Tag der »Aktion« saß Fritz in seinem Büro, als Attinger eintrat. Es war nicht ungewöhnlich, daß Attinger für sich selbst oder die Polizei Material bestellte. Aber bei dieser Gelegenheit stand für Attinger etwas anderes an. Gräbes Sekretärin Bronka erhob sich, um ihm zur Begrüßung die Hand zu geben. Mit einer seltsamen Mischung aus Heiterkeit und Würde schlug er ihre Geste aus.

»Ich kann nicht. Meine Hände sind voller jüdischem Blut. Vielleicht ein andermal.« Er wandte sich Gräbe zu, der bemerkte, daß Attingers Stiefel von pulvriger Erde bedeckt war, die man gewöhnlich um den Ort der Massengräber fand, und sagte: »Ich habe eine Nachricht für Sie von einer Jüdin mit Namen Zolotow.«

Frau Zolotow hatte für Gräbe in der Verwaltung der Firma Jung gearbeitet. Gräbe war geschockt, aber er gab sich unwissend.

»Sie beauftragte mich, Ihnen ihren Dank zu bestellen. Sie ist jetzt dahingegangen.«

Attinger machte auf den Absätzen seiner Stiefel kehrt und verließ das Büro.

Fritz erinnert sich:

Attinger war ein krankhaft veranlagter Mensch. Er war so stolz darauf, daß er mir Frau Zolotows Nachricht übermitteln konnte. Ich glaube nicht, daß er ganz verstand, was er da tat. Es war der Abend des Tages, an dem die ›Aktion‹ stattgefunden hatte. Attinger hatte zweitausend Juden getötet und veranstaltete eine Bier-Party, um zu feiern. Als die Feier schon fortgeschritten war, traf ein Melder ein und händigte Attinger ein Telegramm aus. Ich beobachtete ihn, wie er sehr still wurde und zu weinen begann. Es hatte den Anschein, daß sein Sohn an der Front gefallen war. Die Feierstimmung kühlte schnell ab. Attinger war untröstlich. Schließlich verließen er und einige andere die Feier, ›um weitere Juden zu suchen und zu töten‹. Während ich Attinger beobachtete, kam ich zu dem Schluß, daß es so etwas wie sein Privatkrieg war. Er wollte Juden zusammentreiben, sie schlagen, auf Lastwagen pferchen, sie sich ausziehen lassen und jeden einzelnen persönlich erschießen. Für mich war er die vollkommene Verkörperung der Endlösung. Er war von der Art, nach der das Dritte Reich suchte – ein kaltes, gedankenloses Raubtier.

Als die Nazis das Ghetto verließen, ging Gräbe hinein: er wollte es sehen, es in Erinnerung behalten und versuchen, Anzeichen von Überlebenden ausfindig zu machen. Als Fritz zum Schulgebäude kam, sah er einen Mann Geld auflesen, das er in seine Taschen stopfte. Die Juden hatten etwas von ihrem Geld auf die Straße fallen lassen, als sie weggebracht wurden. Gräbe erkannte den Mann als Fritz Gern. Einen Tag zuvor hatte Gräbe beobachtet, daß Gern einen SS-Offizier und mehrere Milizmänner durch die Straßen führte, die am Rand des Ghettos lagen. Gern zeigte jeweils auf ein bestimmtes Haus, das von Polen bewohnt war, woraufhin die Miliz in das Haus eindrang, um bald darauf mit einer Familie und den Juden, die dort versteckt worden waren, wieder aufzutauchen. Das Schicksal war für die Polen wie für die Juden das gleiche.

Fritz erblickte die Gelegenheit zur Rache. Er fand eine deutsche Polizeipatrouille und erzählte, daß ein Mann Geld sammelte und einsteckte. Gern war gerade dabei, sich mit dem Geld aus dem Ghetto davonzumachen. Als sie ihn festnahmen, waren seine Taschen vollgestopft mit ukrainischer Währung und Reichsmark. Fritz sagt: »Mir war es zwar nicht möglich, Gern für das festnehmen zu lassen, was er den Juden und den Polen angetan hatte, doch brachte ich es fertig, ihn für etwas anderes abführen zu lassen – das Ergebnis blieb das gleiche.«

Etwas später an diesem Tag trafen sich Gräbe und Zimmerer im Büro der Firma Jung. Das Erlebte hatte Zimmerer zerstört. Die beiden Männer versuchten einander zu trösten, was jedoch vergebens war. Gräbe konnte Zimmerer nichts über seine Rettungsbemühungen mitteilen, so daß es für die beiden Männer nurmehr wenig gemeinsam zu tun gab; die Verzögerungstaktik war gescheitert, die Zeit war abgelaufen. Sie waren machtlos und die Kontrolle über die Situation auf die andere Seite übergegangen. Während sie miteinander redeten, leuchtete an Gräbes Telefonschrank eine Kontrolllampe auf. Er merkte, daß der Ruf aus einem Büro kam, das aber eigentlich nicht mehr besetzt sein konnte, da die in ihm arbeitenden jüdischen Mitarbeiter allesamt tot waren. Er rannte zum Telefonapparat und hörte die Stimme einer Frau.

»Herr Gräbe, hier ist Frau Glückson. Sie müssen mir helfen!«

»Warten Sie dort auf mich. Ich bin gleich da und helfe Ihnen.«

Fritz entschuldigte sich für die Unterbrechung und sagte, daß einer seiner deutschen Mitarbeiter ein wenig Hilfe nötig habe, um ein Gerät in Gang zu bringen. Zimmerer machte sich zu seinem Büro auf. Wie eine listig streunende Katze bei der nächtlichen Jagd bewegte sich Fritz durch das Ghetto, machte erst einen Umweg, um dann auf direktem Wege zu dem Büro zu gelangen. So hoffte er, sich allen potentiellen Verfolgern und Beobachtern entziehen zu können. Denn es war ja möglich, daß die SS Wachposten zurückgelassen hatte, die nach geflohenen Juden Ausschau hielten, oder daß sich Spitzel in der Nähe befanden. Wenn er auf-gegriffen würde, hätte er keine Ausrede dafür, daß er sich im Ghetto oder dem vermeintlich leerstehenden Büro aufhielt. Als Gräbe schließlich bei dem Büro anlangte, fand er eine schreck-lich verängstigte, hungrige und dehydrierte Frau, eine seiner Mit-arbeiterinnen. Frau Glückson hatte sich zwei Tage vor Beginn der Aktion in das Versteck begeben. Nun war jedes Geräusch für ih-re Ohren wie ein Donnerschlag. Durch die permanente Angst stand sie unter Schock. Nachts waren Ratten um sie herumge-streift, aber sie war nicht einmal in der Lage gewesen, die einzi-ge Kerze zu entzünden, die sie mit sich genommen hatte, aus Angst, daß sie ihren Standort der Polizei oder einem der neugie-rigen deutschen Mitarbeiter Gräbes verraten würde. Kurz vor Be-endigung der Aktion war eine Streife bis auf anderthalb Meter an ihr Versteck herangekommen. In ihrer Hysterie war sie zu er-schrocken, um zu schreien, aber ihr erschien es, daß ihr Herz laut wie eine Trommel schlug und ihr Versteck zu verraten drohte. Fritz versuchte diese bemitleidenswerte Seele, die er zuvor nicht einmal kennengelernt hatte, zu beruhigen. Immerhin konnte er sie so weit zur Ruhe bringen, daß er Wasser herbeiholen konnte.

Weil immer noch Spähtrupps und Polizei innner- und außer-halb des Ghettos im Einsatz waren, konnte Fritz die Frau für mehrere Tage nicht aus dem Büro wegschaffen. Wenn er nachts Nahrungsmittel und Getränke brachte, legte er deshalb jedesmal einen anderen, umständlichen Weg zurück, um nicht entdeckt zu werden. Irgendwann war es dann sicher genug, um Frau Glück-son im Lastwagen zu einem der Firmenbüros in Rowno und spä-ter nach Poltawa zu bringen.

Einsätze wie diese trugen zu Gräbes Erschöpfungszuständen bei. Er wurde schnell müde und zog sich zurück, hätte aber je-derzeit wieder versucht, mit aller Energie seine Rettungsbemü-hungen fortzusetzen. ›Ich kann mir das nicht länger ansehen – es ist zu viel für mich‹, dachte er. Seine Spannkraft schwand rasch.

Es war eine Angelegenheit von Stunden, bis Gräbe die Meldung erreichte, daß fast eintausend seiner Arbeiter bei einer weiteren »Aktion« am 14. Oktober in Misocz ermordet worden waren. Er war jedoch überrascht zu erfahren, daß es vielen von ihnen gelungen war, sich versteckt zu halten und dem Schrecken der Massengräber zu entkommen. Sdolbunow hatte viele von ihnen frühzeitig gewarnt, die Mehrzahl gleichwohl nicht zeitig genug.

Gebietskommissar Marschall war äußerst ungehalten angesichts des mageren Ergebnisses bei der Zählung der Leichname nach der Misocz-Aktion und ließ Aushänge anschlagen, die denjenigen Belohnungen versprachen, die die Verstecke ›jüdischer Untergetauchter‹ mitteilten, und jeden mit schwerster Bestrafung bedrohten, der Juden half. Viele aus der Bevölkerung machten mit und denunzierten Juden, die häufig ihre Nachbarn gewesen waren.

Eines Nachts, ungefähr zwei Wochen nach der Sdolbunow-Aktion, hörte Gräbe dem ranghöchsten Polizeibeamten Sdolbunows zu, Herrn Butenhoff, der erzählte, wie Marschall die Nachricht von zwei Gruppen von Juden erreichte, die sich in den Kellern von Privathäusern in Misocz versteckt hielten.

»Marschall wählte seine besten Totschläger aus. Er schickte Attinger und Wacker, um das Problem zu lösen.«

Sie fanden zwei Keller, die durch einen Tunnel verbunden waren. Während Attinger mit einer Maschinenpistole in den Keller feuerte, legte Wacker Stroh, Lederriemen und benzingetränkte Lappen auf den Boden. Rauch und Feuer trieben fünf jüngere Juden heraus. Sechs ältere Männer starben an Rauchvergiftung. Attinger zwang die Überlebenden zu Wiederbelebungsmaßnahmen an den leblosen Körpern, dann erschoß er auch sie. Unterdessen griff die SS andere Juden auf, die die »Aktion« bis dahin überlebt hatten. Trotz der relativ geringen Anzahl an Leichen erklärte Marschall das Gebiet für ›judenrein‹.

Gräbe begriff, daß ein schneller Abstecher nach Misocz vergeb-

lich, wenn nicht sogar gefährlich gewesen wäre. Nach der Sdolbunow-Aktion war er sich sicher, daß Pütz, Köller und Marschall
sich gegen ihn verschworen hatten, um ihm Einfluß und Wirk-
samkeit zu nehmen. Außerdem wären die Juden, die die Sdolbunow-Aktion überlebt hatten, hilflos gewesen, falls Gräbe nach Misocz aufgebrochen wäre. Am späten Nachmittag des 14. Oktobers
jedoch entschied sich Gräbe, nachdem er von den Greueltaten in
Misocz erfahren hatte, nach Ostrog zu fahren. Fritz nahm Bronka mit, die Sekretärin, die Maria ersetzt hatte und inzwischen eine enge Mitarbeiterin bei seinen Rettungsbemühungen geworden
war. Weil auch sie mehrsprachig war, konnte sie ihm helfen, wenn
er in Ostrog irgendwo versteckte Juden finden sollte. Bronka betrachtete sich bereits als Gräbes Vertraute und Mitverschworene;
sie hatte sehr schnell sein Vertrauen gewonnen. Wie zuvor Maria,
sollte Bronka bei zahlreichen mutigen Taten zur Zeugin und Hel-
ferin werden. Am Nachmittag des 14. Oktobers, erinnert sich
Bronka, kehrte Fritz in sein Büro zurück:

*Er war kalkweiß. Der Schlafmangel hatte seine Augen gerötet. Wie
immer, wenn er vollkommen angespannt war, blieb er ganz still. Ich
konnte aus seinem Gesicht nicht ablesen, was er dachte oder fühlte. Erst
später am Tag kam wieder Leben in ihn, als er eine Idee hatte.*

»Wir müssen in das Büro nach Ostrog fahren. Ich muß mir ansehen, was dort vor sich geht«, sagte er mit großem Nachdruck.
Gräbe hatte in Ostrog ungefähr dreizehnhundert Arbeiter und
überließ zwei Juden, Rosenberg und Chunison, die Koordination
beim Abbruch von Gebäuden und der Versorgung mit Ziegel-
steinen. Während Bronka und Fritz auf seinen Wagen warteten,
versuchte Bronka, seine Meinung zu ändern.

»Es ist sehr gefährlich, dort hinzufahren. Sie könnten Ihnen
dort eine Falle stellen. Die Miliz wird schießen, und die ganze Sache wird im Chaos enden.«

Ihre Bedenken vermochten ihn nicht davon abzubringen. Ohne ein weiteres Wort zu wechseln, fuhren sie auf direktem Weg
zum Firmenbüro, das sich in der Tatarska-Straße am Rand des jü-

dischen Stadtviertels in einem Haus befand, das einst Juden gehörte. In der sanften Wärme der Abenddämmerung konnte Fritz
die Überreste eines sehr alten Eisentores erkennen, alles, was von
einer Mauer übrig geblieben war. Jenseits des Hauses und der Tor-
durchfahrt erstreckten sich goldglänzende weite Felder, die zum
Fluß Horyn hin sanft abfielen.

Im selben Augenblick schweifte der Blick der beiden zu den
sandbedeckten Uferböschungen des Horyn, und sie erblickten etwas, das aus der Entfernung dem Durcheinander eines Amei-
senhaufens glich.

»Das sind Juden, die getötet werden sollen!« schrie sie.

Bronka lief ein kalter Schauer über den Rücken, als Gräbe
nüchtern bemerkte: »Es wird am Morgen beginnen«. Er kannte
diesen Horror bereits. Seine Stimme war flach, beinahe gefühl-
los und drückte die Machtlosigkeit eines geschlagenen Mannes
aus. Im Auto konnten sie nicht sitzen bleiben, weil sie dann hätten festgenommen werden können. Daher stellte Gräbe den Wagen ab, bevor sie sich auf den Weg zum Ghetto machten.

Als Vorspiel der Ostrog-Aktion hatte der örtliche SS-Befehls-
haber mit den Opfern ein bizarres Katz- und Maus-Spiel veran-
staltet. Er hatte den Führer des örtlichen Judenrates, Abraham
Komendant, zu sich bestellt und ihn angewiesen, ihm innerhalb
von vierundzwanzig Stunden ein Paar Stiefel zu beschaffen. Die
Stiefel sollten aus feinstem Leder gemacht sein. Trotz des fast un-
überwindlichen Problems wurde ein Schuster gefunden, der die
Stiefel anfertigte. Der SS-Kommandant erhielt die Stiefel, wurde
jedoch wütend angesichts eines kleinen Nagels, der an einer Ab-
satzecke herausragte. Der sadistisch veranlagte Offizier behielt
zehn Geiseln und den Schuster zurück. Der Judenrat wurde ein-
bestellt und angewiesen, einwandfreie neue Stiefel und andere
Wertgegenstände zu beschaffen, um die Geiseln auszulösen. Die
Miliz hatte die Stadt bereits lange zuvor nach Wertgegenständen
durchforstet, dennoch konnten mit dem neuen Paar Stiefel auch
noch einige Teppichbrücken vorgelegt werden. Die Geiseln wur-

den trotzdem getötet, die jüdische Bevölkerung, beinahe drei-tausendfünfhundert Menschen, wurde auf Befehl des Nazi-In-quisitors zusammengetrieben.

Als Gräbe und Bronka ankamen, sahen sie die Juden, die zur Vorbereitung der Massentötungen in Gruppen zusammengetrieben worden waren. Dennoch war es zahlreichen Juden in Ostrog gelungen, sich rechtzeitig zu verstecken, weil sie die Vorwarnungen, die aus Sdolbunow und Misocz gekommen waren, beachtet hatten. Gräbe erinnert sich an die Angst und Verzweiflung folgendermaßen:

In einigen Fällen war es offensichtlich, wo Menschen versteckt waren. In einem nahe unserem Büro gelegenen Gebäude hatten von panischer Angst erfüllte Juden die Türen und Fenster von innen zugenagelt, aber die Nägel ragten an der Außenseite heraus. Sogar ein blinder Gestapo-Mann wäre ihnen auf die Schliche gekommen und hätte sie alle in ihrem Versteck gefangen genommen. Ich klopfte an die Seitentüren und Fenster, während Bronka zu den Leuten in ihrer Landessprache redete. Allesamt waren sie furchtbar ängstlich, und wegen ihrer Bedrängnis weinten die meisten. Schließlich gelang es Bronka, sie zu beruhigen, so daß ich sie veranlassen konnte, die Nägel zurückzuziehen und umzubiegen. Ich weiß nicht, ob diese Leute überlebt haben. Andere, es waren aber sehr wenige, konnten sich erfolgreich versteckt halten oder fliehen.

Die meisten hatten weniger Glück. Joel Rubenstein, ein Beschäftigter der Firma Jung, versteckte seine Frau, seine beiden Kinder und seine Mutter. Elf Tage lang verharrten sie gemeinsam in einer eilig ausgehobenen Erdgrube unter ihrem Haus im Ghetto. Weil er unbedingt Nahrung beschaffen mußte, kroch Rubenstein im Schutz der Nacht aus der Grube, aber er wurde von einem Spitzel beobachtet, der der Polizei das Versteck gegen eine hübsche Belohnung verriet. Die Polizei umstellte den Eingang, feuerte Schüsse in den Unterschlupf und zwang die Familie letztendlich herauszukommen. Sie wurden zum Gelände eines Massengrabs geschafft und gezwungen, sich zu entkleiden.

Rubenstein stürzte plötzlich davon. Im Kugelhagel rannte er über den christlichen Friedhof in einen Wald, wo er vollkommen nackt, aber lebend zusammenbrach. Die übrigen Familienmitglieder, Firma, Ethel, Feigel und Riwel, wurden hingerichtet. Joel Rubenstein wurde zunächst von einem Bauern und später von einem Landarbeiter versteckt, bis es ihm gelang, seine Flucht über das Land fortzusetzen. Dreizehn Monate hatte er sich in Bäumen, Gräben, auf Friedhöfen, in Heuhaufen und Scheunen versteckt, als die sowjetische Armee schließlich das Gebiet befreite. Sein Überleben war ein leider seltenes Ereignis.

Gräbe und Bronka liefen zum Firmenbüro und wollten es über den rückwärtigen Hof betreten, um die Streifen zu umgehen. Sie hofften, eine unverschlossene Tür zu finden. Alle Türen und Fenster waren entweder fest verschlossen oder sogar von innen verrammelt. Aber Fritz' kleiner Schraubendreher reichte aus, um einige der quer über ein Fenster genagelten Bretter herauszuheben. Weil die Hausfront zur Hauptstraße hin ausgerichtet war und damit zur »Aktion«, mußten sie sich hinter schwachem, flackerndem Taschenlampenlicht durch das Haus bewegen. Eine Toilettentür war verschlossen, so daß Fritz den Schraubendreher benutzen mußte, um sie aufzuhebeln. Er hielt inne, als er hinter der Tür ein gedämpftes Stöhnen vernahm. Die Juden befanden sich in unmittelbarer Gefahr – die Stadt war völlig abgeriegelt, SS-Streifen patrouillierten durch die Straßen und die ganze Gegend; schon sehr bald würde auch dieses Gebäude durchsucht werden.

Gräbe und Bronka verbrachten die Nacht im Haus, weil es zu gefährlich war, die Straßen zu betreten. Schüsse, Schreie und Gewehrfeuer zerrissen die Nacht und machten Schlaf unmöglich. Bellende Wachhunde kündigten den Tagesanbruch und das Eintreffen der Polizeistreifen an, die gegen die Tür schlugen. Eilig begannen sie eine Durchsuchung des Hauses. Ein Polizist hämmerte heftig gegen die verschlossene Tür eines Vorratsraumes im Kellergeschoß, während ein weiterer auf der Suche nach Juden in jeder Ecke herumstocherte. Ein dritter Mann befragte den Ingenieur, der eine stichhaltige Begründung für seine Anwesenheit hatte. Bronkas Herz hämmerte, und Gräbe, besorgt, daß die Juden sich selbst verraten würden, dachte ständig an die Grundregel des Retters: »Stille heißt Leben! Verliere deine Nerven nicht und schrei nicht.«

Bronka lauschte angestrengt, ob sie einen Schrei oder ein Wimmern hörte. Stille, nichts als Stille! Der Polizist kam aus dem Keller herauf und rief: »Hier unten ist nichts, laßt uns gehen.«

Im Laufe des Morgens begannen sich die versteckt gelegenen Gruben mit Opfern zu füllen, während sich Gräbe und Bronka auf den Rückweg zum Auto begaben. Aus der Entfernung sahen sie eine weitere große Gruppe Juden, die an den feuchten, sandigen Uferböschungen des Horyn saßen. Fritz erinnert sich:

Als wir zu dem Wagen zurückliefen, hörten wir ein merkwürdiges Geräusch – ein Klopfgeräusch, so als ob irgendjemand versuchte, unsere Aufmerksamkeit zu wecken. Das Geräusch kam allem Anschein nach von oben. Als wir ein wenig weiter entfernt waren, konnten wir das Dach des Gebäudes sehen. Bronka lachte ein wenig, als sie einen Storch erspähte, der auf dem turmartig gemauerten Dachfirst des Hauses hockte. Er machte das Geräusch mit seinem Schnabel. Hier ist Leben, rief Bronka. Wir mußten beide schmunzeln über unsere Nervosität, die das Geräusch des Vogels verursacht hatte. Dann müssen sich unsere Blicke erneut gleichzeitig vom Storch ab- und dem Schauplatz am Flußufer zugewandt haben, denn wir seufzten beide schwer. Bronka durchbrach den Moment des Schweigens: ›Oh mein Gott, Herr Gräbe, dort unten müssen zweitausend Juden sein.‹ Es waren wohl noch mehr. Die Miliz hatte die Juden umzingelt und gezwungen, sich hinzuhocken oder mit dem Gesicht nach unten auf den nassen Sand zu legen. Einmal mehr empfand ich das verzweifelte Gefühl der Hilflosigkeit. Es gab nichts, das ich oder irgend jemand für sie hätte tun können. Bronka fing an zu schluchzen – ich hatte schon Angst, sie würde nicht wieder aufhören können. Schließlich zeigte sie zu dem Storch, der das Leben symbolisierte, und blickte zum Fluß hinunter, wo der Tod war. Wir mußten fort oder wir riskierten, gesehen zu werden. Am nächsten Tag war Ostrog ›judenrein‹.

Innerhalb von vier Tagen war die Zahl von Gräbes Beschäftigten, die alle Teil seines Rettungsnetzwerks waren, von sechstausend auf weniger als dreitausend Menschen gesunken. Es war nicht Gräbes Art, den Henkern das letzte Wort zu lassen. Deshalb ging er zu Gebietskommissar Marschall, der zuvor nicht willens gewesen war, ihn zu empfangen. Mit sicherer Stimme und einem vor dem brutalen Nazi-Schergen erhobenen Zeigefinger sagte Gräbe: »Sie haben meine besten Handwerker umgebracht. Sie haben mir über dreitausend meiner Arbeiter genommen. Geben Sie nicht mir die Schuld, wenn sich die Militärführung hier beschwert, daß sie an der ukrainischen Nordfront nicht kämpfen kann. Sie sind der Verräter. Sie und Ihre Freunde sind diejenigen, die die Unschuldigen geopfert haben.« Nach diesen unmißverständlichen Worten schritt er mit einem gewissen Stolz aus Marschalls Büro.

Nach Kriegsende betonte Bronka, daß viele Juden nur deshalb so lange gelebt hatten oder am Ende überlebten, weil Fritz Gräbe um Aufträge kämpfte, um sie beschäftigen zu können, weil er sie für die Arbeit anforderte, ihnen Papiere und Nahrungsmittel gab und sie an andere Orte umsiedelte. Diese Einschätzung wurde von den anderen Überlebenden einmütig geteilt. Die Juden der Ukraine waren dem nationalsozialistischen Vernichtungsprogramm unterworfen und starben in ungeheuerlichen Zahlen. Nur die Juden, die sich unter dem Schutz von Fritz Gräbe befanden, konnten etwas Hoffnung haben zu überleben. Trotz der Tatsache, daß die verschiedenen »Aktionen« im Jahr 1942 das Leben von mehr als dreitausend seiner Arbeiter forderten, gelang tausenden anderen die Flucht, oder sie wurden auf andere Weise geschützt. Nach dem Oktober 1942 jedoch wurde die Anzahl der zu Rettenden immer kleiner, die Risiken wurden größer und die Möglichkeiten, Verträge abzuschließen, weniger. Die Einsatzgruppen hatten die jüdische Bevölkerung dezimiert.

Fritz Gräbe war ein vollendeter Schauspieler auf den verschiedenen Bühnen, die das Leben bietet. Er konnte schreien, streiten, sich beliebt machen, einschüchtern, wüten und, wenn nötig, auch täuschen. Er konnte betroffen erscheinen oder das Selbstvertrauen derer ausstrahlen, die eine natürliche Autorität besitzen. Aber jetzt, nach soviel Anstrengung, nach soviel Töten und Enttäuschung, war er körperlich und geistig erschöpft. Alles an ihm war irgendwie aschfarben geworden, sein Rücken gebeugt. Er traf in Poltawa ein und klagte über fürchterliche Schmerzen in der Brust. Er hatte zu oft die Grenze überschritten, zuviel Verzweiflung ertragen, zu viele Abscheulichkeiten im Gedächtnis behalten, zu oft ein ermordetes Kind gesehen.

Dieses Kapitel in Fritz Gräbes Leben war jedoch erst 1945 abgeschlossen. In diesem Jahr war es ihm möglich, an die Beschäftigtenlisten aus der Geschäftsstelle der Firma Jung in Sdolbunow zu kommen. So konnte er bei der Erstellung einer Namenliste helfen, die diejenigen aufführte, die für ihn gearbeitet hatten und ermordet worden waren. Auf diese Weise blieben die ermordeten Juden nicht namenlos, und Fritz Gräbe verlor ihr Schicksal nicht aus den Augen.

Vermutlich endet ein Lebensabschnitt aber ohnehin niemals wirklich. 1961 hatte Maria wieder geheiratet und lebte in den Vereinigten Staaten. Sie arbeitete in einer medizinischen Forschungseinrichtung. Maria erhielt zu dieser Zeit eine gerichtliche Vorladung, um zusammen mit Gräbe im Mordprozeß gegen Georg Marschall in Deutschland auszusagen. Maria zögerte, ihren amerikanischen Arbeitgeber um Freistellung zu bitten, weil sie bei ihrer Forschungsarbeit an einem kritischen Punkt angelangt war und es niemanden sonst gab, der sie hätte leicht ersetzen können. Ihrem Arbeitgeber und ihren Kollegen hatte sie bislang nicht anvertraut, daß sie eine Überlebende des Holocaust und eine der wichtigsten Belastungszeuginnen in einem von der Öffentlichkeit stark beachteten Verfahren war. Eines Tages redete sie in der Kantine mit einer Mitarbeiterin des Projektes. Die Frau fragte Maria, warum sie neuerdings so zerstreut wirkte. Maria begann ihr über das Gerichtsverfahren und ihre Rolle bei den Rettungsbemühungen zusammen mit dem Mann zu erzählen, der der Hauptbelastungszeuge war.

Die Frau fragte Maria nach Einzelheiten. Maria erzählte ihr mehr und nannte dabei auch die Orte der Vorgänge.

»Maria, hatten Sie ein Büro in Sdolbunow?« fragte die Frau.

»Ja, gewiß doch. Es war unser Hauptbüro.«

»Wissen Sie, Maria, daß ich nach Sdolbunow kam, als ich aus Ostrog vor einer Aktion fliehen mußte?«

»Nein! Oh, mein Gott, nein!« stieß Maria hervor.

»War der deutsche Ingenieur Gräbe Ihr Chef in Sdolbunow?«

»Ja, sicher, ja!«

Maria und Rosa Schachter hatten sich in Sdolbunow nicht getroffen, weil Maria vorher nach Poltawa gewechselt war. Seit drei Jahren hatten die beiden Frauen täglich, Seite an Seite, in einem amerikanischen Foschungslabor gearbeitet. Rosa stellte sich zur Verfügung, um Marias Projekt zu übernehmen, während Maria mit Gräbe nach Deutschland fuhr, um gegen Marschall auszusagen.

VIII.

Momentaufnahmen

Viele von uns haben von Nazis aufgenommene Fotos oder Film-
szenen gesehen: Bilder hilfloser Menschen, die durch Straßen ge-
hetzt und geschlagen werden; Fotos von alten jüdischen Männern, die gedemütigt werden; von nackten jüdischen Frauen, die
gezwungen werden, sich in Straßengossen zu setzen, alles unter
den aufdringlichen Blicken der SS; und Fotos von zum Tode ver-
dammten Kindern, deren Gesichter Unglauben, Entsetzen wider-
spiegeln. Wir sehen diese Bilder, sind empört und in unserem
Glauben an das Menschliche genauso verletzt wie die Opfer. Wir
jedoch können unsere Augen verschließen, wegschauen und
nach einer Weile die quälenden Aufnahmen vergessen. Aber stellen wir uns einmal vor, daß es unmöglich ist, die Bilder einfach
aus der Erinnerung zu löschen, weil wir dabei waren, es selbst gesehen und erlebt haben. Tränen werden die Erinnerungen nicht
fortschwemmen, man kann ihnen nicht entkommen. Mitunter
lassen sie einen aber noch intensiver fühlen, daß man ein
Mensch ist.

Nicht jede von Fritz Gräbes Erfahrungen hatte die Größenordnung der Massenverbrechen von Rowno und Dubno, trotzdem haben sie ihn alle stark beeinflußt. Gräbe schildert im folgenden seine Erinnerungen an verschiedene Begegnungen mit
der nationalsozialistischen Mordmaschinerie und ihren Opfern
während des Jahres 1942, Begegnungen, deren geballte Wirkung
ihn sein ganzes Leben lang begleitet hat.

*Zwei Tage nach der Aktion in Ostrog am 15. Oktober 1942 kam ein
schmales jüdisches Mädchen – sie konnte nicht viel älter als vierzehn
Jahre sein – zu unserer Baustelle. Sie war durch das Massaker, die Ge-
waltexzesse, die verwundeten Menschen, die schrien und erneut*

niedergestreckt wurden, fürchterlich verängstigt. Meine Sekretärin Bronka brachte sie zu mir und sagte: »Wir müssen sie retten. Alle ihre Angehörigen sind bei der Aktion ums Leben gekommen.« Also versteckten wir sie, aber sie wurde ungeduldig; sie wollte sich den Partisanen anschließen. Zwei junge Männer aus dem Untergrund waren dabei, sie zu rekrutieren. Bei ihnen handelte es sich jedoch um zweifelhafte Leute, die für sie tatsächlich nicht viel übrig hatten; sie wollten sie nur ausnutzen. Bronka und ich versuchten, ihr ihre Entscheidung auszureden, aber sie war davon überzeugt, daß sie mit ihnen gehen sollte. Sie war so jung, so unschuldig, und sie wußte überhaupt nicht, was ihr bevorstand. Ich habe sie nie wieder gesehen.

In Misocz brachten mir Leute einen jüdischen Mann zur Baustelle. Er hatte eine der »Aktionen« überlebt, die weit entfernt von uns stattgefunden hatte. Sie schossen auf ihn, er stürzte in das Massengrab. Anschließend fiel seine Mutter auf ihn und verblutete. Sein schwerverletzter Bruder lag an seiner Seite. Spät in der Nacht gelang es diesem armen Mann, sich aus dem Gewirr übereinanderliegender Leiber zu befreien und fortzuschleppen, um sich in Sicherheit zu bringen. Es war niemand da, der ihn aufhielt. Er rannte nackt, mit Blut bedeckt dreißig Kilometer bis zu einem Bauernhof, wo er Hilfe und Schutz fand. Sie brachten ihn zu mir, und er arbeitete eine Zeit lang für uns.

Der jüdische Arzt Josef Lubicz und seine Frau entkamen einer »Aktion«, die im August 1942 in der ukrainischen Stadt Kostopol durchgeführt wurde. Es war ihnen gelungen, sich durch ein Gebiet zu schlagen, das SS-Streifen auf der Suche nach versteckten oder entflohenen Juden durchkämmten. Lubicz und seine Frau schafften es bis nach Sdolbunow, wo Menschen von der Hilfsbereitschaft eines gewissen deutschen Ingenieurs sprachen, der für die Firma Josef Jung tätig sei. Das Ehepaar kam zu mir, und ich verzeichnete sie in den Büchern unserer Firma unverzüglich als Angehörige polnischer Nationalität. Ich schickte die beiden zur Baustelle nach Slawuta.

Am 3. Oktober 1942 erreichte Bronka ein Anruf von der Polizei in

Slawuta. Ihr wurde mitgeteilt, daß das Ehepaar Lubicz festgenommen worden war wegen des Vorwurfs, die wahre Identität zu verschleiern. Ich fuhr unverzüglich nach Slawuta und stellte den Polizeiinspektor zur Rede. Schließlich händigte er mir eine Durchschrift der eidesstattlichen Versicherung aus, die die Beschuldigungen enthielt. Zufällig war der Pope der Ukrainischen Orthodoxen Kirche in Kostopol nach Slawuta gekommen, erkannte Lubicz wieder und verriet ihn umgehend als einen der mit falscher Identität lebenden Juden an die Polizei. Unter dem Druck der polizeilichen Befragung war Lubicz nicht in der Lage gewesen, seine jüdische Herkunft zu leugnen. Ich bestand darauf, mit meinem Angestellten zu sprechen, wurde aber informiert, daß der Doktor und seine Frau bereits erschossen worden waren. Sie gingen in den Tod, ohne die Rettungsanstrengungen preisgegeben zu haben.

Hanna Prussak war die neunzehnjährige Tochter des früheren Direktors der Zementfabrik von Sdolbunow. Es war der warme, angenehme Abend des 20. August 1942. Die feuchte Luft deutete den Wechsel der Jahreszeiten bereits leise an. Hanna und eine Freundin saßen auf der Bank vor Hannas Haus im Judenghetto von Sdolbunow und genossen den friedlichen Augenblick, die Stille des späten Sommerabends. Sie schenkten der Sperrstunde keine Beachtung.

Zwei leicht angetrunkene Männer der ukrainischen Miliz kamen zufällig an der Sitzbank vorbei. Sie wiesen Hanna und ihre Freundin an, nach Hause zu gehen. Die Freundin ging, aber Hanna weigerte sich. Die beiden Ukrainer begannen, Hanna herumzuschubsen. Das Herumschubsen endete mit einem Faustschlag, und schließlich schlugen die Männer brutal mit den Schäften ihrer Gewehre zu. Hannas Schreie weckten die Aufmerksamkeit von ungarischen Soldaten, die in der Gegend stationiert waren. Sie eilten heran, aber inzwischen war Hanna tot. Sie schlugen die beiden ukrainischen Milizionäre so schwer zusammen, daß sie in ein Krankenhaus eingeliefert werden mußten.

Die Nachricht des gemeinen Mordes verbreitete sich rasch und drohte eine größere Auseinandersetzung zu verursachen. Symcha Schleifstein, der Vorsitzende des Judenrates von Sdolbunow, ging zum Büro des Reichskommissars für jüdische Angelegenheiten, Otto Köller, um gegen den Totschlag zu protestieren und zu fordern, daß die Täter bestraft werden. Köller schnitt Schleifstein das Wort ab, noch bevor er den Satz zu Ende sprechen konnte. »Herr Schleifstein, diese Anschuldigung ist nur eine weitere Ihrer jüdischen Lügen. Sie versuchen, in meinem Bezirk Unruhe zu stiften.«

Köller befahl Schleifstein, unverzüglich den jüdischen Ältestenrat einzuberufen, und noch bevor er etwas entgegnen konnte, stieß ein Soldat den alten Juden grob zur Tür hinaus. Als der Ältestenrat versammelt war, sagte Köller zu ihnen: »Sie haben vierundzwanzig Stunden Zeit, mir die Juden zu bringen, die das Mädchen getötet haben und mir Ärger bereiten wollen.«

Schleifstein protestierte: »Juden! Herr Köller, es war die ukrainische Miliz, die sie getötet hat!« »Sie sind ein Lügner«, schnappte Köller. »Es war eine jüdische Verschwörung, um die Reichsverwaltung in Verruf zu bringen. Ihre Leute haben eine der ihren getötet. Sie übergeben mir die Mörder, oder Sie geben mir zehn Juden als Geiseln.«

Schleifstein kam auf direktem Weg in mein Büro. Ich hatte Hanna Prussak einmal geholfen, und sie hatte für die Firma Jung gearbeitet. Nun stand der siebzigjährige Judenratsvorsitzende vor meinem Schreibtisch und weinte. »Was kann ich tun? Ich weiß doch, daß die sie getötet haben, aber jetzt haben die den Spieß umgedreht.«

»Beruhigen Sie sich, mein Freund, wir werden schon einen Weg finden.«

»Es hat keinen Zweck. Ich kann ihnen die Mörder nicht bringen und keine zehn Unschuldigen als Geiseln. Wen soll ich bringen? Was soll ich tun, Herr Gräbe?«

Nach dem Krieg ärgerte es mich, daß die Institution des Judenrates so schwerwiegenden Anschuldigungen ausgesetzt war. Ich befand mich in engem Kontakt mit den Judenräten in Sdolbunow, Misocz und Ostrog. Ich hatte für ihre Vorsitzenden große Hochachtung. Sie mußten Entscheidungen treffen in Situationen, die keine wirkliche Wahl ließen. Ihnen wurde vorgeworfen, Feigheit gezeigt, um Gnade gewinselt und nach Gefälligkeiten und Vorteilen für sich selbst getrachtet zu haben.

Doch soweit mir bekannt ist, sind eigentlich alle Mitglieder des Judenrates umgekommen. In all ihrem Tun waren sie wahrhaft tragische Charaktere. Drei- oder viermal die Woche wurde ihnen befohlen, sich den deutschen Behörden vorzustellen, deren Vertreter sie demütigten und mißbrauchten. Einige betrachteten die Judenräte als Schachfiguren – und einige mögen das auch gewesen sein –, aber diejenigen, die ich kannte, waren eher wie Prellböcke, die zwischen den Mördern und den Opfern standen. Schleifstein zum Beispiel wurde, bevor man ihn folterte, nach Rowno schickte und dort ermordete, regelmäßig geohrfeigt, ohne sich jemals verteidigen oder auch nur beschweren zu können. Er mußte die Menschen im Ghetto ruhig halten, aber er konnte ihnen nie mitteilen, was er alles unternahm, um Nahrungsmittel, Ausweise und warme Kleidung zu beschaffen. Menschen wie er waren die wahren Helden der Stunde. Sie vollbrachten Dinge, die eigentlich unmöglich waren und von denen niemand sonst etwas wußte.

Ich beschloß, bei Köller vorzusprechen. Ich nahm eine ruhige, besorgt wirkende und fast demütige Haltung bei unserem Zusammentreffen an. Ich empfahl Köller, daß es in seinem Interesse als Reichskommissar sein würde, den Frieden und die Stabilität in der Region dadurch zu sichern, daß er die Milizionäre vor Gericht bringe und bestrafen lasse.

Köller ging förmlich in die Luft. »Sie sind auch so ein Lügner und Betrüger! Sind Sie verrückt? Die ukrainische Miliz! Verschwinden Sie sofort!«

Es war nichts zu machen, es war einfach hoffnungslos. Schleifstein übergab die zehn Geiseln, darunter seine Schwiegermutter, weil ihm die Leute vorwarfen, ausschließlich unter ihren Familienangehörigen und nicht aus seiner eigenen Familie auszuwählen. Am 24. August ließ Otto Köller alle zehn Geiseln öffentlich hinrichten.

Zwei Wochen später erschien in der Telefonvermittlung der Firma Jung eine gramgebeugte Frau. Sie setzte Maria auseinander, daß sie den deutschen Ingenieur zu sehen wünschte, um ihm im Namen ihrer Tochter, Hanna Prussak, für seine Unterstützung und Güte zu danken. Als ich aus meinem Büro heraustrat, trafen sich unsere Blicke. Es war das gleiche Gefühl, das ich hatte, als mein Blick den Rosenzweigs traf nach der ersten »Aktion« in Rowno im November 1941. Frau Prussak fiel weinend in meine Arme. Die Arbeit im Büro stoppte abrupt angesichts ihres Schluchzens und des der jüdischen Mutter Trost spendenden deutschen Ingenieurs. Ich schämte mich fürchterlich. Ich war nicht in der Lage gewesen, irgendetwas für Hanna Prussak zu tun, und jetzt lag mir ihre Mutter weinend in den Armen und dankte mir. Ich hatte das nicht verdient. Ich wünschte ihr Gottes Segen, als sie mich verließ. Ich bezweifle, daß sie den Krieg überlebt hat. Warum sollte sie nach all dem noch leben wollen? Sie verschwand am 13. Oktober 1942.

Während der »Aktion« in Ostrog am 15. Oktober 1942 gab es einen jüdischen Mediziner, der dem Namen nach kein Deutscher sein konnte. Bei Einsetzen der »Aktion« gelang es ihm, sich zu entfernen und sich versteckt zu halten. Einige Bauern fanden und versteckten ihn. Mancher der Bauern aber war grausam, so grausam wie die Nazis. Sie zwangen ihn dazu, sich bei den Schweinen zu verstecken. Er schlief bei den Schweinen. Sie zwangen ihn zu essen, was die Schweine fraßen. Können Sie sich das vorstellen? Er war ein Jude, und sie zwangen ihn, bei den Schweinen zu leben und wie die Schweine zu fressen. Als ich ihn etliche Zeit später sah, war er irre geworden. Es war so traurig. Er muß einmal ein brillanter Mensch gewesen sein, aber jetzt …

Im Verlauf einer »Aktion« in der Nähe Sdolbunows 1942 kam eine offensichtlich schwangere Frau durch den Fluß auf mich zugeschwommen. Sie schrie und strampelte. Ich watete ins Wasser und half ihr ans Ufer. Ich mußte ihr meine Hand auf den Mund legen, weil ihr Geschrei die Aufmerksamkeit der Miliz zu wecken drohte. Es war zuviel für mich. Sie war so verzweifelt. Sie hatten ihren Ehemann getötet, und es gab keinen Ort, wohin sie hätte gehen können. Ich versuchte, sie zu beruhigen, weil ich wußte, daß Wachen in der Nähe sein mußten. Dann schob ich sie schließlich in einen Heuhaufen direkt am Straßenrand. Ich sagte zu ihr: »Seien Sie sehr leise! Machen Sie nicht ein einziges Geräusch, oder sie kommen und werden Sie und Ihren Kleinen töten. Seien Sie ganz leise.«

Ich weiß nicht, was aus ihr wurde. Sie verschwand einfach. Wegen der vielen Soldaten in der Nähe hatte ich sie verlassen müssen.

Nach dem Beginn der »Aktion« vom Juli 1942 in Rowno waren die Menschen in Eisenbahnwaggon gepfercht worden. Ein kleines jüdisches Mädchen, das nur ein kurzes Hemdchen trug und ansonsten völlig nackt war, rannte zurück in Richtung des Ghettos und rief »Mama, Mama.« Ein stämmiger SS-Mann, vielleicht so um die vierzig, fing das kleine Mädchen auf, klapste ihm auf den Hintern und sagte: »Du mußt dahin gehen, dahin, in diese Richtung – armes Kind.«

Er zeigte ihr den Weg zurück zum Zug. Während das Kind zum Zug rannte, kam der SS-Mann zu mir herüber und sagte: »Manchmal braucht man ein Herz aus Stein, um so etwas zu tun.«

Ich antwortete darauf nicht. Ich beobachtete das kleine Mädchen, das zum Zug lief. Ich weiß nicht, ob es seine Mutter gefunden hat.

Es war nicht weiter ungewöhnlich, daß ich Anweisungen übermittelt bekam, die ich ablehnte und deshalb ignorierte. Bei einer Gelegenheit ging ich zusammen mit Stabsleiter Erich Habenicht zu SS-Sturmbannführer Dr. Pütz. Ich mußte mich einmal mehr um die Verschiebung einer bevorstehenden »Aktion« bemühen. Der Sturmbannführer war aufgebracht.

»Gräbe, ich habe Ihre Gesuche um Aufschub satt. Das ist jetzt das letzte Mal. Sie werden begreifen, daß jeder Jude, der stirbt, Deutschland dem Frieden einen Tag näher bringt.« Der Aufschub, den er mir anbot, war an eine Bedingung geknüpft. »Sie werden diese Juden mit der ihnen gebührenden Brutalität behandeln. Sie sind faul, und deshalb werden Sie aus ihnen die Arbeitsleistungen herausprügeln. Wenn irgendeiner von ihnen sich nachlässig aufführt, dann werden Sie drei von ihnen erschießen und sie drei Tage lang öffentlich verwesen lassen.«

Dr. Pütz begann zu kichern, als er den Zusammenhang zwischen einem toten Juden und dem Dreitagesrhythmus bemerkte – eine offenbar unabsichtliche Anspielung auf das Osterfest. »Lassen Sie sie verwesen«, rief er mir zu. »Es wird allen als Warnung dienen, die meine Autorität herausfordern wollen.«

Ich konnte die Durchführung dieser Anweisung für einen längeren Zeitraum hinauszögern. Die »Aktion« jedoch wurde keineswegs auf unbestimmte Zeit verschoben.

Was Fritz Gräbes Erinnerungen anbelangt, gilt es einen weiteren Aspekt zu berücksichtigen. Während sein visuelles Gedächtnis die überwältigenden Bilder vom Sterben und Leiden festhielt, das er um sich herum wahrnahm, sicherte seine gedankliche Kamera auch die beiden stets gefährdeten Quellen, aus denen sein Leben Sinn und Freude schöpfte: seine Beziehungsfähigkeit gegenüber anderen Menschen und seine Arbeit als Ingenieur. Seine Beschreibungen von Arbeitskollegen, Freunden und Familienangehörigen offenbaren Augenblicke des Friedens und der inneren Erneuerung inmitten von Aufruhr und Unordnung. Gräbe schien instinktiv gewußt zu haben, daß die Bilder des Todes auf Dauer in seinem Gedächtnis fixiert waren. Aber was er am meisten fürchtete, war Perspektivlosigkeit, der Verlust der Erinnerung an menschliche und andere kostbare Dinge. Der Holocaust war dazu angetan, das erstere festzuschreiben und letzteres zu unterdrücken.

Die Bilder, die Fritz im Gedächtnis behielt, waren der Beweis, daß Tod und Verzweiflung nicht das letzte Wort in dem Chaos hatten, das er durchlebte. Die Gerichtshöfe und die Geschichtswissenschaften sind gefüllt mit Fotografien, aber sie kommen nicht aus ohne die Berichte der Augenzeugen, die Momentaufnahmen derjenigen, die sich der Gewalt widersetzten und mit den Sterbenden übereinkamen, ›es niemals zu vergessen‹.

IX.
Doppelte Verschwörung: Gesundheit und Feinde

In der frühen Phase des Krieges mit Rußland war es Hitlers strategisches Ziel gewesen, die Ukraine einzunehmen und die sowjetische Armee am Dnjepr zu schlagen. Generalfeldmarschall von Rundstedts Herbstoffensive 1941 hatte Hitler zuversichtlich gestimmt, doch die Deutschen waren auf das Einsetzen des harten Winters 1941 ebenso schlecht vorbereitet wie auf die Jahreszeiten mit Regen und Schlamm. Ein Zusammenwirken verschiedener kritischer Umstände stoppte den deutschen Vormarsch und führte zu größeren militärischen Rückschlägen. Rückzüge, Widerstand und erzwungene Veränderungen in der militärischen Kommandostruktur dezimierten Stärke und Moral der deutschen Armeen. Während der Krieg an der Ostfront 1942 weitertobte, setzten die Einsatzgruppen ihr gnadenloses Vorgehen fort. Am 19. November 1942, kaum einen Monat, nachdem deutsche und ukrainische Kräfte im Gebietskommissariat Sdolbunow den Massenmord an der jüdischen Bevölkerung vollendet hatten, startete die sowjetische Armee bei Stalingrad ihre große Gegenoffensive. Fritz Gräbes Betriebsniederlassung in Poltawa lag nur etwa einhundert Kilometer von Charkow entfernt, das als eine der ersten Städte zurückerobert werden würde, wenn die sowjetische Gegenoffensive erfolgreich verlaufen sollte. Soldaten und Ausrüstung der deutschen 6. Armee begannen das Gebiet zu überfluten. Feldkrankenhäuser versorgten hunderte deutscher Verwundeter. Die Eisenbahndienststellen bemühten sich, weiterhin Treibstoffe, Nachschubgüter und Soldaten in Richtung Osten zu transportieren, während auf den Rücktransporten die Verwundeten und Toten herausgebracht wurden.

Das Firmenbüro in Poltawa existierte weiterhin ohne jegliche Kenntnis oder Einwilligung des Hauptsitzes der Firma in Solingen. Die Geschäftsstelle wurde von fünfundzwanzig jüdischen Männern und Frauen, die Gräbe mit falschen Ausweis- und Arbeitspapieren ausgestattet hatte, betrieben. Sie beaufsichtigten die wenigen Aufträge, die sie hatten abschließen können. Ihre Arbeit war in der Hauptsache auf Brennholzeinschlag, die Wiederverwertung von Baustellenmaterial und die Verrichtung von Gelegenheitsarbeiten beschränkt, womit man gerade so über die Runden kam. Zusätzliche Geldmittel stammten aus Fritz Gräbes persönlichem Vermögen, aber als die Belegschaft wuchs, wurden weitere Geldquellen benötigt, um Nahrungsmittel zu beschaffen.

Gräbe bestieg einen Zug in Richtung Osten, um seine Mitarbeiter in Poltawa zu besuchen. Er wollte sich vergewissern, daß sie durch die sowjetische Gegenoffensive oder Verdächtigungen und Übergriffe der Soldaten der 6. Armee nicht gefährdet waren. Und er wollte, obwohl er äußerst erschöpft war, persönlich die traurige Nachricht überbringen, daß die Einsatzgruppe die Freunde und Verwandten der Poltawa-Mitarbeiter ermordet hatte.

Mitte Dezember 1942 entnahm Gräbe seinem persönlichen Tresor im Büro in Sdolbunow fünftausend Mark. Den Reichsmark-Betrag tauschte er in die Landeswährung der Ukraine, den Karbowanz, um (zehn Karbowanz waren der Gegenwert von einer Deutschen Reichsmark). Fritz steckte das Geld in eine Aktenmappe und machte sich auf den Weg nach Poltawa über Kiew, wo er einen Anschlußzug bestieg.

Die Zugfahrt verschaffte ihm kurze Phasen unruhigen Schlafs. Fritz begann sich zu entspannen, und sogleich unterbrachen Alpträume von den entsetzlichen »Aktionen« seinen Schlaf. Er konnte die dämonischen Visionen der Zerstörung nicht so schnell vertreiben. Sein Körper, erschöpft durch lange Tage und Nächte voller Arbeit, vermochte sich nicht zu regenerieren.

Schließlich ließen die regelmäßigen Geräusche und die sanft schwankenden Bewegungen des Zuges Gräbe zur Ruhe kommen und beförderten seinen erschöpften Geist in die erste Schlaf-phase. Auch nach den »Aktionen« hatte er sein großes Arbeits-pensum, bei dem ein Achtzehnstundentag den nächsten ablöste, fortgesetzt. Es mußten immer noch Menschen in Sicherheit ge-bracht werden, obwohl ihre Zahl nicht annähernd der entsprach, die vor dem Oktober um Asyl nachgesucht hatten. Gräbe döste und rief sich die Gesichter der polnischen Landarbeiter in Erin-nerung, die für gewöhnlich in den Wäldern außerhalb Sdolbu-nows lagerten. Gräbe oder eine seiner Sekretärinnen hatten des öfteren Alten und Kindern geholfen, die immer Nahrungsmittel, Obdach oder Kleidung benötigten. Er beschaffte vorübergehend Räumlichkeiten oder gab ihnen Essen. Mitunter gelang es ihm sogar, Arzneimittel aufzutreiben, um den Kranken zu helfen. So-bald die Menschen medizinisch versorgt wurden, war es den gesünderen unter ihnen auch möglich, in einer der Arbeitsko-lonnen zu arbeiten, bevor sie ihre Wanderung fortsetzten an ei-nen unbekannten, entfernten Ort, wo der Krieg nicht war.

Der schrille Pfiff eines entgegenkommenden Zuges riß Fritz aus dem Halbschlaf. Schweißtropfen perlten von seiner Stirn, und Atemnot verursachte Schmerzen in seiner Brust. Krieg und Leiden waren für ihn niemals weit entfernt gewesen. Als er sich nach dem unsanften Erwachen etwas gesammelt hatte, blickte Fritz aus dem Fenster und sah sich mit den erloschenen, oft ban-dagierten Gesichtern verwundeter Soldaten im vorbeifahrenden Zug konfrontiert. Glasige Blicke, blutige Verbände, eingehüllte Leichname rasten in einer surrealen Unschärfe vorüber. Dieser Eindruck verschmolz mit seinen Erinnerungen; Massengräber und junge Krieger verkündeten den Sieg des Todes im Krieg.

Gräbe nutzte den Rest der Reise nach Poltawa, um Planungen für den Fall zu entwickeln, daß die sowjetische Gegenoffensive Erfolg hatte. Seine Arbeitskolonnen waren durch den Verlust von mehr als dreitausend Arbeitern praktisch arbeitsunfähig gewor-den. Verträge und Arbeitspläne konnten nicht eingehalten wer-den. Schon bald würden Dr. Dorpmüller, der Reichsverkehrsminister und Generaldirektor der Reichseisenbahnverwaltung, und anschließend Beamte der Armeeverwaltung sich beschweren, drängen, fordern. Das Solinger Büro würde Verdacht schöpfen und selbst nachforschen. Die Leute der Poltawa-Gruppe wären in Gefahr. Der Ingenieur sah sich einer grausigen Ironie gegenüber: Die vielen Verträge, die er abgeschlossen hatte, um die Rettungsanstrengungen zu unterstützen, wurden für die Überlebenden nun zur Bedrohung.

Gräbe dachte an Maria und Bronka. Diese beiden loyalen Mitarbeiterinnen schirmten ihn ab und erledigten so viele Dinge für ihn. Sie waren es, die die ruinösen Auswirkungen seiner rastlosen Gangart und der Spannungen, unter denen er litt, bemerkten. Sie waren es, die seine häufig rasch wechselnden Launen ertrugen. Sie waren es auch, die sich bemühten, ihn von Verpflichtungen zu befreien, und wenn es sich dabei auch nur um die Vorbereitung irgendeiner Geburtstagsfeier handelte. Insbesondere die angenehmen Erinnerungen an eine ganz bestimmte Geburtstagsfeier blieben ihm lange im Gedächtnis: Es war der Juni 1942, und die Bürobelegschaft hatte seiner mit einem Lied und einem mit handgeschnitzten Verzierungen versehenen hölzernen Kästchen gedacht, in das die Worte ›Für den Chef‹ eingeritzt waren.

Wenn ich an diese Geburtstagsfeier zurückdenke, erkenne ich, daß ich während meines ganzen Lebens privilegiert, nein, gesegnet war, von so wunderbaren Menschen umgeben zu sein. Sie sorgten sich um mich, halfen mir, und in dieser wirklich scheußlichen Zeit fanden sie es sogar selbstverständlich, glücklich zu sein – auch wenn es nur ein kurzer Augenblick war.

Der nunmehr holprige, lärmende Schienenstrang hielt Fritz für den Rest der Reise wach. In Gedanken versunken, begann er, sich auf das Wiedersehen mit der Belegschaft in Poltawa zu freuen. Sie war keineswegs nur eine namenlose Gruppe verfolgter Flüchtlinge, vielmehr waren diese Männer und Frauen zu Fritz' Freunden geworden, zu Vertrauten und Mitverschworenen. Sie teilten sein Risiko, genauso wie er sich angesichts ihrer Gefährdung angeboten hatte. Die Gesichter seiner Freunde vermischten sich in der verdunkelten Scheibe des Abteilfensters mit den Gesichtern des kleinen Jungen und seines Vaters, mit der dreiundzwanzig Jahre alten Frau, der grauhaarigen Großmutter und den tausenden, denen er geholfen hatte, die er aber niemals kennengelernt und oft nur für eine Sekunde von Angesicht zu Angesicht gesehen hatte. Fritz verfiel nicht in Selbstanklagen. Er hatte alles nur Menschenmögliche getan, um diese Leute zu retten. Und trotzdem lastete ihr Sterben schwer auf ihm. Man akzeptiert nicht leicht einen Verlust in derartiger Größenordnung – nicht nach so viel Einsatz, nicht nach so viel zähem Bemühen.

Als sich der Zug dem Bahnhof von Poltawa näherte, wußte Fritz, warum er so weit gereist war. Isolation und Einsamkeit hatten ihren Tribut gefordert, er brauchte die Unterstützung, die Umarmungen, die Gegenwart derjenigen, die zu seiner erweiterten Familie geworden waren. Ihre Nähe würde ihn von den quälenden Erinnerungen, dem furchtbaren Schmerz der Niederlage, dem Verlust so vieler befreien. Innerhalb der Poltawa-Gruppe würde er beschützt sein. Er konnte entspannen, schlafen und Kräfte sammeln für die Kämpfe, die vor ihm lagen.

Die eisige Kälte des Windes, der um den Bahnhof von Poltawa pfiff, wurde von dem warmherzigen Zusammentreffen des deutschen Ingenieurs mit seinen jüdischen Freunden gemildert. Die erste Nacht ging rasch in den frühen Morgen des folgenden Tages über, als Fritz Neuigkeiten aus Sdolbunow mitteilte. Auf irgendeinem Weg hatte die Nachricht von der »Aktion« Poltawa bereits vor Gräbes Eintreffen erreicht; was blieb, war, die Einzelheiten mitzuteilen und gemeinsam die verlorenen Freunde zu betrauern. Nachrichten und Tränen machten schließlich Berichten über den Fortschritt der sowjetischen Gegenoffensive und den damit verbundenen Sorgen Platz.

In Poltawa fand Fritz eine gut organisierte Betriebsleitung und eine gute Arbeitseinstellung unter den Beschäftigten vor. Marias

Anwesenheit hatte die Arbeitsmoral positiv beeinflußt. Unmittelbar nach ihrer Ankunft hatte sie sich in ihre Arbeit gestürzt, die die Organisation und Kontrolle der unterschiedlichen Gruppen von Mitarbeitern der Firma umfaßte, darunter zehn Polen, ein Dutzend Ukrainer, vierzig oder noch mehr Juden als Unterstützung des eigentlichen Führungskerns, drei deutsche Mitarbeiter, sowjetische Kriegsgefangene sowie Flüchtlinge, die aus den Arbeitskolonnen abgezogen worden waren.

Nach ein paar Stunden der Ruhe traf sich Fritz mit seinem verläßlichen Freund und Mitverschwörer Tadeusz Glass. Gemeinsam überprüften sie die wenigen gewinnbringenden Aufträge, die Glass gesichert hatte. Glass war Gefangener einer durchaus prekären Zwangslage. Auf der einen Seite mußte er genügend Aufträge beschaffen, um die Arbeiter zu ernähren und unterzubringen, außerdem mußten die Arbeiten strategisch so wichtig sein, daß sie ein ziviles Projekt so dicht an der unmittelbaren Kampfzone rechtfertigten. Auf der anderen Seite hatte Glass Schwierigkeiten, Baumaterialien in größerem Umfang zu bestellen und zu erhalten, weil das Heimatbüro der Firma Jung nichts von der Existenz der Zweigstelle in Poltawa wußte. Sämtliche Bestellungen mußten notwendigerweise über Gräbe laufen. Selbst wenn die Materialien beschafft wurden, gab es in jedem Fall Lieferverzögerungen. Verzögerungen indes führten unter Garantie zu Besuchen zorniger Verwaltungsbeamter, was wiederum Untersuchungen nach sich zog und damit die Aufdeckung des Unternehmens zur Folge haben konnte.

Die sowjetische Gegenoffensive brachte noch weitere Probleme für Glass und seine Leute mit sich. Große deutsche Truppenteile zogen durch das Gebiet. Die wachsende Militärpräsenz führte zu mehr Begegnungen zwischen Mitarbeitern der Firma und Armeeangehörigen, was wiederum die Gefahr der Entdeckung erhöhte. Fritz und Tadeusz berieten auch über die zunehmende Konkurrenz um die schwindenden Nahrungs- und Versorgungsgüter. Weil inzwischen das Militär über alles bestimmte, empfahl

Gräbe seinem Freund, mit den mittleren Offiziersrängen gute Beziehungen zu unterhalten und dem Militär Dienstleistungen anzubieten. Ferner begannen die beiden Männer für den Fall zu planen, daß die sowjetische Armee vorrücken sollte. Dann wäre es nötig, das gesamte Unternehmen sehr schnell abzubrechen, alles in einen Zug der Firma Jung zu verladen und zurück nach Sdolbunow zu transportieren, noch bevor das Militär den Zug beschlagnahmen würde.

In den noch verbleibenden Morgenstunden bereiste Gräbe die Baustellen und besuchte die deutschen Belegschaftsmitglieder der Firma. Er befragte sie über ihre Arbeit und ihre Kontakte mit den Familien zu Hause. Aus ihren Antworten ging deutlich hervor, daß sie von dem geheimen Charakter des Projekts und der Tatsache, daß Solingen von ihren Aktivitäten und ihrem Aufenthaltsort nicht informiert war, nichts wußten.

Am späten Vormittag forderten die Strapazen von Fritz ihren Tribut. Für ihn völlig untypisch, entschuldigte er sich und kehrte auf sein Zimmer zurück, um sich auszuruhen. Er war so unruhig, daß er schlaflos blieb. Daher rief er nach Maria, die ein Diktat aufnehmen sollte. Als sie das Zimmer betrat, saß er zusammengesunken auf seinem Bett und atmete ungleichmäßig. Während des Diktats des Briefes umklammerte er seine Brust und verzog das Gesicht zur Grimasse. Leise schob er Marias Fragen und Befürchtungen beiseite, aber in Minutenabständen kehrten die Schmerzen zurück. Maria blickte gerade auf, als Fritz' Gesichtsfarbe mit einem Mal aschfahl wurde, seine Augäpfel zurückrollten und die Augenlider sich schlossen.

»Herzanfall! Herr Gräbe hat einen Herzanfall!« Marias Schreie alarmierten die Frauen aus dem Nachbarraum.

Die aufgeschreckte Belegschaft sammelte sich an der Tür, Tadeusz Glass bahnte sich seinen Weg in das Zimmer, warf einen Blick auf seinen Freund und lief los, um Hilfe zu holen. In diesem Gebiet gab es nur wenige ausgebildete Ärzte, und vermutlich sprach niemand von ihnen Deutsch. Dann erinnerte sich

Tadeusz, daß es deutsche Ärzte in einem nahegelegenen Feldlazarett gab. Angst packte ihn, als er losrannte, aber sie war nicht stark genug, um ihn aufzuhalten. Als er das deutsche Feldlager erreichte, fragte er sich, ob sie seinen leichten jüdischen Akzent erkennen würden. Würden jemandem seine ›jüdischen Merkmale‹ auffallen? Würde er von einer Wache festgehalten und ausgefragt werden? Aber jetzt zählte für Glass nichts außer dem Wohlergehen seines Freundes und Retters.

Glass traf auf einen jungen deutschen Arzt. Er erklärte dem Mediziner in aller Eile die Lage und schilderte Gräbes Wichtigkeit für die Kriegsanstrengungen, so als ob das die Reaktion des Arztes beschleunigen könne. Der Doktor begleitete Tadeusz zu Fritz' Zimmer und bestätigte, daß Fritz einen Herzanfall gehabt hatte. Aber es war bereits zu spät, zu kalt und auch zu gefährlich, den angeschlagenen Ingenieur noch fortzubringen. Die Nacht hindurch wechselten sich die Mitarbeiter bei der Beobachtung Gräbes ständig ab, verabreichten ihm die Arznei und schürten das Feuer im Ofen.

Am nächsten Morgen kamen der Arzt und einige Sanitäter zurück, um Gräbe in das Feldlazarett zu bringen, wo er beobachtet und untersucht werden konnte. Er protestierte nicht gegen den Transport in einem Militär-Krankenwagen. Die Szenerie in dem Behelfskrankenhaus war unvorstellbar. Ganze Bettenreihen waren dicht zusammengeschoben worden. Der Horror, den der sowjetische Angriff verursacht hatte, war in den Gesichtern der verwundeten und sterbenden Männer eingemeißelt. Ärzte und Sanitäter eilten im Lazarett umher, während die Verwundeten mit weit aufgerissenen, glasigen Augen ins Nichts starrten.

Fritz wurde auf ein Krankenbett gelegt und mit zusätzlichen Kissen gestützt, während der junge Arzt sich freundlich darum bemühte, seinen Patienten zu beruhigen. »In drei oder vier Wochen werden Sie sich soweit erholt haben, daß Sie nach Hause zurückkehren können. Ich glaube nicht, daß Ihr Herz irgendeinen bleibenden Schaden davontragen wird.«

Aber anstatt den erschöpften Ingenieur zu beruhigen, gelang es dem Arzt lediglich, ihm Angst zu machen.

»Ich kann nicht drei oder vier Wochen warten. Das Töten wird auch hierher kommen, ich muß meine Arbeiter schützen.«

»Worüber machen Sie sich so ernsthafte Gedanken, Herr Gräbe? Sie sehen sehr beunruhigt aus!«

»Ich bin beunruhigt! Ich kann hier nicht für endlose Wochen bloß sitzenbleiben. Ich habe ein Projekt, eine Verwaltung –« Der Doktor unterbrach diesen für einen leidgeprüften Manager charakteristischen wie logischen Gedankenzug. »Es ist besser, daß Sie sich hier ausruhen, wo wir Sie beobachten können. Sie würden den Kriegsanstrengungen kaum von Nutzen sein, wenn Sie von hier fortgehen und sterben.«

»Schimpfen Sie nicht mit mir, Herr Doktor, machen Sie mich bloß gesund genug, daß ich in mein Büro zurückkehren kann.«

»Für den Augenblick sind Sie dazu viel zu schwach, und Sie sind mein Patient. Ruhen Sie sich aus, und streiten Sie nicht mit mir. Ich werde alles für Sie tun, was in meinen Möglichkeiten steht.«

Nach zwei Tagen gelang es Maria, sich von der Büroarbeit freizumachen und zum Krankenhaus zu kommen, um Gräbe zu besuchen. Sie hatte es wegen der strikten militärischen Geheimhaltungsvorschriften bisher nicht geschafft, eine Mitteilung über seinen Herzanfall nach Sdolbunow durchzugeben. Als sie an Fritz' Krankenbett anlangte, war sie über seinen Anblick entsetzt. Er war aschfahl und hatte Gewicht verloren. Die Krankenstation war kalt, es herrschte dort reinstes Chaos. Die Verwundeten stöhnten, und die Ärzte waren vor allem damit beschäftigt, die von der Front hereinkommenden Patienten zu betreuen. Gräbes Stimmung war schlecht. Er fühlte sich schwach, und er machte sich Gedanken über die verordnete zweiwöchige Ruhepause und die Gefahren, die seinen über die Ukraine verteilten Aktivitäten drohten.

Maria suchte sofort den jungen Arzt auf. »Ich möchte Herrn Gräbe ins Büro mitnehmen.«

»Ich glaube nicht, daß Sie ver-...«

Der Arzt konnte seinen Einwand nicht zu Ende bringen – Maria präsentierte überzeugend ihre Begründung.

»Einen Augenblick mal, Herr Doktor. Wir können ihn dort besser beobachten, als Sie und Ihre Mitarbeiter es hier können. Wir können ihn warm halten, er ist bei uns ungestört, und wir verpflegen ihn auch. Wenn er ein Problem hat, werden wir Sie unverzüglich holen kommen. Außerdem benötigen Sie doch alle Betten und sämtliche Ärzte für die Verwundeten.«

Ihre selbstsichere Argumentation verfehlte ihre Wirkung nicht. Kurz darauf lag Gräbe in der Geschäftsstelle in einem bequemen Bett in der Nähe des Ofens, und sechs bis acht Mitarbeiter der Firma betreuten ihn. Die Aufmerksamkeit, die ihm hier zuteil wurde, erinnerte mehr an reiche Leute in luxuriösen Heilbädern als an einen Angestellten einer Eisenbahnbaugesellschaft. Maria kontrollierte eintreffende Besucher genauestens, verlegte die Büroarbeit an eine andere Stelle, um den arbeitsamen Deutschen gar nicht erst in Versuchung zu führen, und übernahm für Gräbes Genesung quasi die persönliche Verantwortung.

Die Verlegung in die vertraute Umgebung beschleunigte Gräbes Erholung. Er begann zu essen, sein Schlaf war jetzt weniger unregelmäßig, und seine Lebensgeister kehrten langsam zurück. Bald schon fragte er nach Arbeit, versuchte den leitenden Mitarbeitern Anweisungen zu geben und wollte unbedingt nach Sdolbunow zurückkehren. Einen Tag, nachdem ihn der Arzt besucht hatte, kam Alex herein. Es war für Fritz an der Zeit, mit dem Gehen zu beginnen – zu viel Bettruhe würde ihn nur weiter schwächen, hatte der Doktor gesagt. Alex war stark und beinahe im Übermaß gefällig. Er half seinem Freund beim Anziehen, nahm ihn am Arm und trug ihn mehr oder weniger im Raum umher.

»Keine Angst, Herr Gräbe, ich bin gleich hier ... Haben Sie irgendwo Schmerzen? Laufen Sie nicht so schnell. Lassen Sie mich Ihren Arm halten, damit Sie nicht fallen. Wie fühlen Sie sich jetzt? ... Möchten Sie sich jetzt ausruhen?«

Das war zu viel des Guten! »Alex, Alex, Alex!« warnte Fritz. »Behandle mich nicht wie einen Kriegsversehrten.«

Schon bald wurde die übereifrig besorgte Gesellschaft der Mitarbeiter, die ihre Unterstützung anbot, von den Protesten und Tadeln ihres reizbaren Chefs an die Arbeit zurückgejagt. Mit jedem Tag kehrte mehr und mehr die gewohnte Stärke und Entschlußkraft des deutschen Ingenieurs zurück. Er brachte vermehrt Zeit damit zu, Berichte zu lesen, seine deutschen Mitarbeiter zu empfangen, Pläne zu überprüfen, zu überlegen, wie man Glass Geld transferieren konnte und mit Maria zu scherzen. Maria vertraute ihm an, daß sie seine Verlegung aus dem Krankenhaus nur deshalb in die Wege geleitet hatte, weil sie eine gereizte, korpulente polnische Krankenschwester zuvor beobachtet hatte, die ihm gerade eine Spritze setzte.

Während die Tage zu Wochen wurden, reifte in Gräbe in wachsendem Maße der Wunsch, nach Sdolbunow zurückzukehren. Er war besorgt, weil er seine lange Abwesenheit und den Grund dafür den dortigen Mitarbeitern nicht übermitteln konnte. Sdolbunow anzurufen war nicht möglich, weil die Armee die Telefonverbindungen ständig belegte. Wenn er schriebe, würde der Poststempel von Poltawa auf dem Umschlag auftauchen, was wiederum mit hoher Wahrscheinlichkeit Fragen nach sich ziehen würde – tatsächlich hätte der Brief Poltawa wegen der Zensur vermutlich ohnehin nicht verlassen. Er wollte Elisabeth und Friedel in Solingen schreiben, um ihnen seinen Gesundheitszustand mitzuteilen und sie zu beruhigen, aber die Sache mit dem Poststempel und der Zensur schreckten ihn ab. Seine Unruhe begann sich allmählich auf die Belegschaft zu übertragen.

Eines Tages hatte Fritz plötzlich eine gute Idee. Innerhalb von Minuten saß Maria bei ihm und nahm die Diktate auf. Zwischen den einzelnen Briefen freute er sich insgeheim: »Bitte schön! Ich habe sie erneut angeschmiert!«

Den ganzen Tag hindurch bis in den Abend hinein wanderten Gräbes Worte zu Maria hinüber auf das Schreibpapier. Auf jeden

Briefumschlag schrieb er das Datum und die Anfangsbuchstaben OU. Diese Beschriftung, die Abkürzung für *Ortsunterkunft*, war Bestandteil einer militärischen Verfahrensweise, die denjenigen Geheimhaltung verschaffte, die im besetzten Territorium arbeiteten oder kämpften. Die Anfangsbuchstaben wiesen den Postbeamten wie den Empfänger darauf hin, daß der Brief aus einem geschlossenen Gebiet kam. Er würde auch nicht zensiert werden; diejenigen, die einen solchen Brief erhielten, konnten den Absendeort nicht erfahren, und daher würde vermutlich auch niemand Verdacht schöpfen.

Ein ganzer Stoß solcher Briefe wurde in den folgenden Tagen abgesandt. In der Zwischenzeit führte der Arzt Untersuchungen durch, die darüber Aufschluß geben sollten, ob Gräbe erlaubt werden konnte, nach Sdolbunow zurückzukehren. Schließlich kam der Tag, an dem man ihn für hinreichend genesen erklärte, um zu reisen. Der Arzt wies ihn ausdrücklich darauf hin, sein Arbeitstempo zu verlangsamen und seine Belastungen auch auf andere Schultern zu verteilen, wenn er zu Hause angelangt sei. Außerdem wurde er verpflichtet, seine Arzneien regelmäßig einzunehmen.

Gräbe stritt nicht mit dem Arzt. Er hörte aufmerksam zu, stellte seinerseits einige Fragen und dankte dem jungen Mediziner für seine Behandlung und Fürsorge. Maria und Tadeusz fielen ihm beinahe gleichzeitig ins Wort und gaben ihm zu verstehen, daß etwas nicht so war, wie es eigentlich hätte sein sollen. »Sie dürfen nicht in gewohnter Weise weitermachen, oder Sie werden sterben.«

Tadeusz hatte in Erwartung von Gräbes Halsstarrigkeit dessen Gedanken vorweggenommen: »Sie haben bereits so vielen Menschen das Leben gerettet – jetzt müssen Sie sich selbst schützen. Elisabeth und Friedel brauchen Sie, der Krieg wird bald vorbei sein.«

Als Gräbe protestieren wollte, setzte Maria an: »Wir verfolgen einen Plan, mit dem jeder einverstanden sein kann. Sie werden nach Solingen zurückkehren und damit fortfahren, uns zu schützen. Tadeusz und ich werden Ihre Verpflichtungen vor Ort und in Sdolbunow mitübernehmen. Sie müssen uns das unbedingt machen lassen, für Sie ist es zu gefährlich, wie bisher weiterzumachen. Die Gestapo wird ohnehin nach einem Sündenbock suchen.« Fritz hörte geduldig zu, blieb äußerlich gefaßt und dachte angespannt über die Vorschläge und deren Tragweite nach. Man offerierte ihm hiermit die Gelegenheit, sich um sich selbst zu kümmern: er war aller Schwierigkeiten ledig, er mußte keine weiteren Risiken eingehen; er hatte alles in seiner Macht Stehende getan.

»Nein, tut mir leid, ich kann euren Plan nicht akzeptieren. Wir werden uns niemals trennen. Wir müssen unsere Arbeit zusammen fortsetzen. Zusammen sind wir bisher so weit gekommen, wir werden auch den Rest schaffen.«

Die drei argumentierten hin und her, aber es war deutlich, daß sich Gräbe am Ende durchsetzen würde. Er war wild entschlossen, wie er sich erinnert:

Ich war von keinerlei Argumenten zu überzeugen. Die Rettung jüdischen Lebens und der Schutz unschuldiger Landbewohner waren meine alleinigen Prioritäten. Wir mußten auf dieser Ebene erfolgreich sein, andernfalls würde es keine jüdische Nachkriegsbevölkerung mehr geben. Ich spürte, daß die deutschen Kriegsanstrengungen erlahmten. Die Soldaten konnten den Krieg unter der Führung eines geistesgestörten Mannes wie Hitler nicht gewinnen. Man brauchte nur zu schauen, was der Sechsten Armee gerade einige Kilometer von meinem Büro entfernt passierte. Nein! Ich war besessen davon. Ich hatte so viele Menschenleben gerettet, nur um sie sterben zu sehen, als die nächste Einsatzgruppe vorbeikam. Ich wollte nicht zulassen, daß die Verbliebenen litten und starben. Maria, Tadeusz und ich würden gemeinsam weitermachen.

Am folgenden Morgen gingen Fritz und Tadeusz spazieren. Glass versuchte Fritz auf diplomatische Art und Weise davon zu überzeugen, zu seiner Familie nach Hause zurückzukehren.

»Machen Sie sich keine Sorgen, mein Freund. Wir wissen alle, daß Sie alles in Ihrer Macht Stehende unternommen haben und noch mehr. Eines Tages, wenn das alles vorbei ist, werden wir uns in Warschau wiedertreffen. Es wird eine große Wiedersehensfeier der Landsleute sein.«

Maria kam aus dem Büro die Straße hinunter auf die beiden Männer zugerannt. Aus Sdolbunow war ein Brief von Bronka eingetroffen.

»Es gibt Ärger in Sdolbunow«, rief sie. »Bronka bittet Sie, sofort zurückzukommen.«

Die Dringlichkeit des Briefes, der keinerlei Einzelheiten enthielt, war unmißverständlich und setzte dem Streit ein Ende.

Vermutungen und Anspielungen auf Gräbe hatten unter den deutschen Arbeitern in Sdolbunow die Runde gemacht. Vor seiner Abreise war Gräbe am Tresor im Büro der Firma beim Abzählen tausender Reichsmark, die er in seinen privaten Reisekoffer gesteckt hatte, beobachtet worden. Herr Spichartz, der stellvertretende Betriebsleiter, mutmaßte, daß es sich dabei um die Unterschlagung von Firmengeldern handelte, und verbreitete seinen Verdacht unter den Mitarbeitern. In einem Gespräch mit Herbert Mönnikes, dem früheren Baustellenpolier in Dubno, vertraute er diesem an: »Ich glaube nicht, daß Gräbe zurückkommen wird. Maria verschwand schon vorher, und jetzt Gräbe. Ich glaube, daß sie sich zusammen aus dem Staub gemacht haben. Was meinen Sie dazu?«

Spichartz' Besorgnis drehte sich in Wirklichkeit weniger um das verschwundene Firmeneigentum als vielmehr um die Absicherung seiner eigenen Stellung innerhalb der Firma.

»Wir können nicht, wie derzeit, ohne einen Betriebsführer weitermachen«, erzählte er Bronka. »Ich habe Solingen davon in Kenntnis gesetzt und ihnen mitgeteilt, daß ich die Position des Betriebsführers ausüben werde, es sei denn, daß sie die Absicht hätten, jemand den weiten Weg von Deutschland herzuschicken.«

Mönnikes fragte: »Glauben Sie wirklich, daß es notwendig war, nach Solingen zu schreiben?«

»Verdammt nochmal! Nehmen Sie Ihre Scheuklappen ab – Gräbe hat sich mit Maria und den Firmengeldern verdrückt. Natürlich war es notwendig.«

In Solingen hatte Spichartz' Mitteilung eine Flut von Aktivitäten ausgelöst. Buchhalter und Geschäftsleitung begannen damit, Verträge, Rechnungen und Anforderungsformulare einer gründlichen Revision zu unterziehen, um nach irgendwelchen Unregelmäßigkeiten zu suchen, die einen Anhaltspunkt für eine Unterschlagung boten. Gräbe war bei Emmy Jung nie beliebt gewesen. Nach dem unerwarteten Tod ihres Ehemanns Max hatten sie und ihr Schwager, Fritz Mandler, die Verantwortung bei Jung übernommen. Der eigenwillige Ingenieur agierte der neuen Firmenleitung zu sehr als Einzelgänger. Frau Jung benötigte nur einen Vorwand, um die Leitung auszutauschen und das Ukraine-Geschäft umzukrempeln. Ihre Mitarbeiter suchten in den Unterlagen nach Beweisen, um strafrechtlich gegen Gräbe vorgehen zu können, und sie plante, eine Gruppe zuverlässiger Mitarbeiter zu entsenden, um das Büro in Sdolbunow zu übernehmen.

Während in der Solinger Geschäftsführung hektischer Betrieb herrschte, verließ Gräbe schließlich Poltawa. Seine Abreise wühlte alle auf. Niemand ahnte etwas von den Gefahren, denen er sich in Sdolbunow gegenübersehen sollte. Jedermann hatte Angst wegen der Belastungen für sein geschwächtes Herz, und alle seine jüdischen Arbeiter wußten es zu schätzen, daß er sich nicht zurückziehen und zu seiner Familie zurückkehren wollte. Eine Besprechung in allerletzter Minute mit Alex überzeugte Fritz davon, daß die deutsche 6. Armee nicht in der Lage sein würde, dem Angriff der Sowjets zu widerstehen. Diese Nachrichten waren von einer hoch angesehenen Partisanengruppe gekommen, die am Rand des Kampfgebietes und im deutschen Besatzungsgebiet tätig war.

»Alex, seien Sie vorsichtig bei Ihren Kontakten mit den Partisanen«, riet Gräbe. »Es ist für Sie und die anderen, die hier sind, gefährlich.«

Tadeusz und Maria überprüften zusammen mit Gräbe nochmals die Planungen für die Evakuierung der Poltawa-Arbeiter für den Fall eines raschen Vorrückens der sowjetischen Streitkräfte. Weil niemand so recht wußte, was sich in Sdolbunow ereignet hatte, wurden auch Pläne für den Fall aufgestellt, daß es Gräbe unmöglich war, die Evakuierung aus Poltawa zu koordinieren.

So schlecht wie die Dinge während der vergangenen zwei Jahre auch gelaufen waren, kein Augenblick verkündete mehr Unheil als jener, der jetzt die Gedanken der Verschworenen verdunkelte. Keiner vermochte die Möglichkeit auszuschließen, daß dies das letzte Lebewohl war. Tränen vermischten sich mit Gefühlen der Wertschätzung, der Liebe und der Angst.

Weil die Eisenbahnreise nach Sdolbunow lang und anstrengend sein würde, hatten Maria, Tadeusz und Alex sich in allerletzter Minute dazu entschlossen, Gräbe bis Kiew zu begleiten. Dort sollten sie, wie der Doktor empfohlen hatte, anhalten, damit Fritz sich ausruhen kann. Falls es sich als notwendig erweisen sollte, würden sie für zwei oder drei Wochen ein Haus mieten, so daß er sich erholen und Bewegungsübungen machen konnte. Das Trio überzeugte Fritz davon, daß sie ihn keinesfalls dazu zwingen würden, in Kiew zu bleiben und daß sie, wenn er von dort nach Sdolbunow führe, ganz einfach nach Poltawa zurückkehren wollten.

Die Reise nach Kiew nahm fünf qualvolle Tage in Anspruch. Jeder Halt wegen eines überholenden Zuges, jede Unebenheit in der Gleisspur jagte krampfartige Schmerzen durch Gräbes Körper. Er konnte nicht schlafen. Die Fahrt dauerte länger als gewöhnlich: Es gab ständig Sicherheitskontrollen an Bahnübergängen, und vor allem mußte der Zug immer wieder Transporten mit Truppen und Nachschub ausweichen, die auf den Strecken Vorrang beanspruchten. Als sie endlich die verschneite Hauptstadt der Ukraine erreichten, erklärte sich Gräbe damit einverstanden, zu verweilen und auszuruhen. Sein Körper war von der belastenden Fahrt geschwächt worden. Maria hatte überzeugend dargelegt, daß es besser für ihn sein würde, wenn er Sdolbunow ausgeruht und gestärkt erreichte.

Die Reise- und Ruhephase dauerte beinahe drei Wochen, dann setzte Gräbe die Zugfahrt allein fort. Die Verschworenen gingen sehr bewegt auseinander: Sie versicherten sich gegenseitig, die gemeinsame Arbeit fortzusetzen und sich nach dem Krieg wiederzutreffen.

Gräbe traf in Sdolbunow am späten Abend ein und begab sich direkt zu seinem Haus. Am nächsten Morgen ging Bronka zu Gräbes Haus hinüber, um nachzusehen, ob er inzwischen zurückgekehrt war. Bronka war auf seinen Anblick nicht vorbereitet. Er war blaß, eingefallen, schmal. Als sie ihn umarmte, stieß sie hervor: »Oh, mein Gott! Ich hatte nicht die leiseste Ahnung, daß Sie so schwer krank waren. Schauen Sie sich an!«

»Nun fangen Sie nicht auch noch an, mich wie einen Invaliden zu behandeln!« erwiderte er. »Bronka, erzählen Sie mir, was genau vorgefallen ist. Warum haben Sie diesen dringenden Brief geschickt?«

»Herr Gräbe, es gibt große Probleme. ... Ich bin äußerst verzweifelt.«

»Sehr gut! Ich hatte in den vergangenen sechs Wochen keine einzige Herausforderung zu bestehen – hier bin ich, um etwas zu tun.«

»Das ist kein leichter Fall, Herr Gräbe«, erklärte Bronka zurückhaltend. »Ich bin als Sekretärin abgelöst worden, ein anderer Mitarbeiter bedient jetzt die Telefonvermittlung, und Frau Jung und ihr Schwager haben drei Leute aus den Geschäftsstellen in Hamburg und Solingen geschickt, um die Bearbeitung der Vertragsangelegenheiten zu übernehmen.«

Der Schwager hatte zwei seiner Busenfreunde geschickt, was Fritz erheiternd fand.

»Schauen Sie sich das an! Die brauchen drei Leute, um die Arbeit zu tun, die ich allein gemacht habe.«

»Herr Gräbe, das Ganze ist kein Witz – diese Leute behaupten, daß Sie Firmengelder unterschlagen und sich mit Maria aus dem Staub gemacht haben. Einer von ihnen hat einen Haftbefehl gegen Sie, und die Miliz wurde bereits angewiesen, Sie zu holen.«

Weil er es nicht riskieren wollte, die Geschäftsstelle unvorbereitet zu betreten, plante Fritz sorgfältig einen weiteren seiner Auftritte auf einer neuen Bühne. Bronka sollte ins Büro gehen und ihre Arbeit machen, als ob sich nichts Außergewöhnliches ereignet hätte.

Fritz betrat das Büro einige Zeit später mit gut eingeübter Rolle. Die Ingenieure waren über ihre Zeichenbretter gebeugt, während einer der neuen Mitarbeiter der Firmenleitung, Sam Obendorf, zusammen mit einem Gräbe unbekannten Solinger Angestellten an einem Arbeitstisch die Firmenbücher durchging. Bevor auch nur ein Wort gefallen war, hatte Gräbes beherrschende Erscheinung einige Beschäftigte veranlaßt aufzublicken.

»Herbert, es sieht so aus, als ob jeder hier hart arbeitet. Schön für Sie!«

»Herr Gräbe, Herr Gräbe!«

Herbert Mönnikes, überrascht von dem unerwarteten Auftauchen seines Vorgesetzten und von dessen erschreckend ungesundem Gesichtsausdruck, war gerade einmal in der Lage, Gräbes Namen zu sagen. Es war, als ob ein Gespenst den Raum betreten hatte.

»Wie geht es Ihnen, Herbert?«

»Gut, mir geht es hervorragend, Herr Gräbe, und Sie – wie fühlen Sie sich?«

»Ich fühle mich viel besser und bin bereit zu arbeiten. Obendorf! Was machen Sie und Ihr Kollege hier, so weit entfernt von Ihren bequemen Büros in Solingen?«

Obendorf, ein früherer Versicherungsvertreter, war so etwas wie der Firmenmitarbeiter schlechthin, durch und durch loyal. Gräbes ironische Bemerkung ignorierend, antwortete Obendorf förmlich: »Sie sind als Firmenleiter entlassen worden, und ich habe hier einen Haftbefehl, der Ihre sofortige Rückkehr nach

Deutschland vorsieht, wo Sie sich vor Gericht zu verantworten haben werden.«

»Was habe ich nur getan, daß mir diese Ehre zuteil wird?«

»Sie wissen ganz genau, daß Sie sich mit Firmeneigentum und Ihrer Sekretärin Maria davon gemacht haben.«

»Darf ich die amtlichen Beschuldigungen sehen?«

Obendorf gab Gräbe das Schriftstück. Gräbes Gesicht nahm einen zornigen Ausdruck an, als er das Schriftstück in seine Jackentasche steckte.

»Ich werde das für den Augenblick bei mir behalten.«

»Das dürfen Sie nicht!«

»Es steht mein Name darauf, deshalb werde ich damit machen, was mir beliebt.«

Der verwirrte Obendorf war im Begriff zu widersprechen, als zwei ukrainische Milizangehörige durch die Tür kamen, um Gräbe festzunehmen. Allem Anschein nach waren sie von dem ehrgeizigen Spichartz alarmiert worden, der unbemerkt aus einer Seitentür geschlichen war, als Gräbe eintraf.

Gräbe drehte sich herum, um die beiden Milizmänner in Augenschein zu nehmen. Ihre Ankunft hatte Gräbe auf dem falschen Fuß, aber keineswegs ganz unvorbereitet erwischt.

»Wenn die Herren mir bitte folgen wollen.«

Mit einer weitausholenden Geste deutete er auf jeden der neuen Mitarbeiter aus der Solinger Firmenleitung und dann auf die beiden Milizmänner. Mit der einstudierten Entschlossenheit eines Schauspielers, der keine einzige Zeile Text mehr zu sprechen und nur noch den einen entscheidenden Moment auf der Bühne vor sich hatte, entnahm Gräbe seiner Westentasche einen Schlüssel und ging zum Bürotresor hinüber.

Jeder im Büro beobachtete schweigend, wie Gräbe den Tresor öffnete und eine kleine verschlossene Geldkassette herauszog, die er zusammen mit dem Schlüssel Obendorf übergab.

»Öffnen Sie!«

Seine scharf gesprochenen Worte schwangen im Raum nach.

»Machen Sie schon, vor allen diesen Augenzeugen hier, öffnen Sie.«

Noch verwirrter als zuvor leerte Obendorf den Inhalt der Kassette auf einen kleinen Zeichentisch. Sie enthielt exakt zehntausend ukrainische Karbowanz und eine behördlich abgestempelte und unterzeichnete Quittung. Gräbe forderte Obendorf auf, sie vorzulesen. Das Gefühl von Demütigung trat an die Stelle seiner Verlegenheit, als Obendorf sich nervös räusperte.

»Nun machen Sie nicht schlapp! Lesen Sie es uns vor!«

»Fünfzigtausend Karbowanz zum Ausgleich von fünftausend Reichsmark, erhalten von Herrn Ingenieur Hermann F. Gräbe in der Form eines Bankwechsels, ausgestellt zu Lasten seines Privatguthabens. Köln, den 20. Tag des Septembers 1942.«

»Herr Obendorf, ist das alles, was auf dem Bogen Papier geschrieben steht?«

Obendorf zauderte, rückte seine Brille zurecht, überprüfte den Rest des Schreibens, verlagerte sein Körpergewicht nervös von einem Fuß auf den anderen und las dann nochmals.

»Lesen Sie vor!«

»Unterzeichnet von Karl Rudolph, Hauptbuchhalter, Jung AG, Solingen und Köln.«

»Herr Obendorf, ist das seine eigenhändige Unterschrift? Sagen Sie es mir. Sofort! Ist das Rudolphs Unterschrift? Ja oder nein, Herr Obendorf.«

Fritz Gräbe war unerbittlich, wenn er die Punkte endgültig einfahren wollte. Seine Worte zerrissen förmlich die Luft. Ohne von dem Schriftstück aufzublicken, murmelte Obendorf schließlich ein kaum vernehmbares »Ja.«

»Zählen Sie mein Geld – jedes einzelne Stück Papier. Machen Sie schon, vor den Augen dieser Milizmänner.«

Mit der Fertigkeit eines geübten Schauspielers drehte sich Gräbe zu den überraschten Milizmännern um und forderte sie im Befehlston auf: »Nehmen Sie diesen Mann und den dort drüben fest.«

Die beiden Milizionäre, die Gräbe kannten, stutzten für den

168

Bruchteil einer Sekunde, aber als Obendorf zu einer Erwiderung ansetzte, griffen ihn die Milizmänner bei den Armen. Über seine heftige Beschwerde hinweg tönte Fritz' Stimme: »Sie haben Hochverrat gegen das Vaterland begangen durch die Behinderung meiner Arbeit, die eine Arbeit für das Reich und eine offizielle Arbeit der Reichsbahnverwaltung ist.«

Bronka mußte sich mühsam beherrschen, um nicht zu lachen oder zu weinen. Auf irgendeine Weise hatte sich Gräbe aus einer weiteren unmöglichen Zwangslage befreit. Wenn ihr jemand an diesem Vormittag erzählt hätte, daß sich die Rollen so rasch umkehren würden und sie in ihre alte Stellung als Sekretärin zurückkehren würde, hätte sie ihn vermutlich ausgelacht. Unterdessen zog Fritz den Haftbefehl aus seiner Jackentasche, zerriß ihn in kleine Stücke und warf sie in den Holzofen.

»Meine Freunde und Kollegen«, sagte er mit sanfter Stimme, »es ist schön, wieder bei Ihnen zu sein. Laßt uns nun zu unseren Aufgaben zurückkehren.« Fritz erinnert sich:

Ich erinnere mich an all das so, als ob es ein Märchen gewesen sei. Es schien mir nicht wirklich wahr zu sein. Diese Männer aus Solingen trafen mit der Anweisung ein, mich zu entlassen, und mit einem Gerichtsbeschluß, um mich festzunehmen. Was für ein Witz! Sie wußten aber nicht, wie sie sich verhalten sollten. Innerhalb nur einer Stunde hatte sich das Blatt gewendet. Ich war wieder Betriebsleiter. Aber ich wußte auch, daß ich für die Zukunft vorauszuplanen und mich vorzubereiten hatte. Ich war mir sicher, daß Obendorf geradewegs nach Solingen zurückkehren würde und etwas ausheckte, um es mir heimzuzahlen. Damit lag ich absolut richtig.

Vielleicht eine Stunde später klopfte Mönnikes an Gräbes Bürotür. Bronka, die Gräbe über alles unterrichtet und ihre Freude an der dramatischen Veränderung in der Geschäftsstelle gefunden hatte, zog sich zurück.

»Herbert, es ist schön, Sie wiederzusehen. Ich war mir nicht sicher, ob mein Herz mitspielen und es mir erlauben würde zurückzukehren.«

»Danke, Herr Gräbe. Schön, Sie zu sehen, nachdem ich mitbekommen habe, daß Sie schwer krank waren.«

»Ich hatte einen sehr schweren Herzanfall, aber ich bin vollständig wiederhergestellt und kann wieder arbeiten.«

»Herr Gräbe, was soll mit den Männern geschehen, die ins Gefängnis gebracht wurden?«

»Herbert, ich bin der ganzen Sache überdrüssig. Ich habe für die Firma immer sehr hart und zuverlässig gearbeitet. Was ist der Dank? Ein Dolchstoß in den Rücken, ein Haftbefehl, und dann braucht man noch drei von denen, um meine Arbeit zu machen.«

»Natürlich haben Sie Recht, aber was wird nun aus denen werden? Es kann die Sache für Sie und für uns nur noch schlimmer machen.«

»Sie werden in ein paar Tagen wieder draußen sein. Ein bißchen Gefängnis wird ihnen ganz gut bekommen. Sie sind weich – es ist viel zu leicht, nur in Solingen herumzusitzen, Pläne zu entwickeln und Verschwörungen auszubrüten. Der Gefängnisaufenthalt wird sie für die Heimfahrt abhärten.«

Drei Tage später ging Gräbe zum Gefängnis, unterzeichnete für die Mitarbeiter die Entlassungspapiere und fuhr sie, seine Stellung zur Schau tragend, in seinem Mercedes zum Bahnhof – demselben Auto, mit dem er die von ihm geschätzten und gefährdeten jüdischen Mitarbeiter chauffiert hatte. Auf dem Bahnhof herrschte das zu erwartende Chaos. Verwundete Soldaten lagen auf dem Bahnsteig und in speziellen Waggons für Verletzte. Es hatte den Anschein, daß es von ihnen noch sehr viel mehr gab. Fritz war zu der Ansicht gelangt, daß die Stalingrad-Gegenoffensive erfolgreich verlief und daß sich bald alles ändern würde.

Ich dachte, daß alles eine furchtbare Verschwendung ist – die jungen Männer von Geschossen und Granaten auseinandergerissen, die unschuldigen Juden in Wäldern, Straßen und Lagern ermordet, die armen Landarbeiter, ihrer dürftigen Habe beraubt – Sie hatten mit Politik doch gar nichts im Sinn ... Verfluchter Hitler.

Gräbe wurde von Obendorf aus seinen Gedanken herausgerissen. Sie hatten den Waggon für Zivilisten erreicht, und Obendorf war entschlossen, das letzte Wort zu haben. Der schrille Pfiff einer Dampflokomotive und die lärmende Einfahrt eines Güterzuges übertönten ihn jedoch beinahe.

»Gräbe – wir werden Sie fertigmachen. Warten Sie nur ab.«

Fritz lächelte herausfordernd, und indem er drohend den Zeigefinger hob, raunte er Obendorf zu: »Seien Sie vorsichtig, mein Freund, sehr vorsichtig. Ansonsten ...«

Es war überflüssig, die Drohung vollständig auszusprechen. Die drei Tage in der ukrainischen Haftanstalt reichten aus, sie ernsthaft zu unterstreichen.

Während der Zug langsam aus dem Bahnhof Sdolbunows herausfuhr, überlegte Gräbe, ob es nicht bereits zu spät war, weitere Juden zu retten. ›Der Untergrund benötigt meine Fähigkeiten – vielleicht können sie die Juden effektiver beschützen als ich‹, dachte er bei sich. Am späten Nachmittag teilte Gräbe Bronka mit, daß er daran interessiert sei, den Untergrundkämpfern zu helfen.

Mit einem Freudenausbruch umarmte sie ihn und sagte: »Ich wußte, daß Sie uns helfen werden!«

»Wie konnten Sie davon wissen?«

Er lächelte und griff nach einem frischen Stoß gefälschter Personalausweise, die auf seine Unterschrift warteten.

In der Frühe eines kalten Februarmorgens 1943 führten Fahnder der Kriminalpolizei und der Finanzverwaltung des Reiches eine Razzia in Gräbes Haus in Gräfrath durch. Die Razzia war durch anonyme Beschuldigungen ausgelöst worden, daß der Ingenieur die Zahlung von mehr als fünfzehntausend Reichsmark Einkommenssteuer hinterzogen und weitere dreißig- bis fünfzigtausend Reichsmark illegal in seiner Wohnung versteckt habe. Der mit der Untersuchung beauftragte Behördenvertreter wies Elisabeth Gräbe an, ihren Mann zur sofortigen Rückkehr nach Solingen zu bewegen, um Stellung zu nehmen. Am 24. Februar 1943 erreichten zwei Briefe Sdolbunow. Im ersten Brief schilderte Elisabeth ihrem Mann die Wohnungsdurchsuchung und berichtete von der ernsten Warnung der Behörden. Der zweite Brief stammte von Ernst Schade aus Wuppertal-Barmen. Schade war öffentlich vereidigter Wirtschaftsprüfer, der Gräbes Steuererklärungen abfaßte und einen Großteil der Buchhaltung für die Firma Jung erledigte. Der Brief setzte Fritz davon in Kenntnis, daß seine Steuererklärungen für die Jahre 1939 und 1940 in Zweifel gezogen wurden, daß Schade nichts für ihn tun könne und Gräbe ihn unverzüglich von der Vollmacht für Steuerangelegenheiten entbinden sollte.

Schade war ein ehrgeiziger Mann, der in der NSDAP in eine hohe Position aufgestiegen war. Er wollte die für ihn wichtige Zusammenarbeit mit der Firma Jung fortsetzen. Bei verschiedenen Gelegenheiten hatte er seinen Wunsch zum Ausdruck gebracht, Leiter der Geschäftsstelle in Sdolbunow zu werden.

Ohne weiteren Aufschub traf Gräbe Vorbereitungen zur Heimreise. Nach viertägiger Bahnfahrt erreichte er Solingen, wo ihn Elisabeth auf dem Bahnhof erwartete. Mit tränenerstickter Stimme ermahnte sie ihren Mann: »Warum hast du die Steuern nicht bezahlt? Es bringt uns doch nur in Schwierigkeiten.« »Sei nicht albern, Elisabeth. Ich habe alles bezahlt. Es ist gefährlich, keine Steuern zu bezahlen, insbesondere unter einem Adolf Hitler. Hältst du mich für einen Dummkopf?«

Fritz hatte in Poltawa entschieden, Elisabeth und Friedel nichts über seinen Herzanfall zu schreiben. Die Sorge, die das in Gräfrath ausgelöst hätte, wäre angesichts des sich ständig verbessernden Gesundheitszustandes nicht gerechtfertigt gewesen. Als er es Elisabeth nun doch erzählte, nahm sie die Neuigkeit sehr gefaßt auf. Sie hatte damit gerechnet, daß auf ihren Mann eine erhebliche Arbeitsbelastung, weitere Rettungsaktionen und eine damit verbundene starke Anspannung zukommen würden und war deshalb erleichtert, vom Rückgang der Arbeitsbelastung zu erfahren. Nach den Berichten über den Herzanfall und über das Schicksal der jüdischen Menschen kamen sie überein, weder die Rettungsaktionen noch den Herzanfall weiter zu erörtern.

Gräbe ging danach unverzüglich an seinen Bücherschrank, wo er das von ihm versteckte Kontobuch vorfand. Er hatte es inmitten der anderen Bücher eingeordnet, so daß es gar nicht weiter auffiel. Das Kontobuch enthielt, beginnend mit dem Jahr 1930, sämtliche Rechnungsbelege. Es entsprach der Gepflogenheit, das Buch einem Steuerinspektor der Finanzpolizei ein ums andere Jahr zur Durchsicht vorzulegen, der jede Seite eines ordnungsgemäß geführten Buches einzeln abzeichnete. Einmal unterzeichnet, konnte den Seiten nichts weiteres hinzugefügt oder entnommen werden. Sämtliche für die Jahre 1930 bis 1940 vorgelegten Belege Gräbes waren von dem Finanzinspektor abgezeichnet worden. Von 1940 bis 1942 hatte die Firma Jung seine gesamten Belege einbehalten und die zu entrichtenden Steuern beglichen. Er entnahm seinem Konto jeden Monat zwischen fünfzehnhundert und zweitausend Reichsmark, ein Tatbestand, der gleichfalls von der Firmenleitung verzeichnet wurde.

Am Morgen nach seiner Rückkehr nach Gräfrath traf sich Gräbe mit Inspektor Hennenberg von der Kriminalpolizei, dessen Abteilung bei Steuerhinterziehungen ermittelte. Gräbe verlor keine Zeit und kam gleich zur Sache.

»Ich will wissen, wer diese Beschuldigungen gegen mich vorgebracht hat.«

»Es tut mir leid, Herr Gräbe, aber es ist mir nicht gestattet, diese Information preiszugeben.«

Hennenberg kontrollierte alle im Rechnungsbuch verzeichneten Unterlagen sowie die Belege der Firma Jung. Es gab keine Unregelmäßigkeiten.

»Herr Hennenberg, wissen Sie eigentlich, was ich für den Krieg tue? Wissen Sie, daß meine Tätigkeit von größter Wichtigkeit für die Kriegsanstrengungen ist?«

»Nein, Herr Gräbe, ich war mir Ihrer Aufgabe nicht bewußt.«

»Vor mehreren Monaten war die Belastung durch meine Arbeit die Ursache dafür, daß ich weniger als hundert Kilometer von der Stalingrad-Front entfernt einen Herzanfall erlitt. Obwohl ich schwach und mit meiner Arbeit weit zurück bin, kam ich freiwillig hierher, um mich diesen unsinnigen Beschuldigungen zu stellen, die meine Treue zu Deutschland in Zweifel ziehen. Ich muß die Namen der Verräter wissen. War es mein Buchprüfer, Schade?«

»Herr Gräbe, in Anbetracht dessen, was Sie vollbracht und erlitten haben, müssen Sie ein sehr tapferer und zuverlässiger Mensch sein, aber ich kann Ihnen die Namen derer, die dieses Rad in Bewegung gesetzt haben, nicht mitteilen. Allerdings glaube ich, daß Sie gut beraten wären, wenn Sie Herrn Schade nicht erlaubten, weiterhin für Sie tätig zu sein.«

»Können Sie mir eine schriftliche Erklärung geben, die mir dabei behilflich sein kann, meinen Namen bei meiner Firma wiederherzustellen?«

Hennenberg setzte sich an Gräbes Schreibmaschine und fertigte eine amtliche Entlastungserklärung aus, die lautete:

Ich bestätige nach einem Ermittlungsverfahren, daß Fritz Gräbe jr., wohnhaft Solingen-Gräfrath, Schulstr. 53, des Vorwurfs der Steuerhinterziehung nicht schuldig ist.

Unterschrift: Steuerinspektor Hennenberg,
Düsseldorf, 9. März 1943.

Gräbe nahm das Schreiben und ging zur Geschäftsstelle der Firma Jung. Dort legte er das Schriftstück vor und beauftragte einen Mitarbeiter, sich unverzüglich zu Schades Wuppertaler Büro zu begeben und sämtliche der Firma und Gräbe persönlich gehörenden Buchhaltungsunterlagen zurückzuverlangen. Gräbe sagte ihm: »Wenn Ernst Schade Ihnen irgendwelche Scherereien machen sollte, dann rufen Sie mich aus seinem Büro an. Sagen Sie ihm, daß ich, wenn er nicht mitspielt, bestimmte Maßnahmen ergreifen werde, die ihn sein Verhalten für den Rest seines Lebens bereuen lassen werden.«

Innerhalb von zwei Stunden kehrte der Bote mit sämtlichen Unterlagen zurück.

Ich glaube, vieles von dem geschah auf Betreiben von Frau Jungs

Schwager, Mandler, und dessen Kollegen Obendorf. Sie haßten mich, und ich glaube, sie wußten wohl etwas von meiner Tätigkeit für die Juden und Landarbeiter. Ich hatte den Verdacht, daß einer ihrer ukrainischen Boten, Krilow, über mich und meine Arbeit Mitteilungen machte. Er stellte für jemanden, der nur ein einfacher Bote war, zu viele Fragen über zu viele Dinge.

Innerhalb einer Woche entließ Fritz Krilow und einen weiteren Beschäftigten, Max Schmale. Schmale hatte in der Belegschaft in Sdolbunow gearbeitet und verkehrte regelmäßig mit Krilow. Seine antijüdische Gesinnung war in der Geschäftsstelle wohlbekannt, wo er, genau wie Krilow, Fragen gestellt hatte, die angesichts seiner Aufgaben völlig unangemessen waren. Bronka hatte sich über beide Männer Gedanken gemacht und ihre Sorgen Gräbe geschildert. Weil sowohl Krilow als auch Schmale zum Zeitpunkt der Steuerprüfung zufällig in Deutschland zu tun hatten, entschloß sich Gräbe, sie kurzerhand zu entlassen. Krilow stellte dabei kein Problem dar, aber der Fall Schmale erforderte ein kluges Vorgehen. Fritz begab sich zum Rekrutierungsbüro der Wehrmacht und setzte es davon in Kenntnis, daß Schmales Dienste nicht länger erforderlich waren und er deshalb für eine Einberufung in die Armee zur Verfügung stehe.

Am Ende der Woche protestierte Schmale an der Eingangstür zu Gräbes Gräfrather Wohnung: »Wie konnten Sie mir das nur antun? Haben Sie nicht etwas für mich, was ich tun kann?«

»Max, wovon reden Sie denn überhaupt?« war Gräbes ausweichende Antwort.

»Ich habe die Einberufung zur Wehrmacht bekommen.«

»Was jammern Sie darüber, Max? Sie können stolz sein, Sie werden Hitlers Uniform tragen; das sollte Sie mit Stolz erfüllen.«

Am nächsten Tag begab sich Gräbe auf die Reise nach Sdolbunow zurück, um seine Arbeit und seine Rettungsbemühungen fortzusetzen.

Während sich Fritz in Solingen um die Beschuldigung der Steuerhinterziehung kümmern mußte, hatte die sowjetische

Armee in der Gegenoffensive bei Stalingrad einen Durchbruch erzielt, der sie näher an die Stadt Charkow heranrücken ließ. Der deutsche Gebietskommandant erließ unverzüglich Befehle für die rasche Evakuierung der Bewohner Poltawas. Die Deutschen hatten Pläne, die Stadt nach der Räumung niederzubrennen; aus diesem Grund wurden sogar die ukrainischen Bewohner gezwungen, Poltawa zu verlassen.

Die vollständige Räumung nahm mehrere Tage in Anspruch. Es herrschte völliges Chaos. Das Militär trieb die Menschen zusammen, karrte Güter zum Bahnhof und stritt darüber, wessen Ansprüche auf die wenigen Züge, die durchkommen konnten, Vorrang hatten.

Die Armee besaß über die Belegschaft der Firma Jung keinerlei Befehlsgewalt, da diese der Reichsbahnverwaltung zugeordnet war und deshalb weder zivilen noch militärischen Behörden unterstand. Tadeusz Glass forderte und sicherte schließlich der Belegschaft Platz in einem Militärzug. Er konnte zudem wichtige Schriftstücke der Firma mitnehmen. Jedoch war ihm nicht erlaubt worden, die Büroeinrichtung, die Maschinen oder die Ingenieursausrüstung fortzuschaffen. Es mußte alles zurückgelassen werden.

Auf dem Bahnhofsgelände kam es zu einer unglaublichen Menschenansammlung. Eine große Anzahl von Zivilisten und Flüchtlingen verschmolz mit den zurückweichenden Soldaten und Verwundeten. Kinder wurden von ihren Eltern getrennt, auf Kranken, die am Boden lagen, wurde herumgetrampelt, sämtliche Züge hatten Verspätung oder wurden umgeleitet. Die Menschen hatten versucht, ihre gesamten Habseligkeiten in Kisten und Koffern zu verstauen, die nunmehr die Bahnsteige blockierten und zum allgemeinen Durcheinander beitrugen. Der kalte Wintermonat war für die massenhafte Verschiebung ganzer Bevölkerungsgruppen alles andere als geeignet, aber es gab jetzt keine Alternative mehr. Das Fehlen sanitärer Einrichtungen, der Mangel an Medizin und Nahrungsmitteln führte unter den Evakuierten zu Aufruhr.

Als ein Zug schließlich eintraf, drängte sich die Belegschaft der Firma Jung durch die Menschenmassen, bestieg ihre Abteile und fuhr in Richtung Kiew, wo Tadeusz Glass eine Wohnung bereit hielt. Monatelang blieben sie in Kiew und warteten darauf, daß sich die Ostfront stabilisierte, um nach Poltawa zurückkehren zu können. In Kiew fragten Behördenvertreter ständig nach den Personalpapieren und Vorhaben der Belegschaft. Weil Tadeusz die Unterlagen der Firma mitgebracht hatte, konnte er die Beamten davon überzeugen, daß sie vorübergehend nach Kiew verlegt worden waren und nun den Vormarsch der deutschen Armeen nach Poltawa und darüber hinaus abwarteten. Hätten sie sich als Evakuierte zu erkennen gegeben, wären sie vermutlich gezwungen gewesen, sich vollständig aus dem Gebiet zurückzuziehen, und das hätte die Wahrscheinlichkeit verringert, daß sie nach Poltawa zurückkehren konnten. »Sobald wir nach Poltawa zurückkehren«, behauptete Glass, »werden wir unsere wichtige Arbeit für die Reichsbahnverwaltung fortsetzen.« Das Argument überzeugte, und schließlich wurde ihnen die Rückkehr gestattet.

Die deutsche Armee zerstörte Poltawa nicht; die Russen wurden von Charkow Richtung Stalingrad zurückgeschlagen, und der Mehrheit der Bewohner sowie den Jung-Mitarbeitern wurde erlaubt, nach Hause zurückzugehen.

Ich triumphierte! Nachdem nun die Russen wieder aus Charkow heraus waren und die deutschen Truppen das Gebiet verließen, konnten Maria und die übrigen gefahrlos nach Poltawa zurückkehren, um das Netzwerk wiederherzustellen. Ich konnte aufhören, mir über ihre Sicherheit und die der in der Region verbliebenen Juden Sorgen zu machen.

Die Deutschen hatten Poltawa nicht niedergebrannt, die Innenstadt war aber im Frühjahr durch Bomben zerstört worden, was auch die unzerstört gebliebenen Unterkünfte und Arbeitsstätten der Gruppe gefährdete. Aus diesem Grund wurde der Belegschaft der Firma, als sie in Poltawa eintraf, nicht gestattet, in ihre Häuser zurückzukehren. Stattdessen mußten sie Hütten und

Räume in den Außenbezirken der Stadt anmieten. Kohle und Holz zum Heizen der Öfen und zum Kochen gab es nicht. Glücklicherweise war gerade dieses Frühjahr sehr mild. Die Menschen kamen in der Nacht ohne Heizen aus, und tagsüber bot die Sonne schon ausreichend Wärme.

Die Belegschaft der Firma setzte ihre Arbeit in den Monaten bis zur zweiten und endgültigen Räumung der Stadt fort. Fritz Gräbe, der von den Büros in Solingen und Sdolbunow aus arbeitete, stand mit seinen Mitarbeitern während dieser Zeit in engem Kontakt, obwohl er für sie nur wenig tun konnte. Tadeusz Glass beschäftigte die Arbeiter damit, Teile der Ausrüstung abzubauen zur Vorbereitung auf eine weitere Notfallevakuierung.

Gräbes Auseinandersetzung mit der Firma hatte ihm etwas Zeit verschafft, aber er wußte, daß die Angelegenheit weit entfernt von einer Lösung war. Zweifellos sammelten antijüdische und unzufriedene Beschäftigte weiter Material für seine Personalakte. Die Einstellung der Ermittlungen wegen Steuerhinterziehung und die von ihm betriebene Versetzung der Angestellten dienten bestenfalls dazu, seine Verfolger vorübergehend aufzuhalten. Fritz ermahnte Bronka, daß sie die Flüsterpropaganda in Sdolbunow sorgfältig verfolgen sollte und daß ihre Freunde im Untergrund nach Anzeichen drohenden Verrats Ausschau halten müßten.

Trotzdem gab es wenig, was Gräbes Tempo hätte verlangsamen können. Bei seiner Rückkehr von Solingen nach Sdolbunow hielten er und Bronka in aller Eile ein Treffen ab. Sie tauschten Neuigkeiten und Einschätzungen über den Kriegsverlauf aus, prüften die Bedürfnisse der Belegschaft und diskutierten die weiter gewachsenen Schwierigkeiten, die Belieferung mit Vorräten zu sichern. Und es gab ein noch größeres Problem. Viele Menschen waren erkrankt, medizinisches Personal und Arzneimittel waren wieder einmal nicht ausreichend vorhanden, und es gab in der Gegend keine ordentlichen Krankenhäuser.

Gräbe hatte sich mit einem sympathischen Armeearzt, einem

Hauptmann Voigt, angefreundet, der der Reichsbahnverwaltung zugeordnet war. Gräbe bat den Mediziner um Hilfe:

»Ich benötige eine ordentliche Klinik in Sdolbunow, mein Freund. Meine Leute erholen sich nicht richtig. Wir können sie nicht immer den ganzen Weg bis Rowno zu Behandlungen schicken. Ihre dauernden Krankheiten verzögern unsere Arbeit. Es gibt Flüchtlinge, die zu uns kommen, für die wir aber nichts tun können.«

Dieser Bericht überraschte Dr. Voigt nicht. Er war selbst beunruhigt, seitdem die kleine Sanitätsstation vor Monaten hatte schließen müssen. Weil er seine Arbeit auf fünf oder sechs Städte in der Region und auf die gut ein Dutzend Eisenbahnbaustellen aufteilen mußte, war er nicht in der Lage, sich ausreichend um die Bedürfnisse Sdolbunows zu kümmern. Bitten wie die des deutschen Ingenieurs hatte er oft gehört, aber für einen Freund wollte er schauen, was er tun konnte.

»Wenn es Ihnen gelingt, Räume für eine Klinik zu bekommen, könnte ich wohl an einige medizinische Vorräte herankommen und vielleicht auch eine Krankenschwester ausbilden, die einige Aufgaben während meiner Abwesenheit übernimmt«, versprach der Mediziner.

Nach zwei Wochen waren drei Gebäude von der Reichsbahnverwaltung mit Beschlag belegt worden. Dr. Voigt brachte zwei Krankenschwestern mit, die aus Fritz Gräbes eigenem Vermögen bezahlt wurden, weil die Buchprüfer der Firma solche nicht genehmigten Ausgaben rasch entdeckt hätten. Gräbe erstand ferner Uniformen für die Schwestern, um endlose Befragungen durch Miliz und Gestapo zu vermeiden.

Die behelfsmäßigen Krankenstationen waren alle bis zu ihrer Kapazitätsgrenze ausgelastet, nachdem auch die Menschen in den Außenposten in Ostrog und Misocz davon gehört hatten. Ein kleiner, kostbarer Vorrat an Medikamenten wurde für die wirklich schweren Fälle bereitgehalten. Im Grunde genommen wurden sämtliche Arzneimittelvorräte in dieser Zone zur Front gelenkt oder für den Fall, daß die sowjetische Gegenoffensive erfolgreich verlief, in Reserve gehalten; die Anforderung zu großer Mengen medizinischen Materials hätte vermutlich ohnehin die Aufmerksamkeit des für den Nachschub zuständigen Wehrmachtsoffiziers geweckt.

Jeden Abend, wenn Gräbe in seiner kleinen Wohnung am Schreibtisch saß, bereitete er mit aller Sorgfalt seine Aufstellungen vor. Viele Festmeter Bauholz mußten erst ausfindig und dann für den Bau des Lokomotivschuppens geliefert werden; viele Paletten Ziegelsteine mußten vorbereitet und zum Bauplatz des Stellwerks geschafft werden; viele Meter Kabel und Stahl mußten für die Errichtung des Funkturms beschafft werden; Zahlungsanweisungen mußten überprüft und abgezeichnet werden, um Lieferanten und Arbeiter zu befriedigen. Das war das übliche Geschäft beinahe jeden Abend in der Ukraine.

Aber es gab noch mehr zu tun. Die Arbeiter benötigten Nahrung, Unterkunft, Schuhe, warme Kleidung, ausreichendes Werkzeug und Schutz sowohl vor den Nachstellungen der Armee als auch vor ungeduldigen Baustellenaufsehern. Die Löhne waren äußerst niedrig, gleichwohl mußten die Menschen für die Reichsverwaltung arbeiten, oder sie hätten wahrscheinlich überhaupt keine Arbeit gehabt. Die Juden durften lediglich achtzig Prozent des Lohnes der polnischen Arbeiter verdienen. Allerdings spielten die Löhne keine allzu große Rolle; was die Menschen wirklich benötigten, war Nahrung. Der Nahrungsmittelbezug wiederum bedeutete mehr Papierkrieg, weiteren Zeitverlust und den Tauschhandel mit örtlichen Bauern und Lieferanten.

Letztendlich mußte Gräbe für die Nahrungsmittelbeschaffung eine regelrechte Infrastruktur schaffen. Er ernannte einen Mann zum Leiter der Nahrungsmitteleintreiber. Dieser Mann hatte seinerseits fünf oder sechs Leute, die regelmäßig zum Kauf von Produkten in die kleinen umliegenden Dörfer und zu abgelegenen Bauernhöfen reisten.

Ein normaler Arbeitstag begann für Fritz bei Sonnenaufgang

oder noch früher im Firmenbüro. Er überprüfte seine Vorbereitungen, und wenn die Mitarbeiter eintrafen, gab er seine Anweisungen. Bald wimmelte es im Büro von technischen Zeichnern, Sekretärinnen, Lieferanten, Auftragnehmern und Eisenbahnbeamten. Flüchtlinge kamen auf der Suche nach Unterstützung zum Bürogebäude. Bronka bemühte sich, das stetige Kommen und Gehen zu überblicken.

Während Bronka mit den Flüchtlingen beschäftigt war, suchte Fritz Baustellen auf, überprüfte Planungen und versuchte, neue Verträge abzuschließen. Außerdem traf er sich mit Vertretern der Untergrundbewegung und schlichtete Meinungsverschiedenheiten zwischen der Bauleitung und den Arbeitern. Immer wenn er auf Widerstand von Arbeitern, leitenden Mitarbeitern, Lieferanten, Subunternehmern oder auch des Militärs traf, nahm er seine sorgfältig einstudierte Rolle ein. Dieses Vorgehen schien immer zu funktionieren.

»Was meinen Sie damit, das geht nicht? Passen Sie auf, mein Freund, und halten Sie mich nicht zum Narren. Meine Arbeit hat höchste Dringlichkeit.«

Die Reaktion darauf war stets dieselbe: »Wer gewährt Ihnen denn höchste Dringlichkeit?«

»Ich kann Ihnen nur sagen – Berlin – mehr nicht. Es ist geheim.« Wenn jemand unbedingt mehr wissen wollte, erhob er einfach drohend seinen Zeigefinger, hielt seinen Kopf etwas schief und sagte: »Besser für Sie, wenn Sie es nicht wissen. Das ist alles, was ich Ihnen mitteile. Verstehen Sie mich? Mein Geheimnis ist, daß wir den Krieg gewinnen wollen, oder etwa nicht? Deshalb sollten Sie mich nicht behindern. Es könnte für Sie ernste Konsequenzen haben.«

Diese Strategie funktionierte hunderte Male. Fast niemand, in welcher Position auch immer, wollte diese Argumentation in Frage stellen.

Vom späten Winter bis Mitte Herbst 1943 reiste Fritz zweimal wöchentlich nach Rowno und Ostrog. Einmal in der Woche fuhr er nach Misocz und Dubno, ein- oder zweimal im Monat nach Kiew, Lemberg oder eine andere, weiter entfernte Stadt. Dieser Plan ermöglichte es ihm, mit seinen Arbeitern enge Verbindung zu halten.

Während Gräbe und seine Kollegen darum rangen, Juden zu retten, trafen die Kriegsalliierten zur Bermuda-Flüchtlings-konferenz zusammen. Verschiedene Regierungen – einschließlich der Vereinigten Staaten – legten edelmütige Entschließungen vor, während sie gleichzeitig Warnungen schlicht ignorierten wie die, die von Myron Taylor, einem gut informierten amerikanischen Diplomaten, an den stellvertretenden US-Außenminister Breckinridge Long am 26. März 1943 gesandt wurde:

Schlimmstmögliche Nachrichten erreichten London letzte Woche. Lassen erkennen, daß Massaker jetzt katastrophalen Höhepunkt erreichen besonders in Polen. Auch Deportationen bulgarischer, rumänischer Juden schon begonnen … unverzüglich Konferenz einberufen … zur Ergreifung von Maßnahmen, nicht Überprüfung, andernfalls zu spät für Rettung eines einzigen Juden.[4]

Am 19. April begann die Bermuda-Flüchtlingskonferenz mit äußerst pessimistischen Berichten über die Wahrscheinlichkeit rechtzeitiger, wirksamer Rettungsmaßnahmen und Umsiedlungen. Der Defätismus der Delegierten garantierte das Scheitern der Konferenz und besänftigte gleichzeitig das Gewissen der Führer der freien Welt, die sie einberufen hatten. Die Konferenz hatte keine einzige wirksame Handlung im Interesse der Nazi-Opfer zum Ergebnis.

Während die Delegierten auf der Konferenz nach Möglichkeiten suchten, um die politisch heikle und unbequeme Rettung der Juden zu umgehen, setzten sich Truppenverbände der Nazis, begleitet von ukrainischer, litauischer und polnischer Miliz, gegen die im Warschauer Ghetto in Polen verbliebenen Juden in Bewegung. Am 16. Mai 1943, neun Tage nach Beendigung der Bermuda-Konferenz, wurde das Warschauer Ghetto liquidiert und für »judenfrei« erklärt.

Um ungefähr die gleiche Zeit wurde Bronka aufmerksam auf die gefährliche Lage von beinahe vierhundert polnischen Flüchtlingen, in der Mehrzahl Landarbeiter, darunter auch einige Juden. Sie betrat weinend Gräbes Büro.

»Sie leben in einem Wald ungefähr fünfundzwanzig Kilometer von hier entfernt. Sie haben keine Nahrung mehr, und die Säuglinge sterben bereits.«

Gräbe ließ ein Auto kommen und fuhr zusammen mit Bronka zu dem Waldstück, um sich das Problem aus nächster Nähe anzusehen. Er war über die sich bietende Kulisse bestürzt.

Ich entschied, daß ich diesen Menschen am besten helfen konnte, indem ich sie in meine Arbeitsgruppen eingliederte. Es gab keinen anderen Weg, eine derart große Anzahl von Flüchtlingen nach Sdolbunow zu schaffen, ohne dabei Argwohn zu erwecken. Ich beschloß, daß ich ihre Anwesenheit mit dem Tod so vieler meiner übrigen Arbeiter rechtfertigen würde. Es war eine grausame Ironie. Die Toten bedeuteten Leben für diese Menschen.

Es erforderte vier Tage und drei Lastwagen, um alle Flüchtlinge und ihre Habe nach Sdolbunow zu befördern. Nur ein Drittel von ihnen erwies sich als kräftig genug, um für die Firma zu arbeiten. Der Rest benötigte medizinische Behandlung und Stärkung. Indem er erneut auf seine eigenen Geldmittel zurückgriff, gelang es Gräbe, zu überhöhten Preisen für die Flüchtlinge Proviant zu beschaffen, der zwei Wochen reichte. Sein medizinisches Personal kümmerte sich um die Kranken. In diesen beiden Wochen starben zwölf Kinder und Säuglinge sowie mehrere Erwachsene an den Auswirkungen von Hunger und Krankheit. Zimmerleute der Firma Jung wurden abgezogen, um Särge zu bauen und Gräber vorzubereiten. Ein Geistlicher wurde geholt, um das Begräbniszeremoniell für die toten Christen unter ihnen durchzuführen – ein Akt, der den Überlebenden zumindest ein wenig Würde zurückgab.

Viele von diesen Menschen lebten und arbeiteten weiterhin in Sdolbunow, während zahlreiche andere der Region den Rücken kehrten auf der Suche nach einer neuen, weniger bedrohten Existenz. Gräbe wandte seine Aufmerksamkeit wieder verstärkt seiner Ingenieurstätigkeit zu. Gleichzeitig plante er für den Abzug seiner Leute, sollte die Armee sich zurückziehen müssen oder geschlagen werden.

X.

Das Ende eines Geschichtsabschnitts

Im Sommer 1943 griffen Partisanenverbände verstärkt deutsche Nachschubzüge und Truppentransporte an. Fritz und seine Arbeitskolonnen wurden ständig herbeigerufen, um Gleise zu reparieren und die Überreste der zerstörten Züge zu entfernen. Deutsche Soldaten bewachten die Gleise, aber für wirklichen Schutz der Bahnstrecken hätte man alle hundert Meter einen Soldaten abstellen müssen. Wenn ein Trupp Soldaten in einem bestimmten Gebiet erschien, dann bewegten sich die Partisanen einfach in der entgegengesetzten Richtung die Eisenbahnlinie entlang, zerstörten das Gleis und verschwanden. Oder sie verübten überraschende Überfälle, die tote Soldaten an den Gleisen zurückließen.

An einem kalten Herbstmorgen schickte SS-Leutnant Beck einen Boten in das Büro der Firma Jung in Sdolbunow. Beck mußte nach einem Partisanenangriff die Gleise räumen lassen und wollte, daß Gräbe den Auftrag umgehend übernahm. Als Gräbe am Schauplatz erschien, war sofort klar, daß die Partisanen ganz einfach zwei Gleisstücke entfernt und dadurch eine Lokomotive und die ersten fünf Waggons zum Entgleisen gebracht hatten.

Fritz stieg aus seinem Auto und sah die leblosen Körper zweier Soldaten, die vollkommen nackt auf einem Lastwagen lagen. In der Nähe sprach Beck zu einer SS-Einheit und Männern der ukrainischen Miliz, und gestikulierte wild mit den Händen in der Luft herum. Beck drehte sich herum, als er das Zuschlagen der Tür von Gräbes Auto vernahm. »Kommen Sie hierher, Gräbe! Schauen Sie, was diese Bastarde getan haben, jetzt sogar am hellichten Tage!«

Fritz schien uninteressiert und überrascht: »Warum rufen Sie nach mir? Ich verstehe nichts von militärischen Fragen.«

Beck bedrängte ihn, so als ob er etwas von Gräbes Verbindung zum Untergrund wußte oder zumindest ahnte. »Herr Gräbe, gibt es da wirklich nichts, was Sie mir über all dies erzählen können?«

Der gedämpfte, etwas herablassende Tonfall entwaffnete Gräbe für einen Moment. »Herr Leutnant, gelegentlich überraschen Sie mich. Was glauben Sie denn, was ich bin – ein Verräter? Glauben Sie denn auch nur eine Sekunde daran, daß die Partisanen mir mein Leben leichter machen? Jedesmal, wenn die einen Ihrer Züge in die Luft sprengen, werde ich von meinen Baustellen weggerissen und verschwende zwei oder drei kostbare Tage, um die Dinge zu bereinigen.« Fritz war wegen Becks Andeutung aufgebracht und wütend. »Verdammt noch mal! Diese Schweinehunde machen auch *mein* Leben zur Hölle! Wenn sie mit Ihnen fertig sind und ich hier gerade die Räumung beende, sind sie längst unterwegs, um meine Anlagen zu sprengen!«

Der Spieß begann sich umzudrehen, Beck geriet in die Verteidigung, ohne auch nur den leisesten Hinweis auf eine Verschwörung anzusprechen: »Herr Gräbe, ich weiß einfach nicht, was man tun soll – die Partisanen sind überall.«

»Dann lassen Sie Ihre Soldaten die Arbeit machen und hören Sie auf, mir für Ihre Probleme die Schuld zu geben. Ich habe nur Kriegsflüchtlinge und arme, ermüdete, hungernde Landarbeiter – keine Gewehre, keine Bomben. Begreifen Sie das endlich?«

Die SS- und Milizmänner hatten sich vom Ort des hitzigen Wortwechsels entfernt. Auch Beck wandte sich ab und begann einige Anweisungen zu geben, ohne Gräbe zu antworten. Tatsächlich war das jetzt auch nicht mehr besonders wichtig. Innerhalb von Wochen sollte die sowjetische Armee die deutschen Linien durchbrechen. Die gesamten Kriegsanstrengungen der Nazis in der Ukraine würden verpuffen, Verdächtigungen und Beschuldigungen würden zusammen mit den Armeeakten in Kisten verpackt werden, und das Deutsche Reich würde einen geordneten Rückzug aus der Region beginnen.

Das Artilleriefeuer war für die Deutschen eine ständige, wenn auch noch entfernte Mahnung, daß ihre Tage in Sdolbunow gezählt waren. Das dumpfe Trommeln der Geschütze wurde bald so etwas wie Hintergrundmusik: Jeder war sich der Bedeutung des Lärms bewußt, nahm es aber als unabänderlich hin. Gelegentlich erschütterte ein lauter Schlag die Nachtruhe und weckte ein paar Schlafende, aber noch waren die Geschütze zu weit entfernt, um ernst genommen werden zu müssen.

In Poltawa hatte in der Zwischenzeit die strenge Kältewelle die wenigen verbliebenen Arbeiten beendet, die von Tadeusz und Maria geleitet wurden. Einhundert Kilometer ostwärts begann sich das Kriegsgeschehen offenbar deutlich gegen Deutschland zu wenden. Tadeusz und Maria fingen an, wichtige Aufzeichnungen und Dokumente zu verpacken. Alex überwachte die Verpackung des Baugerätes. Es fehlten nur noch der Abmarschbefehl und die Verladung der größeren Maschinen.

Dieser Befehl kam im September 1943, und die endgültige Evakuierung aus Poltawa setzte ohne Verzögerung ein. Die deutschen Soldaten bahnten sich auf brutale Art und Weise ihren Weg durch die Zivilbevölkerung. Der örtliche Befehlshaber entschied, daß die einheimische Bevölkerung zurückbleiben und für sich selbst sorgen sollte. Die zurückweichende Armee hatte weder ein Interesse am Schicksal der Stadt noch irgendwelche Pläne, sie dem Erdboden gleichzumachen. Jedoch wurde von den zurückweichenden Truppen alles, was ihnen in die Quere kam, niedergewalzt.

Ursprünglich hatte sich Tadeusz darauf vorbereitet, seine Mitarbeiter mit der Eisenbahn zurück nach Kiew zu bringen und sie anschließend westwärts in Bewegung zu setzen, um dort mit Gräbe und der Sdolbunow-Gruppe zusammenzutreffen. Die deutsche Militärführung machte diese Planung indes zunichte, als sie die Bahnlinie nach Kiew nur noch für wichtige Truppen- und Materialtransporte offen hielt.

Nach mehreren telefonischen Beratungen mit Gräbe entschied Tadeusz, eine südlichere Eisenbahn-Route in Richtung Rumänien zu wählen. Nach Rumänien zu fahren, würde sicher sein, weil seine Leute dort nicht so leicht als Juden erkannt werden würden. Die Glass-Gruppe wollte mit der Sdolbunow-Gruppe in ständigem Kontakt bleiben und versuchen, sich später nach Norden in Bewegung zu setzen, um sich mit ihr wieder zu vereinen. Am Abreisetag verweigerten die deutschen Soldaten Tadeusz und Maria die Mitnahme der wichtigsten Firmenausrüstung. Es war seiner Hartnäckigkeit zu verdanken, daß Tadeusz gerade noch einige Dokumente mitnehmen konnte.

Während der Reise, die fast vier Monate andauern sollte, war es unmöglich, einen Betriebsstützpunkt einzurichten. Die dreihundert Mitglieder umfassende Poltawa-Gruppe hielt sich in sechs verschiedenen Städten auf. Jede dieser Städte wurde am Ende von der vorrückenden sowjetischen Armee bedroht. Die jeweilige deutsche Gebietsverwaltung zwang dann die Poltawa-Gruppe abzureisen. Immer wenn die Gruppe in einer neuen Stadt eintraf, erklärte Tadeusz den Behörden, daß seine Gruppe der Reichsbahnverwaltung unterstellt sei und Aufträge in einem benachbarten Gebiet erwarte.

Diese Rechtfertigung reichte gewöhnlich aus, um einen Aufenthalt von zumindest zwei Wochen zu gewährleisten. Bei verschiedenen Gelegenheiten war es Gräbe gelungen, Genehmigungen und Reisepapiere von Sdolbunow aus an die Poltawa-Gruppe weiterzuleiten, wenn sie in einer neuen Stadt eintraf. Wenn gerade keine Papiere von Gräbe verfügbar waren, fälschte notfalls Tadeusz selbst die erforderlichen Genehmigungen.

Die Lebensbedingungen der Poltawa-Gruppe waren äußerst spartanisch. Sie verfügte über nur wenig Geld und auch nur soviel Autorität, wie sie durch Bluff behaupten konnte. Recht häufig mußte sie sich in überfüllten Landarbeiterquartieren aufhalten und ihre ohnehin beschränkten Essensrationen als Tauschware mit anderen teilen. Mit Ausnahme des deutschen Führungsstabs war niemand ausreichend versorgt.

In den ersten Stunden des Neujahrstages 1944 wurde der deutsche Rückzug aus Sdolbunow offiziell bekanntgegeben. Als

Fritz an diesem Morgen im Büro eintraf, arbeitete Bronka gerade an ihrem Schreibtisch, ein technischer Zeichner stellte seinen Tisch auf, und einige andere unterhielten sich in einer kleinen Gruppe. Fritz sagte nüchtern:

»Wir reisen ab.«

Anweisungen wurden erteilt, die Leute begannen, das Büro auszuräumen, und Fritz zog sich zurück, um eine Strategie auszuarbeiten. Er entschied, alle Mitarbeiter und Arbeiter mitzunehmen. Da der Winter eingesetzt hatte und die Bahnlinien fortlaufend bombardiert wurden, war es völlig ungewiß, wo und wann sie wieder Aufträge bekommen würden. Deshalb wies Gräbe seine Arbeiter an, Vorräte für notfalls sechs Monate zusammenzustellen.

Alle deutschen Stellen versuchten, jeden verfügbaren Güterwaggon für sich zu requirieren. Die Armee nahm ebenfalls alles, was sie an Zugmaterial finden konnte. Aber Gräbe schaffte es, zwei Lokomotiven und, erstaunlicherweise, zweiundvierzig Waggons zu organisieren. Viele der Waggons waren auf Baustellen und Abstellgleise im Umland verstreut. Durch schnelles Handeln gelang es Gräbe, die Waggons zusammenzustellen und mit der Beladung zu beginnen, bevor das Militär überhaupt bemerkte, was da vor sich ging. Die Jung-Belegschaft arbeitete unermüdlich, schnell belud sie die Waggons mit der technischen Ausrüstung, den Zeichentischen, Werkzeugen, Akten, Baumaschinen und schließlich den wenigen Habseligkeiten der Angestellten und Arbeiter. Danach kamen die Reisevorräte, zusammen mit Hühnern, Kühen, Ziegen, einem Pferd und zwei Maultieren. Sämtliche von der Firma belegten Wohnhäuser, Krankenstationen, Büros und Speicher wurden von allem gesäubert, was sich für die Reisenden als nützlich erweisen könnte. Drei Waggons wurden für besondere Zwecke reserviert. In einem Waggon wurde ein Büro eingerichtet. Ein weiterer Waggon diente als Gräbes Privat- und Arbeitszimmer, und der dritte Waggon war für Gräbes neue Sekretärin Elizabeth und deren Mutter reserviert. Elizabeth Radziejewska, eine polnische Jüdin, hatte als Sekretärin Bronka ersetzt, die sich in Lemberg (Lwow) ihren Mitstreitern im Untergrund angeschlossen hatte. Bronka und Fritz Gräbe sollten einander nicht wiedersehen. Die übrigen Mitarbeiter würden sich die Schlafplätze auf Feldbetten in den Güterzugwagen teilen.

In einem anderen Teil Sdolbunows verluden die Deutschen die Einrichtung des Reichsgebietskommandos. Gemälde wurden eingepackt, wertvolle orientalische Teppiche zusammengerollt und in Packpapier eingeschlagen, die Akten in beschrifteten Kästen verstaut ebenso wie die Papiere mit Vertraulichkeitsvermerk, und zu guter Letzt wurde der Tresor mit den Wertgegenständen ermordeter Juden und Flüchtlinge unter dem wachsamen Auge Leutnant Becks sorgfältig verschlossen und versiegelt.

Am 9. Januar 1944 betrat Gräbe die Büros des Gebietskommandos, um seine Aufwartung zu machen. Das war als nette Geste gedacht in Anbetracht dessen, daß er mit dem Führungsstab in praktisch keiner Angelegenheit übereingestimmt hatte, daß sie stattdessen fortwährend Auseinandersetzungen hatten und daß sie Gräbe der Spionage und des Hochverrats verdächtigten. Es war tatsächlich eine Geste, aber Gräbe verfolgte noch einen anderen Zweck: Dieser Besuch war eine Vorsichtsmaßnahme für den Fall, daß er irgendeinem von ihnen auf dem Weg zum Kriegsende wiederbegegnen sollte. Gräbes Anwesenheit wurde von einer Wache gemeldet. Leutnant Beck starrte durch ein Fenster und sprach, ohne sich seinem Gast zuzuwenden.

»Sie sind gerade einmal so fünfzig Kilometer von Rowno entfernt, Herr Gräbe. Sie haben Kiew genommen, und jetzt sind sie in Schitomir. Die Russen sind überall.«

Er drehte sich langsam herum und schritt hinüber zu einer großen Landkarte, die an der Wand hing. Mehrfach tippte er auf die Karte.

»Dort, dort, dort und dort! In wenigen Tagen werden sie hier sein.«

Fritz unterbrach die melancholische Grübelei des enttäuschten

Offiziers: »Na schön! Dann heißt es Lebewohl sagen! Wir für unseren Teil haben unser Bestes getan.« »Haben wir?« Die Gedanken des jungen Offiziers verloren sich. »Ich weiß nicht, wohin ich gehen werde. Marschall wird nach Kostopol abkommandiert. Der Untergrund ist dort zu schlagkräftig geworden, und das Oberkommando verlangt von ihm, daß er – mit welcher Taktik auch immer – die Region säubert. Es wird sehr unangenehm werden.«

Bei diesem Satz starrte der Offizier Gräbe an. Die beiden Männer schwiegen und fixierten einander. Dann sprach Beck in einem Ton über Folter und Massenexekutionen, als ob er ein Glas Wodka bestellte. Fritz beendete sein Schweigen.

»Ich habe noch viel zu tun, bevor ich abreise, Leutnant. Ich kam, um mich zu verabschieden.«

»Das ist das Leben eines Kriegers, nicht wahr, Herr Gräbe? Und wo werden Sie eingesetzt?«

»Ich werde zunächst nach Warschau fahren und dort meine nächste Verwendung abwarten. Nun muß ich aber gehen. Auf Wiedersehen.«

Der Soldat gab Gräbe seine Hand, aber ließ nicht wieder los. Er begann erneut zu sprechen.

»Das hier wird nicht gut ausgehen, Deutschland ist am Ende. Denken Sie nicht, daß ich den Glauben verloren habe! Aber wir können den Krieg nicht gewinnen. Es war hart hier, aber wenigstens haben wir uns nicht so wie einige andere im Reich verhalten. Ich hoffe, daß Sie sich daran erinnern werden.«

Fritz befreite seine Hand und unterdrückte irgendwie seine Wut auf diese winselnde Kreatur, die, ›wie einige andere‹, jeden getötet hatte, wie es ihm gerade gefiel – insbesondere Juden.

»Sie und Ihr Vorgesetzter, Marschall, müssen mir verzeihen, aber ich werde mir den Luxus einer einfachen Erklärung und einer defätistischen Haltung nicht erlauben. Nochmals, auf Wiedersehen.«

Am 10. Januar 1944, als sich die Wehrmacht in vollem Rückzug aus der Sowjetunion befand, bestieg Gräbe den Zug und sah hinaus zur Stadt, die länger als zwei Jahre sein Zuhause und seine Operationsbasis gewesen war:

Ich blickte zu einer Stadt hinüber, die meine Seele auf die Probe gestellt hatte. Ich weiß nicht, ob mir in meinem ganzen Leben jemals solche Gefühlsregungen begegnet sind. Marias Ehemann und hunderte anderer jüdischer Männer starben hinter der Zementfabrik; hier erfuhr ich von den Morden in Rowno; hier faßte ich den Entschluß, mit der Rettung von Juden anzufangen; hier wurde der Glaube an mich selbst und die Menschheit auf die Probe gestellt; hier war alles das, das ich am Leben schätzte, gefährdet. Zu viele Menschen starben, aber viele andere überlebten. Als ich an diesem Tag den Zug betrat, war mir bewußt, daß das Morden hier bald aufhören würde. Aber es war zu spät, trotz aller unserer Anstrengungen. Ich bedauerte, daß ich nicht mehr hatte tun können.

Die Juden, die Gräbe ›meine Leute‹ nannte, bestiegen zögernd den Zug. Sie trugen ihre gesamten weltlichen Besitztümer, ihre Geschichte, ihre Erinnerungen, ihren Glauben und ihr Schicksal in Rucksäcken verpackt auf ihren Rücken, als sie den Zug bestiegen. Einen Zug, der sie in eine unbekannte, unsichere Zukunft bringen sollte.

Es war ein klarer, kalter Wintermorgen in Sdolbunow. Die Linien der Hausdächer und der Kirche hoben sich gegen den Horizont ab, als ob sie in den tiefblauen Himmel gemalt worden wären. Trotz allem war das Leben für Gräbe in Sdolbunow verhältnismäßig sicher gewesen. Was die Zukunft für ihn, für Elisabeth und Friedel oder seine wertvolle Menschenfracht bereithielt, wußte er nicht. Seine nachdenkliche Miene weckte die Aufmerksamkeit seiner Leute. Eine alte, gebeugte Jüdin verließ ihren Platz in der Menschenschlange und sprach Fritz an.

»Sind Sie beunruhigt, Herr Gräbe?«

Er war beunruhigt, aber reflexartig antwortete er: »Nein. Sorgen auch Sie sich nicht; alles wird gut für uns werden.«

Bald darauf ertönte die Signalpfeife der Lokomotive. Menschen hasteten umher, umarmten die in den anderen Waggons, so als ob sie für immer voneinander getrennt würden. Fast alle standen an den Türen und Fenstern ihrer Waggons, betrachteten die Szenerie und formten die Erinnerung an ein feindliches Land, in dem eine Insel des Mitgefühls und der Gastfreundschaft existiert hatte. Nach weiteren jammernden Tönen aus der Signalpfeife, dem das Krachen der Stahlkupplungen folgte, bewegte sich der Zug behäbig aus dem Bahnhof Sdolbunows hinaus.

Gräbe stand an der Tür seines Waggons, bis Sdolbunow vollständig außer Sichtweite lag. Seine Gedanken wandten sich von Sdolbunow seinen Freunden Maria, Tadeusz, Alex und den anderen der Poltawa-Gruppe zu. Wo befanden sie sich gerade? Waren sie in Sicherheit? Reichten die Papiere aus, sie zu schützen? Hatten sie genug Vorräte? Würde sie jemand aus Versehen verraten, oder würde irgendein Parteifunktionär ihre wahre Identität entdecken? Für einen Mann, der es gewohnt war, anzuordnen und zu beaufsichtigen, war eine Zeit der Machtlosigkeit angebrochen. Es gab nur wenig, was er jetzt tun konnte, gerade auch für sich selbst. Es hatte keinen Zweck, sich Sorgen zu machen; es würde sein geschwächtes Herz nur unnötig belasten.

Gräbes Zug bewegte sich in südwestlicher Richtung auf die im Generalgouvernement gelegene polnische Stadt Lemberg zu. Ein zweiundvierzig Waggons umfassender Zug war in Mitteleuropa auch in Kriegszeiten ein eindrucksvoller Anblick. Er zeigte doch an, daß sich bedeutende Persönlichkeiten im Zug befinden mußten, die Anspruch auf eine Vorzugsbehandlung genossen, die Militär- oder Ziviltransporten im Zweifelsfall nicht gewährt wurde. Als der Zug in Lemberg einfuhr, erwies er sich für den dortigen Bahnhof als zu lang. Der Stationsvorsteher erkundigte sich erwartungsvoll, ob sich der Zug direkt Richtung Warschau in Bewegung setzen könne. Fritz' bestätigende Antwort entrang dem Mann ein hörbares Zeichen der Erleichterung.

Es dauerte mehrere Stunden, um den Zug mit Brennstoffen zu versorgen und die Durchfahrtgenehmigung für die Strecke Richtung Warschau zu erlangen. Als der Zug schließlich aus dem

Bahnhof abfuhr, begab er sich auf eine Fahrt, die fast drei volle Tage in Anspruch nehmen sollte. Die Reise wurde ferner dadurch erschwert, daß der Zug längere Aufenthalte ausschließlich an den größeren Bahnhöfen einlegen konnte. Haupt- und Nebengleise · mußten für den Zug geräumt und vorbereitet werden. Bei jedem Halt versuchte Gräbe über Telefon- oder Telegrafenverbindungen mit den Warschauer Rangierbahnhöfen in Kontakt zu treten, damit sie sich für seine Ankunft bereithielten. Ferner suchte er darum nach, daß ihm und seiner Belegschaft ein Arbeitsprogramm vorbereitet werden sollte.

Ihr Eintreffen in Warschau gestaltete sich zum lokalen Ereignis. Niemand konnte sich daran erinnern, wann zuletzt ein Zug dieser Größe in der Stadt angekommen war. Auch Warschau war nicht in der Lage, den gesamten Zug aufzunehmen, und der Stationsvorsteher bestand deshalb darauf, daß er aufgeteilt wurde. Ein Zugteil konnte im Warschauer Bahnhof zurückbleiben, aber der andere mußte rund drei Kilometer weiterfahren, wo er die Funktionstüchtigkeit des Bahnhofs nicht mehr beeinträchtigen konnte. Fritz erkannte die schwierige Lage des Stationsvorstehers an und entschloß sich daher, nicht mit ihm über den Standort seiner Waggons zu streiten.

Unglücklicherweise hatte die Eisenbahnverwaltung in Warschau für Gräbes Mannschaft keine Arbeit. Da ein kalter Winter herrschte, konnten Gleisarbeiten kaum durchgeführt werden. Dennoch gab es zunächst keinen Grund weiterzufahren. Fritz entschloß sich daher, in Warschau abzuwarten und zu versuchen, mit der sich südwestlich bewegenden Poltawa-Gruppe Verbindung aufzunehmen. Es dauerte fast einen Monat, um sie ausfindig zu machen. Er bekam heraus, daß diese Gruppe Schwierigkeiten mit ihren Papieren, ihren Nahrungsmittelvorräten und nicht zuletzt auch kleinlichen Bürokraten hatte. Fritz stellte einen Zug aus einer seiner Lokomotiven und insgesamt zwölf Waggons zusammen und fuhr in Richtung auf Kirowograd ab, das einige hundert Kilometer entfernt lag. Dort hatte die Poltawa-

Gruppe auf ihrem Weg an die rumänische Grenze einen Zwangs-aufenthalt einlegen müssen.

Inzwischen bestand beim Reichsarbeitsdienst ein enormer Be-darf an Arbeitskräften für Deutschland. Ein Plan war ersonnen worden, nach dem eine spezielle Gestapo-Einheit durch die be-setzten Gebiete ziehen sollte, um Flüchtlinge und ortsansässige Facharbeiter aufzugreifen und nach Deutschland zu schicken. Die Deutschen schnappten sich ziemlich wahllos Männer und Frauen, die gerade über die Straße liefen oder zu Gruppen an den Straßenecken standen. Sie gingen auf die Marktplätze und umzingelten die Bahnhöfe. Jeder Ort, an dem sich Menschen normalerweise versammelten, wurde plötzlich zu einem Sam-melpunkt. Als sich diese Nachricht ausbreitete, wagten sich die Menschen nur noch aus ihren Häusern, wenn es wirklich wich-tig war, und dann mit großer Furcht. Speziallastwagen rollten zu den verschiedenen Örtlichkeiten und schwer bewaffnete Solda-ten zwangen Menschen mit der Spitze ihren Bajonetten oder unter Einsatz wütend geschwungener Gewehrkolben auf die Lastwagen und brachten sie zu speziell für diesen Zweck ausge-wählten Bahnhöfen, von denen aus sie direkt zu Fabriken in Deutschland verschickt wurden. Diese Situation war äußerst spannungsgeladen und gefährlich. Die Soldaten waren unge-duldig und akzeptierten keine Rechtfertigungsversuche oder Ausreden der Betroffenen. Familien wurden ohne jegliche Vor-warnung gewaltsam auseinandergerissen; verlassene, weinende Kinder wurden überall beobachtet.

Eine dieser besonderen Gestapo-Gruppen war nun auch nach Kirowograd gezogen. Gräbe traf in der Stadt am zweiten Tag die-ser allgemeinen Arbeiter-Razzien ein. Während er mit einer Gruppe seiner Beschäftigten an einer Straßenecke stand und mit ihnen über weitere Arbeitsverwendungen diskutierte, rückten zwei Lastwagenbesatzungen Gestapo-Männer heran. Eine spür-bare Welle der Angst erfaßte die Reihen der erschrockenen Ar-beiter und sie begannen gleich damit, sich in alle Richtungen zu zerstreuen. Fritz schritt sofort zum ranghöchsten Offizier hinüber. Er sprach den Mann auf Deutsch an und erklärte ihm, daß er gerade dabei war, seine Eisenbahnarbeiter auf einen bestimmten Auftrag vorzubereiten, der erst in einigen Tagen beginnen sollte. Mit ruhiger Kommandostimme machte Gräbe dem Offizier sehr deutlich, daß die Mitarbeiter der Firma Jung unter keinen Umständen nach Deutschland deportiert werden dürften, um dort in Fabriken zu arbeiten. Zu Gräbes eigenem Erstaunen antwortete der Offizier aufgeschlossen und respektvoll. Alle Gestapo-Männer bestiegen wieder die Lastwagen und rückten ab, ohne auch nur nach Ausweispapieren gefragt zu haben.

Während seines kurzen Aufenthaltes in Kirowograd suchte Fritz fieberhaft nach einem Weg, auf dem er auch nach seiner Rückkehr nach Warschau mit der Poltawa-Gruppe in Verbindung bleiben konnte. Eine Lieferung fälschbarer neuer Formulare und Dokumente wurde an Tadeusz übergeben. Sobald sie die auf den neuesten Stand gebrachten Dokumente in ihren Händen hielten, würde auch die Entdeckungsgefahr geringer sein. Als Gräbe überzeugt war, daß sich seine Freunde in Sicherheit befanden und nun leichter nach Czernowitz weiterreisen konnten, kehrte er nach Warschau zurück, um seinen geteilten Zug wiederzuvereinen. Er dachte für sich selbst: ›Wenn ich nur die Erlaubnis bekommen könnte, Maria und Tadeusz auf den Warschauer Zug zu bringen.‹ Das strikt durchgesetzte Militärrecht machte einen solchen Umzug jedoch unmöglich. Gräbe konnte lediglich zu der in seiner unmittelbaren Reichweite liegenden Hauptaufgabe zurückkehren, nämlich seine Leute in Warschau zu ernähren, sie bei Gesundheit und an Bord des Zuges zu halten sowie wißbegierige Amtspersonen abzufangen, die möglicherweise die Anwesenheit der Gruppe in Warschau in Frage stellten.

Nach einigen Wochen in Warschau nahm Gräbe wieder Verbindung zur Poltawa-Gruppe auf. Er entschied sich, die Arbeiter in Warschau erneut zu verlassen und zu den anderen zu stoßen, die sich auf dem Weg nach Czernowitz befanden. Die Poltawa-

Gruppe hatte sich verspätet, weil Eisenbahnstrecken bombardiert worden waren, die nun erst wieder geräumt werden mußten. Gräbe befürchtete deshalb, daß sie nicht in der Lage sein würden, in Czernowitz Arbeit zu finden und daß sie zudem weitere fälschbare Formularvordrucke benötigen würden.

Kurz nachdem Gräbe mit der Gruppe erneut zusammengetroffen war, lud ein launischer Spätwintersturm eine große Menge Schnee über dem Gebiet ab, in dem sie sich gerade befanden. Der Zug hielt in der Nähe eines Armeeaußenpostens am Rande eines Dorfes an. Für fünf oder sechs Stunden drängten alle eng zusammen und versuchten, sich gegenseitig warm zu halten. Einer vielleicht auch etwas unüberlegten Eingebung folgend entschied sich Alex Dutkowski, sich zur Armeestellung hinüberzuwagen, um dort Kaffee ausfindig zu machen. Am späten Abend entdeckte Fritz, daß Alex verschwunden und bereits länger abwesend war. Zunächst befürchtete Gräbe, daß Alex sich im dichten Schneetreiben verirrt haben könnte. Er machte sich auf den Weg und folgte den Fußstapfen von Alex. Die Fährte führte schnurstracks zum Außenposten.

Gräbe trat auf ein Gebäude zu, das wie die Diensträume des Wachhabenden dieses Außenpostens aussah. Dort traf er auf einen schon etwas älteren diensthabenden Feldwebel. Eine Wache trat aus einem anderen Raum hinzu. Als Gräbe einen flüchtigen Blick in Richtung des Wachmannes warf, machte er Alex sofort ausfindig, der etwas hilflos in einer engen Gefängniszelle saß. Fritz teilte dem Feldwebel mit, daß er gekommen sei, um seinen Arbeiter wieder mitzunehmen, deshalb wolle er wissen, warum man ihn inhaftiert habe.

»Dieser Mann wird der Spionage für die Partisanen und der Kollaboration verdächtigt. Wir haben ihn aufgegriffen, als er draußen im Schneetreiben herumirrte. Durch seine Kleidung wurden die Wachen mißtrauisch, außerdem spricht er nur polnisch. Ich halte ihn für ein Verhör fest und werde ihn unter gar keinen Umständen wieder freilassen.«

Wie zahlreiche polnische Zivilisten trug Alex im Winter einen schweren Schaffellmantel. Die Wollseite, offenbar eine polnische Gewohnheit, die so weder von Rumänen noch den Deutschen praktiziert wurde, wurde nach außen gewendet getragen. Abgesehen von seiner Bekleidung gab es offenbar keinen ernsthaften Grund, ihn festzuhalten.

»Ich möchte sofort mit Ihrem Offizier vom Dienst sprechen«, bestimmte Gräbe.

»Ich kann ihn nicht stören. Es ist schon spät und er schläft gerade.«

»Sie wecken ihn jetzt, denn wenn ich Berlin Bericht erstatte, wird das für Sie oder ihn nicht so leichthin ausgehen.« Erneut erwies sich das schon beinahe übermütige Auftreten des Schauspielers als wirksames Mittel. Zehn Minuten später betrat der Hauptmann den Raum, rieb sich die Augen und fummelte an den Hemdknöpfen herum. Er versuchte, Fritz anhand seiner Kleidung einzuschätzen. Gräbe trug Zivilkleidung mit hohen schwarzen Schaftstiefeln, die ihn wie einen Gestapo-Mann erscheinen ließen. »Wie heißen Sie, und welchen Rang bekleiden Sie, Herr ...?« Die Anfrage wurde vom Zusammenschlagen der Stiefelhacken und einem etwas übertrieben wirkenden militärischen Gruß begleitet. »Ich heiße Fritz Gräbe und, mein Kamerad, es ist besser für Sie, daß Sie meinen Rang nicht kennen. Sie haben einen meiner Männer bei sich im Gefängnis, und das ist ein Problem für mich. Ich verlange von Ihnen, daß Sie ihn auf der Stelle freilassen. Er ist kein Spion oder Saboteur. Ich verbürge mich persönlich für ihn. Der arme Mann ging einfach nur hinaus, um Kaffee zu holen und sich aufzuwärmen.«

Zu dieser späten Nachtstunde und angesichts dieses einschüchternden Mannes, der da in seinem Wachraum stand, befand sich der Herr Hauptmann nicht in Streitlaune. Die Tatsache, daß ein offenbar ranghoher Deutscher die Verantwortung für den Gefangenen übernahm, erachtete der Hauptmann als ausreichend. Formulare wurden unterzeichnet und die Wache brachte

Alex aus seiner Zelle. Der Hauptmann, der jetzt langsam aufwachte, begann eine Reihe von Fragen über die Gruppe zu stellen, woher sie kam, womit sie gerade beschäftigt war, wohin sie aufbrechen würde, wer die Aufträge aushandelte. Als Alex den Raum betrat, ergriff Gräbe die Gelegenheit, von den störenden Fragen abzulenken. Er blinzelte Alex zu, der das Signal auffing und bei dem Auftritt mitmachte. Fritz schrie Alex auf Polnisch an und übersetzte es für den Hauptmann ins Deutsche.

»Alex, verdammt noch mal, was zum Teufel ist in dich gefahren, da draußen im Schnee herumzuwandern. Du Narr! Du hättest dich verlaufen oder erschossen werden und uns und diese tapferen Soldaten in Gefahr bringen können. Was, wenn sie gezwungen gewesen wären, die Nacht im kalten, nassen Schnee zu verbringen, um nach dir zu suchen?«

Der besorgte Hauptmann unterbrach den etwas hitzigen Verbalerguß. »Seien Sie nicht so streng mit ihm. Es war auch ein Fehler von unserer Seite. Wir hätten uns um Sie und die anderen kümmern sollen. Bis morgen werden wir bereit sein.«

»Machen Sie sich keine Sorgen, Herr Hauptmann. Dieser Mann sollte klüger sein.« Dann wandte Gräbe sich wieder Alex zu und begann erneut zu schreien: »Hau bloß hier ab! Sofort! Zum Teufel noch mal, hau ab und geh zurück zum Zug!«

Als Alex die Tür von außen geschlossen hatte, lud der nun vollkommen erwachte Hauptmann Fritz ein, sich niederzusetzen und ihm bei einer Tasse Kaffee Gesellschaft zu leisten. Im Verlaufe ihrer Unterhaltung beklagte sich Fritz über die Situation seiner Leute.

»Wir haben seit acht oder neun Stunden im Schnee festgesteckt, auch die Frauen und Kinder. Es ist eisig kalt und wir haben weder Lebensmittel, noch Kaffee.«

»Ich habe für euch nicht genügend Platz in unseren Baracken, aber sagen Sie Ihren Leuten, daß sie herkommen können. Ich werde irgend jemanden nach ihnen schicken.«

Eine Wache wurde zum Zug geschickt, während der Feldwebel eine Gruppe Soldaten anwies, die Tische abzuräumen und anschließend hinauszugehen, um den Gästen Platz zu machen. Die murrenden Soldaten leisteten widerwillig Folge. Die Wache kehrte an der Spitze der Arbeiter der Firma Jung zurück und flüsterte aufgeregt mit Fritz: »Seid Ihr ein Unterhaltungstrupp? Ich habe eure Akkordeons gesehen.« Aus einem unerklärlichen Grund stieg Fritz in diese Geschichte ein, denn sie erschien ihm als logischer und daher auch schützender Grund für ihre Anwesenheit.

Die Wache hatte einige in Koffern aufbewahrte Schreibmaschinen gesehen, die Akkordeon-Koffern durchaus ähnelten. Außerdem hatte er wohl die in Stoff gewickelten und in Holzkisten verpackten Spezial-Baugeräte bestaunt. Nachdem er entdeckt hatte, was er für Akkordeons hielt, schloß er selbstverständlich darauf, daß auch die übrigen Gegenstände in einem Zusammenhang mit der von ihm vermuteten Unterhaltung standen. Als die Jung-Arbeiter allmählich den Raum betraten, begann Gräbe damit, sie der Wache bekannt zu machen. »Es bleibt unter uns, aber die ist Tänzerin, wie auch diese. Der dort spielt Akkordeon und der Klavier. Sie singt und die da tanzen ebenfalls.«

Einige leitende Mitarbeiter, die sich um Gräbe geschart hatten, waren anfangs etwas verwirrt, dann aber begriffen sie es und machten die Scharade mit, wobei sie vorgaben, erschöpft zu sein, kranke Vortragskünstler, die mit knapper Not den vorrückenden Russen entronnen seien. Diese Parole verbreitete sich rasch und geräuschlos in den Reihen der Jung-Arbeiter. Plötzlich entstand eine Schwierigkeit, mit der Gräbe so offenbar nicht gerechnet hatte, als er die Nachfrage des Wachmannes zunächst bestätigte. Jetzt wollten die Soldaten nämlich auch eine Vorstellung. »Spielt bitte für uns – unterhaltet uns«, bat sich der Soldat.

Fritz antwortete eilig: »Es tut mir wirklich leid, aber wir sind dazu wirklich nicht in der Lage. Ich weiß auch, daß ihr das braucht, aber meine Leute sind vollkommen erschöpft, und ihre

Nerven liegen nach den schrecklichen Erlebnissen blank.«»Wir brauchen euren Auftritt, um uns aufzumuntern – wir sind doch auch nur arme Teufel.«

Das war nicht von der Hand zu weisen. Sie waren in der Tat bedauernswerte Soldaten, denen keine weitere Beachtung zuteil wurde und die an einem verlorenen Außenposten, der möglicherweise sogar vom Oberkommando des Heeres vergessen worden war, hängengeblieben waren.

»Sie sind nicht dazu in der Lage«, beharrte Fritz. »Glauben Sie mir. Wenn die Kranken singen, gehen ihre Stimmbänder kaputt. Bald werden dann alle eine Aufführung von uns verlangen. Nein! Lassen Sie uns nur aufwärmen und ausruhen.«

Am nächsten Morgen versammelte Fritz seine Leute dann sehr rasch beim Zug und nahm die Reise nach Czernowitz wieder auf. Der Anfang dieser Fahrt verlief schwierig, weil große Mengen Schnee auf den Waggons lagen, die von den Soldaten gemeinsam mit den Jung-Arbeitern erst weggeschaufelt werden mußten. Wären sie länger geblieben, wären sie möglicherweise von den hartnäckigen Soldaten und deren Hauptmann dazu genötigt worden, sie zu unterhalten, was ihre Sicherheit nur unnötig gefährdet hätte.

Als der Zug schließlich in Czernowitz eintraf, startete Gräbe verschiedene Versuche, um für seine Leute Arbeit zu finden. Nach einigen Tagen vergeblicher Versuche traf er Vorbereitungen, um mit dem Zug nach Warschau zurückzufahren. Er wollte zurück, um seine dortige Gruppe zu kontrollieren und an vorliegenden Aufträgen zu arbeiten, die es ihnen ermöglichten, in Polen zu bleiben und sich so bald wie möglich mit der Poltawa-Gruppe zu vereinen.

Da aber in Polen keinerlei Aussicht auf Arbeit bestand, entschied sich Fritz im Frühjahr 1944, seinen Warschauer Zug quer durch Polen und Deutschland nach Jünkerath in die Mittelgebirgsregion der Eifel zu schaffen. Er nahm an, daß zumindest dort für seine Mannschaft Arbeit zu finden wäre, obgleich das allgemeine Risiko hier beträchtlich höher lag. Als er die Entscheidung seinen Arbeitern mitteilte, waren die Juden unter ihnen über die Aussicht einer Fahrt in die Heimat des Feindes erschrocken und entrüstet. Für sie hieß das wohl, dem Henker bei der eigenen Hinrichtung behilflich zu sein.

Nach langer Diskussion und vielen vergossenen Tränen willigten die Juden schließlich ein, gemeinsam mit dem Menschen nach Deutschland zu fahren, der sie bis hierhin hatte beschützen können. Der Zug setzte sich am festgelegten Tag aus dem schneebedeckten Warschauer Bahnhof heraus schwerfällig in Bewegung. Wieder zusammengekoppelt mit den drei Kilometer weiter abgestellten Waggons begann die ungewisse Reise nach Westen.

Während dieser Zeit fand in der Firmenleitung bei Jung in Solingen ein heftiger interner Machtkampf statt. Für die Gesellschaft war es ein insgesamt sehr kritisches Jahr. Josef Jung, der Gründer der Baugesellschaft, und sein Sohn Max waren beide verstorben. In dieser Situation mußte Gräbe, der vollauf mit seiner Arbeit in der Ukraine beschäftigt war, zusätzliche Verwaltungsaufgaben übernehmen. In Gräbes Abwesenheit wetteiferte einer der Schwiegersöhne, Fritz Mandler, um Macht und Einfluß in der Baugesellschaft. Hätte Gräbe damals sein Rettungswerk preisgegeben und wäre nach Solingen zurückgekehrt, dann wäre er höchstwahrscheinlich deren Geschäftsführer geworden. Aber er kehrte nicht zurück und das dadurch entstandene Machtvakuum befähigte Mandler, gegen Gräbe eine ganze Reihe Klagen anzuzetteln.

Die übrigen leitenden Angestellten der Firma waren Gräbe gegenüber feindlich eingestellt. Auch aus der Entfernung konnte er zwar seinen Einfluß aufrechterhalten. Insgeheim jedoch wurden Beschlüsse gefaßt und Pläne entwickelt, um Gräbe mit allen Mitteln, die dazu tauglich erschienen, aus der Firma Jung herauszudrängen. Dieses Intrigenspiel wurde Gräbe nur gerüchteweise bekannt, aber noch blieb alles zu unbestimmt und zu dürftig, um von ihm als wirklich ernsthafte Gefahr wahrgenommen zu werden. Trotz aller Gerüchte war Gräbe weitaus stärker damit beschäftigt, seiner Sdolbunow-Gruppe in Deutschland Arbeitsaufträge zu verschaffen und endlich die Wiedervereinigung mit der anderen Gruppe herbeizuführen, die sich jetzt irgendwo in Rumänien aufhielt.

Die dreiwöchige Querfeldeinfahrt von Warschau nach Jünkerath verlief wundersamerweise ereignislos. Grenzübertritte waren leicht zu bewerkstelligen; schlechtgelaunte Beamte, die in der Lage gewesen wären, die Einfahrt oder die Ausfahrt in die beziehungsweise aus den Bahnhöfen zu erschweren, tauchten nirgends auf. Niemand stieß sich an der Größe des Zuges, und ausreichend Brennstoffe waren bei jedem Halt zu bekommen. Die schlimmsten und auch langsamsten Abschnitte der Reise führten über lange Gleisstrecken, die zuvor bombardiert worden waren. An den meisten Stellen arbeiteten die Gleisbaumannschaften fieberhaft und machten jede Anstrengung, damit dieser so offiziell aussehende Zug ihre Baustellenbereiche zügig durchfahren konnte.

Als der zweiundvierzig Waggons lange Zug in dem winzigen Dorfbahnhof Jünkeraths einlief, sah sich Gräbe demselben Problem gegenüber, dem er schon in Warschau begegnet war. Erneut war der Zug zu lang und mußte geteilt werden. Die eine Hälfte des Zuges mußte nach Köln gebracht werden, während die andere in Jünkerath bleiben konnte. Der Teil des Zuges, der nach Köln fuhr, enthielt das meiste Arbeitsmaterial und die Lagerbestände, die für künftige Arbeiten gebraucht werden würden. Fritz entschied sich, die Waggons mit den Büros, der Buchhaltung und den Aktenbeständen in Jünkerath unter seiner unmittelbaren Aufsicht zu belassen. Er wollte kein Risiko eingehen, das die Dokumente und Aufzeichnungen in Gefahr hätte bringen oder sogar zu deren Preisgabe hätte führen können.

Es war für mich sehr wichtig, daß ich für diese Menschen Arbeit fand. Wenn es mir nicht gelang, Arbeit zu beschaffen, würde der Argwohn geweckt, und wirkliche Schwierigkeiten stünden bevor. Ich fand ein paar einfache Sachen, die die Leute bewerkstelligen konnten, und wies Elizabeth [die Sekretärin] an, daß auch sie versuchen sollte, wenigstens ein paar Aufträge an Land zu ziehen. Ich fühlte mich zu dieser Zeit sehr unsicher. Nachrichten erreichten mich über Probleme, die sich für mich im Büro der Firma Jung zusammenbrauten. Dem mußte ich unverzüglich meine ganze Aufmerksamkeit widmen. Ferner war ich durchaus nicht davon überzeugt, daß meine jüdischen Arbeiter in Deutschland wirklich sicher waren. Zu ihrer Sicherheit und weil ich einen schwierigen Zeitpunkt erwischt hatte, um die Leute in meiner Heimatregion mit sinnvoller Arbeit zu versorgen, beschloß ich, nach Warschau zurückzukehren. Ich knüpfte Kontakte zu Maria in Czernowitz, wo die Poltawa-Gruppe steckengeblieben war. Ich wies sie an, mir vorauszufahren und in Warschau nach Arbeitsmöglichkeiten Ausschau zu halten. Ich teilte ihr mit, daß ich versuchen würde, innerhalb von zwei Wochen dorthin zu gelangen. In mancherlei Hinsicht war diese Abfolge von Entscheidungen äußerst unklug und widerspiegelte auch deutlich meine Ängste in der allgemeinen Unsicherheit.

In diesen Monaten waren Pläne für die Deportation der ungarischen Juden nach Auschwitz gemacht worden. Durch eine Rundfunksendung erfuhr Gräbe davon, daß Sdolbunow inzwischen in die Hände der sowjetischen Armee gefallen war und daß die sowjetischen Streitkräfte auch schon Czernowitz erobert hatten. Maria war in Warschau angekommen, nachdem sie den Rest der Poltawa-Gruppe in bulgarische Züge gesetzt hatte, die in Richtung der Grenzen jenseits Rumäniens fuhren. Fritz konnte nur beten und darauf hoffen, daß seine Freunde nicht irgendwo zwischen den vorrückenden Russen und der besiegten Wehrmacht festhingen.

Als er von Jünkerath aus nach Warschau aufbrach, hinterließ Gräbe Elizabeth die Verantwortung für das Büro und die Buchhaltungsvorgänge. Die übrige Belegschaft wurde angewiesen, die Buchführung und die Dokumentationen über die Arbeiten, die in der Ukraine abgewickelt worden waren, zu vervollständigen. Aufgrund der unvorhersehbaren und oft auch überstürzten Evakuierungen war die Belegschaftsleitung mit ihren Dokumentationen in Verzug geraten. Bevor er aber endgültig abreiste, unternahm Fritz noch einen weiteren Schritt. Er schrieb für Elizabeth einen Brief, der ihr die Befehlsgewalt über den Zug, die Belegschaft und auch sämtliche Aufzeichnungen übertrug. Er verbat ihr ausdrücklich, irgendjemandem, unter welchen Umständen auch immer, Zugang zu den Aufzeichnungen im Büro zu gewähren. Sie sollte außerdem Gräbe unverzüglich in Warschau unterrichten, wenn nach den Aktivitäten der Gruppe gefragt werden sollte.

Als Gräbe nach einer zweiwöchigen Reise endlich in Warschau eintraf, wartete Maria bereits auf ihn zur vereinbarten Zeit am ausgemachten Ort. Ihre Auftragsacquisition war ohne jeden Erfolg geblieben. Über ihre Untergrund-Verbindungen hatte sie in Erfahrung gebracht, daß die Deutschen Warschau bereits insgeheim räumten und daher keine Hoffnung mehr bestand, Aufträge zu bekommen. Nachdem sie einige Tage gemeinsam nach Werkverträgen geforscht hatten und auch mit Führern des örtlichen Widerstands zusammengetroffen waren, mußten sich Fritz und Maria, wenn auch widerwillig, eingestehen, daß es für sie hier keine Arbeit mehr gab. Nun galt es, das Dilemma der unbeschäftigten Arbeiter in Jünkerath und das Los der Reste der Poltawa-Gruppe, die sich auf der Flucht durch Rumänien befand, mit anderen Mitteln zu lösen.

Ein Mitglied des Widerstandes hatte zu Maria Verbindung gesucht, als sie und Fritz nach einer Lösung der schwierigen Lage suchten und sich schon auf die Abreise vorbereiteten. Der Widerstand hatte ein schwerwiegendes Problem, von dem er annahm, daß sie ihm bei der Lösung behilflich sein konnten. Im Dezember 1943 war ein Geheimdienstoffizier der polnischen Untergrundarmee, Oberstleutnant Marian Drobik, verhaftet und ins Gefängnis gesperrt worden. Später wurden seine Schwester, sein Schwager und deren Tochter ebenfalls festgenommen und in ein Gefängnis in der Nähe Warschaus gesteckt. Drobik, dessen

Deckname *Sziecio 1* (›Specht‹) lautete, war dann in das berüchtigte Gestapo-Gefängnis Pawiak in Warschau überstellt worden. Er verfügte über sicherheitsrelevante Informationen, die viele Menschen in Gefahr bringen konnten. Er sollte entweder befreit oder ermordet werden, bevor er unter der Folter die Identität anderer Schlüsselfiguren preisgab. Ferner war in Erfahrung gebracht worden, daß die Frauen in das Konzentrationslager Groß-Rosen gebracht worden waren. Es gab nichts mehr, das man für sie hätte tun können.

Die Frage, die man Maria stellte, war: »Können Sie den deutschen Ingenieur davon überzeugen, daß er dem Widerstand hilft, Drobik zu befreien, bevor er redet?« Der Widerstand würde zwar Unterstützung und Unterschlupfmöglichkeiten bereithalten, selbst konnte er allerdings nicht in das Gefängnisgebäude eindringen. Fritz wurde deshalb ausgesucht, weil sich sein Ruf äußerster Verläßlichkeit auch bei der Resistance-Bewegung herumgesprochen hatte und überhaupt nur ein Deutscher ins Gefängnisinnere vordringen konnte. Gräbe willigte in die Hilfsaktion ein und begann mit der Ausarbeitung eines Plans. Er stellte sich vor, das Gefängnis in der Kleidung eines deutschen Armeezahnarztes zu betreten, der beauftragt worden sei, Routineuntersuchungen an den Gefangenen durchzuführen. Als die Planungen jedoch bereits abgeschlossen und die Requisiten vom Widerstand bereitgestellt worden waren, ging irgend etwas schief – Gräbe erfuhr nie, was genau. So war die ganze Mühe letztlich vergeblich.

In der Zwischenzeit erreichte Gräbe ein Telegramm von Elizabeth. Die dringende Mitteilung zwang ihn, umgehend nach Jünkerath zurückzukehren. Während seiner Abwesenheit waren SA-Leute, Ortspolizisten und Gestapo-Männer am Zug aufgetaucht, die Aufklärung darüber verlangten, welcher Auftrag sie in das Gebiet geführt habe. Außerdem wollten sie unbedingt mit Gräbe sprechen und wollten bereits in den Zug eindringen, um die Firmenunterlagen einzusehen. Elizabeth, die gewissenhaft ihren Pflichten nachkam, teilte ihnen mit, daß sich ihr Vorgesetzter in

Warschau aufhalte, daß ihr die derzeitige Leitung obliege und daß sie sich, bevor sie sich irgend etwas ansehen könnten, unvermeidlich bis zu Gräbes Rückkehr gedulden müßten. Der Befehlshaber des acht Mann starken Trupps drohte damit, Elizabeth und die anderen wegen der Behinderung einer Reichsbehörde auf der Stelle verhaften zu lassen. Trotz ihrer schrecklichen Angst blieb Elizabeth stur und zeigte Gräbes Brief mit den Instruktionen vor. Die Männer prüften ihn regungslos und sorgfältig. Aus unerfindlichen Gründen wurde durch die Obrigkeit die Sache nicht weiter verfolgt. Elizabeth sollte lediglich an Gräbe telegrafieren. Man würde wiederkommen, um mit ihm zusammenzutreffen.

Das war bereits die dritte Aktion, die gegen Gräbe angezettelt worden war. Seine sorgfältige Aktenführung hatte ihn gegen den Unterschlagungsvorwurf und auch gegen die Beschuldigung wegen der Steuerhinterziehung zu schützen vermocht. Diesmal führten die Behörden nebulösere Beschuldigungen ins Feld, offensichtlich mit dem einzigen Ziel, Gräbe nicht zur Ruhe kommen zu lassen. Vermutlich bezogen sich die eigentlichen Beschuldigungen darauf, daß er Juden schützte, zu gut versorgte (mit Nahrung, Obdach, Beschäftigung, Papieren, Geld) und unerlaubt aus einem Gebiet fortschaffte, das der Rechtsgewalt des Reichskommissariats Ukraine unterlag. Der Haftbefehl gegen Gräbe war bereits erlassen worden, konnte aber nicht vollstreckt werden, solange bis er nicht aus Warschau zurückgekehrt war. In seiner Heimat hatte er immerhin einen Rechtsanspruch auf einen Prozeß, wohingegen er, wäre ihm in Polen oder der Ukraine Gleiches widerfahren, möglicherweise in einem Schnellverfahren hingerichtet worden wäre.

In einer der Wochen vor Fritz' Rückkehr nach Jünkerath nahm es Elizabeth auf sich, den Kommandeur der Militärpolizei aufzusuchen, um mit ihm den Fall zu besprechen. Der Mann hatte, wie sich herausstellte, einen polnischen Namen und sprach dazu fließend Polnisch. Als er von Elizabeths Sorgen hörte, wurde er mitfühlend. Er sagte ihr, daß sie ihre Anweisungen befolgen solle und daß er, weil der Fall in seinem Zuständigkeitsbereich liege, dieses Problem nicht vor Gräbes Rückkehr behandeln würde. Elizabeth hatte sich diesem Mann als polnische Staatsbürgerin vorgestellt, die als solche von den Deutschen weder eine Aufenthaltsgenehmigung bekam, noch in ihrer Staatsbürgerschaft anerkannt wurde. Natürlich ließ sie es sich nicht anmerken, daß sie Jüdin war.

Einige Tage später kamen sechs Mann von dem ursprünglich acht Mann starken Trupp zum Zug zurück. Elizabeth konnte glaubhaft versichern, daß sie Gräbe telegrafiert hatte (wobei sie sich sicher war, daß sie das wußten, weil die ›Abwehr‹ sämtliche Telefon- und Telegrafenverbindungen überwachte) und keine Ahnung hätte, wann er zurückkommen würde. Selbstbewußt riet sie ihnen, die Sache bis zur Rückkehr des deutschen Ingenieurs ruhen zu lassen, da doch ohnehin alles in den Zuständigkeitsbereich des Kommandanten der Militärpolizei falle. Sie kamen nicht wieder zurück.

Sobald er nach Jünkerath zurückgekommen war, begab sich Gräbe geradewegs zu Elizabeth. Als sie ihn sah, brachen die Gefühlsdämme. Sie war von Angst wie zerfressen und längere Zeit kaum in der Lage, mit dem Weinen innezuhalten, um ihm Einzelheiten der Begegnungen mitzuteilen. Nachdem er die Geschichte gehört und sich ein Bild von den verschiedenen Akteuren gemacht hatte, begann sich Gräbe eine wirksame List zu überlegen.

»Als erstes werde ich mich morgen mit meinem Anwalt in Solingen in Verbindung setzen und schauen, ob er von irgend etwas weiß. Dann fahre ich sofort zur Gestapo-Leitstelle nach Köln und versuche dort, an die Akte zu gelangen, die sie über mich zusammenstellen.«

»Aber Herr Gräbe«, protestierte Elizabeth, »haben Sie vollkommen den Verstand verloren? Die werden Sie in ein Lager schleppen und umbringen.«

»Ich glaube einfach nicht, daß sie schon genug zusammengetragen haben, um mich gleich dazubehalten. Sie haben zwar nach Anhaltspunkten geforscht, aber ich denke einmal, daß ich den Spieß herumdrehen kann, ganz gleich, ob sie etwas von den Dingen wissen, die ich so getrieben habe.«

Nach einer fast schlaflos durchwachten Nacht, die er auf die sorgfältige Gestaltung eines Drehbuchs für seine geplanten Zusammentreffen verwandt hatte, rief Gräbe am nächsten Morgen seinen Rechtsanwalt an. Von dem, was der Anwalt berichtete, wurde Fritz beinahe aus der Fassung gebracht. Der Anwalt gestand, daß er selbst seit vielen Jahren ein treues Parteimitglied war. Ohne Gräbe zu unterrichten, hatte er mit Gestapo-Leuten und der Geschäftsleitung der Firma Jung eine Sitzung abgehalten, um zu erörtern, wie Gräbe angeklagt und aus der Firma Jung herausgedrängt werden könnte. Bei diesem Treffen trat der Anwalt als Interessenvertreter der Partei auf, hatte dabei aber nicht offengelegt, daß er auch Gräbes Rechtsbeistand war.

»Mein alter Freund«, sagte der Anwalt etwas jovial, »lassen Sie mich Ihnen einen wichtigen Rat geben. Entweder die schaffen es oder Sie, genau wie im Krieg. Einer von euch wird das Opfer sein. Diesmal sind die äußerst penibel in ihren Untersuchungen. Die wollen Sie unbedingt kriegen, anklagen – ein Haftbefehl wurde schon erlassen – und jeden aus Ihrer Familie in ein Konzentrationslager bringen.«

Diese Eröffnung würgte Gräbes Zuversicht ab. Nach dem Telefongespräch kamen ihm größte Zweifel an seinem Plan, die Gestapo in ihren eigenen Amtsstuben in Köln herauszufordern. ›Vielleicht‹, dachte er, ›sollte ich nach Warschau zurückkehren und mich dort verstecken, bis der Krieg vorüber ist. Aber was wird dann aus Elisabeth und Friedel werden?‹ Die Zeit war knapp. Bis jetzt hatte der Anwalt vielleicht nur die anderen von Gräbes Rückkehr unterrichtet.

Wenn er zu fliehen versuchte, würde es wie ein Schuldeingeständnis aussehen. Das würde seine Familie in noch größere

Gefahr bringen. In Warschau versteckt oder bei einer Untergrundgruppe, würde er sie sicherlich nicht mehr schützen können. Weil er auf dem Weg nach Köln seinen Entschluß vielleicht doch noch einmal ändern könnte, wollte er einen regelmäßig verkehrenden Zug nehmen. Die Behörden würden nach seinem Privatzug sowieso längst Ausschau halten.

Ich entschied mich letztlich dafür, daß ich meinen ursprünglichen Plan weiterverfolgen sollte. Ich glaubte aufrichtig, daß ich einen Bluff anbringen konnte, um dort wieder heil herauszukommen – genauso, wie es mir in der Ukraine so viele Male gelungen war. Es war doch eher unwahrscheinlich, daß die Kölner Behörden von meiner Eigenart bereits unterrichtet waren. Mein Anwalt war zwar immer noch geneigt, meine Verteidigung zu übernehmen, aber er schien mir zu stark in einen Interessenkonflikt verstrickt. Außerdem hatten sich mir seine Schlußworte doch sehr deutlich eingeprägt: »Sie können nicht weiterhin gegen die Interessen der Partei auftreten. Und die Firma Jung müssen Sie verlassen.«

Gräbe war nun bereit, seine Verbindung mit Jung zu beenden. Die Schwierigkeit bestand allein darin, daß sein gesamtes restliches Vermögen in der Firma festgelegt war. Deshalb erwies sich ein weiterer Aufenthalt als notwendig, bevor er den Zug nach Köln besteigen konnte. Fritz besuchte einen verläßlichen Vertrauten, Rudolf Wasserlos. Wasserlos hatte schon Gräbes Vater und auch Fritz selbst in finanziellen Dingen beraten, und 1942 hatte er Gräbe einmal aufgesucht, als dieser auf Urlaub von Sdolbunow in Solingen war. Damals hatte Fritz Wasserlos vom Massaker in Rowno berichtet. Wasserlos war davon überzeugt, daß Hitler von solchen Dingen nichts ahnte. Für ihn konnte so ein Vorgehen nur auf Eigenmächtigkeiten in der mittleren Funktionärsebene zurückgehen, die damit den Anstand von Adolf Hitler und seiner Machtergreifung untergrub.

Bei seinem neuen Zusammentreffen mit Wasserlos im Jahre 1944 konnte Fritz darlegen, warum die Firma Jung ihn entlassen wollte.

»Warum, Fritz? Wieso wollen die jemanden schädigen, dessen Ruf so tadellos ist wie der Ihre?«

»Weil ich, Herr Wasserlos, polnische Bürger, Flüchtlinge und andere beschäftigt habe, die –«

Wasserlos' Gesicht färbte sich rot, bevor er Gräbe ins Wort fiel: »Genug! Genug! Ich will nichts mehr hören.«

Wer in dieser Zeit von solchen Dingen etwas mitbekam, mußte damit rechnen, wie ein auf frischer Tat ertappter Mittäter behandelt zu werden. Wasserlos sagte Gräbe jedoch seine Hilfe für den Fall zu, daß die Firma ihn tatsächlich an die Luft setzte. Gräbe verließ Wasserlos' Büro, um den Zug nach Jünkerath zu bekommen und seinen kurzen Abstecher nach Köln machen zu können.

Als er in Köln eintraf, bereitete sich Fritz auf die Konfrontation mit der Staatsmacht vor, indem er sich in Theaterlaune brachte; es war beinahe genauso wie seinerzeit in der Ukraine. Er schritt die Straße auf und ab, bis er sich seiner Strategie sicher und ausreichend vorbereitet war, um selbstsicher aufzutreten. Er warf die Tür zur regionalen Gestapo-Zentrale auf, lief an den Wachen vorbei, die hinter dem Auskunftschalter saßen, betrat das Büro des Dienststellenleiters und stellte sich vor: »Ich bin Fritz Gräbe.« Anschließend buchstabierte er seinen Namen vernehmlich.

Der leitende Gestapo-Beamte starrte Fritz mit aufgerissenen Augen an, unterließ es aber, ihm einen Stuhl anzubieten, worauf Gräbe selbst einen Stuhl heranrückte und es sich darauf bequem machte. Spannungsgeladene Stille unterbrach das feierliche Eintrittszeremoniell.

Gräbe hatte seine Kleidung für diesen Anlaß sorgsam ausgewählt. Er wußte, daß deutsche Beamte jeden Menschen sofort nach seinem äußeren Erscheinungsbild einordneten. Anhand seiner sauberen, eleganten Kleidung und seiner hohen, schwarzen Schaftstiefel würden sie Gräbes Stellung in der Hierarchie einzuschätzen versuchen.

Gräbe eröffnete die Auseinandersetzung. »So! Was haben Sie mir mitzuteilen, das so wichtig ist, daß Sie mich von meinen bedeutenden Aufgaben abhalten?«

»Herr Gräbe, Sie werden mir die Gesprächsführung überlassen und ausschließlich meine Fragen beantworten.«

»Nein! Jetzt halten Sie mal die Luft an. Ich habe eigene Fragen, und zuerst werden wir meine behandeln, dann Ihre.«

Eine hitzige Debatte über die vorrangige Behandlung von Fragen folgte. Der Vorsteher erhob seine Stimme und forderte, daß sich mit seinen Fragen zuerst befaßt werde. Gräbe erkannte die Gelegenheit, den Lauf des Gesprächs umzukehren. Er lehnte sich quer über den Tisch, schlug mit der Faust darauf und äußerte teils wütend, teils nachdenklich: »Es ist doch verrückt – wirklich unglaublich. Wir müssen den Krieg gewinnen. Sie wollen das, ich will das. Ich bin in die Ukraine gefahren und habe mir, verdammt noch mal, den Arsch aufgerissen, und zur gleichen Zeit sitzen da Menschen fernab der Fronten in der Behaglichkeit ihrer Luxus-Büros und sabotieren in ihrer Ahnungslosigkeit die Kriegsanstrengungen. Ist das nicht verrückt?«

»Was beabsichtigen Sie mit Ihrer Anklage, Herr Gräbe?«

Gräbe entspannte sich. Es war ihm, wie beabsichtigt, gelungen, sein Gegenüber in die Defensive zu drängen. Der Gestapo-Leiter fuhr fort:

»Hier in der Gestapo-Zentrale sind wir Ihnen gegenüber äußerst mißtrauisch.«

»Ach, wirklich? Und weshalb mißtrauen Sie mir?«

»Herr Gräbe, nun behaupten Sie doch nicht, daß Sie von den jüdischen Angelegenheiten nichts wissen.«

»Ja, sicher! Ich habe unbestimmte Gerüchte vernommen, die von anderen anonym verbreitet werden. Aber wissen Sie denn etwas von meinen Befehlen aus Berlin, daß wir so nah an der Front alle verfügbaren Arbeitskräfte einzusetzen haben? Ich habe jeden Arbeiter eingestellt, der mir gerade über den Weg lief. Wie sonst sollte es mir gelingen, die wichtigen Kriegsanstrengungen voranzutreiben. Ich beschäftigte viertausend Männer und Frauen, die den ganzen Winter über dort draußen in der Ukraine gearbeitet haben. Ich schere mich einen Dreck darum, ob meine Arbeiter Polen, Bauern oder Juden sind! Alles, was ich verlange, ist tüchtige Arbeit, Baufortschritt und keinen Ärger. Verstehen Sie eigentlich, was es für den Gewinn des Krieges bedeutet, funktionsfähige Eisenbahnlinien zur Verfügung zu haben?« Fritz spie die Worte aus seinem Mund heraus, ohne dabei eine Atempause einzulegen.

»Herr Gräbe, warten Sie eine Minute. Sie brauchen hier nicht verrückt zu spielen. Was es braucht, um einen Krieg zu gewinnen, das ist Angelegenheit des Militärs.«

Jetzt konnte Gräbe die Falle zuschnappen lassen. Als sei er allein und redete mit sich selbst, sagte er: »Das weiß ich auch. Sie haben schon so lange in Ihrem bequemen Büro gesessen, daß Sie darüber die nötige Geschlossenheit des Volkswillens ganz aus den Augen verloren haben. Jeden Tag sehe ich verwundete Soldaten, die ihr wertvolles deutsches Blut an der Front opfern, und ich selbst stelle mich auch wieder zur Verfügung, um den Krieg zu gewinnen. Flüchtlinge, Juden, zum Teufel damit, das ist im Vergleich zu den Kriegsanstrengungen unerheblich.« Während dieses Verbalergusses hatte der Gestapo-Stellenleiter nervös in eine der Schubladen seines Schreibtisches hineingelangt und ihr eine dicke Akte entnommen, die er nun auf der Tischplatte ablegte.

Er öffnete sie achtlos und begann sie durchzublättern, als Gräbe fortfuhr. Nicht ein einziges Mal blickte Gräbe auf die vor ihm liegende Akte.

»Ich muß das sowieso alles nach Berlin berichten – die Verräter, die ...«

»Wem berichten Sie in Berlin, Herr Gräbe?«

»Das kann ich Ihnen nicht mitteilen.«

»Sie wollen damit sagen, daß Sie es gar nicht wissen?«

»Ganz im Gegenteil, mein Herr. Es ist aber besser für Sie, daß

Sie keine Kenntnis davon haben, wem ich berichte.« Fritz beugte sich erneut über den Tisch und winkte den Gestapo-Kommandeur mit gekrümmtem Zeigefinger zu sich heran. »Ich darf Ihnen die Frage nicht beantworten, weil die Antwort geheim ist.«

Hierauf richtete Gräbe sich auf und blickte unvermittelt auf die einige Zentimeter dicke Ermittlungsakte, die mit Behördenbriefen, sogar einigen wenigen Fotografien und auch einigen Briefen auf dem Schreibpapier der Firma Jung gefüllt war.

»Setzen Sie sich doch, Herr Gräbe.«

»Teilen Sie mir doch bitte etwas mit, Herr Abteilungsleiter. Besitzen Sie denn auch die andere Akte über meine Person?«

Vollkommen verwirrt, begann der Gestapo-Mann erneut unsicher zu werden. »Welche andere Akte denn?«

»Die müssen Sie doch kennen. Die Akte mit meinen genauen Antworten auf die verleumderischen Beschuldigungen, die Ihre minderwertige Ermittlungsakte enthält. Die Akte, die alles das dokumentiert, was ich und meine Arbeiter zugunsten der Kriegsanstrengungen unternommen haben. Sie verschwenden nur meine Zeit. Zweimal schon haben Angehörige der Firma Jung versucht, meinen Anteil an den Kriegsanstrengungen zu sabotieren – jetzt so was, und das von Soldaten! Sie wissen es doch selbst, daß man Leuten, die nur damit beschäftigt sind, die Leitung einer großen, prosperierenden Firma an sich zu reißen, keinen Glauben schenken kann.«

Gräbe schob langsam und vorsichtig seinen Stuhl zurück, stand auf, brachte seinen Mantel in Ordnung und schritt aus dem Büro hinaus. Es war offensichtlich, daß sein melodramatischer Auftritt den Gestapo-Leiter aus der Fassung gebracht hatte. Ihn, der einen Augenblick lang geglaubt hatte, einen soliden Fall in den Händen zu halten, überkamen nun Zweifel und Fassungslosigkeit. Die Gestapo hat Fritz nie wieder belästigt.

Wenn schon die eine Auseinandersetzung von solch einem Erfolg gekrönt war, mochte ihm eine zweite noch mehr Sicherheit verschaffen, so oder ähnlich dachte Fritz wohl damals.

Deshalb führte ihn sein nächster Weg direkt in das Büro seines Rechtsanwalts. Nachdem die Gestapo erfolgreich entwaffnet war, konnte er nun der Verfolgung durch die örtliche Parteiführung Einhalt gebieten. Der Besuch bei seinem Anwalt dauerte nur kurz. Nachdem er die Vorkommnisse in der Gestapo-Zentrale im einzelnen wiedergegeben hatte, sagte Fritz zum Schluß: »Was habe ich nur getan? Hätte ich mir den Kopf abschlagen lassen sollen, nur weil ich ein Patriot bin? Weil ich Eisenbahnstrecken gebaut und Schienen in der Ukraine verlegt habe?«

Der Rechtsanwalt, der jetzt nicht einmal unsympathisch wirkte, antwortete: »Bleiben Sie wachsam, Herr Gräbe. Die werden auch weiterhin Material sammeln.«

»Wer sind die?«

»Mitarbeiter der Firma Jung selbstverständlich. Sie werden Ihre Phantasie gebrauchen müssen, um sich selbst zu schützen. Jetzt wünsche ich Ihnen einen guten Tag, mein Freund – passen Sie gut auf sich auf.«

Die Zugfahrt via Gräfrath zurück nach Jünkerath war für ihn eine Erholung. Die Intrigenpläne hatten aufgehalten werden können, und seine Gegner mußten von vorne beginnen. Es war also ein Erfolg gewesen. Ein kurzer, nur zweitägiger Aufenthalt daheim, bei Elisabeth und Friedel, bot ihm die Ruhe und Liebe, die er so dringend benötigte, um die Spannungen der letzten Monate abzulegen. Es eröffnete ihm ferner die Gelegenheit, seine Verpflichtungen gegenüber der Firma Jung zu beenden. Ihre Entscheidung, Gräbe aus der Firma zu drängen, war ihm schon einige Zeit vorher bewußt geworden. Als Gräbe nunmehr am Firmenbüro anlangte, kam es zu einer äußerst unangenehmen Begegnung mit den Witwen von Josef und Max Jung sowie mit Fritz Mandler. In seiner unnachgiebigen Art hielt Fritz stand. Er drohte und einigte sich schließlich mit der Firma auf eine Vertragsablösung gegen die Zahlung von Bargeld. Mandler geriet während der insgesamt dreistündigen Zusammenkunft in Wut und protestierte, daß die Zugeständnisse an Gräbe zu weitgehend seien.

Schließlich sprach der Firmenanwalt seinen dringenden Rat gegenüber Mandler aus: »Treiben Sie Gräbe nicht zum Äußersten, denn wir wissen ja nicht, wieviel Herr Gräbe in seinen Akten festgehalten hat.« Gräbe nahm ihren Bankwechsel an sich und verließ das Büro. Für ihn war es ein bedrückender Augenblick, denn er hatte immer gehofft, eine Ingenieurkarriere in seiner Heimatstadt machen zu können.

Nachdem ihm einiges Kapital zur Verfügung stand, kehrte er nach Jünkerath zurück, wo er nun auf eigene Faust nach Aufträgen Ausschau halten wollte; den Versorgungszug mit den gesamten Werkzeugen und Ausrüstungen würde er in jedem Fall zunächst festhalten. Als er dann in Jünkerath eintraf, begegnete er Elizabeth, die sich in einem Zustand hysterischer Erregung befand. Während er fort gewesen war, hatte eine Gruppe uniformierter Bewaffneter den Zug überfallen und etwa einhundert der jüdischen Arbeiter nach Köln verschleppt. Dieses Vorkommnis war mehr als beunruhigend. Die Juden waren ohne einen gültigen Arbeitsvertrag und galten deshalb, verwaltungstechnisch betrachtet, als arbeitslos. Eine Rekrutierungseinheit des Arbeitsamtes hatte die unbeschäftigten Arbeiter schon zu einem früheren Zeitpunkt ausfindig gemacht und nach genauer Prüfung in Verbindung mit den Kölner Militärbehörden zur Arbeit auf verschiedene Fabriken verteilt. Gräbe wandte sich umgehend an seinen Kollegen und Ratgeber Rudolf Wasserlos, bei dem er sich bitterlich beklagte: »Die Kerle in Köln müssen doch verrückt sein. Sie tun aber auch wirklich alles, um mich aufzureiben. Zuerst rufen sie mich von meiner Arbeit fort, dann sperren sie meine Arbeiter ein.«

Schon am nächsten Morgen bestiegen Fritz und Wasserlos den Zug nach Köln. Es regnete den ganzen Tag. Eine Stunde lang standen sie im Regen und setzten sich mit dem Beauftragten der Firma Jung, der im Augenblick die Befehlsgewalt über die Arbeiter innehatte, und dem für die Arbeiterrekrutierungen verantwortlichen Gestapo-Beamten auseinander. Es hatte keinen

Zweck. Regendurchnäßt kehrten die beiden Männer mit dem Nachmittagszug nach Jünkerath zurück. Die schlimmsten Befürchtungen waren dadurch, daß sich die Juden jetzt in Köln in Schutzhaft befanden, zur Realität geworden.

Während der Nacht überprüfte Fritz die Eisenbahn- und Militärkarten in der alleinigen Absicht herauszufinden, wo eventuell Arbeiten für die ihm verbliebenen Arbeiter zu erwarten waren. Plötzlich fiel es ihm wie Schuppen von den Augen: Die Gestapo hatte bei der Festnahme seiner Leute ihren Zuständigkeitsbereich überschritten. Der Zug und die in ihm befindlichen Arbeiter fielen unter die Rechtshoheit der Militärbehörden Westfalens. Es handelte sich dabei zwar nur um eine sehr bescheidene rechtstechnische Möglichkeit, aber vielleicht funktionierte sie am Ende. Am folgenden Morgen machte er das für seine Region zuständige Armeekommando ausfindig.

»Ich befinde mich in einem geheimzuhaltenden Einsatz und habe meine Arbeitskräfte an die Behörden in Köln eingebüßt. Sie dürfen von den geheimzuhaltenden Einzelheiten meines Einsatzes keine Kenntnis erlangen, aber deswegen weigern sie sich, meine Arbeiter freizugeben. Sie müssen mich unbedingt nach Köln begleiten, damit ich meine Arbeiter wiederbekomme.«

»Dazu muß ich aber zumindest wissen, welcher Art Ihr Einsatz ist und wem gegenüber Sie berichtspflichtig sind.«

»Verzeihen Sie mir«, warf Gräbe ein, »ich darf das Ihnen genausowenig verraten wie denen. Wenn ich später meine Berichte in Berlin einreiche, werden die es Ihnen vermutlich mitteilen. In meinem Bericht wird selbstverständlich erwähnt, ob Sie mir in dieser verzwickten Sache behilflich waren oder nicht.«

Es folgte also eine weitere Fahrt nach Köln und eine weitere Auseinandersetzung – es wurde zu einer Gewohnheitssache. Dieses Mal führte der Weg Fritz und seinen neuen Verbündeten aus der Armee unverzüglich zum zuständigen Eisenbahnbezirksdirektor für die Region Köln-Düsseldorf. Gräbe überließ dem Wehrmachtsoffizier das Reden. Nachdem er dem Scherzen der beiden Männer lange genug geduldig gelauscht hatte, unterbrach Gräbe sie.

»Meine Herren, das ist ja soweit alles ganz gut und schön, aber ich habe einen Zeitplan einzuhalten. Sind Sie denn nicht in der Lage, Ihre Zuständigkeitsstreitigkeiten beizulegen und den Entschluß zu fassen, mir meine Arbeitskräfte zurückzuschicken?«

»Nur Geduld, Herr Gräbe.«

»Geduld! Sobald ich Berlin Bericht erstatte, wird die dort meine Geduld nicht interessieren. Die wollen Resultate sehen. Mein Bericht wird auf Verantwortlichkeit und Folgen hinweisen, in ihm wird nichts über Geduld stehen.«

Der Bezirksdirektor war ein sehr machtbewußter Mensch. Im Hinblick auf seine auch nur begrenzte Autorität erwies er sich als ziemlich anmaßend, eine Eigenschaft, die sich nicht nur auf seine Belegschaft oder jeden einzelnen Arbeiter innerhalb seines Amtsbezirkes erstreckte, sondern auch seine Befehlsgewalt ganz generell betraf. Seine Erwiderung fiel wohl auch deshalb so kurz und bündig aus.

»Drohen Sie mir nicht mit Ihrem Gerede über Konsequenzen, Herr Gräbe.«

»Bekomme ich meine Arbeiter nun oder nicht?« »Sie bekommen sie nicht.«

»Dann wird mein Bericht sehr wohl von Konsequenzen handeln – für Sie beide.«

»Herr Gräbe«, unterbrach ihn der Armeeoffizier, »würden Sie uns vielleicht eine Viertelstunde unter vier Augen sprechen lassen?« Gräbe fügte sich und wartete draußen. Als man ihn zurück ins Büro rief, bat ihn der Bezirksdirektor darum, eine Namensliste der Leute zusammenzustellen, die zurückkehren sollten. Gräbe kehrte nach Jünkerath zurück, fertigte die gewünschte Liste an und schon bald wurden ihm alle Arbeiter zurückgebracht. Gräbes Juden befanden sich erneut in Sicherheit.

Die kleinlichen Ruhestörungen hielten jedoch an. Die SS überfiel immer wieder den Zug beziehungsweise ein von Gräbe inzwischen eingerichtetes Lagerhaus. Sie untersuchten sorgfältig jede Einzelheit seiner laufenden Berichte und Anweisungen und hofften herauszubekommen, daß Gräbe zu viele Essensrationen herausgab oder Proviant versteckte. Gelegentlich verfolgte die SS Gräbe und versuchte, ihm eine Falle zu stellen. Sie war bemüht, ihn zu irgendwelchen rechtswidrigen Handlungen zu verleiten, um ihn verhaften zu können. Bauaufsichtsbeamte und städtische Bauingenieure schienen außerordentlichen Anteil an jeder winzigen Einzelheit eines Bauplanes, einer Bauzeichnung oder eines konkreten Projektes zu nehmen.

Als Fritz eines Tages geschäftlich in Solingen war, hielt ihn auf der Straße ein bei der Stadt beschäftigter Ingenieur an. »Herr Gräbe, wir müssen mit Ihnen sprechen.«

»Ja, wirklich?«

»Wie Sie wissen, rücken die Amerikaner langsam näher, sehr nahe. Wir müssen eine ganze Reihe Wohnbunker für die Wachposten und die Zivilbevölkerung errichten. Wir möchten, daß Sie sie entwerfen und bauen.«

»Ist es nicht schon ein wenig spät, wenn die Amerikaner tatsächlich so weit vorgerückt sind? Und warum fragen Sie ausgerechnet mich, wo es doch in Solingen zahlreiche andere Gesellschaften gibt, die alle größer sind als meine?«

»Herr Gräbe, wir wissen alles über Ihre Arbeit in der Ukraine. Alle anderen Gesellschaften haben nicht die notwendige Ausdauer und Erfahrung. Sie haben sie. Wir werden Ihnen sämtliche Geräte und Nahrungsmittelvorräte zur Verfügung stellen, die Sie für Ihre Arbeit benötigen. Werden wir uns handelseinig?«

»Ich habe in der Tat viele Bunker gebaut. Rufen Sie mich in Jünkerath an, dann können wir mit der Arbeit an den Einzelheiten Ihrer Angelegenheit beginnen.«

Sie schüttelten sich die Hände und trennten sich. Die Situation war einigermaßen verwirrend: Handelte es sich dabei um eine Verschwörung, um Fritz eine Falle zu stellen? Oder bereitete man sich auf eine neue ›Aktion‹ gegen ihn vor?

Ich wußte, daß ich gute Arbeit leistete und daß ich ein anerkannter Bauingenieur war, aber gegenüber dieser Offerte war ich sehr miß-trauisch, weil sie so rasch nach den Auseinandersetzungen mit der Ge-stapo und den fortgesetzten Störungen durch die SS erfolgte.

Selbst wenn die Offerte für den Bunkerbau ehrlich gemeint gewesen wäre, kam sie doch viel zu spät. Alliierte Truppen bewegten sich von Westen heran, und einige Divisionen, so wurde berichtet, befanden sich bereits in einem Bereich von vielleicht einhundertundfünfzig Kilometern Entfernung. Der Bunkerbau wurde nie erörtert, geschweige denn, daß sie je gebaut wurden.

Der Sommer 1944 besiegelte das Schicksal des Dritten Reichs. Die sowjetische Armee näherte sich den Ostgrenzen des Reichs, während die amerikanischen und britischen Armeen sich darauf vorbereiteten, gegen die Westgrenzen vorzudringen. Unter dem Decknamen ›Walküre‹ planten Verschwörer unter den hohen Generälen in Hitlers Kommandostab in Berlin im geheimen einen Mordanschlag. Am 6. Juni 1944 starteten die Alliierten ihre Invasion in der Normandie. Am 4. Juli hatten die Russen das Grenzgebiet zu Polen befreit und bewegten sich zügig durch Polen in Richtung auf Ostpreußen zu. Am 20. Juli brachte Oberst Claus von Stauffenberg eine Bombe zur Detonation, die Hitler töten sollte. Die Barbarei nach dem gescheiterten Anschlag blieb in den Kriegsannalen ohne jede Parallele. Strafprozesse und Todesurteile setzten sich bis ins Jahr 1945 fort. Und der Krieg holte unwiderruflich Deutschland ein. Zum ersten Mal seit Jahren wurde von deutschen Soldaten verlangt, zum Schutz ihres Landes auf deutscher Heimaterde zu kämpfen.

Als Fritz Gräbe in Jünkerath über das bevorstehende Schicksal seines Landes grübelte, beschloß er spontan, seine Familie zusammenzubringen. Elisabeth hatte Friedel in einer Privatlehranstalt für Jungen in Prüm, nahe der belgischen Grenze, untergebracht. Fritz rief Elisabeth an, teilte ihr seinen Plan mit und fuhr zu der Schule, die von einer massiven, zweieinhalb bis drei Meter hohen Mauer aus Bruchsteinen und Beton umfriedet war.

Als er mit seinem Mercedes vorfuhr, bemerkte er zahlreiche enttäuschte und erregte Eltern, die vor dem verschlossenen Eisentor der Schule ausharrten. Er ließ sich über ihr Problem informieren. Ein Mann berichtete ihm, daß sich der Schuldirektor geweigert habe, die Schüler in die Obhut ihrer Eltern zu entlassen. Allem Anschein nach war der Schulleiter von den Militärbehörden angewiesen worden, die Jungen in einem Gebiet nahe der zweitausend Jahre alten Römerstadt Trier Panzergräben ausheben und instandsetzen zu lassen. Hitlers Panzereinheiten hatten sich in Bewegung gesetzt und die Militärführung erwartete das baldige Eintreffen alliierter Panzerverbände. Die Gräben waren eine wichtige Verteidigungslinie auf deutscher Seite. Um sie funktionsfähig zu machen, wurden hunderte Jungen im Alter von zwölf bis sechzehn Jahren in Arbeitskolonnen hineingezwungen. Gräbe klingelte an der Vordertür. Kurze Zeit danach erschien ein Mann an der Tür, öffnete und fragte: »Was wollen Sie denn hier?«

»Ich bin von der Reichsbahnverwaltung und muß mit dem Direktor sprechen.«

»Um was handelt es sich da?«

»Es handelt sich um eine Sache privater Natur, die ich nicht in der Öffentlichkeit erörtern möchte.«

Fritz wurde zum Büro des Direktors eskortiert, einem salbungsvoll auftretenden Mann namens Wilhelm Möller. Die beiden Männer tauschten für wenige Minuten Höflichkeiten aus. Möller fragte Gräbe, wer er sei und was er mache. Gräbe beschrieb seine Arbeitsaufgaben, indem er ihre Bedeutung für den Kriegserfolg etwas ausschmückte, und sagte schließlich: »Mein Sohn Friedel ist einer Ihrer Schüler.«

»Ah, ja richtig. Ich kenne ihn. Er ist ein sehr guter Schüler.«

»Ich möchte ihn von der Schule nehmen. Ich bin einige hundert Kilometer entfernt versetzt worden und will ihn in meiner Nähe wissen.«

»Sie dürfen ihn nicht mitnehmen.«

Fritz lachte und spielte Komödie. »Sie verstehen das nicht,

Herr Möller. Ich habe ein Auto und es wird für niemanden ein Problem geben.«

»Sie begreifen mich nicht, Herr Gräbe. Daß Sie in der Lage sind, Ihren Sohn mitzunehmen, glaube ich Ihnen. Aber es ist verboten. Ich habe Befehl vom Kommando der Wehrmacht erhalten, alle Jungen zu den Panzergräben zu bringen.«

Fritz bestand darauf, Friedel zu sehen und mit ihm zu sprechen. Einer der Schulaufseher ging hinauf und brachte Friedel mit herunter.

»Friedel, ich bin versetzt worden. Geh bitte, pack deinen Koffer und mach dich für unsere sofortige Abreise fertig.« Friedel war über die Abkommandierung zur Arbeit in den Gräben informiert. Sein Blick wechselte von seinem Vater zu Möller. »Das dürfen Sie doch nicht, mein Herr! Diese Jungen werden für die totale Mobilmachung unseres Vaterlandes gebraucht.«

Gräbe blickte unvermittelt zu seinem Sohn hinüber und befahl ihm barsch: »Geh endlich und pack. Mach mich bitte nicht wütend.«

Als Friedel die Stufen hinaufrannte, fuhr der Direktor zwar mit seinem Protest fort, aber vergeblich. Innerhalb von zwanzig Minuten kam Friedel wieder herunter. Zusammen legten beide Gräbes mit raschen Schritten den Weg zum Vordertor zurück. Der Schuldiener öffnete die Tür, die nur an der Innenseite über eine Klinke verfügte, und schlug sie hinter ihnen zu, sobald sie die Türschwelle überschritten hatten. Die wartenden Eltern waren erstaunt.

»Wie haben Sie Ihren Sohn hier nur herausbekommen?«

»Ich bin versetzt worden, und ich habe dem Direktor erklärt, daß ich meinen Sohn mit mir zu einer anderen Schule nehme.«

Gräbe ließ gerade den Motor an, als die versammelten Eltern immer heftiger gegen das schwere Tor zu schlagen begannen und ihre Proteste zur Schule hinüberschrieen.

Mir war mehr zufällig zu Ohren gekommen, daß die Wehrmacht Kinder zum Bau von Panzersperren einsetzte. Das war eine ausge-

222

sprochen gefährliche Arbeit. Soweit ich weiß, sind um die sechzig Jungen der Schule in Prüm beim Bauen dieser Sperren ums Leben gekommen. Die meisten wurden von Panzern oder zusammenstürzenden Mauern zerquetscht. Ich danke Gott dafür, daß ich die Widerstandskraft besaß, meinen Sohn dort zu befreien.

Fritz fuhr zurück nach Jünkerath, rief Elisabeth in Gräfrath an und setzte seinen Sohn etwas später am Tag in einen Zug nach Solingen. Nachdem Ehefrau und Sohn gefahrlos wiedervereint und aus der künftigen Hauptkampfzone entfernt waren, überprüfte Gräbe die Pläne, die er für den Fall angestellt hatte, daß er seine Leute aus diesem Gebiet herausschaffen mußte.

In den frühen Septembertagen 1944 veröffentlichten die Reichsbehörden durch die örtliche Polizei die Befehle zur Evakuierung der Region Jünkerath. Sämtliche deutschen Staatsangehörigen sowie alle Vertragsarbeiter oder Flüchtlinge waren unverzüglich ins Landesinnere zu schaffen. Gräbe weigerte sich, den Anweisungen der Polizei Folge zu leisten. Schon bald erschien aus diesem Grund ein kleines Kontingent Schutzpolizisten, die am Bahnhofsbüro in Jünkerath anklopften. Sie forderten ultimativ Gräbes Abreise, die er aber verweigerte. Als sie anzweifelten, daß er sich einfach über einen Befehl hinwegsetzen dürfe, griff Gräbe auf das zurück, was langsam aber sicher zu einer ritualisierten Form der Entschuldigung geworden war.

»Meine Herren, ich bin für Ihre Anteilnahme wirklich sehr dankbar, aber ich habe abweichende Anweisungen von höheren Dienststellen erhalten. Denen muß ich Folge leisten und nicht den Ihren.«

Die Polizei beharrte unverdrossen auf ihren Befehlen, aber Gräbe setzte seine Litanei ebenso unbeirrt fort.

»Wenn Sie mich zu zwingen versuchen, dann wird diese Tatsache in meinem Bericht nach Berlin enthalten sein und Sie werden dann dafür zur Verantwortung gezogen. Die Folgen werden äußerst unerfreulich sein.«

Es mag unglaublich klingen, aber es funktionierte erneut. Man mag sich vorstellen, daß die regelmäßige Wiederholung diese Rechtfertigung möglicherweise entwerten würde, sobald sich die Behörden daran gewöhnt hatten, aber Gräbe kannte die Einsichtsfähigkeit der Deutschen. Ihm war bekannt, daß die untere Ebene der Beamtenschaft die übergeordnete aus Angst vor bürokratischen Repressalien kaum je befragen würde. Das Geheimnis bestand allein darin, das Blatt nicht zu überreizen. Fritz war demzufolge sorgsam darauf bedacht, ebenso aufrichtig offiziös wie andererseits draufgängerisch und schaumschlagend zu erscheinen. Es funktionierte!

Gräbe und seine Belegschaft, zu der inzwischen auch wieder Maria gehörte (der es unmöglich gewesen war, wieder zur Poltawa-Gruppe zu stoßen, nachdem diese Czernowitz verlassen hatte. Sie war mit dem Zug von Warschau mit amtlichen Transitpapieren der Firma Jung und einem gültigen Visum angereist), vegetierten zwei weitere Wochen im geräumten Niemandsland von Jünkerath zwischen dem Westwall (Siegfried-Linie) und der belgischen Grenze dahin. In diesen ersten Augustwochen 1944 war die Erste US-Armee durch Belgien hindurch zügig vorangekommen, eroberte Namur und Lüttich (Liège) und besetzte dann ostwärts die Stadt Aachen. Die Dritte US-Armee bewegte sich von Süden her über Verdun auf die französische Stadt Metz nahe der Grenze zu Luxemburg und Deutschland zu. Fritz Gräbe wußte, welche Entdeckung die alliierten Streitkräfte sehr rasch selbst machen würden: Die mit vielen Vorschußlorbeeren bedachte sogenannte Siegfried-Linie war nahezu vollständig aufgegeben worden und weitgehend unbewaffnet geblieben.

Bildteil

Hermann Gräbe ca. 1940 in der Eifel

Hermann Gräbe in der Ukraine ca. 1942

Hermann Gräbe mit Mitarbeitern in der Ukraine ca. 1942.
Links neben Gräbe seine Sekretärin und Vertraute Maria
Bobrow

Hermann Gräbe und sein Sohn Friedel 1942 in Sdolbunow

Hermann Gräbe 1965 in Jerusalem beim Pflanzen seines Baumes in der Holocaust-Gedenkstätte Yad Vashem

Hermann Gräbe 1965 in Yad Vashem

Hermann Gräbe 1965 in Yad Vashem im Kreis ehemaliger Mitarbeiter, die von ihm gerettet worden waren

Hermann Gräbe 1984 vor seinen Auszeichnungen durch Yad Vashem und United Jewish Appeal

Gräbes Baum in Yad Vashem heute

Nächste Seite:
Erste Seite des Artikels über Gräbe in DER SPIEGEL vom 29.12.1965.
© DER SPIEGEL. Der Abdruck erfolgt mit freundlicher Genehmigung.

—————— DEUTSCHLAND ——————

AFFÄREN

NS-PROZESSE

Bewegtes Leben

Im Krankenbett griff der US-Bürger zur Feder und schrieb einen Brief: „Ich ... ließ mein bewegtes Leben wie ein Filmstreifen an mir vorüberziehen, hörte Stimmen der Vergangenheit und ... wundere mich selbst. Besonders jetzt, heute, diesen Morgen."

Was ihn an diesem Sonntagmorgen, dem 13. August 1961, besonders gewundert hatte, brachte er gleichfalls — in deutscher Sprache — zu Papier: „Herein kamen 14 Nursen, bildeten Spalier, standen sich gegenüber, und dann kamen zwei weitere Ärzte und der Direktor des Krankenhauses. Der tat sehr feierlich, räusperte sich, streckte seine Hand zum Gruß aus und hielt meine Pfote fest."

Dann, so schrieb der Patient, habe der Direktor eine kleine Rede gehalten: „Herr Graebe, ein glücklicher Umstand ließ uns wissen, wer Sie sind. Wir haben uns das Buch ‚Men in contemporary society' besorgt und haben gelesen, wer Sie sind und was Sie taten. Es wird uns eine Ehre sein, ein Exemplar dieses Buches mit Ihrer Widmung zu haben, bitte!"

„Ich wußte um das Buch", erläuterte der bettlägerige Graebe seinem Briefpartner — seiner ‚lieben Dorle' in Deutschland. „Es ist von der Universität Columbia in New York herausgegeben. Es bringt kurze Lebensbeschreibungen etc. von zeitgenössischen Personen, z. B. Churchill, Niemöller, Rommel, MacArthur, Gandhi etc. ... und, der Reihenfolge nach, stand nach ,Gandhi ...' Graebe, Hermann F."

Und während ihm zu Ehren „eine mexikanische Mariachi-Kapelle" auf dem Krankenhausflur die Schlager „Guadalajara" und „Sinaloa" intoniert habe, sei ihm — so notierte der Briefschreiber weiter — nach wieder der Text des Graebe-Abschnitts aus jenem Buch in den Sinn gekommen, in dem es geheißen habe, seine „Schilderungen" im Nürnberger Kriegsverbrecherprozeß seien „bis 1956 in 47 Sprachen übersetzt worden".

Kein Zweifel: Hermann Friedrich Gräbe, heute Herman Frederik Graebe, ist eine Person der Zeitgeschichte. Noch Ende dieses Jahres wurde er von der israelischen „Kommission für die Gerechten der Nationen neben dem Yad Vashem Institut" geehrt. In feierlicher Zeremonie erhielt er eine Medaille und durfte an der „Allee der Gerechten der Nationen" in Jerusalem einen Baum auf seinen Namen pflanzen.

Auf den heute 65jährigen Wahlamerikaner Graebe stützten sich 1945/46 immer wieder die alliierten Ankläger im Nürnberger Prozeß gegen die deutschen Hauptkriegsverbrecher:

▷ Der amerikanische Ankläger Major Murray: „Ich möchte ein weiteres kurzes Dokument vorlegen ... Es ist das Affidavit von Hermann Friedrich Gräbe ..."

▷ Murray-Kollege Oberst Storey: „Das letzte Dokument, das wir ... vorlegen möchten ... ist eine von Hermann Gräbe abgegebene eidesstattliche Erklärung."

▷ Der britische Hauptankläger Generalstaatsanwalt Sir Hartley Shawcross: „Lassen wir nochmals Gräbe ... sprechen."

Gräbes Zeugenaussagen sind Bestandteil der Prozeßliteratur geworden. Was er über die Räumung des ukrainischen Gettos Rowno berichtete, ist in dem 1964 erschienenen Paperback „Die nationalsozialistischen Gewaltverbrechen" zu lesen, wie er im Nürnberger „SS-Einsatzgruppenprozeß" 1947/48 aussagte, hat der stellvertretende US-Hauptankläger Robert M. Kempner seinem Buch „SS im Kreuzverhör" einverleibt.

Doch dieser renommierte Zeuge deutscher Vergangenheit scheut die deutsche Gegenwart. Er, der so vieles über NS-Gewaltverbrechen zu sagen wußte, will heute vor deutschen Gerichten ohne Zusicherung freien Geleits nicht mehr auftreten. Und er hat Grund, die Bundesrepublik zu meiden: Die Staatsanwaltschaft Stade ermittelt gegen ihn — wegen des Verdachts falscher eidlicher Aussagen.

Denn bei der juristischen Endaufrechnung der NS-Vergangenheit sind erheb-

Gräber Graebe*: Im Fieber verwechselt

liche Zweifel an der Glaubwürdigkeit des Belastungszeugen Graebe aufgetaucht. Das Schwurgericht Nürnberg-Fürth bescheinigte ihm 1963 „Falschaussagen" und hielt ihn der Meineids für verdächtig; und das Oberlandesgericht Celle erkannte in demselben Jahr gleichfalls, Graebe sei „mindestens des fahrlässigen Falscheides ... verdächtig".

Vor allem wegen dieses Verdachts ordnete das Celler Obergericht die Wiederaufnahme eines vom Schwurgericht in Stade rechtskräftig abgeschlossenen Strafverfahrens an. Es sei „nicht ausgeschlossen", stellten die Celler Richter fest, „daß die Entscheidung des Schwurgerichts von der falschen eidlichen Aussage des Zeugen Graebe ... beeinflußt worden ist".

Das Stader Schwurgericht hatte im Februar 1960 für erwiesen erachtet, daß der ehemalige „Gebietskommissar" im ukrainischen Sdolbunow bei Rowno, Georg Marschall, die Verhaftung und Erhängung des Juden Josef Diener be-

fohlen habe. Marschall wurde zu lebenslangem Zuchthaus verurteilt, nach der Anordnung des Wiederaufnahmeverfahrens aber auf freien Fuß gesetzt. Er arbeitet heute unter fremdem Namen in Hamburg und bestreitet — wie schon immer — seine Schuld.

Tischler Diener war 1942 in Sdolbunow als Kalfaktor beim Wehrmachts-Major Schneweis vom Referat III f (militärische Gegenspionage) der Dienststelle OKW — Amt Ausland/Abwehr" beschäftigt. Das Gebietskommissariat beorderte ihn jedoch zur Arbeit bei einer Niederlassung der deutschen Baufirma Josef Jung — wogegen sich Diener mit Unterstützung des Majors Schneweis sträubte.

Gleichwohl wurde der Tischler an einem Sonnabend im Sommer 1942 verhaftet und am Sonntag auf dem Marktplatz von Sdolbunow erhängt. Um den Hals trug er ein Schild: „Ich habe einen Befehl des Gebietskommissars nicht befolgt."

Zur Zeit der Hinrichtung hielt sich auch der Hauptbelastungszeuge Marschalls, der Bauingenieur Gräbe, in

Sdolbunow auf. Er war dort als Geschäftsführer und Mitinhaber des Bauunternehmens Jung tätig — jene Firma, bei der Diener seine neue Arbeit aufnehmen sollte.

Beim Prozeß gegen Marschall in Stade sagte Graebe 1960 unter anderem aus:

▷ Schon 1941 habe Marschall ihm gegenüber geäußert, in der Ukraine verfahre man bei der Beseitigung des „untragbaren Prozentsatzes (Juden) ... sehr human". Man nehme hier nämlich „nicht nur die Männer weg" und überlasse die Frauen und Kinder ihrem Schicksal, sondern man nehme „auch die Frauen und Kinder weg".

▷ Der stellvertretende Gendarmerie-Postenführer in Sdolbunow habe ihm seinerzeit bedeutet, daß der Befehl zum Erhängen „von drüben

* Beim Pflanzen seines Namens-Baums in der „Allee der Gerechten der Nationen" in Jerusalem.

XI.
Zeugnis ablegen über das Unaussprechliche

Die wenigen noch verbleibenden Tage auf deutschem Heimat-
boden verliefen für Gräbes Gruppe fast schon erschreckend ruhig. Stille legte sich über das Gebiet, als die Alliierten und die
Deutschen einrückten und ihre jeweiligen Stellungen einnah-
men. Fritz und Maria erörterten die begrenzte Zahl der ihnen
verbliebenen Wahlmöglichkeiten und einigten sich schließlich
darauf, daß die bei weitem sicherste Möglichkeit für die Gruppe
darin bestand, in westlicher Richtung vorzurücken. Weil Gräbe
nicht wußte, welches Schicksal ihm und seinen Kameraden bevorstehen mochte, entschied er sich kurzfristig, Elisabeth und
Friedel in Gräfrath zurückzulassen und ihnen nicht einmal mitzuteilen, daß er seine Arbeiter in Bewegung setzte. Es würde für
sie wohl insgesamt sicherer sein, und er konnte sie nach dem
Kriege wiederfinden. In der Zwischenzeit traf sich Maria mit den
jüdischen und polnischen Arbeitern, um ihnen die Alternativen
vorzustellen und die gemeinsame Entscheidungsfindung voranzutreiben. Die Aussichten waren für keinen von ihnen besonders
verheißungsvoll, wenn sie in diesem Gebiet blieben. Denn die
Schutzpolizei und verbliebene Ortsbewohner konnten sich jeden
Augenblick gegen die unbeschäftigten Juden wenden. Es gab
keine Garantie, daß die US-Armee dieses Gebiet gerade in dem
Moment befreien würde, wenn eine solche Aktion einsetzen sollte. Den umfassenden Evakuierungsmaßnahmen ins Innere
Deutschlands Folge zu leisten, wäre bei weitem gefährlicher. Jüdische Flüchtlinge wurden immer noch verfolgt und in Arbeits-
oder Vernichtungslager geschickt, wenn sie nicht gleich an Ort
und Stelle getötet wurden.

Die Gruppenmehrheit zog es vor, bei Gräbe zu bleiben. Nur ungefähr siebzig Belegschaftsmitglieder wagten sich auf eigenes Glück hinaus. Die Vorbereitungsmaßnahmen für die Evakuierung begannen erst spät in dieser Nacht. Die Flucht sollte südwestwärts durch die Berge der Hocheifel in Richtung Belgien führen, wo man auf die alliierten Streitkräfte zu stoßen hoffte, um sich ihnen anzuschließen. Verschiedene Leute wurden als Wachposten um den Zug herum postiert, für den Fall, daß die SS eine weitere Razzia durchführen würde. Andere packten ihre wenigen Besitztümer zusammen und luden sie auf Pferde oder einen von mehreren Wagen, die man requiriert hatte. Etwas von der Ingenieursausrüstung wurde verladen, aber das meiste wurde zurückgelassen, um mehr Platz für die Passagiere zu schaffen. Alle wichtigen Schriftstücke wurden in sechs oder sieben Holzkisten untergebracht und auf einen Bauernwagen verladen.

Die Juden waren jetzt nahe daran, in eine weitere Phase ihres Exodus im zwanzigsten Jahrhundert einzutreten. Wie Moses auf dem Berg Nebo fühlten sie sich, als sie sich auf halbem Wege zwischen dem gelobten Land und den verfolgenden Armeen des Pharaos bewegten. Der Moses von Rowno war erneut ihr Anführer, aber sogar er wußte nicht, was sie jenseits der Bergkette erwartete. Als sie die Reise in der späten Nacht antraten, waren in der Gruppe auch eine schwangere Frau und ihr Mann. Zahlreiche jüngere Kinder saßen auf den Wagen, aber die allermeisten der einhundertdreißig Menschen gingen in kleinen Gruppen hinter dem Wagen her. Fritz und Maria fuhren auf dem Wagen, der die Ingenieurausrüstung und die unersätzlichen Aufzeichnungen ihrer Arbeit enthielt.

Gräbe hatte seine Bürokräfte angewiesen, jeden jüdischen Arbeiter in den umfangreichen Lohnlistenvordrucken zu kennzeichnen, einschließlich der Opfer der unheilvollen Aktionen in den verschiedensten Städten und an unterschiedlichen Baustellen. Wenn es diese umherwandernde Gruppe schaffte, Schutz und gleichgesinnte Soldaten zu finden, würden die Aufzeichnungen von größter Bedeutung sein. Gräbe könnte die Existenz all seiner einstigen jüdischen Arbeiter belegen. Die Namenszusammenstellung würde Zeugnis von der Tragödie ablegen, die den Juden in der Ukraine zugestoßen war. Fritz wollte unbedingt dafür sorgen, daß der Nachweis ihrer Existenz nicht verloren ging, weder für die Geschichte, noch für die Anklagevertreter. Die Kisten enthielten ebenfalls Fritz' persönliche Tagebücher, die in einer komplizierten Schrift, die als sogenannte ›Kurz-Kurzschrift‹ bekannt war, geschrieben waren. (Es wird behauptet, daß Adolf Hitler diese Schriftart ebenfalls benutzt habe, weil nur wenige Menschen wußten, wie man die Zeichengruppen entschlüsselt.) Seine Mutter hatte ihm diese Art der Aufzeichnung in seinen jungen Jahren als ein Mittel beigebracht, um die Sorgfalt seiner Schularbeiten zu verbessern und ihm einen Vorteil gegenüber seinen Klassenkameraden zu verschaffen.

Die Gruppe lief bis zum frühen Abend des nächsten Tages und unterbrach ihren Marsch nur für kurze Ruhepausen. Sie betraten ein deutsches Dorf, aus dem die Zivilbevölkerung evakuiert worden war. Während die Menschen sich dort zum Niederlassen bereit machten, erkundeten Maria und einige andere die Umgebung und gingen durch die verlassenen Häuser. Sie entdeckten nur in wenigen Häusern einige Lebensmittel, aber schwerlich genug, um die Gruppe ernähren zu helfen. So wenig sie auch fanden, es war trotzdem von großem Wert, weil sie zuvor in Jünkerath nicht in der Lage gewesen waren, große Vorräte zu beschaffen.

Eine große Gefahr ging von deutschen Spähtrupps aus, die feindliche Truppenbewegungen erkunden sollten. Fritz erinnert sich an die erste Nacht in lebhaften Details:

Ich erinnere mich an die Angst, die in dieser Nacht in dem verlassenen Dorf herrschte. Wir wußten, daß wir kein Feuer zum Kochen oder Heizen machen durften, weil der Rauch vielleicht die Aufmerksamkeit von Soldaten erregt hätte, die annehmen würden, daß wir Teil einer vorrückenden Heeresgruppe waren. Und wenn sich bereits alliierte

Streitkräfte in der Nähe befanden, glaubten diese vielleicht, daß es sich bei uns um einen Teil des deutschen Heeres handelte. Wenn die Gestapo auf der Suche nach Versprengten oder Flüchtlingen durch das Gebiet gekommen wäre und den Rauch beobachtet hätte, wären wir allesamt verhaftet worden. Deshalb stellten wir auch einzelne Wachposten auf. Aber die Leute waren dermaßen erschöpft, daß sie als Wachen gegen die zahlreichen Gefahren im Verborgenen nicht wirklich von Nutzen sein konnten.

Die Gruppe beschloß, zwei Tage lang in diesem Dorf zu bleiben. Über dieser isolierten Bergregion lag eine fast absolute Stille. Sie bot einen beruhigenden Gegensatz gegenüber Chaos und Raserei, die Gräbe, Maria und die anderen während der Jahre in Sdolbunow und Poltawa umgeben hatten. Am frühen Morgen des zweiten Tages erinnerte sich Maria daran, daß sie einige Tomaten in einem Wagen vergessen hatte, der an einem dafür ausgezeichnet geeigneten, höher gelegenen Platz sorgfältig versteckt worden war. Die frische Luft, die an diesem Morgen bereits herbstlich roch, und die Ruhe an dem spärlich bewaldeten Berghang erfüllten Maria mit Heiterkeit, als sie zu dem Wagen aufbrach. Aber als sie von dort aus wieder zurück zum Dorf aufbrechen wollte, bemerkte sie die seltsame Stille der Vögel. Im selben Augenblick entdeckte sie sechs Soldaten, ihre Gewehre mit den aufgepflanzten Bajonetten im Anschlag, die sich vorsichtig zwischen den Bäumen hindurch vorwärtsbewegten. Die Männer trugen allem Anschein nach SS-Uniformen und liefen den Pfad hinab, der zum Dorf führte. Vorsichtig und leise sank Maria, beide Körbe mit den Tomaten in den Händen, zu Boden. Es war bereits zu spät; einer der Späher hatte Maria bemerkt und plötzlich waren sechs Gewehre und eine Pistole auf sie gerichtet. Wegen der Entfernung wäre es für die Soldaten sinnlos gewesen, auf Maria zu schießen. Sie ignorierte die Rufe und Zeichen des Streifenführers, bei dem es sich offensichtlich um einen Offizier handelte, und eilte zu dem Dorf zurück. Sie bückte sich sogar noch, um die Körbe mit den Tomaten aufzuheben. Obwohl sie es nicht über sich bringen konnte, sich umzudrehen und Ausschau zu halten, ahnte Maria, daß die Soldaten ihr folgten.

Gräbe war, kurz nachdem er das Dorf erreicht hatte, ziemlich heftig an einem Leiden mit grippeähnlichen Symptomen erkrankt. Schwere Magenkrämpfe hielten ihn ans Bett gefesselt. Elizabeth, die nach ihm in dem treppauf gelegenen Raum gesehen hatte, traf Maria an der Haustüre. Jeder konnte jetzt den panischen Schrecken in ihren Stimmen vernehmen.

»O Gott, Elizabeth. Das Schlimmste ist geschehen. Ein Spähtrupp der SS hat mich ausfindig gemacht und ist mir bis hierher gefolgt. Sie werden jede Minute hier sein!«

Ohne Vorwarnung krachten Gewehrkolben gegen die in aller Eile verbarrikadierte Tür.

»Was sollen wir denn nur machen?« schrie Elizabeth. »Sie werden Handgranaten werfen und uns alle töten.«

»Schnell, schnell! Öffne die Tür, bevor sie zu schießen beginnen.«

Maria stieß einige Stühle beiseite, während Elizabeth die Klinke herunterdrückte. Plötzlich barst die Tür auf und alle sechs Infanteristen kamen durch die schmale Türöffnung hereingestürzt. Einige im Raum befindliche Männer wurden rasch, mit dem Gesicht voran, an die Zimmerwände gedrängt. Die Soldaten sprachen sehr schnell, während ihr befehlshabender Offizier gegen den entstandenen Tumult anschrie. Es war ganz offensichtlich, daß alle im Raum schreckliche Angst hatten, insbesondere die Soldaten selbst. Elizabeth, die sechs Sprachen fließend beherrschte, begann in deutscher Sprache zu erklären, daß die gesamte Gruppe sich aus unbewaffneten deutschen Zivilisten zusammensetzte. Elizabeths greise Mutter, die sich ebenfalls einem der spitz geschliffenen Bajonette gegenübersah, flüsterte: »Elizabeth, du Dummkopf! Das sind amerikanische Soldaten. Nicht einer von ihnen ist ein Deutscher.«

Für Maria und Elizabeth sahen sämtliche Soldaten mit ihren Helmen, ihren olivgrünen Kampfanzügen und ihren Gewehren irgendwie gleich aus. Die Rangabzeichen bedeuteten uneingeweihten Zivilpersonen meist wenig. Die erschienene Soldatengruppe setzte sich aus einem amerikanischen Major und seinen Spähern zusammen, die die Umgebung überprüften, bevor eine vollständige Kampfeinheit der amerikanischen Truppen in diesen Abschnitt vorrückte. Der Major hatte an die Gräbe-Gruppe zahlreiche Fragen. Weil Elizabeth ein einigermaßen ordentliches Englisch sprach, war sie in der Lage, die meisten seiner Fragen auch zu beantworten. Der Major wollte etwas über die Deutschen in diesem Gebietsabschnitt wissen, aber keiner von ihnen hatte von Truppenbewegungen Kenntnis. Elizabeth machte ihnen klar, daß sie sich bereits in der Westwall-Zone befanden, die jedoch überwiegend von Soldaten und Zivilisten geräumt worden war. Sie erzählten ihm auch von dem Deutschen, der ihnen geholfen habe, jetzt aber erkrankt sei und sich in dem Schlafraum im oberen Stockwerk erhole.

Während zwei der Soldaten das Haus durchsuchten und ein weiterer hinaufging, um nach Fritz zu sehen, begann Elizabeth damit, die Erfahrungen der Flüchtlinge aus der Ukraine zu schildern. Etwas von dem Grauen mußte dem Major bereits zur Kenntnis gelangt sein, aber wirkliches Verständnis besaß er nicht. Ein Bericht nach dem anderen wühlte ihn auf und vermittelte ihm eine realistische Vorstellung vom NS-Regime und seinem extremen Verfolgungswahn. Elizabeth vergaß aber auch nicht, mit Nachdruck die Güte und Unerschrockenheit des deutschen Ingenieurs zu betonen.

Es war klar, daß in unmittelbarer Nähe des Dorfes bald gekämpft würde. Deshalb war es zu gefährlich, einfach nur dazusitzen und sich zu unterhalten. Der Major konnte keine Menschen in diesem Gebiet zurücklassen, weil er ihre Erzählungen nicht zu überprüfen vermochte. Vor allem aber konnten sie dort schon bald von Kampfflugzeugen und Bodentruppen angegriffen werden.

»In der Nähe gibt es einen Tunnel. Ich muß alle von Ihnen dahin mitnehmen. Treffen Sie bitte rasch Vorkehrungen und nehmen Sie nur ein Minimum an Gepäck mit.«

Niemand aus der Gruppe wußte etwas über einen Tunnel in dieser Region, aber das machte die Vorbereitungen nicht langsamer. Denn nun bestand endlich die Möglichkeit, sich endgültig vor den Nazis in Sicherheit zu bringen. Nach einer Stunde waren alle abmaschbereit, die Telefonleitungen wurden gekappt und Fritz die Stiege hinabgetragen, um ihn in einen bereitstehenden Pferdewagen zu legen. Er war immer noch zu krank, um zu laufen oder auch nur ihm gestellte Fragen zu beantworten. Als sie sich dem seit längerem unbenutzten Eisenbahntunnel näherten, mußten sie ein ausgedehntes, weithin offenes Gelände durchqueren.

Wie aus heiterem Himmel gerieten sie unter Gewehrfeuer. Geschosse schlugen um die versammelte Gruppe herum in nächster Nähe ein. Die amerikanischen Soldaten erwiderten das Feuer. Elizabeth hielt sich bei dem Mann auf, der die Pferde führte. Das Gewehrfeuer versetzte die Pferde in solchen Schrecken, daß sie abgeschirrt und freigelassen werden mußten. Glücklicherweise wurde niemand aus der Gruppe auch nur verwundet, aber einige Soldaten waren getroffen worden. Schnell suchten alle Soldaten und Zivilisten Schutz im Tunnel. Amerikanische Einheiten wurden auf der anderen Tunnelseite zusammengezogen. Sie waren über Feldtelefone von der bevorstehenden Ankunft einer größeren Flüchtlingsgruppe bereits unterrichtet worden. Sie hatten den Schußwechsel gehört und schickten einen Trupp Scharfschützen, die die anderen unterstützten und das Feuer gemeinsam erwiderten. Ein Arzt begann unverzüglich mit der Behandlung der Verwundeten und wandte im Anschluß daran seine Aufmerksamkeit dem kranken Ingenieur zu, dessen Gesicht und Körper inzwischen mit Bläschen und nässenden Wundstellen bedeckt war. Die nächsten beiden Wochen lebten die Flüchtlinge in einem dunklen, feuchten Tunnel.

Bei Tage streiften deutsche Spähtrupps durch das Gebiet und schossen auf alles, was sich bewegte. Die amerikanischen Soldaten, die Wache schoben, unterhielten sich mit Kartenspielen. Bei Nacht unternahmen die Amerikaner beschränkte Erkundungseinsätze in den Bergen und Wäldern der Umgegend. Für die Flüchtlinge schien der Krieg nunmehr zum Stillstand gekommen zu sein. Die Erste und die Dritte Amerikanische Armee, die von der Küste der Normandie aus rasch ins Innere Mitteleuropas vorgestoßen waren, blieben in dieser Phase des Krieges ungewöhnlich ruhig. Nachschub für den weiteren Vormarsch war nicht verfügbar. Er mußte an Fallschirmen abgesetzt oder von den Brückenköpfen in der Normandie sechshundert Kilometer quer durch Frankreich mit Lastwagen transportiert werden. In der Zwischenzeit hatte das demoralisierte Oberkommando der Wehrmacht auf Befehl Hitlers längst damit begonnen, den Schutz des Vaterlandes zu organisieren. Drei Monate lang befanden sich die militärischen Anstrengungen beider Seiten in einer Sackgasse.

In den zwei Wochen mit den Flüchtlingen im Tunnel erholte sich Fritz nur langsam. Elizabeth und Maria erzählten den amerikanischen Offizieren von den Großtaten der Gruppe Gräbes. Dank ihres Wissens um Gräbes Handlungsweisen behandelten sie ihn respektvoll und betrachteten ihn eher als einen Verbündeten denn als einen Kriegsgefangenen. Weil der Nachschub für die Front weiter auf sich warten ließ, entschlossen sich die Amerikaner, die Gräbe-Gruppe durch den Tunnel zu evakuieren und in der belgischen Stadt St. Vith unterzubringen. Die Evakuierungsaktion war das unausgesprochene Eingeständnis der Amerikaner, daß ihre Kriegsanstrengungen in der Region keine rechten Fortschritte machten. Am anderen Tunnelende wurde die gesamte Gruppe auf Lastwagen verladen und nach St. Vith gefahren.

In den zwei Monaten in St. Vith konnte sich Gräbe vollständig erholen. Maria verbrachte die meiste Zeit damit, amerikanische Soldaten polnischer Herkunft zu unterstützen. Überraschenderweise mußten die Tage nicht mit Verhören zugebracht werden. Die Aufmerksamkeit der Militärs war ausschließlich darauf gerichtet, den Stillstand zu beenden. Die kalte Witterung des früh einbrechenden Winters verurteilte die Menschen und die Armeen zu fast vollständiger Bewegungslosigkeit. Anfang Dezember schenkte ein junger polnischer US-Soldat Maria eine Gans, die er zuvor geschossen hatte. Die Gans ließ man vorerst draußen in der Kälte hängen, um sie anschließend für die Festtagsmahlzeit zu braten.

Obwohl diese Zeitspanne verhältnismäßig ungeschäftig ablief, lastete sie dennoch auf allen schwer. Die Soldaten bereiteten sich auf das vor, was in eine langwierige Kampfhandlung ausarten sollte. Andere Teile der Armee hatten erfolglos versucht, den Widerstand der Vaterlandsverteidiger zu brechen. Und die Gegenwart so vieler merkwürdiger, eine fremde Sprache sprechender Flüchtlinge, die schauerliche Geschichten über ihr Leben unter den Nazis zu berichten wußten, machte die Soldaten nur noch nervöser.

An 16. Dezember 1944 wurden die schlimmsten Befürchtungen der Alliierten zur Realität, als die deutsche Gegenoffensive, bekannt als Ardennenoffensive, begann. Noch vor Einsetzen der Gegenoffensive hatten Nachrichtendienstler der US-Armee in Verdun Berichte über Gräbes ungewöhnliche Gruppe von Deutschen und Polen erhalten und überprüft. Sie knüpften einen ersten Kontakt zu Elizabeth, aber die Region St. Vith erwies sich zunächst noch als zu gefährlich. Dennoch trafen die Amerikaner Vorbereitungen, um Fritz, Maria und Elizabeth nach Verdun zu bringen und dort zu befragen. Die übrigen Flüchtlinge wurden in südwestlicher Richtung aus der Kampfzone gebracht.

Die Evakuierung der drei Führungspersonen erwies sich als komplizierte Aufgabe. Sie hatten ihre Aufzeichnungen und Dokumente sorgfältig behütet, um Beweise für Nazi-Greueltaten vorlegen zu können. Maria wäre ohne die Dokumente nirgendwohin gegangen. Die sperrigen Holzkisten aber stellten ein Transportproblem dar. Die Soldaten wollten sie unbedingt in St. Vith zurücklassen. Aber Maria setzte sich durch, und so wurden die Kisten mitten im Chaos, das die britischen Bombardements angerichtet hatten, auf Lastwagen geladen.

Fritz, Maria und Elizabeth wurden unter Aufsicht einer Einheit der amerikanischen Gegenaufklärung gestellt, die sie für Vernehmungen in die nichtumkämpfte Zone bringen sollte. Aus Gründen, die unklar geblieben sind, wurden die drei bis zur belgischen Stadt Lüttich gebracht, wo sie zusammen mit Zivilisten und Soldaten aus Polen, Jugoslawien, der Tschechoslowakei, Rußland, Italien und verschiedenen anderen Nationen in einem riesigen Internierungslager festgehalten wurden.

Mürrisches Wachpersonal erledigte aus Angst vor Spionen und Eindringlingen seine Aufgaben gereizt, in einer barschen, anmaßenden Art, die für die Häftlinge befremdlich war. Bestandteil des Aufnahmeverfahrens in dem Lager war die strikte Trennung von Männern und Frauen sowie die Durchsuchung des gesamten persönlichen Eigentums. Marias Koffer enthielt eine wertvolle Kleinkaliberpistole, die Gräbe ihr zu ihrem Schutz geschenkt hatte. Maria befürchtete nun, daß die Pistole entdeckt werden und so alle in Einzelhaft bringen könnte. Bevor sie sich einer Durchsuchung ihres Gepäcks fügte, verlangte Maria mit einem polnischen Verbindungsoffizier zu sprechen. Die Wachen lehnten ab und stellten kategorisch fest, daß sie mit dem Offizier erst nach der Durchsuchung würde zusammentreffen können, aber Maria stritt weiter für ihre Sache. Schließlich erschien, um das Ganze zu beschleunigen, Major Kempinski, ein Mitglied der polnischen Exilregierung. Offensichtlich völlig unbeeindruckt von ihren lautstarken Protesten, erwies sich Kempinski als sehr unhöflich und kurz angebunden.

»Fräulein«, sagte er auf Polnisch, »ich weiß nicht, was Sie da treiben, aber Sie machen Polen mit Ihrer Einstellung und Ihrem Verhalten Schande. Jetzt sagen Sie mir schon, was Sie wollen!«

Maria ging vor Wut in die Luft. »Jetzt hören Sie mir zu! Ich bin in der Ukraine durch die Hölle gegangen, während Sie in London untätig herumsaßen. Ich bin eine Jüdin, die den Nazis irgendwie entronnen ist. Entweder helfen Sie mir wie ein Pole dem anderen oder Sie verschwinden auf der Stelle!«

Kempinski wurde sofort versöhnlich und bot Hilfe an. Maria machte ihm verständlich, daß sich in ihrem Gepäck eine Waffe befand. Kempinski bot ihr an, daß sie sie loswerden könne, und wies die Wachen an, diesen einen Koffer nicht zu durchsuchen. Er führte der Ordnung halber selbst eine oberflächliche Durchsuchung durch, ortete die Waffe und steckte sie, ohne daß es jemand bemerkte, in seine Tasche. Später überließ ihm Maria die Waffe als Geschenk von ihr und Gräbe.

Kempinski überprüfte oberflächlich die über Maria und Elizabeth angefertigen Lagerakten, während die beiden Frauen ihre Koffer wieder zusammenpackten.

»Können wir dort drüben, bitte, vielleicht noch einen Moment miteinander sprechen?« fragte er sie. Der polnische Offizier brachte sie zu einem abgetrennten Zimmer und begann ihnen Fragen zu stellen.

»Warum wird Herr Gräbe nicht mit den anderen Deutschen festgehalten und warum reisen Sie überhaupt zusammen mit ihm?«

Maria ließ ihn wissen, daß ihn das momentan überhaupt nichts anginge, und daß er außerdem die falschen Fragen stelle. Anstatt sich seinem Trott zu fügen, verwandten Elizabeth und Maria die folgenden sechs oder sieben Stunden darauf, ihm in Umrissen ihre Erlebnisse und ihre Augenzeugenberichte über das Schicksal, das die polnischen Juden in den Händen der Einsatzgruppen ereilt hatte, die Arbeitskolonnen, die Gestapo- und SS-Einheiten sowie über die feindselig eingestellte Zivilbevölkerung wiederzugeben. Von dem, was er da vernommen hatte, war der Major vollkommen sprachlos geworden.

»Wollen Sie mir etwa versuchen beizubringen, daß alle Juden tot sind?«

Die Frauen verharrten schweigsam.

»Wollen Sie mir damit sagen, daß die Deutschen alle diese Sachen getan haben?«

Die beiden Frauen schwiegen immer noch.

Maria äußerte sich schließlich zu den Fragen, aber ihre Stimme brach nach jedem Wort ab. »Major Kempinski, ich *versuche* nicht, Ihnen irgendetwas beizubringen. Ich *habe* Ihnen exakt das berichtet, was ich mit meinen eigenen Augen beobachtet habe.«

»Was ist mit Ihrem Freund, dem deutschen Ingenieur? Wie fügt er sich in das alles ein?«

Maria erzählte die Geschehnisse erneut, aber dieses Mal unter einem anderen Gesichtspunkt. Sie schilderte detailliert Gräbes Mitgefühl und Mut.

Am Ende des Vortrags erhob sich Kempinski. Er ging zur Tür und sprach benommen:

»Diese Sachen müssen Sie dem militärischen Geheimdienst berichten. Die sind immer noch nicht davon überzeugt, daß diese Dinge im Osten vorgefallen sind.«

»Wir haben es Ihnen mitzuteilen versucht«, führte Maria aus, »aber Sie sind mit anderen Sachen beschäftigt. Wir dachten, daß man uns nach Verdun bringt, um diese Zeugenaussage vorzutragen, aber was ist passiert? Wir sind in einem Internierungslager weggeschlossen.«

Kempinski bat für sich um Verzeihung, als er sich aus dem Verhörraum entfernte und eine Wache anwies, die beiden Frauen in gemütlicheren Quartieren unterzubringen.

Schon bald stellten sich verschiedene amerikanische Nachrichtendienstoffiziere vor, die um ein Treffen mit Gräbe, Maria und Elizabeth baten. Sie sprachen Englisch und Deutsch, aber kein Polnisch. Nichtsdestoweniger brachte deren Leiter jeden von ihnen einzeln in den Verhörraum und eröffnete die Befragung. Die Anwesenheit des polnischen Verbindungsoffiziers war bestimmt worden für den Fall, daß die Frauen während der Befragung Hilfe bei der Übersetzung oder Unterstützung bei der Beschreibung ihrer quälenden Erlebnisse benötigten.

»Sahen Sie die Leichname?«

»Natürlich, ich sah sehr viele Leichen – fast alles Juden.«

»Waren Sie jemals Augenzeuge einer ›Aktion‹?«

»Ich habe unmittelbare Kenntnis von einer Aktion, bei der mein Mann ermordet wurde, und Herr Gräbe weiß von zahlreichen weiteren Aktionen.«

Jeder der drei brachte seine Zeugenaussage hervor, die auf den Erinnerungen und alptraumhaften Visionen der Tage in der Ukraine beruhte. An einem bestimmten Punkt angelangt, Gräbe war gerade mit der Nacherzählung der Rowno-Aktion befaßt, wurde einem der Befragungsoffiziere richtiggehend körperlich schlecht und er mußte darum den Raum verlassen. Gräbe bot von sich aus die Nutzung seines umfangreichen Archivs zur Dokumentation des Grauens an, aber die Offiziere wollten zu diesem Zeitpunkt nichts mehr hören oder lesen. Maria wurde erneut gerufen, um weitere Fragen über Fritz Gräbes Rolle bei den Rettungsaktionen zu beantworten. Sie wollten etwas über sein Beweismaterial wissen. War es exakt? Wer führte die Aktenaufzeichnungen? Marias Antwort beschloß die Befragung.

»Wir Juden arbeiteten für ihn. In seiner Verwaltung wurden Listen, Protokolle, Briefe, Tagebücher und Zähllisten über die Arbeitskräfte aufbewahrt.« Die Zeugenaussagen der beiden jüdischen Frauen bekräftigten Gräbes Erklärung genauestens.

Maria merkte auf, als Major Kempinski auf Englisch zu einem Offizier des Nachrichtendienstes sagte: »Das ist eine Geschichte für Severin Kavin – können Sie ihn ausfindig machen?«

Maria, der die Bedeutung des Wortes *Geschichte* in diesem Zusammenhang nicht geläufig war, griff nach Kempinkis Uniformjacke. »Was haben Sie da gerade gesagt?«

Über diese Unterbrechung verärgert, brachte Kempinski seine Jacke wieder in Ordnung und versuchte sein Gespräch mit dem Offizier fortzusetzen.

Maria zerrte erneut an ihm. »Was haben Sie gesagt?« beharrte sie.

»Bitte, Sie stören mich. Wir können später weiterreden.«

Nochmals verlangte Maria zu wissen, was er zu seinem amerikanischen Gegenüber gesagt hatte. Er mußte wohl oder übel einsehen, daß er sein Gespräch nicht würde fortsetzen können, bis er es erklärt hatte, und gab Maria ihre Auskunft auf Polnisch.

»Ich möchte, daß Sie Ihre Erlebnisse einem amerikanischen Offizier namens Severin Kavin anvertrauen. Er ist ein Berichterstatter für den Nachrichtendienst und ein Spezialist für psychologische Kriegsführung. Er sammelt Berichte wie die Ihren.«

Marias Augen füllten sich mit Tränen. »Oh, mein Gott! Ich denke, ich kenne ihn. Er ist mein Cousin.«

Marias Antwort veränderte Art und Tonlage der Unterredung. Der Amerikaner verließ rasch das Zimmer, und Kempinski fragte Maria über Kavin aus.

»Wie schaut er aus?«

»Ich weiß es nicht, weil wir uns viele Jahre nicht gesehen haben.«

»An welchem Ort in den Vereinigten Staaten lebt er?«

»Das weiß ich auch nicht, aber mein Onkel könnte es Ihnen sagen, weil er mit ihm Kontakt gehalten hat.«

»Wo hat er denn gelebt, als er noch in Polen wohnte?«

Maria nannte den Namen eines kleinen Dorfes außerhalb Warschaus. Die Dinge begannen übereinzustimmen. Durch eine eigenartige Wendung des Schicksals war Marias Vetter, besagter Severin Kavin, gerade diesem Lager zugeordnet. Sie waren zusammen aufgewachsen und hatten in der frühen Kindheit miteinander gespielt, bis Marias Onkel Kavins Familie mit sich fortnahm, um in Amerika zu leben.

Kempinski entschuldigte sich und kam ungefähr zwanzig Minuten später mit einer Fotografie, die zwei Deutsche und einen Amerikaner zeigte, zurück. Alle trugen sie Helme und Uniform. Maria, die kein Auge für die Feinheiten militärischer Bekleidung besaß, war sich über die Identität ihres Vetters unsicher.

»Hören Sie, Maria, Kavin ist mein Freund, und wenn er Ihr Vetter ist, kann er Ihnen helfen. Ich werde mich darum bemühen, ihn ausfindig zu machen.«

»Es tut mir leid. Ich habe ihn seit 1928 nicht mehr gesehen – fast siebzehn Jahre, seit unseren Kindheitstagen.«

Bald kam die Nachricht in das Befragungszimmer, daß Kavin nach Paris zurückgekehrt sei, um für die Armee einen Auftrag abzuschließen. Die folgenden fünf Tage setzte die nachrichtendienstliche Führung ihre Befragung des Retter-Trios fort. Die Sitzungen wurden dann vorläufig eingestellt, als die Gebiete in der Nähe der belgischen Grenze unter den Beschuß deutscher V-2-Raketen gerieten. Aus Sicherheitsgründen wurden Gräbe, Maria, Elizabeth und ihre Befrager nach Paris gebracht. Maria war sich sicher, daß sie mit ihrem Vetter wieder zusammenkommen würde. Einmal in Paris angelangt, begann sie damit, jeden, der etwas wissen konnte, über Kavin auszufragen. Schließlich wurde ihr mitgeteilt, daß er zur belgischen Grenze abgereist sei – das Gebiet also, aus dem sie und die anderen gerade eben erst evakuiert worden waren. Zwei weitere Wochen wurde die Gruppe befragt und ihre Berichte wurden ausgewertet. Sobald es sicher genug war, wurden sie aus den Wohnheimen der Armee in Paris zurück nach Verdun gebracht, wo der Nachrichtendienst vorübergehend sein Hauptquartier eingerichtet hatte.

Gräbe, Maria und Elizabeth wurden Zimmer in einem vom Militär beschlagnahmten Hotel zugewiesen. Am zweiten Tag nach ihrem Einzug wurde es jedoch von einer Bombenexplosion zerstört. Wie sich herausstellte, diente das Hotel auch einem wichtigen amerikanischen General als Unterkunft, der offenbar das Ziel des Bombenattentats gewesen war. Eines Tages nahm ein amerikanischer Offizier beim Mittagessen Anstoß an der Anwesenheit eines Deutschen in der amerikanischen Offiziersmesse. Er kam zu dem Tisch hinüber, an dem Gräbe und seine beiden Mitstreiterinnen saßen, beschuldigte Fritz der Spionage und gab zu verstehen, daß er seine Inhaftierung in einem Sondergefängnis wünschte. Diese ebenso überflüssige wie erniedrigende Begegnung führte für die drei Retter vorübergehend zu einem regelwidrigen Haus- bzw. Militärarrest. Von der Störaktion keineswegs abgeschreckt, versuchte Elizabeth über die Hoteltelefone den Aufenthaltsort Severin Kavins in Paris ausfindig zu machen. Zivilisten war die Benutzung der Telefone zwar streng verboten, aber nach einiger Zeit hatte Elizabeth einen Soldaten irgendwie von ihrer Aufrichtigkeit zu überzeugen vermocht. So konnte sie mehrfach vom privaten Telefon des kommandierenden Generals aus telefonieren, wenn der gerade weg war. Ihre Hartnäckigkeit wurde belohnt, als ihr ein Funktechniker, der Kavin offenbar kannte, die Mitteilung machte, daß dieser gerade eben eingetroffen sei. Elizabeth erzählte es Gräbe, der zu Marias Zimmer hinüberrannte, während Elizabeth am Telefon zurückblieb und auf die Anschlußverbindung wartete. Als die beiden miteinander telefonierten, wurde Maria schon bald klar, daß sie mit einem Familienmitglied sprach. Auf sein Drängen hin erzählte Maria in aller gebotenen Kürze Einzelheiten ihrer Erlebnisse und berichtete ihm vom Schicksal der Juden in der Ukraine.

Nur zwei Tage später waren der Hauptmann Severin Kavin und seine Cousine Maria unter Tränen wiedervereint. Kavin hörte aufmerksam zu und hielt jede Einzelheit eines jeden Zwischenfalls fest, den die drei ihm berichteten. Kavins großes Ansehen und die gründlich vorbereitete Dokumentation der Gräbe-Gruppe schützten sie von nun an vor weiteren Verdächtigungen, vor allem aber vor dem Arrest. Außerdem wurden die ersten frühen Berichte über das Schicksal der Juden in den deutsch besetzten Gebieten allmählich bestätigt.

Nach den langen Tagen des Wartens in St. Vith, Lüttich und Paris spürte Fritz erneut, daß er eine Mission zu erfüllen hatte. Die Begegnungen mit Kavin waren für den deutschen Ingenieur äußerst hilfreich, bestätigend und kraftspendend. Jetzt dachte niemand mehr von ihm, daß er Spion oder nur ein selbstgefälliger Überläufer sei. Er war ein Augenzeuge. Jetzt konnte er auf sinnvolle Art und Weise den Verpflichtungen nachkommen, die er auf dem Marktplatz von Rowno eingegangen war, noch bevor sich die Massengräber mit den zahllosen Körpern ermordeter Juden zu füllen begannen, denen er vergeblich zu helfen versucht hatte. Niemals mehr würde er im Begriffsraster von ›Aktionen‹

denken müssen, sondern stattdessen in der juristischen Kategorie ›Kriegsverbrechen‹.

Die meisten Juden, die ich zunächst retten konnte, waren tot. Ich für meinen Teil fand es sehr schwer, die mir vom Schicksal auferlegten Beschränkungen zu akzeptieren. Mein Listenreichtum hätte wirkungsvoller sein müssen als alle Gewehre des Dritten Reiches zusammen. Mein einziger Trost – und es brauchte lange, bis ich ihn annehmen konnte – war das Wissen darum, daß ich zumindest einigen Menschen eine Gnadenfrist, eine Chance, einen Augenblick des Lebens in einem Meer des Todes hatte geben können. Irgendwann, schon Jahre später, dachte ich über weitere Dinge nach, die ich hätte tun können, um noch mehr Menschen zu retten. Ich bin mir nicht sicher, daß irgendetwas anderes sehr viel besser funktioniert hätte. Ich wünschte mir nur, daß die Menschen, die ich gerettet hatte, auch in Sicherheit gebracht werden konnten, um das Dasein von einer anderen Seite als der des Krieges aus zu erfahren.

Während Gräbe, Maria und Elizabeth in dem Tunnel bei St. Vith lebten, drangen britische Bomberverbände immer wieder in den deutschen Luftraum ein. Eine einzige Staffel warf in diesem November fast eintausend Bomben über Solingen ab. Bis er Verdun erreichte, hatte Fritz von diesem Luftangriff noch nichts erfahren. Wegen der Schlachten war es ihm unmöglich, etwas über das Schicksal seiner Familie zu erfahren.

Elisabeth Gräbe hatte die Nachricht bekommen, daß ihr Mann dem Krieg zum Opfer gefallen sei. Sie wurde von Leuten verbreitet, die von Gräbes Weigerung wußten, seine Leute vor Ankunft der alliierten Truppen aus der Region Jünkerath fortzubringen. Obwohl sie von ihrem Mann nichts hörte, schenkte Elisabeth den Gerüchten über den Tod ihres Mannes keinen Glauben. Natürlich hatte sie Angst, aber sie wußte, daß er ein findiger Mensch war, der auch dazu in der Lage war, sich und seine Arbeiter in dieser heiklen Situation zu schützen. Schon während der Tage damals in Sdolbunow und während der Rowno-Aktion hatte sie ihren Mann innerlich freigegeben. Sie wußte, daß er eine Lebensaufgabe erfüllte, die ihn möglicherweise das Leben kostete. Daher hatte sie sich schon darauf vorbereitet, das Leben für sich und ihren Sohn alleine zu organisieren.

Nach den verheerenden Luftangriffen vom November 1944 hatte sie viele Dinge zu tun, um ihren Nachbarn und ihrer Familie zu helfen. Die Bomben hatten auch in ihrer Nähe einige Häuser beschädigt oder sogar ganz zerstört. Elisabeth verschaffte erschöpften jungen Soldaten Quartier und gönnte ihnen dabei auch die Behaglichkeit ihrer eigenen Wohnung. Sie verbrachte Stunden mit Saubermachen, Essenkochen, Schneidern, Verbände-Anlegen und sprach den Nachbarn Trost zu. Diese wichtigen Betätigungen hielten Elisabeth davon ab, über das Schicksal ihres Mannes zu brüten.

Gräbe war als Mensch nicht eben leicht einzuordnen, insbesondere, weil seine mutigen Handlungen in einer Nation, die ihren Führern bereitwillig in den Krieg mit seinen Greueltaten gefolgt war, so vollkommen gegenläufig erschienen. In Verdun verbrachten die Nachrichtendienstler angestrengt eine ganze Zeit damit, sich selbst davon zu überzeugen, daß es sich bei ihm nicht um einen Spion handelte. Die folgende Szene hatte sich, ob in St. Vith, Lüttich, Paris oder Verdun, mit geringen Abwandlungen stets wiederholt. In einem kühlen Zimmer ohne alle Dekoration saß Gräbe auf einem harten Stuhl mit fester Lehne und wurde von zwei Offizieren vernommen. Ein Offizier saß ihm unmittelbar gegenüber und starrte ihn über eine leergeräumte Tischplatte hinweg an. Der zweite Vernehmer schritt nervös im Raum umher, ließ von Zeit zu Zeit eine Flut von Fragen los, um anschließend zu einem dreckverschlierten Fenster zurückzukehren, von wo aus er geistesabwesend auf die gerade vorüberziehenden Soldaten starrte, als Fritz seine Antworten wiederholte.

Einmal forderte Gräbe die beiden Männer etwas leichtherzig heraus, weil er längst wahrgenommen hatte, daß es sich bei ihnen nicht um Karrieresoldaten handelte. Sie waren es tatsächlich nicht. Im Zivilberuf waren beide Männer Rechtsanwälte. Sie waren einberufen worden und mußten nun Kriegsgefangene für eine Einheit der Zwölften US-Armee verhören. Dieser Einheit war die Aufgabe übertragen worden, Vorbereitungen für Fälle von Kriegsverbrechen zu treffen. Die Strenge, die sie Gräbe gegenüber an den Tag legten, war nur eine Maske, hinter dem sie ihre Zweifel und Unwissenheit verbargen. Sie wußten ganz einfach nicht, was sie mit den ihnen übertragenen Aufgaben anfangen sollten. Sie spielten ihre Rollen so, wie sie glaubten, daß es der Situation angemessen sei.

Die Befragung setzte sich nahezu endlos fort. Die Offiziere wiederholten ihre Fragen immer wieder und Fritz beantwortete sie immer wieder.

»Alles von vorn, einverstanden? Also, wer sind Sie – tatsächlich?«

»Ich bin Fritz Gräbe. Hermann Friedrich Gräbe.«

»Herr Gräbe, Sie müssen die Tatsache anerkennen, daß Ihre Geschichte nahezu unglaublich klingt. Wir verstehen einfach nicht, wie ein einfacher Bauingenieur alles das tun konnte, von dem Sie behaupten, daß Sie es getan haben. Nochmals, worin bestanden Ihre Aufgaben?«

»Ich habe Ihnen bereits mehrfach mitgeteilt, was ich aufgebaut habe, und ich werde es Ihnen nur noch ein einziges Mal wiederholen. Ich habe alle Arten von Anlagen errichtet, die für den Eisenbahnbetrieb notwendig sind.«

»Teilen Sie uns bitte weitere genaue Einzelheiten mit.«

»Ich habe Lokomotivschuppen gebaut, Waggondepots, Instandhaltungsstationen, Lagerhallen, Funktürme und Stellwerke.«

»In der Ukraine?«

»Ja, natürlich.«

»In welchem Zeitabschnitt?«

»Von Oktober 1941, als ich in Sdolbunow eintraf, bis ich meine Leute am 10. Januar 1944 aus Sdolbunow und Poltawa evakuierte.«

»Welche Verbindung hatten Sie zur Reichsregierung?«

»Meine Herren, auch darüber haben wir schon wiederholte Male gesprochen. Langsam werde ich Ihret- und Ihrer Fragen wegen sehr ungeduldig. Ich erzähle Ihnen das noch einmal, und zum letzten Mal, daß ich kein Mitarbeiter der Regierung gewesen bin. Ich war der örtliche Geschäftsführer der Firma Jung aus Solingen. Wir schlossen mit der Regierung einzig und allein indirekt über die Eisenbahnverwaltung Verträge ab.«

Die beiden Ermittlungsoffiziere hatten noch eine letzte kritische Frage zu stellen, die für die Begründung der Glaubwürdigkeit des deutschen Ingenieurs von zentraler Bedeutung war.

»Herr Gräbe, Sie hatten Ihren eigenen Zug. Die einzigen Menschen, die über eigene Züge verfügen, sind normalerweise welche, die über großen Einfluß verfügen. Ihr ganzes verdammtes Land bricht zusammen, und Sie reisen quer durch die Ukraine, Polen und Deutschland in Ihrem eigenen Zug. Nur ein Spion oder ein mächtiger Repräsentant des Staates besitzt seinen eigenen Zug und kann mit solcher Freizügigkeit reisen. Welcher von denen sind Sie, Herr Gräbe?«

»Ich habe jetzt genug davon. Ich bin keiner von beiden. Entweder Sie erkennen diese Tatsache an und fahren mit dem fort, was wichtig ist, oder Sie verhaften mich und klagen mich an.«

Gräbes Bemerkung resultierte mehr aus seiner Müdigkeit als aus seinem Ärger und seiner Frustration, obwohl es hinreichend Gründe für beides gab. Die langen Wochen des Wartens, die schier endlosen Wiederholungen immer derselben Fragen, denen zwangsläufig immer dieselben Antworten folgten, forderten von Fritz Tribut. Er spürte ihr Mißtrauen. Er wurde ungeduldig, weil er erkannte, daß die bei weitem wichtigsten Fragen ungestellt und deshalb unbeantwortet blieben. Fritz Gräbe wollte, daß sie ihn über die Einsatzgruppen befragten, über die Massengräber in der Nähe des Flugplatzes von Dubno oder hinter der Zementfabrik von Sdolbunow. Er wollte, daß sie ihn nach seinen Namenslisten mit all denen fragten, die die Vernichtungspläne entworfen, die gefoltert und gemordet, die Befehle abgezeichnet und über die

Opfer gelacht hatten. Seine Geduld mit den Routineangelegenheiten war erschöpft.

Adolf Hitlers Selbstmord am 30. April 1945 und die deutsche Kapitulation acht Tage später eröffneten der Zwölften Armeegruppe der US-Streitkräfte die Möglichkeit, ihr vorübergehendes Hauptquartier in Verdun abzubrechen und in Wiesbaden einzurichten. Die Armeeeinheiten drangen jetzt rasch in das deutsche Kernland vor. Anfang April erreichte die Zwölfte Armeegruppe den Rhein. Sie mußten den nach starken Regenfällen angeschwollenen Fluß auf Schlauchbooten überqueren, nachdem sämtliche Rheinbrücken der Region durch alliierte Bombenangriffe oder bei verzweifelten Gegenangriffen von Wehrmachtseinheiten gesprengt worden waren. Die Jeeps der Befehlshaber und die Mannschaftswagen fuhren holpernd an Bord großer Transportschlauchboote, die im Fluß festgemacht hatten und auf ihren Einsatz warteten. Scharfschützen mit automatischen Gewehren duckten sich auf jedem Landungsboot und fingerten nervös am Abzug ihrer Waffen, während sie das Ostufer des Flusses nach feindlichen Aktivitäten absuchten. Fritz, Maria, Elizabeth und ihre Kameraden vom Nachrichtendienst befanden sich zu diesem Zeitpunkt in Fahrzeugen ganz in der Nähe der Frontlinie. Als das vereinbarte Zeichen zur Flußüberquerung schließlich kam, wirkten die Soldaten angespannt. Während das dritte Landungsboot in den Fluß hinausfuhr, begann der Bordschütze auf dem vorher gestarteten zu feuern. Am Ufer gingen Menschen in Deckung. Mit der starken Strömung trieb ein Holzstamm vorbei, den man irrtümlich für einen feindlichen Soldaten gehalten hatte. In den folgenden drei Stunden der Flußüberquerung schossen die nervösen Soldaten auf alles, was sich in ihre Richtung zu bewegen schien.

Am vierten Tag ihres Aufbruchs zur Front begleiteten Offiziere des Nachrichtendienstes sowie sechs weitere Soldaten Gräbe, Maria und Elizabeth auf der Suche nach einem Versteck, in dem sie kurz vor ihrem Aufbruch aus Jünkerath Dokumente verborgen hatten. Gräbe und Maria waren in einer dunklen, nebligen

Nacht spät zu einem bewaldeten Berghang aufgebrochen. Sie hatten die Holzkiste mit den Dokumenten sorgfältig eingegraben und die Stelle markiert, so daß sie bei einer späteren Rückkehr ihre Sachen wieder in Besitz nehmen konnten. In der Kiste waren Verträge der Firma Jung, Lohnlisten und Schriftstücke von Leutnant Beck in Rowno. Diese Papiere waren nicht so wichtig wie diejenigen, die das Trio auf seiner gesamten Reise quer durch Mitteleuropa transportiert hatte, aber sie hätten sehr wohl die Identität ermordeter Juden zu bestimmen helfen können und für die Verfolgung von Kriegsverbrechen noch konkreteres Beweismaterial bieten können.

Monate später und bei Tageslicht erwies sich das Gelände in seinem Aussehen als vollkommen andersartig. Nach drei fruchtlosen Tagen der Suche wurde die Entscheidung getroffen, die Anstrengungen einzustellen und wieder zur Gruppe nach Wiesbaden zurückzukehren. Der Behälter mit den Akten wurde niemals wiederentdeckt. Einer der Offiziere und Fritz ruhten sich unter einem Baum aus, als Gräbe erwähnte, daß sein Zuhause hinter der nächsten Hügelkette gelegen sei. Dieses Gebiet war von amerikanischen Truppen noch nicht eingenommen worden, so daß sie es auch noch nicht besichtigen konnten. Der Offizier schlug aber vor, einen Aussichtspunkt ausfindig zu machen, von der man auf die Stadt hinabschauen könne. Eine kleine Aufklärungseinheit machte sich auf den Weg nach Haan, zu einem kleinen, auf einer Hochebene gelegenen Dorf, von dem aus man, ungefähr fünfzehn Kilometer von Gräfrath entfernt, über die Hügelkette blicken konnte. Als sie dort eintrafen, holte einer der Soldaten ein stark vergrößerndes Scherenfernrohr hervor, suchte die Gegend ab und übergab das Instrument schließlich an Gräbe. Obwohl es noch fast sechs weitere Monate in Anspruch nehmen sollte, bevor Gräbes Familie wieder zusammenfand, warf Fritz nur einen kurzen, beinahe flüchtigen Blick auf seine Heimat und die Stadt, in der er gelebt hatte. Die sichtbaren Verwüstungen schreckten den deutschen Ingenieur ab. Als er seine Heimat betrachtete, trübten seine Tränen die Gläser des Fernrohrs. Sein Haus war von den Zerstörungen durch britische Bombenflugzeuge verschont geblieben. Aus jeweils einem Fenster an jeder Seite des Gebäudes hingen Bettücher als große weiße Fahnen. Das Bewußtsein, daß sich seine Familie in Sicherheit befand und daß sie in absehbarer Zeit wieder zusammenkämen, verlieh Fritz die Kraft, seine Arbeit mit den Amerikanern fortzusetzen.

Sobald er wieder in Wiesbaden eingetroffen war, begann Gräbe mit einer detaillierten schriftlichen Wiedergabe jedes Ereignisses, das er unmittelbar beobachtet, sowie auch jeder Erinnerung, die er von den Jahren des Holocausts in der Ukraine noch hatte. Gemeinsam mit Maria und Elizabeth stellte er Statistiken über den Nazi-Völkermord in der Ukraine zusammen. Er zeichnete sorgfältig Karten mit den Orten von Massakern und den Bewegungen der Einsatzgruppen. Eine der furchtbarsten Aufgaben bestand in der Übertragung der Namen seiner Arbeiter und deren Familienangehörigen auf Listen, um die Beschreibungen der Tötungsaktionen zu ergänzen. Diese Liste erschien endlos zu sein. Zu jedem Namen an dieser Stelle gehörte ein Geburtsort, ein Geburtstag und, wo immer es möglich war, der Vermerk über Familienmitglieder, die zum selben Zeitpunkt ermordet worden waren. Jede Liste endete deshalb auch mit dem einschränkenden Hinweis, daß »Familienmitglieder von Personen, die namentlich aufgelistet sind, nur erwähnt werden, soweit diese mit hinreichender Gewißheit in Erfahrung gebracht werden konnten. Ihre Anzahl ist aus diesem Grund nicht vollständig erfaßt.« Anschließend wurden die Listen durchgesehen, übersetzt und von Maria und Elizabeth durch ihre Unterschrift beglaubigt, bevor sie vor einem Verantwortlichen der ›Judge Advocate General's Division‹, der Hauptkammer des Obersten Kriegsgerichts, beeidigt wurden.

Nachdem die Listen fertiggestellt waren, zeichnete Gräbe einen Lageplan des Gebietes, in dem die Massaker stattgefunden hatten. Straßen, Gebäude, geologische Erscheinungsformen und weitere Identifikationspunkte wurden gekennzeichnet, so daß die Massengräber von den Ermittlungsbeamten, die zu den Fundorten reisten, um ihre Fälle für den Nürnberger Prozeß vorzubereiten, leicht lokalisiert werden konnten. Im Anschluß an die Kartenherstellung trugen Gräbe, Maria und Elizabeth die Dokumentationen der Firma Jung, die sich auf die einzelnen Niederlassungen bezogen, mit größter Sorgfalt zusammen – Verträge, Arbeitsanweisungen, Entwurfsskizzen, Bauplanungen, Lohnlisten, Personalakten, Fotografien, Kopien des Schriftwechsels mit dem Heimatbüro und anderen Baufirmen sowie weitere, allgemeine Korrespondenz.

Nach der Reinschrift seiner umfangreichen, in der obskuren ›Kurz-Kurzschrift‹ abgefaßten Tagebücher begann Gräbe mit der Erstellung von Namenslisten mit deutschen Staatsbürgern, die vor Ort die Befehlsgewalt innehatten, die als Einheimische mit den Nazis zusammengearbeitet, Aktionen durchgeführt oder an ihnen teilgenommen hatten und die Augenzeugen der Mordaktionen geworden waren. Maria und Elizabeth halfen Gräbe dabei, Lebensbilder dieser Menschen zu entwerfen, und schrieben zu den Personenbeschreibung kurze Anmerkungen über ihre Tätigkeit.

Nachdem sie ihre gesamten Aufzeichnungen zusammengetragen hatten, zog sich Gräbe zurück, um sich dem schmerzhaftesten und anstrengendsten Teil seiner Vorbereitung auf den Kriegsverbrecherprozeß zu widmen. Der Rechenschaftsbericht über jeden individuell oder gemeinschaftlich begangenen Mord mußte in Erzählform abgefaßt werden. In der ungestörten Ruhe seiner Unterkunft und inzwischen durch Monate vom zurückliegenden Durcheinander getrennt, fluteten in Gräbes Gedächtnis die Erinnerungen daran zurück, all die damaligen Vorstellungen und Hoffnungen. Jede Nacht brachte ihm jetzt eine erschöpfende Schlaflosigkeit oder quälende Alpträume. Am Tage fertigte Fritz so sorgsam wie knapp die eidesstattlichen Erklärungen an, die den Mord an Juden, polnischen Landarbeitern und Kleinbauern sowie Gegnern in der Widerstandsbewegung bewiesen. Sein sprachlicher Ausdruck blieb sparsam und ausschließlich an den Fakten orientiert, wie etwa sein Bericht über die Ermordung der jungen Hanna Prussak durch ukainische Milizmänner bezeugt:

Das jüdische Mädchen Joanna (Hanna) Prussak, geboren am 8. August 1923 in Ogrodzieniec, Tochter des Direktors der Zementfabrik in Sdolbunow (verstorben vor 1939), wurde am 20. August 1942 erschlagen. Die von Otto Köller als Geiseln genommenen zehn Juden wurden am 24. August 1942 hingerichtet.

Es war dieser scheinbar emotionslose Stil, der Gräbe zu einem idealen Zeugen für den Internationalen Militärgerichtshof werden ließ. Was den hand- und maschinengeschriebenen Zeugenberichten jeweils nicht angesehen werden konnte, waren die Schrammen in der Seele dieses Mannes und dessen persönliche Verzweiflung, die er seinem Tagebuch anvertraut hatte. Das Tagebuch beschreibt die blanke Wut, die ihn überwältigte, wann immer er an diejenigen zurückdachte, die er als ›meine Leute‹ bezeichnete, diejenigen, bei deren Rettung er gescheitert war.

Als jede der eidesstattlichen Erklärungen amtlich beglaubigt und beeidigt war, wurden ihnen Fallgruppennummern zugeordnet. Anschließend erwies es sich als notwendig, zur Arbeit an den Verzeichnissen zurückzukehren und die Fallnummern mit Kreuzverweisen auf die Namen der Opfer, der Henker, der Zeugen und Zuschauer zu versehen.

Weil er durch die gesamte Ukraine gereist war und mit Polizei, Eisenbahnbeamten, Stabsoffizieren der Armee und Bezirksleitern der Reichsverwaltung freundliche Beziehungen gepflegt hatte, waren Gräbe regelmäßig Berichte von Aktionen und den damit verbundenen Morden zu Ohren gekommen, deren Zeuge er nicht unmittelbar selbst gewesen war. Die Untersuchungsbeauftragten der United Nations War Crimes Commission bewegten ihn dazu, Erklärungen über genau diese nur gerüchteweise bekannten Ereignisse vorzubereiten und, wann immer möglich, Zeugen zu benennen. Diese Unterlagen versetzten die Kommission in die Lage, ihre Strafrechtsfälle zusammenzustellen und sowohl Täter als auch Zeugen ausfindig zu machen. In einigen Fällen wurden sogar Überlebende entdeckt, die dadurch aussagen konnten.

Für etwas mehr als ein Jahr füllte die grausige Aufgabe des Sammelns und Niederschreibens von eidesstattlichen Erklärungen und anderem mehr die Tage und Nächte des Trios in Wiesbaden aus. Nur wenige Stunden wurden der Freizeit zugebilligt. Gräbe reservierte sie für Fahrten nach Hause, um mit seiner Familie zusammen zu sein. Gewöhnlich arbeitete er ununterbrochen sechs Wochen hindurch und schloß daran einen einwöchigen Urlaub in Gräfrath an. Die Familienzusammenkünfte in dieser Zeit fanden unter sehr ungleichen Voraussetzungen statt. Fritz war von der unangenehmen Tagesarbeit des permanenten Wiederholens und Einprägens der Aufzeichnungen vom Völkermord, dessen Augenzeuge er geworden war, emotional verbraucht und physisch erschöpft. Elisabeth und Friedel auf der anderen Seite erwarteten, wie es sich gehört, die ganze Aufmerksamkeit des Ehemanns und Vaters. Die war nicht vorhanden. Es ist ein Zeugnis ihrer Liebe und ihres wechselseitigen Respekts, daß ihre Ehe diesen alptraumhaften Monaten standhielt.

Am 10. November 1945 wandte sich einer der Militäranwälte, Hermann Marcuse, an Fritz. Marcuse und Fritz hatten viele Stunden gemeinsamen Schreibens, Streitens und Diskutierens miteinander verbracht. Trotz alledem brachte ihn Marcuses Frage an diesem Tage einigermaßen durcheinander.

»Darf ich Sie bitten niederzuschreiben, was Sie in Dubno 1942 sahen?«

Gräbes überraschte Antwort kam sofort: »Warum? Sie haben sie doch selbst aufgezeichnet, und ich habe das schon mindestens ein dutzend Mal wiederholt.«

»Bitte, Herr Gräbe. Ich möchte es in erzählender Form gerade aus Ihrer Hand bekommen.«

Mit diesen Worten händigte Marcuse Gräbe einen Stoß unlinierten Papiers aus und verließ hastig den Raum.

Bevor er sich hinsetzen konnte und sich erneut die Schreckensbilder ins Gedächtnis zurückrief, schritt Fritz für eine Weile aufgeregt im Zimmer umher. Als er schließlich zu schreiben begann, flossen ihm die Worte ohne Unterbrechung aus der Feder. Wie bereits häufig zuvor waren die Worte sorgfältig gewogen und der starken Emotion beraubt. Die Stärke des Berichts entsprang allein dem dramatischen Handlungsverlauf. Elizabeth wurde gebeten, das Dokument ins Englische zu übersetzen, und später wurde es von Major Homer B. Crawford vom Internationalen Militärgerichtshof beglaubigt.

Am 13. November wiederholte sich der Besuch. Dieses Mal erbaten sich die Amerikaner einen handschriftlichen Bericht, der die Aktion in Rowno schildern sollte. Wiederum entsprach Fritz der Bitte, Elizabeth übersetzte und Crawford nahm die Eide ab.

Am 8. August 1945 hatten die vier alliierten Hauptsiegermächte England, Frankreich, die Sowjetunion und die Vereinigten Staaten von Amerika eine Vereinbarung unterzeichnet, die den Verfahrensgang und die in den Kriegsverbrecherprozessen zur Anklage kommenden Punkte genau festlegte. Zwei der Anklagepunkte lauteten wie folgt:

Kriegsverbrechen: *Nämlich: Verletzungen des Kriegsrechts und der Kriegsbräuche. Solche Verletzungen umfassen, ohne jedoch darauf beschränkt zu sein, Mord, Mißhandlungen oder Deportation zur Sklavenarbeit oder für irgendeinen anderen Zweck, von Angehörigen der Zivilbevölkerung von oder in besetzten Gebieten, Mord oder Mißhandlungen von Kriegsgefangenen oder Personen auf hoher See, Töten von Geiseln, Plünderung öffentlichen oder privaten Eigentums, die mutwillige Zerstörung von Städten, Märkten oder Dörfern oder jede durch militärische Notwendigkeit nicht gerechtfertigte Verwüstung;*

Verbrechen gegen die Menschlichkeit: *Nämlich: Mord, Ausrottung, Versklavung, Deportation oder andere unmenschliche Handlungen, begangen an irgendeiner Zivilbevölkerung vor oder während des Krieges, Verfolgung aus politischen, rassischen oder religiösen Gründen, begangen in Ausführung eines Verbrechens oder in Verbindung mit einem Verbrechen, für das der Gerichtshof zuständig ist, und zwar unabhängig davon, ob die Handlung gegen das Recht des Landes verstieß, in dem sie begangen wurde, oder nicht.*

Die amerikanischen Stellen, die mit der Untersuchung von Kriegsverbrechen befaßt waren, legten dem Internationalen Militärgerichtshof Gräbes Erklärung über Dubno und Rowno als Beweismittel für Verbrechen gegen die Menschlichkeit vor. Die vorliegenden Erklärungen wurden zu einer einzigen eidesstattlichen Erklärung zusammengefaßt und als Anlage 494 der Vereinigten Staaten veröffentlicht. Sie wurden der Öffentlichkeit genau so vorgelegt, wie Fritz sie geschrieben hatte. Am 21. November 1945 trug Robert H. Jackson, der Hauptanklagevertreter der Vereinigten Staaten in Nürnberg, die Eröffnungserklärung vor, die unter anderem vermerkte:

Ich will vielmehr zeigen, daß das Ziel, dem sich alle Nazis fanatisch ergaben, nämlich alle Juden zu vernichten, Plan und festes Vorhaben war. Diese Verbrechen wurden von der Parteiführerschaft organisiert und gefördert und von den Nazi-Beamten ausgeführt und gedeckt, wofür wir Ihnen überzeugenden Beweis durch schriftliche Befehle der Geheimen Staatspolizei selbst vorlegen werden.[5]

Verglichen mit dem vollen Ausmaß der Nazi-Greueltaten an den europäischen Juden stellen die Massenmorde von Dubno und Rowno fast vernachlässigenswerte Erschütterungen dar. Trotzdem wurde Gräbes Bericht über das Leiden der Juden in Dubno und Rowno zu einem entscheidenden Element in der Beweiserhebung der Anklagevertretung, daß ein unnachgiebig verfolgter »Plan und Vorsatz, das gesamte jüdische Volk auszurotten, dem alle Nationalsozialisten verpflichtet waren«, tatsächlich existiert hatte. Diese beiden berühmten Erklärungen sind im Anhang dieses Buches in vollem Wortlaut abgedruckt.

Die Einbeziehung dieser eidesstattlichen Erklärung in das Verfahren vor dem Gerichthof und die dann folgende weltweite Verbreitung machten Gräbe in seinem Heimatland zu einem Sonderfall. Er, der zu keinem Zeitpunkt auf die Anklagebank in

Nürnberg gerufen wurde, war der einzige nichtangeklagte Deutsche, der in Fällen von Verbrechen gegen die Menschlichkeit Zeugnis ablegte. Sein Zeugnis bestimmte die Atmosphäre in den zur Anklage gebrachten Fällen und wurde später gegen die allmächtigen Gebietsbeamten der Reichsverwaltung in der Ukraine verwandt. In Holocaust-Prozessen und wissenschaftlichen Untersuchungen ist die Zeugenaussage Gräbes eine Standardquelle. Die unmittelbar einsetzende öffentliche Aufmerksamkeit entwickelte sich für Gräbes Familie jedoch zu einer Bedrohung.

Im Juni 1946, als Gräbes Arbeit für die War Crimes Commission abgeschlossen war, erhielt er wiederholt Morddrohungen. Er wurde gesellschaftlich geächtet, aus Berufsverbänden ausgeschlossen und lehnte auch deshalb Unterstützung bei der Gründung oder Fortsetzung eines eigenen Ingenieurunternehmens ab. In den nun folgenden sechsundzwanzig Monaten lebte Gräbes Familie von ihren rasch abnehmenden Ersparnissen und dem Geld, das Fritz erhalten hatte, als er aus der Firma Jung ausbezahlt wurde. Gräbe verbrachte nicht sehr viel Zeit damit, nach einer Beschäftigung zu suchen, eine eigene Firma aufzumachen oder sich um Aufträge zu bemühen. Die Devise, daß ihm eine Abfuhr zu erteilen sei, hatte längst die Runde gemacht. Es war bald klar, daß sie überall beherzigt werden würde.

Um seine Zeit auszufüllen, vervollkommnete Gräbe seine Fähigkeiten als Maler und Kalligraph. Sein einziger Freund war Dr. Bethke, ein Arzt, der für seine bedrängte Lage Verständnis entwickelte und so zu seinem Vertrauten und Kameraden wurde. Gräbe verbrachte viele Stunden in Dr. Bethkes Haus und sprach mit ihm über seine Enttäuschungen, seinen permanenten Zweifel und seine Hoffnungslosigkeit.

Ich begann daran zu zweifeln, ob es klug war, mit Kavin und der Zwölften Armeegruppe zusammenzuarbeiten. Meine Entscheidung, Juden zu retten, zog ich nie in Zweifel, aber ich muß gestehen, daß mich die Auswirkungen der Zeugenaussagen zur Verzweiflung trieben. Die meiste Sorge bereiteten mir Frau und der Sohn. Jetzt litten sie unter

Entscheidungen, die ich getroffen hatte. Mir wurde klar, daß ich in Deutschland nicht würde weiterleben können. Den letzten Anstoß gaben Drohungen gegen Friedel von seinen Klassenkameraden und deren Eltern, die schließlich auch meine ganze Familie zu bedrohen begannen. Nach sehr eingehenden Gesprächen mit Dr. Bethke entschied ich mich, an das American Jewish Joint Distribution Committee heranzutreten, um die Möglichkeiten einer Auswanderung in die Vereinigten Staaten zu sondieren. Alle meine Freunde, Maria, Elizabeth, Alex und Tadeusz waren abgereist. Ich hatte keinen Grund mehr, in einem Land und bei Menschen zu bleiben, die es nicht fertigbrachten, mich oder mein Gewissen zu tolerieren, und die ihr eigenes Gewissen verleugneten.

Die Familie Gräbe erhielt die Unterstützung des American Jewish Joint Distribution Committee und erlangte die begehrten Visa für die Vereinigten Staaten. Gräbes körperbehinderter Bruder entschloß sich, in Deutschland zu bleiben. Weil er weder für sich selbst sorgen konnte, noch jemals vollbeschäftigt war, übernahmen Fritz und Elisabeth die Verantwortung für ihn und machten ein Pflegeheim ausfindig, das ihn aufnahm. Sie verkauften ihre Anteile am Haus des Gräfrather Bauvereins, in dem sie lebten, sowie vieles von ihrer persönlichen Habe und nutzten die verbleibenden Mittel, um seine Pflege zu sichern. Im August 1948 gingen Fritz, Elisabeth und Friedel an Bord eines Auswandererschiffes, das nach Kanada und New York fuhr.

Ihr neues Leben begann Formen anzunehmen, als sie sich im Oktober 1948 in San Francisco niederließen. Ihre Umsiedlung sollte nicht ohne Zwischenfälle verlaufen und sie immer wieder an all das erinnern, was zwischen 1933 und 1945 geschehen war.

XII.
Journalistischer Angriff aus Deutschland 1965

Fritz hatte in San Francisco zunächst verschiedene Arbeitsstellen, bevor er sich als Statiker selbständig machte. 1960, zwölf Jahre nach Gräbes Ankunft in den Vereinigten Staaten, wurde Georg Marschall wegen seiner Funktion bei der Verfolgung und Vernichtung der Juden in der Ukraine in der Stadt Stade vor Gericht gestellt. Die Staatsanwaltschaft beim dortigen Landgericht und das US-Justizministerium nahmen Verbindung mit Gräbe auf; er stimmte zu, nach Deutschland zu reisen, um gegen den früheren Gebietskommissar auszusagen. Nach so vielen Jahren setzte das Gericht Gräbe und seine Familie einer unglaublichen Belastung aus: alptraumhafte Erinnerungen, die lange geruht hatten, Todesahnungen, die soweit verblaßt waren, um ihm gesunden Schlaf zu erlauben; jetzt kehrte alles zurück und quälte ihn. Während des Prozesses zog sich Fritz eine Darmgrippe zu und war für einige Tage krank. Trotz der Beeinträchtigung schrieb Gräbe an Bronka, die jetzt in Polen lebte, daß er rückblickend nur die Abwesenheit Otto Köllers bedaure, der für seine Verbrechen an Juden und polnischen Zivilisten zusammen mit Marschall ebenfalls vor Gericht stehen sollte.

Das einzige, was ihm an seiner Rückkehr nach Deutschland Freude bereitete, war sein Wiedersehen mit Solingen. Aber der von nostalgischen Gefühlen begleitete Besuch bot in Anbetracht des Alltags der Gerichtsverhandlung nur eine kurze Atempause und eine allenfalls bittersüße Erholung. Eine Lokalzeitung wies auf seine Rückkehr nach Solingen-Gräfrath mit der Schlagzeile hin: »Er wandte Deutschland den Rücken zu«. Der Artikel war voller vager Anspielungen auf Gräbes Vergangenheit. Die Zeitung konnte Gräbes Namen zwar nicht durch Tatsachen verunglimpfen. Denn es war dem recherchierenden Reporter nicht gelungen, irgendwelche Verfehlungen Gräbes oder seiner Familie aufzudecken. Statt dessen schien die Zeitung den Deutschen ein Alibi verschaffen zu wollen, die ihre Mittäterschaft beim Holocaust nicht zu akzeptieren vermochten und einen Sündenbock suchten. Trotz dieser unerfreulichen Angriffe war Fritz glücklich, als er seine Geburtsstadt nochmals sah und als er durch den nahegelegenen Wald wanderte.

So schön der Wald auch war, durch den er spazierte, und so unbeschwert die Erinnerungen an seine Kindheit – die Menschen um ihn herum lehnten ihn auch fünfzehn Jahre nach dem Krieg wegen seiner Rolle als Judenretter und als Zeuge gegen die Nazi-Verbrecher ab. Gräbe merkte, wie sehr ihn der Zeitungsartikel und die dahinter stehende Gesinnung entmutigten. Es erinnerte Fritz an die schmerzhaften Erfahrungen, die er nach den Nürnberger Prozessen zu Hause hatte machen müssen. Für ihn gab es in Deutschland keinen Platz mehr. Woher kam diese Einstellung und wie konnte sie auch fünfzehn Jahre nach Kriegsende noch so ungebrochen sein? Vermutlich, weil Fritz Gräbe für alle, die einfach nur vergessen und wie bisher weitermachen wollten, eine lebendige Mahnung war. Für sein ehrenhaftes Leben und seine Rettungsaktionen wurde er aus seinem Vaterland ausgestoßen und mußte Verleumdungen in der Presse hinnehmen.

Nach seinen Aussagen beim Gerichtsverfahren gegen Marschall kehrte Gräbe nach San Francisco zurück und arbeitete weiterhin als Ingenieur. In den kommenden fünf Jahren führte die israelische Regierung Untersuchungen durch, die zur Auszeichnung Fritz Gräbes führen sollten. Viele der von ihm geretteten Menschen hatten sich an Yad Vashem gewandt – das Holocaust-Erinnerungs- und Forschungszentrum in Jerusalem, das unter anderem die humanitären Leistungen der Judenretter prüft und die Entscheidungen zur Verleihung von Auszeichnungen für deren Anstrengungen fällt – und die Heldenhaftigkeit des deutschen Ingenieurs beschrieben. Am 20. September 1965 betrat Fritz Gräbe die ›Hall of Remembrance‹ in Yad Vashem, um die Anerkennung von sehr vielen Frauen und Männern, die er gerettet hatte, entgegenzunehmen und um den Ehrentitel eines ›Gerechten unter den Völkern‹ von der israelischen Regierung zu empfangen. Das Zusammentreffen dieses ungewöhnlichen Mannes mit den vielen Menschen, denen er geholfen hatte, war auch international ein Medienereignis.

In Deutschland wurden Journalisten im Nachrichtenmagazin *Der Spiegel* aufmerksam. Ende September rief der Spiegel-Korrespondent Axel Jeschke bei den Gräbes in Kalifornien an und bat um ein Portraitfoto, das in einem Artikel über das anstehende Wiederaufnahmeverfahren gegen Georg Marschall Verwendung finden sollte. Gräbe war erschrocken, als er hörte, daß Marschall erfolgreich ein Wiederaufnahmeverfahren beantragt hatte. Er hatte davon zunächst nichts erfahren, weil er sich zu diesem Zeitpunkt in Israel aufhielt.

Jeschke war wohl informiert, daß Gräbe sich in Jerusalem aufhielt und ihm für eine gewisse Zeit nicht zur Verfügung stand. Obwohl diese Tatsache allgemein bekannt war, schickte das Nachrichtenmagazin Fritz einen weitschweifigen Fragebogen. Als dieser schließlich aus Israel nach Hause zurückkehrte, machte er sich sofort daran, den Fragebogen vollständig zu beantworten (obwohl der festgesetzte Stichtag zu diesem Zeitpunkt bereits überschritten war), unterzog ihn mit Hilfe von Anwälten des US-Justizministeriums einer kritischen Prüfung und sandte ihn anschließend an das Büro des *Spiegel* in New York.

Der Artikel, der am 29. Dezember 1965 im *Spiegel* erschien, war erschütternd. Der Bericht stellte Gräbes Ehrenhaftigkeit in Frage, indem er den Eindruck erweckte, daß »erhebliche Zweifel an der Glaubwürdigkeit des Belastungszeugen Gräbe aufgetaucht« seien. Die Zweifel wurden geschürt mit der Verwirrung über das Datum seines vermutlichen Ausschlusses aus der Partei, sowie das Datum, an dem die Partei seinen Namen tatsächlich von der offiziellen Mitgliederliste strich. Darüber hinaus behauptete der Artikel, es habe nach dem Krieg einen amourösen Briefwechsel zwischen Gräbe und einer der früheren Sekretärinnen Marschalls, einer Frau Kosnick, gegeben. Eine grob falsche Anschuldigung, die Gräbe bestritt. Gräbes Antworten zum Fragebogen wurden, wo sie denn überhaupt Berücksichtigung fanden, aus dem Zusammenhang gerissen. Gräbe, seine Familie und Überlebende, die die Zusammenhänge kannten, schickten sofort Briefe an den *Spiegel*. Jeschke antwortete den Verwandten eines der Geretteten, daß der Artikel vom New Yorker Korrespondenten des *Spiegel*, Herrn Baruch-Baker, freigegeben worden sei. Der aber leugnete, den Artikel vorher zu Gesicht bekommen zu haben. Verantwortliche vom Jüdischen Weltkongreß und der Direktor der mit Nazi-Kriegsverbrechen befaßten israelischen Polizeieinheit versicherten Fritz ihrer unveränderten Wertschätzung und boten ihm an, bei der Suche eines geeigneten Rechtsanwaltes behilflich zu sein, der Klage gegen das Magazin führen könnte. Leider konnte Gräbe es sich zu der Zeit nicht leisten, teure Anwälte zu bezahlen. Er scheute vor der zu erwartenden Dauer und den wahrscheinlichen Kosten eines Prozesses vor einem deutschen Gericht zurück.

In der Zwischenzeit schrieben Fritz und einige von denen, die er gerettet hatte, zahlreiche Briefe an den *Spiegel*, die die Behauptungen in dem Artikel entkräfteten und widerlegten. Weder die Briefe noch sonstige Gegenbeweise wurden jemals abgedruckt. Nur von einem Verfasser eines Briefes ist bekannt, daß er vom Spiegel überhaupt eine Antwort bekommen hat. Schließlich druckte das *Yad Vashem Bulletin* in seiner Ausgabe vom Oktober 1966 den vollen Wortlaut von Gräbes Fragebogenantworten ab und gleichzeitig eine unterstützende Zusammenfassung des gesamten Problemkomplexes. Zahlreiche Fragen, die im Fragebogen in seiner ursprünglichen Form eine wesentliche Rolle gespielt hatten, standen in direkter Verbindung zu ungelösten Problemen aus Marschalls erstem Gerichtsverfahren und würden höchstwahrscheinlich auch in dem vielbeachteten Wiederaufnahmeverfahren erneut im Vordergrund stehen.

Einer der Hauptpunkte im *Spiegel*-Artikel war Gräbes Weigerung, zum Gerichtsverfahren gegen Köller u. a. 1963 noch einmal nach Deutschland zu kommen. Eine Vorladung war ihm sowohl für diesen Prozeß zugestellt worden als auch später für Marschalls Wiederaufnahmeverfahren. In beiden Fällen reagierte Gräbe auf die Vorladungen nicht. Denn nach dem Marschall-Prozeß 1960 war Gräbe des Meineides in der Sache seiner Parteimitgliedschaft beschuldigt worden. Aus den Akten läßt sich nicht mehr feststellen, wann Gräbe aus den Mitgliederlisten der NSDAP gestrichen wurde. Marschalls Verteidiger griffen den Widerspruch zwischen Gräbes Zeugenaussage und der Mitgliederliste der Partei auf. Damit war es ihnen möglich, die Glaubwürdigkeit von Gräbes Zeugenaussage für den gesamten Fall in Zweifel zu ziehen. Mit dieser Tatsache und weiteren rechtlichen Kunstgriffen konnte die Verteidigung die Wiederaufnahme des Prozesses gegen Marschall durchsetzen.

Gräbes Fragebogen-Antwort auf den Vorwurf des Meineids lautete, daß er weder Einfluß auf die Führung der Parteiakten hatte, noch wußte, daß sein Name nicht noch am Tag seines Parteiausschlusses gestrichen worden war. Der Vorwurf des angeblichen Meineides wurde vor deutschen Gerichten nie bestätigt. In den Vorladungen an Gräbe beim Prozeß gegen Köller 1963 und beim Wiederaufnahmeverfahren gegen Marschall 1965 versprachen die Gerichte Gräbe »freies Geleit für die Dauer von fünf Tagen« unter der Voraussetzung, daß er keinen Fluchtversuch unternimmt und die deutschen Grenzen nicht verläßt. Im Kern bedeutete diese Form des ›freien Geleits‹ keineswegs Immunität gegenüber den verleumderischen Beschuldigungen, die man gegen ihn erhob. Gräbe sollte das Land betreten, aber nicht wieder verlassen können. Wegen der nur eingeschränkten Immunität und weil er dem deutschen Gerichtswesen mißtraute, folgte Fritz dem Ratschlag seines Rechtsbeistandes und weigerte sich, nach

Deutschland zu reisen, um als Zeuge auszusagen oder die gegen ihn erhobenen Meineids-Beschuldigungen zu beantworten. Statt dessen stellte sich Gräbe für eine Befragung durch deutsche Rechtsvertreter in den Vereinigten Staaten zur Verfügung. So konnte er für die Verhandlung gegen Marschall vor anwaltlichen Bevollmächtigten aussagen und wurde selbst vom US-Justizministerium rechtlich vertreten.

Gräbe wollte aber auch wegen anderer Vorwürfe der Marschall-Verteidiger in den Vereinigten Staaten bleiben und nicht mehr vor deutschen Gerichten erscheinen. Einer dieser falschen Vorwürfe lautete, daß Gräbe im Jahre 1933 eine unvorsichtige Äußerung seines damaligen Arbeitgebers Josef Jansen an die NSDAP verraten habe. Er soll, was dann auch der *Spiegel* berichtete, die Partei informiert haben, daß Jansen den ›Heil-Hitler‹-Gruß als Unsinn bezeichnet habe. Gräbe beteuerte jedoch, daß Jansen nicht wegen seiner angeblichen Anti-Hitler-Einstellung in Schwierigkeiten geraten sei, sondern aufgrund geschäftlicher und finanzieller Unregelmäßigkeiten. Gräbe war schon früh gleichgültig gegenüber Hitler und der Partei. Seine frühe Gleichgültigkeit und spätere unerbittliche Opposition gegenüber dem NS-Regime war fest verankert. Anzunehmen, daß er als Parteiinformant gehandelt haben könnte, würde dem Charakter Gräbes vollständig widersprechen.

Schließlich wurde von Marschalls Verteidigung und vom *Spiegel* darauf angespielt, daß Gräbe einer früheren Sekretärin Marschalls in Sdolbunow namens Kosnick eine Art Eheversprechen gegeben habe. Gräbe hatte von dieser Frau etliche Briefe erhalten, aus denen hervorging, daß sie sich in Deutschland zur Behandlung in einer psychiatrischen Klinik befand und daß Gräbe sie retten solle. Diese Briefe scheinen zwischen 1957 und 1962 geschrieben worden zu sein. Gräbe hatte die Briefe in seiner nüchternen Art beantwortet und sie darüber informiert, daß er mit dem Marschall-Prozeß beschäftigt sei, weshalb er sie auch frage, ob sie in diesem Zusammenhang irgend etwas wisse, das dem Anklagevertreter weiterhelfen könne. Zu keinem Zeitpunkt gab Gräbe dieser Frau oder einer anderen ein Eheversprechen. Er war mit Elisabeth verheiratet. Gräbe wußte nicht, wie es der Verteidigung gelungen war, den Briefwechsel ausfindig zu machen, aber es öffnete die Tür für falsche Anschuldigungen, die die Lauterkeit von Gräbes Zeugnis bedrohten. Die Tatsache, daß die Frau ihm aus einer psychiatrischen Klinik schrieb, war für Fritz Beweis genug für ihre Unglaubwürdigkeit. Marschalls Verteidigung suchte offensichtlich händeringend nach jedem Anhaltspunkt, der Zweifel an Gräbes Aussagen zu wecken vermochte und damit zur Entlastung ihres Mandanten beitragen konnte.

Der Rest des Fragebogens zielte auf vage Vorwürfe, die von der Verteidigung Marschalls in Umlauf gebracht worden waren, sowie auf angebliche Unstimmigkeiten in Gräbes Zeugenaussagen. Gräbe bat den *Spiegel* in seiner Antwort, ihm jede Zeugenaussage vorzulegen, die angeblich Unstimmigkeiten enthalte. Sie schickten nichts. Der vollständigen Veröffentlichung von Gräbes Antworten auf den Fragebogen im *Yad Vashem Bulletin* gaben die Forscher aus Yad Vashem ein instruktives Vorwort bei, um die Motive für den Abdruck der Erklärung Gräbes zu erläutern. Sowohl das Vorwort als auch der vollständig beantwortete Fragebogen sollten als Ehrenerklärung für einen durch und durch ehrenhaften Menschen gelesen werden; eine Ehrenerklärung von Angehörigen des Volkes, das ihn in Mißkredit zu bringen das Recht und die Macht hätte, wenn er sich in seinen Zeugenaussagen und Handlungen tatsächlich etwas hätte zuschulden kommen lassen. Der vollständige Wortlaut beider Teile ist im Anhang dieses Buches abgedruckt. Sie sind hier aufgenommen worden, weil Revisionisten mit üblen Absichten jeden Aspekt des Holocaust zu leugnen versuchen. Die Auseinandersetzung mit den Beschuldigungen im *Spiegel*-Artikel und der vollständige Abdruck der dem *Spiegel* in genau dieser Form vorliegenden Antworten Gräbes wird hoffentlich denen Einhalt gebieten, die mit diesen Artikel Gräbes Ruf schädigen oder gar die historische Authentizität des Holocaust leugnen wollen. Auch zu Dokumentationszwecken war es wichtig, die Antworten vollständig zu veröffentlichen, die der Weltöffentlichkeit im Bericht des *Spiegel* ebenso vorenthalten wurden wie die Leserbriefe mit den sachlichen Richtigstellungen.

XIII.
Nachkriegsporträts

Nach dem Krieg und nach Abschluß der Tätigkeit des Internationalen Militärgerichtshofs wurden die Hauptdarsteller in dieser Geschichte über die ganze Welt verstreut. Einige nahmen das ihnen gewohnte Leben wieder auf, andere versteckten sich oder wurden von dem Militärgerichtshof in Nürnberg unter Anklage gestellt und abgeurteilt. Die Erlebnisse dieses Krieges kennzeichneten und veränderten das Leben aller Beteiligten für alle Zeiten. Der Alltag nahm allem Anschein nach wieder seinen gewohnten Gang, doch ließen die Betroffenen und ihre Befreier in ihrer Suche nach Gerechtigkeit nicht nach. Die Totschläger suchten nach Anonymität, in der Hoffnung, nicht irgendwann auf einem Marktplatz, in einem Zug oder in einer Menschenmenge wiedererkannt zu werden. Die nachfolgende Zusammenstellung will, soweit die Tatsachen bekannt sind, zeigen, was mit den wichtigsten Personen aus dem vorliegenden Buch weiter geschehen ist.[6]

Erich Koch: Diesem Mann, dem Gauleiter Ostpreußens, Reichsbeauftragten für das Verteidigungswesen des gleichnamigen Wehrkreises, Reichskommissar für die Ukraine und Bialystok und SS-Gruppenführer wollten seine Untergebenen den Distrikt Rowno *judenrein* übergeben. Es wird vermutet, daß der hochrangige Vertreter des Reichs nach dem Krieg nach Dänemark fliehen konnte, von wo aus er später nach Hamburg zurückkehrte und dort unter falschem Namen lebte. Er wurde 1949 von britischen Polizisten festgenommen und an die Volksrepublik Polen ausgeliefert. Er wurde schließlich 1959 für schuldig befunden und wegen Mordes an 72.000 Menschen, hauptsächlich Juden, zum Tode verurteilt. Ein Bericht aus dem Jahre 1983 wies darauf hin, daß Koch nicht hingerichtet, sondern statt dessen in einer Haftanstalt in Barczewo inhaftiert worden ist.[7] Die Sowjetunion hat dann anscheinend noch gegen Koch eine Klage wegen Mordes an vier Millionen Menschen und der Deportation von weiteren zwei Millionen Menschen zur Zwangsarbeit betrieben, eine Klage, die offensichtlich nicht zum Abschluß gekommen ist.

Bronka: Nachdem sie den Zug mit den Mitarbeitern der Firma Jung verlassen hatte, versuchte sie, den vorrückenden russischen Truppen zu entkommen, und schloß sich nicht zuletzt deshalb wieder der polnischen Untergrundbewegung an. Sie und Gräbe haben sich nach den gemeinsamen Stunden unmittelbar vor Abfahrt ihrer Züge in Sdolbunow nicht wieder gesehen. Nach dem Kriege heiratete sie in Polen einen Jura-Professor. Sie zog zwei Töchter auf, die inzwischen außerhalb Polens leben. Bronka legte im Verfahren gegen Marschall eidesstattliche Erklärungen ab. Sie und Gräbe blieben durch Briefwechsel miteinander in Kontakt.

Elizabeth Radziejewska: Nach dem Krieg und ihrer Tätigkeit für den Internationalen Militärgerichtshof heiratete Elizabeth einen amerikanischen Armeeanwalt, der Adjutant bei General Omar Bradley war. Nachdem er eine größere historische Abhandlung über die Rolle der Zwölften Armeegruppe der U.S.Army im Zweiten Weltkrieg fertiggestellt hatte, ließen sie sich im amerikanischen Mittelwesten nieder. Nach dem Tod ihres Mannes Ende der fünfziger Jahre besuchte Elizabeth eine juristische Fakultät, erlangte den Abschluß und schlug die Laufbahn einer Rechtsanwältin ein. Ihre Fähigkeit, in immerhin sieben verschiedenen Sprachen zu sprechen, zu übersetzen und zu lesen, behielt sie über all die Jahre. Sie kümmerte sich weiterhin um ihre Mutter, blieb selbst aber kinderlos. Elizabeth erledigte einen Großteil der Übersetzungsarbeit in Wiesbaden und fertigte später für das Gerichtsverfahren 1960 eine eidesstattliche Erklärung an. Sie starb 1983.

Maria Warchiwker: Aufgrund ihrer verwandtschaftlichen Beziehungen zu Severin Kavin war es Maria frühzeitig möglich, in die Vereinigten Staaten zu emigrieren. Sie traf dort wohl noch einige Zeit vor der Gräbe-Familie ein und lebte zusammen mit der Familie ihrer Schwester im Mittleren Westen der USA. Einige Zeit später zog sie an die Ostküste, wo sie einen Bankangestellten kennenlernte, den sie dann heiratete. Sie hatten keine Kinder und verbrachten ihr Berufsleben in New Jersey. Zusammen mit Gräbe reiste Maria 1960 nach Stade und sagte dort gegen Marschall aus. Sie und ihr Ehemann begleiteten Gräbe im Jahre 1965 zu den Ehrungen durch die israelische Regierung in Yad Vashem. Über all die Jahre blieben Maria und ihr Mann mit den Gräbes in ständiger Verbindung. Marias Mann starb im Jahre 1984 in Florida, wo sie ihren gemeinsamen Ruhestand verbrachten.

Otto Köller: Nach dem Krieg verschwand Köller bis zum Gerichtsverfahren im Jahre 1960 von der Bildfläche. Zu dieser Zeit tauchte er wieder auf und sagte vor dem Gerichtshof in Stade zugunsten Marschalls aus. Er wurde später in Untersuchungshaft genommen, vor Gericht gestellt und wegen seiner Rolle bei den Schreckensereignissen, die den Juden und den Landarbeitern in der Ukraine zustießen, inhaftiert. Er starb in der Haft.

Dr. Pütz: Nach Zeitungsberichten aus der Nachkriegszeit kam Pütz auf dem Rückzug mit der SS 1945 in Hamburg an und ließ sich dort nieder. Er beging in dieser Stadt Selbstmord, bevor er festgenommen werden und wegen Verbrechen gegen die Menschlichkeit vor Gericht gestellt werden konnte.

Georg Marschall: Die Kriminalpolizei und die zuständigen Gerichte stellten lange Zeit Nachforschungen an, bevor es ihnen gelang, Marschall ausfindig zu machen. Irrtümlicherweise war zunächst sein Zwillingsbruder festgenommen worden, und der tatsächliche Kriegsverbrecher konnte erst verhaftet werden, nachdem der Vater die Brüder einwandfrei identifiziert hatte. Nach seiner Festnahme blieb Marschall für zwei Jahre in Untersuchungshaft. Im Anschluß an den Prozeß im Jahre 1960 wurde er zu einer lebenslangen Freiheitsstrafe verurteilt. Ein Urteil, das später, nach einem heiß umkämpften Wiederaufnahmeverfahren, auf insgesamt fünf Jahre reduziert wurde.

Attinger: Dieser mordlüsterne Verrückte wurde für einen langen Zeitraum aus den Augen verloren. Anfang der sechziger Jahre stellte er sich den Gerichtsbehörden und beging in der Untersuchungshaft Selbstmord.

Tadeusz, Irene und Romak Glass: Nach dem Kriege bewarb sich diese Familie um die Einwanderung in die Vereinigten Staaten. Weil sie keine amerikanischen Bürgen vorweisen konnten, gelang es ihnen nicht, sich diesen Traum zu erfüllen, aber mit der Unterstützung einer jüdischen Umsiedlungsagentur war es ihnen möglich, nach Australien auszuwandern. Tadeusz Glass starb bereits im Jahre 1955. Irene und Romak leben nach wie vor in Australien.

Alex Dutkowski: Dieser mutige Christ, der treu an der Seite seiner geliebten jüdischen Ehefrau Lydia aushielt, teilte der Miliz mit, daß auch er im Ghetto wohnen wolle, wenn seine Frau dazu gezwungen werde. Er blieb nach dem Krieg in Polen. Als Mitglied der Kommunistischen Partei wurde er ein hochrangiger Staatsbeamter, der seinem Land als Bergbauingenieur und Geologe diente. Seine Frau wanderte schließlich nach Israel aus und ließ sich in Tel Aviv nieder, wo sie als Kindergärtnerin arbeitete. Als er im Auftrag der Regierung durch Brasilien reiste, beschloß Alex, der inzwischen mit der Regierungsform in Polen unzufrieden war, wieder zu seiner Familie zu stoßen. Am Heiligen Abend des Jahres 1961 erzählte er auf seiner Rückreise von Brasilien bei einer Zwischenlandung in der Schweiz einem Flugbegleiter der israelischen Luftfahrtgesellschaft El Al von seiner mißlichen Lage. Ohne Flugschein und gültiges Visum gelang es ihm trotzdem irgendwie, daß er als Flüchtling in der El-Al-Maschine nach Israel gebracht wurde. Noch an diesem Heiligen Abend fand er den Weg zur Haustür seiner Bekannten und Mitarbeiterin aus Kriegszeiten, Barbara Faust, die es dann für ihn in die Wege leitete, daß er mit seiner Familie wieder zusammenkam. Alex und Lydia wurden beide am Flughafen Lod verletzt, als eine Gruppe japanischer Terroristen den Warteraum der Flugreisenden überfiel. Beide erholten sich von diesem Überfall. Nach Lydias Tod im Jahre 1981 ließ sich Alex in Deutschland nieder, lebt aber weiterhin zeitweise in Israel. Er hat eine Tochter und ein Enkelkind, die in den Vereinigten Staaten leben.

Erich Habenicht: Nachdem er durch Köller ersetzt worden war, wurde Habenicht zur Wehrmacht abkommandiert und an die Ostfront geschickt. Gerüchten zufolge, die bis nach Sdolbunow gelangten, fiel er bei Kämpfen an der Ostfront.

Barbara Faust: Zahlreiche Ehemänner wurden von den Einsatzgruppen umgebracht. Marias und Barbaras Männer starben beide in derselben ›Aktion‹. Nach dem Krieg heiratete Barbara einen polnischen Überlebenden des Holocaust, mit dem zusammen sie sich in Israel niederließ. Sie haben eine gemeinsame Tochter, die in Israel lebt.

Fritz, Elisabeth und Friedel Gräbe: Fritz Gräbe sagte nicht nur für die Nürnberger Prozesse aus, er unterstützte auch die logistische Vorbereitung des Verfahrens selbst – so etwa bei der Festlegung der Raumgestaltung und der Sitzanordnung. Wegen seiner Zeugenaussage gegen die Mörder wird er nicht vergessen werden. William Shirer, der amerikanische Historiker, hielt den Augenblick fest, als der Anklagevertreter Großbritanniens, Sir Hartley Shawcross, die eidesstattliche Erklärung über die Vernichtung der fünftausend Juden in Dubno verlas: »Der Augenzeugenbericht eines Deutschen über die vergleichsweise unbedeutende Massenhinrichtung in der Ukraine versetzte den Nürnberger Gerichtssaal in schweigendes Entsetzen, als er verlesen wurde.«[8] Obwohl seine Handlungen sehr stark dem Schutz von Menschen verpflichtet waren und ihm seine Zeugenaussagen Anerkennung in der ganzen Welt einbrachten, führten sie in seinem eigenen Land zu ständigen Belästigungen und Bedrohungen.

Die Gräbes setzten ihr Leben in San Francisco fort. Fritz Gräbe arbeitete zeitweise als technischer Zeichner und machte sich später mit einem Statikbüro selbständig. Sein unermüdlicher Arbeitseinsatz, sein Ansehen und seine Fähigkeit, auch große

Aufträge durchzuführen, halfen ihm dabei, sich im beruflichen Leben in Amerika durchzusetzen. Elisabeth Gräbe begleitete das Heranwachsen ihres Sohnes und war in verschiedenen kirchlichen und städtischen Wohltätigkeitseinrichtungen tätig. Die jüdische Gemeinde San Franciscos half großzügig dabei, sie in einem jüdischen Alters- und Pflegeheim in der Nähe ihres Familienwohnsitzes unterzubringen, als ihre Gesundheit im Alter schlechter wurde. Nachdem er zunächst als Ingenieur gearbeitet hatte, schlug ihr Sohn Friedel eine zweite Laufbahn als Rechtsanwalt ein. Er betreibt heute eine Anwaltspraxis in Sacramento, Kalifornien.

Nach den Feierlichkeiten in Yad Vashem mit der Entzündung der ewigen Flamme in der Gedächtnishalle und nach dem Wiedersehen mit vielen der von ihm Geretteten kehrte Gräbe nach San Francisco zurück. Später setzte er sich zur Ruhe, blieb aber noch bis zu seinem vollständigen Ausscheiden aus dem Berufsleben im Jahre 1982 Leiter einer deutschen Kultureinrichtung. Seit seiner ersten Herzattacke in Poltawa hat er mindestens acht weitere überlebt. Ehrungen wurden ihm immer wieder zuteil, vom Jüdischen Weltkongreß, von Synagogengemeinden, Gruppierungen unterschiedlicher Glaubensrichtung, jüdischen Stiftungen und von seiner zweiten Heimatstadt San Francisco.

Fritz Gräbe vergaß sein Gelübde nie. Er gönnte sich in seinem Streben nach Gerechtigkeit auch nach den Nürnberger Prozessen keine Ruhe und ließ auch die verleumderischen Anschuldigungen und Unterstellungen von Marschalls Verteidigern und der Presse nicht auf sich sitzen. Er war von den Schreckensereignissen, deren Augenzeuge er in Rowno und an vielen ähnlichen Schauplätzen geworden war, gezeichnet und verändert. Was sich nicht verändert hatte, war sein Mitgefühl; es hat Bestand gehabt und wurde verstärkt durch all das, was er ansehen mußte und was er in seinem außergewöhnlichen Leben vollbracht hat.

Epilog:

Die Lehren aus Fritz Gräbes Leben oder: Woher rührten seine Einstellung und seine Kraft?

Die Vernichtung der europäischen Juden durch die Nazis hat der Menschheit ein erschreckendes und zugleich entstelltes Bild von sich selbst vermittelt. Als die ersten Befreier auf die Vernichtungslager Mittel- und Osteuropas stießen, die zahllosen Massengräber ausfindig machten und in lähmendem Entsetzen den Augenzeugenberichten der Überlebenden lauschten, sahen sie sich mit der schwierigen Frage konfrontiert: Was für eine Art Mensch wird zum Völkermörder? Diese erste und dringlichste Frage der Holocaust-Forschung zielt aber nur auf einen Aspekt in dem komplexen, mehrdimensionalen Abschnitt der Geschichte.

Im Brennpunkt der wissenschaftlichen Auseinandersetzung mit dem Holocaust stand und steht die Beschäftigung mit der Grausamkeit, der Gleichgültigkeit und der Mißachtung selbst der grundlegendsten menschlichen Werte. Wissenschaftler, Schriftsteller und Studenten bemühen sich, die Ursprünge der Verbrechen zu begreifen. Sie untersuchen jeden verborgenen Winkel des menschlichen Wesens auf einen Anhaltspunkt für bestimmte genetisch oder individuell bedingte Verhaltensweisen, die eine Erklärung, eine Rechtfertigung oder eine Entschuldigung für das Geschehene zu liefern vermögen. Die Entwicklung des Holocaust nachzuzeichnen und sie in ihrer Bedeutung für die Gegenwart zu untersuchen, ist auch deshalb so wichtig, weil die Menschheit innerhalb von nur einer Generation zum Zeugen des Übergangs von der Theorie und Praxis des Völkermords zur Möglichkeit der atomaren Zerstörung des Erdballs wurde. Weil wir den Eindruck haben, daß die Vergangenheit möglicherweise nur ein Vorspiel war, macht uns Elie Wiesels Bemerkung so zu schaffen, daß »wir, wie mir scheint, die Zerstörung der Welt verhindern könnten, wenn uns das Mysterium von Auschwitz erklärlich wäre«.[9]

Richter Moshe Bejski vom Obersten Gerichtshof Israels und Vorsitzender des Untersuchungsausschusses zur Ernennung der Gerechten in Yad Vashem, stellte 1974 eine Frage in den Raum, die der Holocaust-Forschung nachdrücklich eine Neuausrichtung empfahl. »Was waren die Gründe dafür, daß es in den etwa zwanzig Staaten unter nationalsozialistischer Besatzung, die zusammen eine Bevölkerung von mehr als einhundert Millionen Menschen zählten, nur so wenige Menschen gab, die denen zu helfen bereit waren, die während dieses Zeitraums so dringender Unterstützung bedurften?«[10]

Wenn Menschen von der Lebensgeschichte Fritz Gräbes hören, fragen sie häufig, was ihn veranlaßt hat, solche Gefahren auf sich zu nehmen. Woher rührten seine Überzeugungen, seine Charakterstärke und seine Fähigkeiten im Widerstand gegen die Herrschenden und die zerstörerischen Kräfte seines Kulturkreises? Die weit quälendere Frage ist sehr stark persönlicher Natur: Würde ich selbst fähig und willens sein, derartige Gefahren auf mich zu nehmen, wenn ich an Fritz Gräbes Stelle gewesen wäre?

Gräbes Leben legt uns Zeugnis darüber ab, daß es neben Mord und Brutalität in der Ära des Nationalsozialismus noch eine andere Seite gibt. Die wenigen tausend Männer, Frauen und Kinder, die oft unter großen Gefahren Rettungsaktionen durchführten, ohne dabei einen Gedanken an Belohnung zu verschwenden, haben ein gewisses Gegengewicht in der Selbstwahrnehmung und Selbstachtung der Menschheit nach Auschwitz geschaffen. Die Lehren aus den Taten der Retter bestärken uns darin, im Alltag Güte und Freundlichkeit an den Tag zu legen. Ihr Vorbild ist heute so nötig, weil die meisten gefährdeten Menschen Mächten ausgesetzt sind, die zufällig und unvorhersehbar über sie hereinbrechen. Als moralische Vorbilder zeigen sie uns eine Lebenshaltung, die auf klaren, humanen Normen beruht und die Vielfalt der menschlichen Ethnien, Kulturen und Religionen bewahren will.

Fritz Gräbe und die Mehrzahl der übrigen Retter lehnen die Bezeichnung ›Held‹ für sich ebenso strikt ab wie alles, was mit Vorstellungen von Heroismus zu tun hat. Die meisten von ihnen sehen ihre Taten als einfache, häufig unzulängliche Gesten menschlichen Anstands. Sie sagen nur, daß sie in den schlimmsten Zeiten und unter schwierigen Umständen ihr Möglichstes getan haben, um zu helfen. Sie sagen, daß sie nur das taten, was jeder von uns getan haben würde oder zumindest getan haben sollte. Dennoch zeigt sich der Menschheit in ihrem Verhalten, das meist auf christlichen Werten beruht, ein zeitgenössischer Barmherziger Samariter.

Sind diese Retter Übermenschen, irgendwie abgehoben von ganz gewöhnlichen Menschen? Was befähigte sie dazu zu tun, was sie taten? Bis in die jüngste Gegenwart hinein haben nur zwei oder drei Sozialwissenschaftler die Entstehung des moralischen Verhaltens der Judenretter in der Zeit des Nationalsozialismus untersucht. Perry Londons Arbeit war die früheste systematische Studie dieser Form von altruistischem Verhalten. London, der zu diesem Thema in den frühen sechziger Jahren arbeitete, machte bei den Rettern insgesamt drei wichtige Charaktereigenschaften aus, die ihnen allen eigen waren.[11] Diese Eigenschaften waren erstens »Abenteurergeist«, zweitens »Identifikation mit einem moralisch starken Elternteil«; und drittens bewegten sich alle eher am »Rand der Gesellschaft«.

Wir haben Fritz Gräbes Risikofreudigkeit schon beobachten können, als er vier Jahre damit zubrachte, sich im Selbstversuch das Stottern abzugewöhnen. Mit derselben Einstellung mußte er sich wegen der Nachwirkungen seiner Sprachbehinderung weitestgehend selbst auf die Prüfungen für das Ingenieursdiplom vorbereiten. Auch bei seinen späteren Anstalten in der Nazizeit, sich der Einberufung durch die Wehrmacht zu entziehen; bei seinem Vordringen in den Todesbezirk auf dem Exerzierplatz in Rowno, als er Dr. Pütz entgegentrat, um seine jüdischen Arbeiter zu retten; schließlich bei seinem Auftritt in der Gestapo-Leitstelle in Köln kam ihm diese Einstellung zugute.

Gräbe bereitete seine schwierigen und dazu hochriskanten Aktivitäten umsichtig vor, was ihn darin bestärkte, seine selbstlosen Unternehmungen fortzusetzen. Er suchte nicht den Nervenkitzel und nahm nichts auf die leichte Schulter. Gräbes Risikobereitschaft war vernunftgeleitet, kalkuliert und zweckbestimmt.

Zu Londons wichtigsten Untersuchungsergebnissen zählt die direkte Verbindung des moralischen Vorbilds der Eltern auf individuelle Verhaltensmuster. Gräbes Mutter, Louise Kinkel-Gräbe, war sein wichtigstes moralisches Vorbild. Sie vertrat festgefügte, unverrückbare Ansichten über gut und böse. Sie formulierte ihre Überzeugungen und Wertvorstellungen deutlich und versuchte ebenso deutlich, sie anschließend in die Tat umzusetzen. Sie legte Wert auf Eigenschaften wie Aufrichtigkeit, Zuverlässigkeit, Einfühlungsvermögen, Verständnis und Selbstsicherheit. Und sie hielt Fritz wiederholt dazu an, sich schwerwiegenden Entscheidungen zu stellen, die Grundlage für ein besseres Leben anderer Menschen sein könnten.

Louise Gräbe war ein sehr religiöser Mensch, der in der lutherischen Tradition aufgewachsen war. Bestimmte Vorfälle in ihrer Kirchengemeinde ließen sie jedoch Abstand von der Amtskirche halten. Sie war auch keinesfalls konfessionell engstirnig, sondern zeigte vielmehr großes Interesse für Fragen der Ökumene und der Gleichheit aller Menschen vor Gott. Wohltätig und aufrichtig zu sein, diese Eigenschaften lehrte sie ihren Sohn und erwartete von ihm, daß er sie in seinem Leben in die Tat umsetzte.

Frau Gräbes Glaubenshaltung bezog sich auf Lehren wie die der Goldenen Regel: »Alles nun, was ihr wollt, daß euch die Leute tun sollen, das tut ihnen auch!« (Matthäus 7,12), auf Gleichnisse des Mitgefühls wie die des Barmherzigen Samariters (Lukas 10,25-37) und des Weltgerichts (Matthäus 25,31-46), sowie auf die Maxime: »Du sollst deinen Nächsten lieben wie dich selbst« (Matthäus 22,39). In einer sehr einfühlsamen Art und Weise pflegte sie diese Normen in ihre Gespräche mit dem jungen Fritz einzuflechten und die darin enthaltenen Lehren zu benutzen, um die Grundlagen ihres Verhaltens gegenüber anderen zu erläutern. Von seiner Mutter hat Gräbe gesagt: »Sie war für mich die starke moralische Persönlichkeit, sie wußte, was gut oder böse war.« In einem weiteren Gespräch bemerkte er: »Sie erkannte Menschen um ihrer selbst willen an, nicht weil jemand anders ihr von ihnen erzählt oder sich zu ihren Ungunsten ausgesprochen hatte.«

Londons drittes Merkmal bezieht sich auf die gesellschaftliche Außenseiterstellung. Dieses schwer zu bemessende Wesensmerkmal berücksichtigt, ohne darauf beschränkt zu sein, die Zugehörigkeit zu einer bestimmten Gesellschaftsschicht, die Mitgliedschaft in politischen Vereinigungen, den politischen Standpunkt, die wirtschaftliche Lage, die religiösen Überzeugungen sowie die Religionsausübung, den Bildungsstand, den Wohnort, Herkunft, Lebensstil und weitere personenbezogene Variablen. Fritz Gräbe etwa wurde durch das Stottern zum Gegenstand des Gespötts seiner Altersgenossen, wodurch er sich seiner Ausgegrenztheit und seiner damit verbundenen gesellschaftlichen Außenseiterrolle bewußt wurde. Seine Familie war arm, aber durchaus angesehen. Seine Mutter sprach einen für die Gegend, in der die Familie Gräbe wohnte, ungewöhnlichen Dialekt. Auch dieser Umstand trug zu Gräbes Außenseiterstellung bei. Die Verbindung der Familie zu Juden ließ sie gesellschaftlich quer zur antisemitischen Entwicklung der Kultur ihres Lebenskreises stehen. Gräbes Einstellung gegenüber der nationalsozialistischen Partei ließ ihn ebenfalls als Außenseiter erscheinen. Er hat das wie folgt beschrieben: »Ich marschierte nach meiner eigenen Melodie. Ich hatte nicht gelernt, politisch zu sein. Deshalb habe ich mich dem Nationalsozialismus weder aus ideologischen Gründen widersetzt, noch aus diesen Gründen zunächst unterstützt.

Ich geriet zu ihm in Opposition, als ich persönlich zum Zeugen seiner Ungerechtigkeit und Unmenschlichkeit wurde.«

Eine weitere Eigenschaft, die Gräbe als gesellschaftlichen Außenseiter erscheinen läßt, war seine Unabhängigket vom Lob anderer. »Meine Mutter drängte mich stets dazu, das zu tun, was ich für das jeweils Beste und Richtige hielt – unabhängig vom Urteil anderer. Ich bedaure es nicht, daß ich mein ganzes Leben lang ihren Unterweisungen Folge geleistet habe, und es ist mir sehr gut bekommen.« Der Wunsch nach Anerkennung oder sklavische Anpassung an gesellschaftliche Konventionen bringen eben keinen Menschen dazu, vier lange Jahre das Leben tausender Menschen zu retten, die die Öffentlichkeit als ›Ungeziefer‹ brandmarkt, und dabei die sofortige Hinrichtung zu riskieren.

Ich davon überzeugt, daß es noch weitere Faktoren gab, die zur Herausbildung von Rettern wesentlich beigetragen haben. Ich habe dank zweier Stipendien, das eine ein Graduiertenstipendium des Oregon Committee for the Humanities und das andere von der Memorial Foundation for Jewish Culture, die Retter und Geretteten in verschiedenen Ländern interviewen können. Bei meiner ersten wissenschaftlichen Arbeit erfuhr ich dabei von Fritz Gräbe. Während ich die Retter befragte, ihre Akten in Yad Vashem durchsah und die Rettungstaten aus Sicht der geretteten Juden aufzeichnete, begann allmählich ein deutliches Muster sichtbar zu werden. Das Leben dieser Menschen wurde und wird in der Tat von den gleichen Antriebskräften bestimmt. Zusätzlich zu den drei von Perry London entdeckten Merkmalen habe ich insgesamt sieben unterscheidbare Charakterzüge des anteilnehmenden Menschen – des Retters – ausgemacht. Weiter unten werde ich sie aufzählen und anhand von Beispielen aus Gräbes Leben erläutern, auch wenn die angeführten Kategorien aus einer weit größeren Zahl von Interviews hervorgegangen sind. Wichtig ist mir, daß diese Charakterzüge Fähigkeiten sind, die von jedermann gelernt und von den Eltern selbstverständlich auch gelehrt werden können.

Der erste Charakterzug ist eine *mitfühlende Vorstellungskraft*. Im Wesenskern besteht mitfühlende Vorstellungskraft aus der Fähigkeit, sich selbst in die Lage oder Rolle eines anderen Menschen zu versetzen und das Ergebnis sowie die langfristigen Folgewirkungen einer bestimmten Handlung für Lage oder Rolle dieses Menschen abzuschätzen. Es bedarf einer gewissen schauspielerischen Fähigkeit, sich auf diesen gedanklichen Rollentausch einzulassen und sich in das Leben eines anderen hineinzuversetzen.

Gräbe verfügte über eine lebendige Vorstellungskraft und entwickelte mit der Zeit die mitfühlende Vorstellungskraft. Er war in den Kriegsjahren imstande, sich in die Situation der gefährdeten Juden hineinzuversetzen. Gräbe erinnert sich an eine Gewohnheit seiner Mutter, die in seinem Leben schon früh zur Herausbildung der mitfühlenden Vorstellungskraft führte. Regelmäßig und in den unterschiedlichsten Situationen pflegte Louise Gräbe ihren Sohn zu fragen: »Und, Fritz, was würdest du jetzt an meiner Stelle tun?« Das war nie bloß rhetorisch gemeint. Frau Gräbe benutzte die Frage mit pädagogischer Absicht und erwartete darauf von ihm eine Antwort, die sie auch stets erhielt. Als seine Mutter ihre Schwester im Gefängnis besuchte, fragte der junge Gräbe seine Mutter, warum sie an ihren Haftbesuchen trotz des starken innerfamiliären Drucks und trotz des Ärgers mit den Eltern festhielt. Kurz und knapp erläuterte sie ihm ihre Beweggründe. In ihrer Erklärung kam das Einfühlungsvermögen, das ihr Leben beherrschte, klar heraus. Anschließend fragte sie ihren Sohn: »Und, Fritz, was würdest du jetzt tun?« Weil sie ihre Wertvorstellungen vor dem Hintergrund ihrer Sorgen um die Schwester erläuterte, war der Boden bereitet für eine altruistisch geprägte Antwort ihres Sohnes. So konnte sich sein Einfühlungsvermögen allmählich entwickeln.

Wie stark sich Gräbes einfühlende Vorstellungskraft entwickelt hatte, zeigte sich eindrucksvoll am Rande des Massengrabes in Dubno. Dort beobachtete er einen gleichaltrigen, nackten jüdischen Mann, den er nicht kannte. Der Mann zeigte zum Himmel und sprach mit seinem Sohn, nur Augenblicke bevor die beiden über eine vorspringende Kante in das Massengrab hinabstiegen, wo sie von Soldaten der Einsatzgruppe ermordet wurden. In der Vorstellung Fritz Gräbes wurden aus den beiden Juden er und sein eigener Sohn, die am Rande der Grube standen. Während er sich niedergeschlagen vom Schauplatz fortbewegte, schoß ihm die Frage seiner Mutter durch den Kopf: »Und, Fritz, was würdest du jetzt tun?«

Der zweite Charakterzug ist *die Fähigkeit, Herr über kritische Situationen zu bleiben und sich selbst darzustellen.* Gräbe lernte verschiedene schauspielerische Fertigkeiten, sei es durch eine kleine Rolle in einer Schulaufführung, durch die Betrachtung der Aufführungen einer Operettentruppe oder auch seinen Selbstunterricht, um sich das Stottern abzugewöhnen. Er war ein guter Schauspieler, der beinahe jeden Auftritt in dem Rettungsdrama von der ersten bis zur letzten Szene beherrschte.

Die Selbstdarstellung ist beim zweiten Charakterzug wesentlich für den Ausgang von nicht alltäglichen Situationen. Gräbe handelte zweckbestimmt und zielbewußt, sowohl, wenn er einen kleinen Behördenleiter umgarnte, als auch bei der unglaublichen Konfrontation mit Dr. Pütz im Todesbezirk von Rowno.

Gräbe arbeitete sehr zielorientiert und probte seine Auftritte im Hinblick auf den zu erreichenden Zweck, wie sich an den Vorbereitungen für den Auftritt zeigte, bei dem er Maria zur Nichtjüdin konvertierte. Dabei dachte er sogar daran, seine Atemgeschwindigkeit zu kontrollieren, seine Körperhaltung bewußt einzusetzen, seine Kleidung richtig zu wählen, sich auf den Ort des Aufeinandertreffens einzustellen und die Szenerie sofort beim Eintreffen ›auf der Bühne‹ zu überprüfen. Kein Mensch aber ist dazu in der Lage, jeden Auftritt exakt vorherzubestimmen oder das gewünschte Ergebnis vorherzusagen. Daher muß betont werden, daß Gräbe auf der Fahrt zum jeweiligen Schauplatz der Auseinandersetzung oder in seiner freien Zeit die möglichen

Handlungsabläufe vorauszusehen und allgemein die Kriegsentwicklung mit ihren Folgen für seine Rettungsbemühungen abzuschätzen versuchte. So konnte er nie von Ereignissen überrascht werden, die möglicherweise sein Handeln erforderten.

Der dritte Charakterzug ist *Vorausschauen für ein zielbewußtes Leben*. Um selbstlos handeln zu können, muß ein Mensch sowohl eine aktive als auch soziale Lebenshaltung einnehmen.[12] Aktives (im Gegensatz zu reagierendem) und soziales (im Gegensatz zu unsozialem) Verhalten ist gekennzeichnet durch: 1. eine sorgfältige Vorbereitung, um kooperativ und verantwortungsbewußt zu handeln; 2. das Vorhersehen günstiger Gelegenheiten, um das Leben oder die Lebensumstände anderer günstig beeinflussen zu können; und 3. die wirksame Förderung des eigenen Wohlbefindens und des Wohlbefindens anderer.

Dieser Charakterzug bringt den Wunsch, fürsorglich und nützlich zu sein, mit den dafür notwendigen Fähigkeiten zusammen. Vor die Wahl gestellt, würden die meisten Menschen lieber fürsorglich und nützlich sein als das Gegenteil. Damit ein Mensch verläßlich altruistisch handelt, müssen aber noch die nötigen Fähigkeiten dazukommen. Beide Elemente des Vorausschauens für ein zielbewußten Lebens können gelehrt, gelernt, erprobt und praktiziert werden.

In Gräbes Leben kamen beide Elemente zusammen. Unmittelbar nach seiner Entscheidung für die Rettungsanstrengungen in großem Maßstab begann er damit, die Wirkungen seiner Handlungen abzuschätzen. Er machte das mit dem Instrumentarium seines Berufs: Planung und Entwurf. Selbstverständlich waren Spielräume für Abweichungen, wechselnde Standpunkte und nicht vorhersehbare Ereignisse nötig. Seine Fähigkeit, eine eigene Strategie zu entwickeln und zu erproben, und sein vorsichtiges Abwägen von Restrisiken ließen Absichten und Resultate nicht zu weit auseinanderfallen, was Gräbe von den stärker spontanen und zufallsbedingten (und oft erfolglosen) Aktivitäten der weniger methodisch vorgehenden Retter unterschied.

Die ebenso beunruhigende wie bedauerliche Schlußfolgerung der meisten Untersuchungen zu barmherzigem Verhalten lautet, daß die Opfer zufälligen und unvorhersehbaren Einflüssen von außen ausgesetzt sind. Ohne Vorbereitung auf aktives und soziales, mitfühlendes und helfendes Handeln sind die vom Wunsch zu helfen Beseelten oft nicht in der Lage, ihre guten Absichten in Taten umzusetzen.

Der vierte gemeinsame Charakterzug der Retter aus der Zeit des Nationalsozialismus ist, daß die meisten von ihnen *schon vor dem Krieg entscheidende persönliche Erfahrungen mit Leiden und Tod* gemacht hatten. Von zwei dieser Erfahrungen, die Gräbe immer so lebhaft in Erinnerung behalten hat, als hätte er sie gerade erst gestern und nicht schon 1918 gemacht, wurde sein Verhältnis zu möglichen Opfern stark geprägt.

Am Ende des Ersten Weltkrieges beobachtete der noch sehr junge Gräbe Soldaten, die von den Schlachtfeldern zurückkehrten. Er erinnert sich an das von Verbänden verdeckte Gesicht eines jungen Mannes, dem von einem Granatsplitter ein Großteil des Gesichts weggerissen worden war. Fritz erinnert sich noch, wie er damals dachte, daß dieser Mann und seine Leidensgenossen vollkommen unnütz solche Qualen über sich ergehen lassen mußten. Das Bild des Gräfrather Soldaten und die Lektion des Krieges, die sich nur notdürftig unter dem Kopfverband verbergen ließ, blieben seinem Gedächtnis für immer eingeprägt.

Die andere Erfahrung betraf die Mißhandlung von Gräbes körperbehindertem Bruder durch Spielkameraden und Louise Gräbes Reaktion darauf. Sein Mitgefühl mit dem Leiden anderer forderte anteilnehmendes Verhalten heraus und ermutigte ihn zu seiner Entscheidung für die Rettungsaktionen. Das Leiden anderer Menschen stieß ihn weder ab, noch machte es ihm Angst. Es hatte weder eine morbide Attraktion für ihn, noch schwächte es seinen Entschluß zu helfen. Ganz im Gegenteil begriff er Leiden als unangemessen und überflüssig, und versuchte, andere davor zu bewahren.

Die unterschiedlichen Leiderfahrungen der Retter verstärkten spürbar ihr situatives Einfühlungsvermögen. Dabei blieben die Retter von den Traumata, die Tod, Verwundung und Trennung immer auch bedeuten, keineswegs verschont. Die meisten haben berichtet, daß traumatisierende Ereignisse in der Familie verarbeitet werden mußten, wobei die Eltern oft die Verarbeitung lenkten. Der Tod war zu der Zeit noch keine sterile Angelegenheit, die sich in der Anonymität eines aseptischen Krankenhauszimmers abspielte. Todeserfahrungen waren im allgemeinen hochgradig persönlicher Natur.

Der fünfte gemeinsame Charakterzug der Retter war ihre Fähigkeit, die eigenen *Vorurteile zu prüfen und mit ihnen umzugehen.* Oft werden die politischen, gesellschaftlichen und rechtlichen Konventionen einer Gesellschaft durch hartnäckige kulturelle Vorurteile und daraus folgend inhumanem Verhalten gegenüber Minderheiten geprägt. Werden die Vorurteile in Frage gestellt oder durch ein übergreifenderes Weltverständnis ersetzt, kann das zu Gewaltvermeidung beitragen. Alle in meinen Untersuchungen befragten Retter hatten eine Weltsicht entwickelt, in der die Judenverfolgung als moralisch abstoßend aufschien.

Meine Untersuchung hat ergeben, daß Rettungsmaßnahmen eher durchgeführt wurden, wenn die Retter vor den eigentlichen Unterdrückungsmaßnahmen flüchtige oder langanhaltende Freundschaften mit Mitgliedern der stigmatisierten Gruppe pflegten. Auch ein bestimmtes Wissensniveau über das Judentum und das jüdische Leben trugen dazu bei. Gräbe und seine Familie hatten lange vor dem Zweiten Weltkrieg persönliche und gesellschaftliche Verbindungen zu Juden. Gräbe selbst machte mit Juden Geschäfte und seine eigene Familie wurde von einem jüdischen Arzt behandelt. Gräbes Weg zu seinen Rettungsmaßnahmen begann mit dem Protest gegen die Mißhandlung, die der jüdische Kaufmann Max Gottschalk erfuhr. Sein innerer Aufruhr steigerte sich enorm, als er zum Augenzeugen einer Aktion gegen Juden wurde und später, sobald er auf Juden in einer vergleichbaren Situation stieß oder davon erfuhr.

Wenn wir Krisen des menschlichen Verhaltens vorbeugen wollen, müssen wir Menschen Gelegenheit geben, ihre Vorurteile zu überprüfen, tolerante und humanitäre Überzeugungen zu entwickeln und Achtung vor den Unterschieden zwischen Menschen zu entwickeln, bevor Vorurteile und Klischees in Fleisch und Blut übergegangen sind. Freundschaftlicher Umgang oder zumindest eine gewisse Vertrautheit mit Menschen aus anderen Kulturkreisen, mit fremden Gebräuchen und andersartigen Sozialstrukturen, scheint besonders wichtig. 1979 kam Louis Harris in einer Untersuchung für die National Conference of Christians und Jews zu dem Schluß: »Das wichtigste Resultat meiner Studie besteht darin, daß Vertrautheit niemals die Ursache von Verachtung ist. Im Gegenteil, Vertrautheit erzeugt Anerkennung und Achtung.«[13]

Wenige Menschen waren willens, die Gefahren von Rettungsaktionen auf sich zu nehmen. Wer es tat, erzählte selten irgend jemandem sonst davon, allein aus Angst, daß man sie entdecken oder verraten würde. Sogar ihre Ehegatten oder Familien informierten nur sehr wenige Retter. Noch weniger waren in der Lage, ihre Angst zu überwinden und eine kooperierende Gruppe von Rettern aufzubauen. Die sechste Gemeinsamkeit der Retter war daher das *Aufbauen einer Gemeinschaft zur Rettung*. Leider wurde dies nicht von vielen Rettern in die Tat umgesetzt.

Die meisten Rettungen waren isolierte, heimliche Taten aus Großherzigkeit. Diese Retter haben über ihre furchtbare, beinahe zu Untätigkeit zwingende Angst berichtet, die sie ergriff, wann immer sie handelten. Viele von ihnen haben erzählt, daß es oft Wochen und Monate brauchte, bis sie wieder Mut für eine weitere Rettungsaktion hatten. Sie hätten zu gern die Verantwortung mit anderen geteilt, ihren Handlungsspielraum vergrößert und ein wechselseitiges Vertrauensverhältnis zu einem Mitverschworenen gehabt. Es ist das Verdienst dieser unerschrockenen Menschen, ihre Bemühungen dennoch fortgesetzt, ihre Angst und Einsamkeit trotzdem überwunden zu haben.

Wo sich Gruppen von Menschen oder intakte Gemeinschaften auf die Rettungsaufgabe einließen, konnte sehr viel mehr gefährdeten Menschen geholfen werden. Die Gefahr, entdeckt zu werden, war ungeheuer hoch, aber die Erfolge waren ebenso groß. Leider hat es nur äußerst wenige gemeinsame Rettungsanstrengungen gegeben, vermutlich weil nur wenige Gruppen verbindende Wertvorstellungen haben und die Gefahren enorm waren. Die bekanntesten gemeinschaftlichen Rettungsmaßnahmen wurden von religiösen Gruppierungen durchgeführt, die über eine lange verbürgte und wohlbegründete Ethik verfügten. Diese Ethik bildete das einigende Band für ihre Anhänger. Die Hilfsaktionen der Hugenotten aus Le Chambon zugunsten der verfolgten Juden im Zweiten Weltkrieg und einer Franziskaner-Äbtissin zugunsten jüdischer Kinder aus dem Warschauer Ghetto sind die besten Beispiele dafür.

Fritz Gräbes Rettungsbemühungen sind in der Mitte der beiden Extreme anzusiedeln: wiederholte Rettungen durch einen einzelnen und gemeinschaftliche Rettungsaktionen im großen Maßstab. Hätte Gräbe bei seinen Rettungsbemühungen für sich allein gearbeitet, wäre er nicht dazu in der Lage gewesen, hunderte Menschen zu retten und mehreren tausend Flüchtlingen Nahrung, Unterkunft, Arbeit oder Papiere zu verschaffen. Gräbe hatte eine zu hohe Stellung, er war zu verantwortungsbewußt und seine Arbeitsaufgaben stellten zu hohe Anforderungen, um alleine mit großangelegten Rettungsaktionen zu beginnen. Aber er konnte auch nicht mit Verständnis oder Unterstützung von irgend jemandem aus der ukrainischen Bevölkerung in Sdolbunow, Rowno, Kiew oder Poltawa rechnen.

Daher wählte Gräbe sich mit Bedacht die unerschrockensten, geistig wendigsten und einfühlsamsten seiner Mitarbeiter aus, die ihm bei seinen subversiven Operationen helfen konnten. Am Anfang bestand die Gruppe aus Gräbe und sechs weiteren Personen, von denen fünf potentielle Opfer der Nazis waren. Ohne den Beistand und die Widerstandskraft dieser Gemeinschaft hätte

Gräbe niemals zum weitsichtigen Leiter eines erfolgreichen Rettungsnetzwerkes werden können. Da von Nazis keine Unterstützung zu erwarten war, hätten seine Wertvorstellungen niemals Bestätigung erfahren und hätte er sich von seinen Erschöpfungszuständen nicht erholen können. Wäre Gräbe festgenommen, hingerichtet oder aufgrund seines Herzanfalls arbeitsunfähig geworden, hätten immer einer oder mehrere der sechs eingreifen und die Rettungen solange fortsetzen können, bis Ersatzplanungen vorgelegen hätten. Eine Gemeinschaft von Helfern bietet Halt durch eine kollektive Vision und wechselseitige Verantwortung, sie bestärkt durch gemeinsame Werte, unterschiedliche Fähigkeiten und eine Struktur, die effektiv und sicher ist.

Der siebte gemeinsame Charakterzug der Retter ist *die Fähigkeit, ein wohlgesonnenes Umfeld zu schaffen*. Die Retter holten Menschen aus einem hochgradig feindlich gesonnenen Umfeld heraus und verschafften ihnen damit eine Atempause vor den Kräften der Vernichtung. Die Retter versorgten die Betroffenen mit Nahrung, Getränken, Wärme, Ruhe, Schutz und allem, was man zum Leben braucht. Das galt für Freunde und Unbekannte gleichermaßen.

Die meisten Retter, die zu irgendeiner Zeit in ihrem Leben in einer Kirchengemeinde aktiv waren, hatten die Bibeltexte präsent, die sich auf Akte der Gastfreundschaft bezogen. Die am häufigsten angeführte oder umschriebene Textstelle war die vom Barmherzigen Samariter, in der ein zufällig Vorübergehender einem Manne hilft, der einer Räuberbande zum Opfer gefallen ist. Die Unterweisung endet mit dem Auftrag: »So gehe hin und tue desgleichen!« (Lukas 10,37) Die am zweithäufigsten benannte Stelle war die Parabel aus Matthäus 25, in der Jesus Fürsorge und Gastfreundschaft zuteil wurde, als er gefangen, ohne Bekleidung, krank, hungrig, durstig und ein Fremder war. Jesus leitet daraus die Forderung an seine Jünger ab, sich gastfreundlich zu verhalten: »Was ihr getan habt einem unter diesen meinen geringsten Brüdern, das habt ihr mir getan.« (Matthäus 25,40)

In seiner Kindheit konnte Fritz Gräbe immer wieder Beispiele für solche Gastfreundschaft erleben, die auf biblischen Vorbildern beruhte. Obwohl seine Familie insgesamt nur über geringe Mittel verfügte, besaß sie doch stets genug, um mit einem hilfsbedürftigen Besucher zu teilen. Louise Gräbe unterstützte das mildtätige Werk der Schwester Angelika regelmäßig. Menschen in Not wurden im Haus der Gräbes nicht einfach abgewiesen.

Fritz Gräbes Handlungen in der Ukraine können vom Standpunkt der Gastfreundschaft aus verstanden werden. Er brachte es fertig, eine schwierige und anspruchsvolle Arbeitsaufgabe zu erledigen, und gleichzeitig Juden zu retten und sich um ihre Bedürfnisse zu kümmern. Während er sich gegen Unzufriedene und Denunzianten absichern mußte, war er zugleich damit beschäftigt, Schuhe, warme Kleidung, Arzneimittel und gefälschte Dokumente zu organisieren.

Gastfreundschaft ist ein besonders gutes Übungsgebiet für uneigennütziges Verhalten. Der katholische Theologe Henri J. M. Nouwen hat die wesentlichen Eigenschaften von Gastfreundschaft folgendermaßen beschrieben: »In einer Welt voller Fremder, die ihrer eigenen Vergangenheit, ihrer Kultur, ihrem Land, ihren Nachbarn, Freunden, ihrer Familie, ihrem tiefsten Inneren und ihrem Gott entfremdet sind, erkennen wir eine schmerzhafte Suche nach einem gastlichen Ort, wo ein Leben ohne Angst geführt werden kann. Es ist unsere Berufung, den *hostis* in einen *hospes*, den Feind in einen Gast zu verwandeln und einen angst- und vorurteilsfreien Ort zu erschaffen, an dem Brüder- und Schwesterlichkeit entstehen und vollständig zum Ausdruck gebracht werden können.«[14]

Die Charakterzüge, die ich bei allen Rettern gefunden habe, können gelehrt und gelernt werden. In dem Maße, wie sie erlernt und angewandt werden, kann Menschen in Bedrängnis unmittelbar und sinnvoll geholfen werden. Sie entwickeln sich keineswegs aus dem Nichts oder fliegen den Menschen aus Versehen zu, sondern müssen erlernt und immer wieder geübt werden.

Nachweise
und Anmerkungen

[1] Martin Luther King, Jr., »I've Been to the Mountain Top« 3. April 1968, Memphis, Tennessee, Atlanta. The Martin Luther King, Jr., Center for Social Change, Library Documentation Project. Deutsche Übersetzung: Martin Luther King, *Testament der Hoffnung. Letzte Reden, Aufsätze und Predigten*, Gütersloh 1989, S. 115.

[2] Raul Hilberg, *The Destruction of the European Jews*, New York, New Viewpoints, 1973, S. 192.

[3] Rita Thalmann und Emmanuel Feinermann, *Crystal Night, 9.-10. November 1938*, New York, Coward, McCann and Geoghegen, 1974, S. 89.

[4] Arthur D. Morse, *While Six Million Died. A Chronicle of American Apathy*, New York, Hart Publishing Company, 1967, S. 51.

[5] Robert H. Jackson, *The Nürnberg Case*, New York, Alfred Knopf, 1947, S. 52.

[6] Die Informationen zu diesem Kapitel stammen zum Teil aus der zweiundvierzig Bände umfassenden Sammlung: *Trial of the Major War Criminals Before the International Military Tribunal Nuremberg 14. November 1945 – 1. Oktober 1946*, Nürnberg 1947.

[7] »Report Nazi Alive in Poland Despite 1959 Death Sentence«, *The Northern California Jewish Bulletin* (11. März 1983), S. 17.

[8] William L. Shirer, *The Rise and Fall of the Third Reich: A History of Nazi Germany*, New York, Simon and Schuster, 1960, S. 961.

[9] Abe Peck, »Elie Wiesel: Still Quarreling with his God«, San Francisco Examiner/Chronicle (18. März 1979), S. 3.

[10] Moshe Bejski, »The Righteous Among the Nations and Their Part in the Rescue of Jews«, in: *Rescue Attemps During the Holocaust*, Proceedings of the Second Yad Vashem International Historical Conference, 8 - 11 April 1974, Jerusalem, »Ahva« Cooperative Press, 1977, S. 627.

[11] Perry London, »The Rescuers: Motivational Hypotheses About Christians Who Saved Jews from the Nazis.« In: *Altruism and Helping Behavior. Social Psychological Studies of Some Antecedents and Consequences*, herausgegeben von J. Macaulay and L. Berkowitz, New York, Academic Press, 1970.

[12] Die Forschung über dieses Wesensmerkmal geht auf Dr. Susan Gilmore und Dr. Patrick Farleigh in ihrer Pionierarbeit mit ›Cricket International‹ zurück. Weitergehende Informationen sind über die Autoren in 2744 Friendly Street, Eugene, Oregon 97405 zu bekommen.

[13] The Louis Harris Associates, »Attitudes Toward Racial and Religious Minorities and Toward Women«, New York: National Conference of Christians and Jews, 1979.

[14] Henri J. M. Nouwen, *Reaching Out. Three Movements of the Spiritual Life*, New York, Doubleday and Company, 1975, S. 46 f.

Anhang I

Die Nürnberger Protokolle I und II

Die beiden folgenden Dokumente sind die beeideten Zeugenaussagen, die Hermann Friedrich Gräbe am 10. November 1945
in Wiesbaden vor Major Homer B. Crawford abgegeben hat.
Crawford leitete in der US-Army-Einheit für die Untersuchung
von Kriegsverbrechen die Verhöre.

Das Nürnberger Protokoll I

Ich, Hermann Friedrich Graebe, erkläre unter Eid:

*Von September 1941 bis Januar 1944 war ich Geschäftsführer und
leitender Ingenieur einer Zweigstelle der Baufirma Josef Jung, Solingen, mit Sitz in Sdolbunow, Ukraine. Als solcher hatte ich die Baustellen der Firma zu besuchen. Die Firma unterhielt u. a. eine Baustelle in
Rowno, Ukraine.*

*In der Nacht vom 13. zum 14. Juli 1942 wurden in Rowno alle In-
sassen des Ghettos, in dem sich noch ungefähr 5000 Juden befanden, liquidiert.*

*Den Umstand, wie ich Zeuge der Auflösung des Ghettos wurde, die
Durchführung der Aktion während der Nacht und am Morgen, schil-
dere ich wie folgt:*

*Als Arbeiter für die Firma beschäftigte ich in Rowno außer Polen,
Deutschen und Ukrainern, auch etwa 100 Juden aus Sdolbunow, Ostrog und Mysotsch. Die Männer waren in einem Hause, Bahnhofstraße
5, innerhalb des Ghettos untergebracht, die Frauen in einem Hause Ek-
ke Deutsche Straße 98.*

*Am Samstag, den 11. Juli 1942, erzählte mir mein Polier Fritz Ein-
sporn von einem Gerücht, daß am Montag alle Juden in Rowno liquidiert werden sollten. Obwohl die bei meiner Firma in Rowno beschäf-*

tigten Juden zum allergrößten Teil nicht aus dieser Stadt waren, be-
fürchtete ich doch, daß sie mit in die gemeldete Aktion fallen würden.
Ich ordnete daher an, daß Einsporn am Mittag desselben Tages alle bei
uns beschäftigten Juden, Männer wie Frauen, nach Sdolbunow, etwa
12 km von Rowno, in Marsch setzen solle. Dieses geschah auch.

Dem Judenrat war der Abzug der jüdischen Arbeiter meiner Firma
bekannt geworden, er wurde noch am Nachmittag des Samstag beim
Kommandeur der SP und des SD in Rowno, SS-Sturmbannführer Dr.
Pütz, vorstellig, um Gewißheit über das Gerücht der bevorstehenden Ju-
denaktion, das durch das Abziehen der Juden meiner Firma noch genährt
wurde, zu erhalten. Dr. Pütz stellte das Gerücht als plumpe Lüge hin
und ließ im übrigen das polnische Personal meiner Firma in Rowno ver-
haften. Einsporn entging der Verhaftung durch Flucht von Sdolbunow.
Als ich von dem Vorfall Kenntnis erhielt, ordnete ich an, daß alle von
Rowno abgezogenen Juden am Montag, den 13. Juli 1942, die Arbeit in
Rowno wieder aufzunehmen hatten. Ich selbst ging am Montag vor-
mittag zum Kommandeur Dr. Pütz, um einesteils Gewißheit über das
Gerücht einer Judenaktion zu erhalten, zum anderen wegen Auskunft
um die Verhaftung des polnischen Büropersonals. SS-Sturmbannführer
Dr. Pütz erklärte mir, daß keinesfalls eine Aktion geplant sei. Dieses wä-
re ja auch widersinnig, da den Firmen und der Reichsbahn dann wert-
volle Arbeiter verloren gingen.

Eine Stunde später erhielt ich eine Vorladung zum Gebietskommissar
in Rowno. Sein Vertreter, Stabsleiter Ordensjunker Beck, nahm das
gleiche Verhör wie bei dem SD vor. Meine Erklärung, daß ich die Juden
wegen einer dringenden Entlausung nach Hause geschickt hatte,
schien ihm glaubhaft. Er erzählte mir dann, mit der Verpflichtung zum
Schweigen, daß tatsächlich am Abend des Montag, also den 13. Juli
1942, eine Aktion stattfinden werde. Ich erreichte nach einer längeren
Verhandlung, daß er mir die Erlaubnis gab, meine jüdischen Arbeiter
nach Sdolbunow nehmen zu dürfen, allerdings aber erst nach der
Aktion. Während der Nacht müsse ich das Haus im Ghetto selbst vor
dem Eindringen ukrainischer Miliz oder SS schützen. Als Bestätigung
der Besprechung gab er mir ein Schreiben des Inhalts, daß die jüdischen

Arbeiter der Firma Jung nicht unter die Aktion fallen. (Siehe Dokument.)

Am Abend dieses Tages fuhr ich nach Rowno und stellte mich mit Fritz Einsporn vor das Haus Bahnhofstraße, in dem die jüdischen Arbeiter meiner Firma schliefen. Kurz nach 22.00 Uhr wurde das Ghetto durch ein großes SS-Aufgebot und eine etwa 3-fache Anzahl ukrainischer Miliz umstellt und daraufhin die im und um das Ghetto errichteten elektrischen Bogenlampen eingeschaltet. SS- und Miliztrupps von je 4 bis 6 Personen drangen nun in die Häuser ein oder versuchten einzudringen. Wo die Türen und Fenster verschlossen waren und die Hauseinwohner auf Rufen und Klopfen nicht öffneten, schlugen die SS- oder Milizleute die Fenster ein, brachen die Türen mit Balken und Brecheisen auf und drangen in die Wohnungen ein. Wie die Bewohner gingen und standen, ob sie bekleidet oder zu Bett lagen, so wurden sie auf die Straße getrieben. Da sich die Juden in den meisten Fällen weigerten und wehrten, aus den Wohnungen zu gehen, legten die SS- und Milizleute Gewalt an. Mit Peitschenschlägen, Fußtritten und Kolbenschlägen erreichten sie schließlich, daß die Wohnungen geräumt wurden. Das Austreiben aus den Häusern ging in einer derartigen Hast vor sich, daß die kleinen Kinder, die im Bett lagen, in einigen Fällen zurückgelassen wurden. Auf der Straße jammerten und schrien die Frauen nach ihren Kindern, Kinder nach ihren Eltern. Das hinderte die SS nicht, die Menschen nun im Laufschritt unter Schlägen über die Straßen zu jagen, bis sie zu dem bereitstehenden Güterzug gelangten. Waggon auf Waggon füllte sich, unaufhörlich ertönte das Geschrei der Frauen und Kinder, das Klatschen der Peitschen und die Gewehrschüsse. Da sich einzelne Familien oder Gruppen in besonders guten Häusern verbarrikadiert hatten und auch die Türen mittels Brecheisen und Balken nicht aufzubringen waren, sprengte man diese mit Handgranaten auf. Da das Ghetto dicht an dem Bahnkörper von Rowno lag, versuchten junge Leute über die Schienenstränge und durch einen kleinen Fluß aus dem Bereich des Ghettos zu entkommen. Da dieses Gelände außerhalb der elektrischen Beleuchtung lag, erhellte man dieses durch Leuchtraketen. Während der ganzen Nacht zogen über die erleuchteten Straßen die geprügelten, gejagten und verwundeten Menschen. Frauen trugen in ihren Armen tote Kinder, Kinder schleppten und schleiften an Armen und Beinen ihre toten Eltern über die Straßen zum Zuge. Immer wieder hallten durch das Ghettoviertel die Rufe »Aufmachen! Aufmachen!«

Ich entfernte mich gegen 6 Uhr früh für einen Augenblick und ließ Einsporn und einige andere deutsche Arbeiter, die inzwischen zurückgekommen waren, zurück. Da nach meiner Ansicht die größte Gefahr vorbei war, glaubte ich, dieses wagen zu können. Kurz nach meinem Weggang drangen ukrainische Milizleute in das Haus Bahnhofstraße 5 ein und holten 7 Juden heraus und brachten sie zu einem Sammelplatz innerhalb des Ghettos. Bei meiner Rückkehr konnte ich ein weiteres Herausholen von Juden aus diesem Hause verhindern. Um die 7 Leute zu retten, ging ich zum Sammelplatz. Auf den Straßen, die ich passieren mußte, sah ich Dutzende von Leichen jeden Alters und beiderlei Geschlechts. Die Türen der Häuser standen offen, Fenster waren eingeschlagen. In den Straßen lagen einzelne Kleidungsstücke, Schuhe, Strümpfe, Jacken, Mützen, Hüte, Mäntel und so weiter. An einer Hausecke lag ein kleines Kind von weniger als einem Jahr mit zertrümmertem Schädel. Blut und Gehirnmasse klebte an der Hauswand und bedeckte die nähere Umgebung den Kindes. Das Kind hatte nur ein Hemdchen an. Der Kommandeur, SS-Sturmbannführer Dr. Pütz, ging an etwa 80 bis 100 am Boden hockenden männlichen Juden auf und ab. Er hielt in der Hand eine schwere Hundepeitsche. Ich ging zu ihm, zeigte ihm die schriftliche Genehmigung des Stabsleiters Beck und forderte die 7 Leute, die ich unter den am Boden Hockenden erkannte, zurück. Dr. Pütz war sehr wütend über das Zugeständnis Becks und unter keinen Umständen zu bewegen, die 7 Männer freizugeben. Er machte mit der Hand einen Kreis um den Platz und sagte, wer einmal hier wäre, der käme nicht mehr fort. Obzwar sehr ungehalten über Beck, gab er mir auf, die Leute im Hause Bahnhofstraße 5 bis spätestens um 8 Uhr aus Rowno zu führen. Beim Weggang von Dr. Pütz bemerkte ich einen ukrainischen Bauernwagen, bespannt mit 2 Pferden. Auf dem Wagen lagen tote Menschen mit steifen Gliedern. Arme und Beine ragten über den Kasten des Wagens heraus. Der Wagen fuhr in Richtung zum Güterzug. Die verbliebenen 74 in dem Hause eingeschlossenen Juden brachte ich nach Sdolbunow.

Einige Tage nach dem 13. Juli 1942 bestellte der Gebietskommissar von Sdolbunow, Georg Marschall, alle Firmenleiter, Reichsbahnräte, OT-Führer und so weiter zu sich und gab bekannt, daß sich die Firmen und so weiter darauf vorbereiten sollten, daß in absehbarer Zeit die Juden umgesiedelt werden würden. Er wies auf die Aktion von Rowno hin, wo man alle Juden liquidiert, das heißt in der Nähe von Kostopol erschossen hatte.

Ich machte die vorstehenden Angaben in Wiesbaden, Deutschland, am 10. November 1945. Ich schwöre bei Gott, daß dies die reine Wahrheit ist.

Hermann Friedrich Graebe

Das Nürnberger Protokoll II

Ich, Hermann Friedrich Graebe, erkläre unter Eid:

Von September 1941 bis Januar 1944 war ich Geschäftsführer und leitender Ingenieur einer Zweigstelle der Baufirma Josef Jung, Solingen, mit Sitz in Sdolbunow, Ukraine. Als solcher hatte ich die Baustellen der Firma zu besuchen. Für eine Heeresbaudienststelle hatte die Firma auf dem ehemaligen Flugplatz bei Dubno, Ukraine, Lagerhallen für die Lagerung von Getreide zu errichten.

Als ich am 5. Oktober 1942 das Baubüro in Dubno besuchte, erzählte mir mein Polier Hubert Mönnikes, aus Hamburg-Harburg, Außenmühlenweg 21, daß in der Nähe der Baustelle in drei großen Gruben von je etwa 30 Meter Länge und 3 Meter Tiefe Juden aus Dubno erschossen worden seien. Man hätte täglich etwa 1500 Menschen getötet. Alle von der Aktion in Dubno noch vorhandenen etwa 5000 Juden sollten liquidiert werden. Da die Erschießungen in seiner Gegenwart stattgefunden hatten, war er noch sehr erregt.

Daraufhin fuhr ich in Begleitung von Mönnikes zur Baustelle und sah in der Nähe der Baustelle große Erdhügel von etwa 30 Meter Länge und etwa 2 Meter Höhe. Vor den Erdhügeln standen einige Lastwagen, von denen Menschen durch bewaffnete ukrainische Miliz unter Aufsicht eines SS-Mannes getrieben wurden. Die Milizleute bildeten die Wache auf den Lastwagen und fuhren mit diesen von und zur Grube. Alle diese Menschen hatten die für die Juden vorgeschriebenen gelben Flecken auf der Vorder- und Rückseite ihrer Kleidung, so daß sie als Juden erkenntlich waren.

Mönnikes und ich gingen direkt zu den Gruben. Wir wurden nicht behindert. Jetzt hörte ich kurz nacheinander Gewehrschüsse hinter einem der Erdhügel. Die von den Lastwagen abgestiegenen Menschen, Männer, Frauen und Kinder jeden Alters, mußten sich auf Aufforderung eines SS-Mannes, der in der Hand eine Reit- oder Hundepeitsche hielt, ausziehen und ihre Kleidung nach Schuhen, Ober- und Unterkleidung getrennt, an bestimmten Stellen ablegen. Ich sah einen Schuhhaufen von schätzungsweise 800 bis 1000 Paar Schuhen, große Stapel mit Wäsche und Kleidern. Ohne Geschrei oder Weinen zogen sich diese Menschen aus, standen in Familiengruppen beisammen, küßten und verabschiedeten sich und warteten auf den Wink eines anderen SS-Mannes, der an der Grube stand und ebenfalls eine Peitsche in der Hand hielt. Ich habe während einer Viertelstunde, als ich bei den Gruben stand, keine Klagen oder Bitten um Schonung gehört. Ich beobachtete eine Familie von etwa 8 Personen, einen Mann und eine Frau, beide von ungefähr 50 Jahren, mit deren Kindern, so ungefähr 1-, 8- und 10jährig, sowie 2 erwachsene Töchter von 20-24 Jahren. Eine alte Frau mit schneeweißem Haar hielt das einjährige Kind auf dem Arm und sang ihm etwas vor und kitzelte es. Das Kind quietschte vor Vergnügen. Das Ehepaar schaute mit Tränen in den Augen zu. Der Vater hielt an der Hand einen Jungen von etwa 10 Jahren, sprach leise auf ihn ein. Der Junge kämpfte mit den Tränen. Der Vater zeigte mit dem Finger zum Himmel, streichelte ihn über den Kopf und schien ihm etwas zu erklären. Da rief schon der SS-Mann an der Grube seinem Kameraden etwas zu. Dieser teilte ungefähr 20 Personen ab und wies sie an, hinter

300

den Erdhügel zu gehen. Die Familie, von der ich hier sprach, war da-
bei. Ich entsinne mich noch genau, wie ein Mädchen, schwarzhaarig
und schlank, als sie nahe an mir vorbeiging, mit der Hand an sich her-
unter zeigte und sagte: »23 Jahre!«. Ich ging um den Erdhügel herum
und stand vor dem riesigen Grab. Dicht aneinandergepreßt lagen die
Menschen so aufeinander, daß nur die Köpfe zu sehen waren. Von fast
allen Köpfen rann Blut über die Schultern. Ein Teil der Erschossenen
bewegte sich noch. Einige hoben ihre Arme und drehten den Kopf, um
zu zeigen, daß sie noch lebten. Die Grube war bereits dreiviertel voll.
Nach meiner Schätzung lagen darin bereits ungefähr 1000 Menschen.
Ich schaute mich nach den Schützen um. Dieser, ein SS-Mann, saß am
Rande der Schmalseite der Grube auf dem Erdboden, ließ die Beine in
die Grube herabhängen, hatte auf seinen Knien eine Maschinenpistole
liegen und rauchte eine Zigarette. Die vollständig nackten Menschen
gingen an einer Treppe, die in die Lehmwand der Grube gegraben war,
hinab, rutschten über die Köpfe der Liegenden hinweg bis zu der Stel-
le, die der SS-Mann anwies. Sie legten sich vor die toten oder ange-
schossenen Menschen, einige streichelten die noch Lebenden und spra-
chen leise auf sie ein. Dann hörte ich eine Reihe Schüsse. Ich schaute in
die Grube und sah, wie die Körper zuckten oder die Köpfe schon still auf
den vor ihnen liegenden Körpern lagen. Von den Nacken rann Blut. Ich
wunderte mich, daß ich nicht fortgewiesen wurde, aber ich sah, wie
auch zwei oder drei Postbeamte in Uniform in der Nähe standen. Schon
kam die nächste Gruppe heran, stieg in die Grube herab, reihte sich an
die vorherigen Opfer an und wurde erschossen. Als ich um den Erd-
hügel zurückging, bemerkte ich wieder einen soeben angekommenen
Transport von Menschen. Dieses Mal waren Kranke und Gebrechliche
dabei. Eine alte, sehr magere Frau, mit fürchterlich dünnen Beinen
wurde von einigen anderen, schon nackten Menschen ausgezogen,
während zwei Personen sie stützten. Die Frau war anscheinend ge-
lähmt. Die nackten Menschen trugen die Frau um den Erdhügel herum.
Ich entfernte mich mit Mönnikes und fuhr mit dem Auto nach Dubno
zurück.

Am Morgen des nächsten Tages, als ich wiederum die Baustelle be-

suchte, sah ich etwa 30 nackte Menschen in der Nähe der Grube, 30-50 Meter von dieser entfernt, liegen. Einige lebten noch, sahen mit stierem Blick vor sich hin und schienen weder die Morgenkälte noch die darum stehenden Arbeiter meiner Firma zu beachten. Ein Mädchen von etwa 20 Jahren sprach mich an und bat um Kleider und um Hilfe zur Flucht. Da vernahmen wir auch schon das Herannahen eines schnell fahrenden Autos und ich bemerkte, daß es ein SS-Kommando war. Ich entfernte mich zu meiner Baustelle. Zehn Minuten später hörten wir einige Schüsse aus der Nähe der Grube. Man hatte die Leichen durch die noch lebenden Juden in die Grube werfen lassen, sie selbst mußten sich daraufhin in diese legen, um den Genickschuß zu erhalten.

Ich mache die vorstehenden Angaben in Wiesbaden, Deutschland, am 10. November 1945. Ich schwöre bei Gott, daß dies die reine Wahrheit ist.

Hermann Friedrich Graebe

Anhang II

Der Spiegel und Hermann Gräbe –
*Ein Briefwechsel**

In der Nummer 53 vom 29. Dezember 1965 der bekannten deutschen Wochenzeitschrift *Der Spiegel* erschien unter der Überschrift »Affären« mit dem Untertitel »Ein stürmisches Leben« ein heftiger Angriff auf den deutschen Ingenieur Hermann Friedrich Gräbe, einen der Hauptbelastungszeugen der Anklage in den Nürnberger Gerichtsverfahren gegen NS-Verbrecher. Die von dem ansonsten liberal gesinnten und antinazistisch eingestellten Magazin lancierte Attacke erweckte verständlicherweise Aufmerksamkeit und Verwunderung. Gräbes Zeugenaussage, die insbesondere die Beseitigung der jüdischen Gemeinschaften Rownos und Dubnos betraf, ist in der ganzen Welt berühmt geworden. Gräbe war unmittelbar Augenzeuge der Greueltaten, die innerhalb der Ghettomauern und außerhalb an den Todesgruben verübt wurden, und was er mit angesehen hatte, beschrieb er bis in die grauenhaften Einzelheiten. In einem erheblichen Maße wurden die von ihm namhaft gemachten NS-Verbrecher auf der Grundlage seiner Zeugenaussage verurteilt, die erstmals in den Sitzungsprotokollen der Gerichtsakten des Nürnberger Prozesses veröffentlicht wurden und anschließend in verschiedenen Veröffentlichungen erschienen. Gräbe hatte unter Einsatz seines Lebens zahlreiche Anstrengungen unternommen, um Juden aus den Fängen der Nazi-Mörder zu retten; und dank seines Dazwischentretens überlebte eine Anzahl von ihnen. Einige von ihnen leben heute in Israel. Sie waren überaus glücklich, ihn im Spätsommer 1965 in Israel willkommen zu heißen, als er hierherkam,

---

* aus: Yad Vashem Bulletin, Bd. 19, Jerusalem 1966 (Heshvan 5727)

um die Ehrungen von Yad Vashem entgegenzunehmen und unter seinem Namen am 20. September 1965 einen Baum in der Allee der Gerechten in Jerusalem zu pflanzen, entsprechend dem Beschluß des Ausschusses zur Auswahl der Gerechten.

In seinem eigenen Land genießt er jedoch nur geringe Popularität. Sein Volk kann ihm weder seine furchtbaren Enthüllungen während der Nürnberger Prozesse verzeihen, noch den Umstand, daß eine Anzahl von Verbrechern ihre gerechte Bestrafung auf der Grundlage seines Zeugnisses erhielt. Die feindselige Atmosphäre, die ihn in Deutschland umgab, zwang ihn zur Auswanderung in die Vereinigten Staaten von Amerika. Der im *Spiegel* erschienene Artikel war voller verschleierter und unverhüllter Beschuldigungen, die Gräbe als eine Person beschreiben, in die wenig Vertrauen gesetzt und auf deren Worte schwerlich gebaut werden kann. Eine Fotografie von der Baumpflanzzeremonie in der Allee der Gerechten in Jerusalem wurde in einer solchen Art und Weise wiedergegeben, daß unwillkürlich der Eindruck entsteht, er habe auch diese Auszeichnung durch unlautere Mittel erlangt. Die dem Leser nahegelegte Schlußfolgerung mußte demnach lauten, daß dies eben die Veranlagung derjenigen Personen war, auf deren Zeugnis der Internationale Gerichtshof in Nürnberg bei seinen Verurteilungen der »Großen Männer« des Dritten Reiches zählte – Menschen, deren Leben nichts weiter war als Lüge und Hochstapelei.

Am 11. Oktober 1965 hatte der Herausgeber des *Spiegel* an Gräbe geschrieben und ihm eine Liste mit Fragen vorgelegt, von denen zumindest einige in einem so kränkenden Ton abgefaßt waren, daß sie vermutlich nur zum Zweck der Verdächtigung ersonnen worden waren. Gräbe hat alle an ihn gerichteten Fragen in einem Brief vom 30. November 1965 an den *Spiegel* beantwortet. Nichtsdestoweniger erwähnt der am 29. Dezember 1965 erschienene Artikel nichts von Gräbes detaillierten Erläuterungen. War diese Unterlassung ein Versehen – oder Absicht? Es bleibt bemerkenswert, daß in den nachfolgenden Ausgaben des

Spiegel nicht ein einziger Leserbrief zu diesem Artikel veröffentlicht wurde, ganz im Gegensatz zur sonstigen Gepflogenheit in diesem Blatt, unverzüglich Stellungnahmen abzudrucken zu praktisch jedem Aufsatz, der auf seinen Seiten erscheint.

Mit Herrn Gräbes Erlaubnis drucken wir nachfolgend die an ihn gerichteten Fragen des *Spiegel* zusammen mit seinen Antworten ab.

Der Spiegel: Lassen Sie uns bitte zunächst wissen, aus welchem Grund und von wem Ihnen unlängst in Israel ehrenvolle Auszeichnungen zuerkannt wurden und was diese Auszeichnungen zum Gegenstand haben?

Hermann Gräbe: Die Einladung nach Israel kam von Menschen – Männern und Frauen –, die ich während des Krieges gerettet hatte und die bei mir und ihren Verwandten und Freunden bis Kriegsende Unterschlupf gefunden hatten.

Diese Menschen gründeten einen Ausschuß, der ein doppeltes Ziel verfolgte: erstens sollte ein Treffen zwischen mir und den mit meiner Hilfe Geretteten ermöglicht werden und zweitens sollte ihnen die Möglichkeit gegeben werden, an den Feierlichkeiten zu meinen Ehren in Israel teilzunehmen.

Die Remembrance Authority Yad Vashem, deren Amtssitz sich in Jerusalem befindet, verlieh mir eine Erinnerungsmedaille in Verbindung mit einer Verdiensturkunde und gestand mir die Ehre zu, einen Baum unter meinem Namen in der ›Allee der Gerechten‹ zu pflanzen.

Eine weitere Ehrung wurde mir durch den World Council for the Remembrance of the Deeds of the Righteous zuteil, der am 3. Oktober dieses Jahres in Tel Aviv ein festliches Essen veranstaltete und mir aus diesem Anlaß eine wertvolle Ausgabe der Bibel überreichte.

Da meine Rettungsaktionen hauptsächlich im Gebiet Wolhyniens (Ukraine) stattfanden, organisierten frühere Bewohner Wolhyniens, die heute in Israel, den Vereinigten Staaten von Amerika, Australien und anderen Ländern wohnen, für mich ein

Empfangskomitee am Flughafen Lod. Das Komitee war der Association of Emigrants from Volhynia angegliedert.

Diese Ehrungen wurden mir für mein persönliches Verhalten bei der Rettung von Juden in der Ukraine, in Polen und in Deutschland in den Jahren 1941 – 1945 zuteil, als es mir gelang, eine große Anzahl von Männern, Frauen und Kindern vor dem sicheren Tod zu bewahren.

Für mich als Deutschen – und heute wie damals bin ich stolz darauf, als Deutscher in Deutschland geboren und aufgewachsen zu sein – schien es auch der deutschen Nation überhaupt nicht zum Vorteil zu gereichen, die jüdische Bevölkerungsgruppe zu vernichten, wenn man bedenkt, daß sie der deutschen Sprache und Kultur so nahe stand.

Der Spiegel: Warum sind Sie nicht nach Nürnberg-Fürth zum Prozeß gegen Köller gekommen?

Gräbe: Als ich aufgefordert wurde, in der Marschall-Sache 1960 als Zeuge vor Gericht zu erscheinen und auch kommen wollte, wurde mir von einem ehemaligen Rechtsanwalt davon abgeraten. Er war besorgt, daß die Nazis denselben Kunstgriff anwenden würden, den sie schon in der Weimarer Republik so überaus erfolgreich angewandt hatten, nämlich die Belastungszeugen der vorsätzlichen Falschaussage zu beschuldigen. Diese Taktik wurde im Marschall-Prozeß in der Tat mit Erfolg benutzt. Das ist der Grund, warum ich 1963 nicht nach Nürnberg-Fürth für eine Zeugenaussage gekommen bin. Dasselbe trifft für die Marschall-Angelegenheit zu, wo die Verfahren in der Meineid-Sache bis jetzt noch nicht zu einem Ende gekommen sind und mir darüber hinaus mit einer Zivilklage gedroht wurde. Um meine Sorgen zu zerstreuen, hat mir das Landgericht Nürnberg-Fürth »freies Geleit« für einen Zeitraum von fünf Tagen angeboten, »unter der Voraussetzung, daß ich keinen Versuch unternähme, mich zu entziehen«. Der tatsächliche Sinn diesen »freien Geleits« versteht sich von selbst. (Siehe dazu auch den Brief des Landgerichts Stade vom 27. Dezember 1964 [1963 – der Herausgeber], der mich erst am 14. Januar 1964 erreichte.) Sogar im Gegensatz zu den ausdrücklichen Anweisungen meines Arztes, der besorgt war, daß mein Gesundheitszustand ein Erscheinen in dieser Sache nicht erlauben würde, wäre ich bereit gewesen, dorthin zu kommen, und verweise Sie auf den in dieser Angelegenheit geführten Schriftwechsel:

Brief des Landgerichts Stade vom 27. Dezember 1964 [1963], Aktenzeichen: 9-63/1.

Brief der Landesjustizverwaltungen in Ludwigsburg vom 10. Oktober 1963.

Mein Schreiben an die Landesjustizverwaltungen in Ludwigsburg vom 19. September 1963.

Schreiben des westdeutschen Generalkonsulats in San Francisco vom 30. April 1963.

Mein Schreiben an den Generalstaatsanwalt Nürnberg-Fürth vom 30. April 1963.

Ärztliches Attest von Rubin Gold, Doktor der Medizin, vom 10. April 1963.

Der Spiegel: Werden Sie nach Deutschland zu den Hauptverhandlungen gegen Georg Marschall kommen und dort als Zeuge aufzutreten?

Gräbe: Ich bin bereit, als Zeuge nach Stade zu kommen, wenn ich freies Geleit ohne jegliche Bedingungen erhalte und mir eine ausreichende Garantie gegeben wird, daß ich beim Betreten oder Verlassen des deutschen Staatsgebietes nicht festgenommen werde. Wenn ich also davon ausgehen kann, daß ich kein Opfer der Verleumdungskampagne gegen mich werde, und wenn es mir mein Gesundheitszustand erlaubt, kann ich bei dem bevorstehenden Mordprozeß als Zeuge auftreten.

Um alle verbliebenen Zweifel zu zerstreuen, bin ich bereit, mich von einem Arzt untersuchen zu lassen, der das Vertrauen des Generalkonsulats Westdeutschlands in San Francisco genießt.

Der Spiegel: Warum haben Sie verschiedene Male unter Eid erklärt, daß Sie 1932 wegen kritischer Bemerkungen gegen die Partei aus der Nationalsozialistischen Arbeiterpartei ausgeschlossen wurden, obwohl der Nachweis geführt werden konnte, daß Sie noch 1935 Mitglied der Partei waren?

Gräbe: Ich habe nicht »verschiedene Male unter Eid erklärt«, daß ich 1932 aus der Partei ausgeschlossen wurde.

Als Marschalls Verteidiger mich bei der Zeugenbefragung 1960 in Stade fragte, ob ich Mitglied der Partei war, antwortete ich in einer eidesstattlichen Erklärung, die sich auf meine Mitgliedschaft als solche bezog, und bemerkte, daß ich ihr 1932 den Rücken kehrte, obwohl ich tatsächlich Mitglied von 1931 bis 1934 gewesen bin. Der Fehler bei den Zeitangaben war allem Anschein nach auf das Fieber zurückzuführen, das mich einige Tage zuvor befallen hatte.

Ich hatte keinerlei Grund, falsche Zeitangaben über meine Parteimitgliedschaft zu machen. Bereits bei früheren Anhörungen (Spruchkammerverfahren) und vor den US-Behörden waren die Jahreszahlen, die ich erwähnt hatte, 1931 bis 1934 gewesen. Dies ist so auch in den Aktenbeständen der US Army über Kriegsverbrechen verzeichnet, einschließlich meiner Personalangaben. Diese Aktenstücke wurden auf mein Ersuchen hin vor dem Prozeß von 1960 nach Deutschland geschickt. Die Mitglieder der Bremerhavener Schwurgerichtskammer überprüften sie während des Verfahrens sehr sorgfältig.

Dr. F. Schünemann, Marschalls Rechtsbeistand, war der Meinung, Anhaltspunkte zu besitzen, nach denen ich Parteimitglied bis ins Jahr 1935 gewesen sei. Diese Vermutung stützte sich auf ein Schreiben der Kreisparteileitung in Solingen an das Oberste Parteigericht in München, das mit Datum vom 30. März 1935 auf mich Bezug nimmt. Es ist offenkundig, daß ich von der Existenz dieses Schriftwechsels nichts wußte und mir der Inhalt dieses Briefes erst jetzt zur Kenntnis gelangt ist.

Es ist und bleibt eine Tatsache, daß ich 1935 kein Parteimitglied mehr war. Möglicherweise führte das Parteigericht 1935 eine Routineuntersuchung durch, von der ich selbstverständlich nicht unterrichtet wurde.

Der Spiegel: Haben Sie jemals einen Mitgliedsausweis der Partei besessen? Welche Mitgliedsnummer hatten Sie in der Ortsgruppe Solingen-Gräfrath?

Gräbe: Ich besaß zu keinem Zeitpunkt einen Parteiausweis und weiß auch nichts über eine Mitgliedsnummer.

Der Spiegel: Haben Sie 1933 Herrn Josef Jansen wegen dessen Feststellung, daß der »Heil Hitler«-Gruß Blödsinn sei, denunziert? Wurde Herr Josef Jansen infolge eines Berichtes dieser Art von Ihrer Seite in Schutzhaft genommen?

Gräbe: Herr Josef Jansen war der Geschäftsführer eines Bauunternehmens. Auf seinen Vorschlag hin trat ich in diese Firma zusammen mit zwei weiteren Herren ein und wurde deren stellvertretender Leiter. Kurz nachdem ich diese Stellung angetreten hatte, entdeckte ich finanzielle Unregelmäßigkeiten und wurden mir charakterliche Schwächen von Herrn Jansen bewußt.

Soweit ich orientiert bin, wurde Herr Jansen nicht in Schutzhaft genommen, aber zusammen mit weiteren Beschäftigten des Unternehmens in ordentlichen Gerichtsverfahren zu einer Gefängnisstrafe verurteilt.

Der Spiegel: Wer beschaffte Frau Bobrow in Sdolbunow einen »Arierausweis« – Sie oder Herr Marschall?

Gräbe: Ich war es, der für Frau Bobrow arische Papiere beschaffte. Auf Grundlage dieser Papiere wurde sie auf der Gemeindeverwaltung von Sdolbunow als »Arierin« eingetragen.

Der Spiegel: Wie viele Jahre waren seit dem Tod von Frau Bobrows Ehemann, der von der SS erschossen worden war, verstrichen, als sie Ihre Sekretärin wurde?

Gräbe: Frau Bobrows erster Ehemann war Herr Warchiwker, der im August 1941 zusammen mit vielen anderen jüdischen Männern in Sdolbunow erschossen wurde.

Der Spiegel: Wurden die von Ihnen in Sdolbunow beschäftigten Zwangsarbeiter geschlagen? Und wenn dem so war, warum haben Sie nicht versucht, irgend etwas dagegen zu unternehmen, oder taten Sie das?

Gräbe: Eine Anzahl der von mir beschäftigten Juden wurde mißhandelt. Diese Rohheiten wurden normalerweise von meinem früheren Vorarbeiter, Max Schmale aus Solingen, begangen. Als mir seine Brutalität zu Ohren kam, ermahnte ich ihn, und als das nichts half, sorgte ich für seine Überstellung an die Wehrmacht. Das war alles, was ich unter den Nazis gegen Schmale unternehmen konnte.

Der Spiegel: Auf welche Weise gelang es Ihnen, 1944 Verbindung zu den Amerikanern zu unterhalten, ohne festgenommen zu werden?

Gräbe: Im September 1944 arbeitete ich mit meinen (jüdischen) Arbeitern in der Eifel, ganz in der Nähe der westlichen Grenzbefestigungsanlagen. Dieser Abschnitt wurde von amerikanischen Truppen erobert. Eine meiner Sekretärinnen, die Englisch sprach, offenbarte den Amerikanern ihre Identität und erzählte ihnen, wer ich war und was ich für sie und ihre Glaubensgenossen getan hatte. Vermutlich war das der Grund, warum ich nicht von meinen Arbeitern getrennt wurde.

Der Spiegel: Welches ist das genaue Datum Ihrer Auswanderung nach Amerika und wann erlangten Sie die amerikanische Staatsbürgerschaft? Sie sind schon 1947 oder 1948 ausgewandert und bereits nach verhältnismäßig kurzer Zeit amerikanischer Staatsbürger geworden. Wie war das einem ehemaligen Parteigenossen so rasch möglich? Konnten Sie auswandern und die amerikanischen Staatsbürgerrechte erwerben dank der Hilfe, die Sie den Alliierten und insbesondere den Amerikanern bei den Kriegsverbrecherprozessen in Nürnberg mit Ihren Aussagen über nationalsozialistische Verbrechen geleistet hatten?

Gräbe: Nach dem Krieg hatte ich weder die Absicht, noch ein Interesse auszuwandern. Ich wollte am Wiederaufbau Deutschlands teilnehmen. Das war der Stand der Dinge 1946, als ich in Nürnberg als Augenzeuge in Erscheinung trat. Dann aber, als ich anonyme Drohungen offenbar von ehemaligen Nazi-Fanatikern bekam und als das Leben meines Sohnes in Gefahr geriet, befolgte ich den nachdrücklichen Rat eines jüdischen Freundes, mich auf die Auswanderung in die Vereinigten Staaten vorzubereiten. Ich entschied mich jedoch erst 1947, diesen Schritt zu unternehmen, und mein Antrag wurde erst 1948 genehmigt, als das Joint Distribution Committee es übernahm, die notwendige Bürgschaft zu besorgen.

Mir wurde die amerikanische Staatsbürgerschaft Ende 1954 verliehen, nachdem ich sämtliche gesetzlichen Vorschriften und Bestimmungen wie jeder andere Antragssteller auch erfüllt hatte.

Der Spiegel: Haben Sie Frau Kosnick die Heirat versprochen?

Gräbe: Ich habe nicht versprochen, Frau Kosnick zu heiraten. In diesem Zusammenhang verweise ich auf ihren Brief, der mir aus einer Heilanstalt zugeschickt wurde.

Der Spiegel: Haben Sie mit Hilfe von Frau Kosnick versucht, in Deutschland eine »Einheitsfront« von Belastungszeugen in Gerichtsverfahren gegen Nationalsozialisten, zum Beispiel in dem Fall gegen Köller, zu bilden?

Gräbe: Obwohl ich bereits 1945 Georg Marschall und eine Anzahl weiterer Leute wegen verschiedener Verbrechen vor dem War Crimes Committee der US Army beschuldigte, war nicht ich es, der die Aufmerksamkeit der deutschen Behörden auf diese Angelegenheit lenkte. Ein Wiener Jude, der im Krieg in Sdolbunow auftauchte, erhob nach dem Krieg gegen Marschall und Schmale Klage und erwähnte mich als Zeuge.

In derselben Angelegenheit wurde meine Zeugenaussage 1957 auch vom Deutschen Generalkonsulat in San Francisco im Rahmen eines Rechtshilfeersuchens aufgenommen. Gefragt nach weiteren Augenzeugen, konnte ich noch einige Namen erinnern. Zu dieser Zeit konnte ich mich an den Namen des Juden, der aufgehängt worden war, nicht erinnern.

Der Spiegel: Unterhalten Sie Verbindungen zu hunderten Augenzeugen, die in Gerichtsverfahren gegen Nationalsozialisten auftraten?

Gräbe: Ich unterhalte Verbindung zu zahlreichen Augenzeugen und wurde auch vom Generalstaatsanwalt von Nürnberg-Fürth gebeten, zusätzliche Zeugen ausfindig zu machen. Daher war ich in der Lage, dem Gerichtshof für sein Vorhaben einige Augenzeugen zu benennen. Siehe dazu den beigefügten Schriftwechsel.

Der Spiegel: Wer war der Herausgeber von *Men in Contemporary Society* und wo kann man das Buch bekommen?

Gräbe: Das Buch wurde von der Columbia University herausgegeben. Ich nahm weder an der Zusammenstellung noch an der Veröffentlichung diesen Buches Anteil. Mir wurde das erst später bekannt, als mir von verschiedenen Büchern erzählt wurde, die meinen Namen erwähnen.

Der Spiegel: Wann gründeten Sie Ihre drei Baufirmen in den Vereinigten Staaten? Woher kam das Kapital zur Gründung dieser Firmen?

Gräbe: Ein Jahr nach meiner Einwanderung gründete ich ein Konstruktionsbüro. Bekanntlich wird für die Gründung eines Geschäftes dieser Art nicht sonderlich viel Kapital benötigt. Die Entwicklung und der Erfolg dieser Firmen verdankt sich harter Arbeit, fachlichem Können und Selbstvertrauen.

Der Spiegel: Wie kann man sich die zahllosen Widersprüche in Ihrer Aussage über die Hinrichtung des Juden Diener erklären, mit denen Sie während Ihrer konsularischen Vernehmung 1964 konfrontiert wurden? Wir würden es begrüßen, wenn Sie in diesem Zusammenhang auch Angaben machen könnten, die über den Rahmen der hier gestellten Frage hinausgehen. Vielleicht sehen Sie sich auch dazu in der Lage, ausführliche Gegenargumente angesichts der im Namen des Generalstaatsanwalts von Stade gegen Sie gerichteten Ermittlungsverfahren zu bringen.

Gräbe: Ich bin mir der »zahllosen Widersprüche in meiner Aussage über die Hinrichtung des Juden Diener« nicht bewußt. Zwei Verfahren waren gegen mich anhängig, eines wegen Meineids und eines wegen uneidlicher Falschaussage. Eines dieser Verfahren wurde in der Zwischenzeit niedergeschlagen, nämlich das Verfahren, das auf Betreiben von Marschalls Strafverteidiger Dr. Schünemann eingeleitet worden war. Das zweite Verfahren konnte bislang nicht entschieden werden, wenn ich mich nicht »in Deutschland durch die für die Strafsache zuständige Person persönlich vernehmen lasse«.

Ich frage mich, warum eines dieser Verfahren ohne meine Anwesenheit in Deutschland abgeschlossen werden konnte, das andere aber nicht? Alle meine Bemühungen, die anhängigen Gerichtsverfahren zu beenden oder ein amtliches Schriftstück der gegen mich anhängigen Klagen zu bekommen, waren nutzlos. Verwiesen sei auf den in dieser Angelegenheit geführten Schriftwechsel.

In dem Mordprozeß gegen Marschall war ich einer von vielen Zeugen, deren Aussagen allesamt mit meiner in Einklang standen. Alle Augenzeugen bestätigten den Mord an dem Juden, der von Marschall im Sommer 1942 verübt wurde, ein Vorfall, der 1960 immerhin schon achtzehn Jahre zurücklag.

Ich selbst habe die Entscheidung des Oberlandesgerichts Celle gegen das Urteil des Landgerichts Stade und für die Wiederaufnahme des Verfahrens in der Marschall-Sache niemals zu Gesicht bekommen. Diejenigen aber, die sich mit der Begründung des Celler Gerichtshofs vertraut machen konnten, waren ausgesprochen überrascht. Denn das Gericht betrachtete es einerseits als rechtens, mich der fahrlässigen Falschaussage in einer Angelegenheit anzuklagen, die mit dem Marschall-Prozeß in keinerlei Zusammenhang stand und die sich dreißig Jahre zuvor ereignet hatte. Andererseits aber wurde ein Mann als Zeuge zugelassen, der erst nach der Anklageerhebung und dem Richterspruch gegen Marschall in Erscheinung trat, der sich dann in verschiedene Widersprüche verwickelte und sich damit entschuldigte, daß die Ereignisse, die er bezeugen sollte, schließlich schon zwanzig Jahre zurücklägen.

Ich möchte an dieser Stelle hinzufügen, daß mich Ihre Fragen insgesamt ziemlich staunen lassen. Nur die Tatsache, daß ich als alter Leser Ihres Magazins darin stets ein hohes Maß an Objektivität vorfand, hat mich davon abgehalten, sie unbeantwortet zu lassen.

Außerdem fühle ich mich dafür mit verantwortlich, daß Nazigepflogenheiten, wie sie von unvoreingenommenen Beobachtern bereits in den Tagen der Weimarer Republik beobachtet wurden, nicht erneut aufkeimen.

Der wirkliche Justizskandal besteht nicht darin, daß der »unschuldige« Georg Marschall als verurteilter Mensch frei herumläuft und die Neuauflage des Gerichtsverfahrens abwartet, sondern darin, daß eine Situation dieser Art überhaupt entstehen konnte. Marschall, ein ehemaliger Gebietskommissar und offizieller Repräsentant der Nazis in Sdolbunow, wurde des Mordes an dem Juden Diener angeklagt. Eine große Anzahl von Augenzeugen, die zu dieser Zeit in Sdolbunow lebten und Kontakt mit Marschall hatten, bestätigten diesen Tatbestand in ihren Aussagen, woraufhin er für schuldig befunden und in einem rechtmäßigen Prozeß verurteilt wurde. Später wurde er aus dem Gefängnis entlassen, weil sein Rechtsbeistand in meiner Aussage eine Verwechslung von Zeitangaben entdeckte, die mit dem Mordfall nichts zu tun hatte und überdies auf einen dreißig Jahre zurückliegenden Zeitraum Bezug nimmt.

Es scheint mir völlig klar zu sein, daß einflußreiche Kreise mit beträchtlichen Geldmitteln es Marschall ermöglicht haben, über mich Informationen zu erlangen, obschon dieses Material schwerlich geeignet erscheint, meine Glaubwürdigkeit in Zweifel zu ziehen, und auf die Marschall-Sache kein neues Licht wirft.

Ich hoffe, daß meine Ausführungen Ihnen bei Ihren Anstrengungen helfen, vorurteilsfrei zu berichten.

Hermann Gräbe

Anhang III

Der Spiegel vom 29.12.1965*:

Affären – NS-Prozesse
Bewegtes Leben

Im Krankenbett griff der US-Bürger zur Feder und schrieb einen Brief: »Ich ... ließ mein bewegtes Leben wie einen Filmstreifen an mir vorüberziehen, hörte Gesprochenes, lauschte Stimmen der Vergangenheit und ... wundere mich selbst. Besonders jetzt, heute, diesen Morgen.«

Was ihn an diesem Sonntagmorgen, dem 13. August 1961, besonders gewundert hatte, brachte er gleichfalls – in deutscher Sprache – zu Papier: »Herein kamen 14 Nursen, bildeten Spalier, standen sich gegenüber, und dann kamen zwei weitere Ärzte und der Direktor des Krankenhauses. Der tat sehr feierlich, räusperte sich, streckte seine Hand zum Gruß aus und hielt meine Pfote fest.«

Dann, so schrieb der Patient, habe der Direktor eine kleine Rede gehalten: »Herr Graebe, ein glücklicher Umstand ließ uns wissen, wer Sie sind. Wir haben uns das Buch ›Men in contemporary society‹ besorgt und haben gelesen, wer Sie sind und was Sie taten. Es wird uns eine Ehre sein, ein Exemplar diese Buches mit Ihrer Widmung zu haben, bitte!«

»Ich wußte um das Buch«, erläuterte der bettlägerige Graebe seinem Briefpartner – seiner »lieben Dorle« in Deutschland. »Es ist von der Universität Columbia in New York herausgegeben. Es bringt eine kurze Lebensbeschreibung etc. von zeitgenössischen

---

Personen, z.B. Churchill, Niemöller, Rommel, MacArthur, Ghandi etc. ... und, der Reihenfolge nach, stand nach ›Ghandi ...‹ Graebe, Herman F.«

Und während ihm zu Ehren »eine mexikanische Mariachi-Kapelle« auf dem Krankenhausflur die Schlager »Guadalajara« und »Sinaloa« intonierte habe, sei ihm – so notiert der Briefschreiber weiter – auch wieder der Text des Graebe-Abschnitts aus jenem Buch in den Sinn gekommen, in dem es geheißen habe, seine »Schilderungen« im Nürnberger Kriegsverbrecherprozeß seien »bis 1958 in 47 Sprachen übersetzt worden«.

Kein Zweifel: Hermann Friedrich Gräbe, heute Herman Frederik Graebe, ist eine Person der Zeitgeschichte. Noch Ende dieses Jahres wurde er von der israelischen »Kommission für die Gerechten der Nationen neben dem Yad Vashem Institut« geehrt. In feierlicher Zeremonie erhielt er eine Medaille und durfte an der »Allee der Gerechten der Nationen« in Jerusalem einen Baum auf seinen Namen pflanzen.

Auf den heute 65jährigen Wahlamerikaner Graebe stützten sich 1945/46 immer wieder die alliierten Ankläger im Nürnberger Prozeß gegen die deutschen Hauptkriegsverbrecher:

➤ Der amerikanische Ankläger Major Murray: »Ich möchte ein weiteres kurzes Dokument vorlegen ... Es ist das Affidavit von Hermann Friedrich Gräbe ...«

➤ Murray-Kollege Oberst Storey: »Das letzte Dokument, das wir ... vorlegen möchten ... ist eine von Hermann Gräbe abgegebene eidesstattliche Erklärung.«

➤ Der britische Hauptankläger Generalstaatsanwalt Sir Hartley Shawcross: »Lassen wir nochmals Gräbe sprechen.«

Gräbes Zeugenaussagen sind Bestandteil der Prozeßliteratur geworden. Was er über die Räumung des ukrainischen Gettos Rowno berichtet, ist in dem 1964 erschienen Paperback »Die nationalsozialistischen Gewaltverbrechen« zu lesen. Was er im

Nürnberger »SS-Einsatztruppenprozeß« 1947/48 aussagte, hat der stellvertretende US-Hauptankläger Robert M. Kempner seinem Buch »SS im Kreuzverhör« einverleibt.

Doch dieser renommierte Zeuge deutscher Vergangenheit scheut die deutsche Gegenwart. Er, der so vieles über NS-Gewaltverbrechen zu sagen wußte, will heute vor deutschen Gerichten ohne Zusicherung freien Geleits nicht mehr auftreten. Und er hat Grund, die Bundesrepublik zu meiden: Die Staatsanwaltschaft Stade ermittelt gegen ihn – wegen des Verdachts falscher eidlicher Aussagen.

Denn bei der juristischen Endaufrechnung der NS-Vergangenheit sind erhebliche Zweifel an der Glaubwürdigkeit des Belastungszeugen Graebe aufgetaucht. Das Schwurgericht Nürnberg/Fürth bescheinigte ihm 1963 »Falschaussagen« und hielt ihn des Meineides für verdächtig; und das Oberlandesgericht Celle erkannte in demselben Jahr gleichfalls, Graebe sei »mindestens des fahrlässigen Falscheides ... verdächtig«.

Vor allem wegen dieses Verdachts ordnete das Celler Oberlandesgericht die Wiederaufnahme eines vom Schwurgericht in Stade rechtskräftig abgeschlossenen Strafverfahrens an. Es sei »nicht ausgeschlossen«, stellten die Celler Richter fest, »daß die Entscheidung des Schwurgerichts von der falschen eidlichen Aussage des Zeugen Graebe beeinflußt worden ist«.

Das Stader Schwurgericht hatte im Februar 1960 für erwiesen erachtet, daß der ehemalige Gebietskommissar im ukrainischen Sdolbunow bei Rowno, Georg Marschall, die Verhaftung und Erhängung des Juden Josef Diener befohlen habe. Marschall wurde zu lebenslangem Zuchthaus verurteilt, nach der Anordnung des Wiederaufnahmeverfahrens aber auf freien Fuß gesetzt. Er arbeitet heute unter fremdem Namen in Hamburg und bestreitet – wie schon immer – seine Schuld.

Tischler Diener war 1942 in Sdolbunow als Kalfaktor beim Wehrmachts-Major Schneweis vom Referat III f (militärische Gegenspionage) der Dienststelle »OKW – Amt Ausland/Abwehr« beschäftigt. Das Gebietskommissariat beorderte ihn jedoch zur Arbeit bei einer Niederlassung der deutschen Baufirma Josef Jung – wogegen sich Diener mit der Unterstützung des Majors Schneweis sträubte.

Gleichwohl wurde der Tischler an einem Sonnabend im Sommer 1942 verhaftet und am Sonntag auf dem Marktplatz von Sdolbunow erhängt. Um den Hals trug er ein Schild: »Ich habe einen Befehl des Gebietskommissars nicht befolgt.«

Zur Zeit der Hinrichtung hielt sich auch der Hauptbelastungszeuge Marschalls, der Bauingenieur Gräbe, in Sdolbunow auf. Er war dort als Geschäftsführer und Mitinhaber des Bauunternehmens Jung tätig – jener Firma, bei der Diener seine neue Tätigkeit aufnehmen sollte.

Beim Prozeß gegen Marschall in Stade sagte Gräbe 1960 unter anderem aus:

➤ Schon 1941 habe Marschall ihm gegenüber geäußert, in der Ukraine verfahre man bei der Beseitigung des »untragbaren Prozentsatzes (Juden) ... sehr human«. Man nehme hier nämlich »nicht nur die Männer weg« und überlasse die Frauen und Kinder ihrem Schicksal, sondern man nehme »auch die Frauen und Kinder weg«.

➤ Der stellvertretende Gendarmerie-Postenführer in Sdolbunow habe ihm seinerzeit bedeutet, daß der Befehl zum Erhängen »von drüben (dem Dienstgebäude des Gebietskommissars) kam«.

Das klang authentisch, und Marschall wurde – rechtskräftig – verurteilt. Zweifel an der Glaubwürdigkeit des Zeugen Graebe tauchten erst auf, als sich der Stader Rechtsanwalt Dr. Friedrich Schümann um ein Wiederaufnahmeverfahren zu bemühen begann. Er entdeckte, daß Herman Frederik Graebe, der über die NS-Vergangenheit anderer so anschaulich berichten konnte, über sich selber unwahre Auskünfte gegeben hatte.

Graebe hatte in Stade bei seiner Vernehmung zur Person unter Eid beteuert, er habe 1931 lediglich die Aufnahme in die NSDAP beantragt, aber niemals ein Parteibuch besessen. 1932 hätte die Nazi-Partei ihn endgültig ausgeschlossen, weil er »auf einer Versammlung in Essen zu einem Vorfall gesprochen habe, der den Leuten nicht paßte«.

Diese Angabe war falsch. Hermann Friedrich Gräbe war Parteigenosse der Ortsgruppe Solingen-Gräfrath (Mitgliedsnummer 840 946). Er verlor seine Mitgliedschaft (nach den Feststellungen der Spruchkammer Wiesbaden vom 7. September 1946) erst 1934 »wegen Vergehens gegen die Parteidisziplin«. Und aus Akten des Berliner Document Center geht hervor, daß noch 1935 ein Verfahren vor dem Parteigericht der NSDAP gegen ihn anhängig war. Damals forderte die Zweite Kammer des obersten Parteigerichts die »Strafakten in Sachen Fritz Gräbe jr. Solingen-Gräfrath, Schulstr. 41, geb. 19.6.1900«, bei der Staatsanwaltschaft in Essen an.

Heute führt Graebe seine Stader »Datenverwechslung ... auf Einwirkungen von Fieber zurück, das mich einige Tage vorher befallen hatte«.

Wie sehr ihm die braune Richtung auch zu dem Zeitpunkt noch paßte, da er nach eigener Bekundung schon von der Partei verstoßen worden war, geht aus einem Brief vom 18. Dezember 1933 hervor. In diesem Schreiben denunzierte Gräbe, damals Geschäftsführer der Bausparkasse »Hansa«-Westkredit GmbH, seinen Vorgänger Josef Jansen, weil dieser den Hitlergruß als »Quatsch« bezeichnet hatte.

Im ersten Geschäftsbericht an den Gau-Wirtschaftsberater Hoffmann in Essen bekannte Gräbe obendrein: »Mich erfaßt der Ekel vor einem Menschen wie diesem Josef Jansen«. Er versichert dem NS-Funktionär: »Ihr Grundsatz ›Tue Recht und scheue niemand‹ ist auch der meinige, wie überhaupt jedes echten Nationalsozialisten.«

Graebes Vergangenheit, das stand schließlich für Anwalt

Schümann fest, unterschied sich von Graebes Erzählungen. Schümann beantragte das Wiederaufnahmeverfahren; das Oberlandesgericht Celle gab dem Ersuchen statt und befand, daß angesichts der Falschaussagen zur Person auch die Aussagen zum Marschallprozeß fragwürdig sein könnten. Das Gesamtbild aller Graebe-Bekundungen rechtfertige jedenfalls einen »Zweifel an der Wahrheitsliebe« des Zeugen.

Nun erschienen auch Diskrepanzen bedeutungsvoll, die sich im Stader Marschall-Prozeß zwischen Graebe-Aussagen und Feststellungen des Gerichts ergeben hatten. Der Behauptung Graebes, Marschall habe als Gebietskommissar in Sdolbunow »unbeschränkte Vollmachten« gehabt und sei »Herr über Leben und Tod sämtlicher Personen seines Amtsbezirks« gewesen, stand die Gerichtserkenntnis gegenüber: »Als Gebietskommissar ... hatte der Angeklagte vergleichsweise etwa die Stellung eines früheren preußischen Landrats.« Nach der damals geltenden Verordnung über die polizeiliche Stafgewalt der Gebietskommissare habe »niemals durch die Gebietskommissare eine Todesstrafe verhängt« werden können.

Und weiter: Hatte Graebe im Vorverfahren erklärt, Marschall habe »im Sommer 1942 an einem Samstagabend durch die Firma Pöhner auf dem Marktplatz von Sdolbunow einen Galgen aufstellen lassen«, so gab er im Prozeß selbst zu Protokoll: »Mir wurde drei, vier, fünf Tage später gesagt, daß der Galgen auf Veranlassung des Herrn Gebietskommissars von der Firma Pöhner hergestellt und errichtet wurde.« Gerichtsvorsitzender: »Nur vom Hörensagen?« Graebe: »Nur vom Hörensagen« (aus dem Munde eines Mannes namens Raabe).

Als Graebe nun im Zug der Wiederaufnahme 1964 vom Deutschen Generalkonsulat in San Francisco erneut vernommen wurde, sagte er zu genau diesem Punkt noch unpräziser aus.

Vorhalt des vernehmenden Beamten: »Sie wissen diese Umstände nur vom Hörensagen ... und von allgemeinen Gesprächen, die früher in S. geführt wurden?«

Graebe: »Ja.«

Frage: »Hat Herr Raabe Ihnen gesagt, wer die Erhängung angeordnet hat?«

Graebe: »Ich glaube mich erinnern zu können, daß Raabe sich geäußert hat, daß er glaube, es käme von Marschall.«

Frage: »Herr Raabe hat also nicht bestimmt behauptet, daß Marschall die Erhängung angeordnet habe?«

Graebe: »Nein.«

Unterdessen machte Marschall-Verteidiger Schümann einen Zeugen namens Friedrich ausfindig, der über die Rolle Marschalls bei der Erhängung des Tischlers Diener völlig andere Angaben machte als Graebe. Dieser Zeuge berichtete, ihm gegenüber habe sich Marschall 1942 beschwert, »ein jüdischer Tischler (sei) aufgehängt worden, ohne daß er, Marschall, danach gefragt worden sei«. Der Zeuge über Marschalls Reaktion: »Er zeigte sich ungehalten und niedergeschlagen.«

Aus den Schümann-Recherchen begann sich allmählich ein ganz anderes Bild des Mannes zu formen, der sich stets seit Kriegsende als makelloser Verfechter des Rechts und unerschrockener Helfer der Unterdrückten feiern ließ und der immer herausstellt, daß er jüdische Arbeiter versteckt, auf eigene Kosten unterhalten und dem Zugriff der NS-Schergen entzogen habe.

Schon 1948 erlaubten die Amerikaner ihrem Kronzeugen, der 145 »war crimes files« zu Papier gebracht hatte, die Einreise in die USA. Dort gründete Graebe alsbald ein Ingenieur-Büro und mehrere Baufirmen. Marschall-Anwalt Dr. Schümann, laut Gräbe ein »gerissener Heini«, vermutet, daß bei diesem rasanten wirtschaftlichen Aufstieg Geld aus deutschen Wiedergutmachungsleistungen an Juden keine geringe Rolle gespielt hat. Graebe: »Die Entwicklung und der Erfolg der Firmen waren das Resultat harter Arbeit, technischen Könnens und Selbstvertrauens.«

Auch als US-Bürger (seit 1954) kümmerte sich Herman Frederik Graebe um die juristische Bewältigung der NS-Vergangenheit in Deutschland – so beim Stader Marschall-Prozeß 1960.

Dort traf er die ehemalige Marschall-Sekretärin in Sdolbunow Doris (»Dorle«) Kosnick wieder.

Zwischen beiden entspann sich über zwei Jahre hinweg ein zärtlicher Briefwechsel, in dem Graebe »seiner Dorle« eine »gemeinsame Zukunft« verhieß – und allerdings auch den Wunsch äußerte, Dorle möge helfen, unter einigen deutschen Belastungszeugen in NS-Prozessen eine »einheitliche Front« herzustellen.

Als die mehrfach angekündigten Besuche ihres Herman ausblieben, merkte Dorle, daß aus der gemeinsamen Zukunft wohl nie etwas werden würde. Sie brach zusammen, kam sechs Monate in eine Nervenklinik und erhielt von Gräbe zehn Dollar Genesungs-Unterstützung.

Wiederhergestellt schickte Doris Kosnick über 100 Graebe-Briefe an die Stader Strafkammer. Das Motiv für diese Handlung wiederum teilte sie ihrem Herman, den sie einst geduzt hatte, brieflich mit: »Der Held Graebe ist nur ein Maulheld, sein Mitleid und seine Hilfsbereitschaft sind nur ein Tarnmäntelchen für Geschäfte, die einen mehr als makabren Hintergrund haben. Aus dem Judenmord, aus den Leiden dieser Menschen, haben Sie sich Ihr Kapital gebildet, schön verbrämt mit ethischen Grundsätzen und genauso lauthals überall verkündet wie die Nazis.«

Der Durchschlag dieses Schreibens liegt bei der Staatsanwaltschaft in Stade, die gegen Graebe wegen falscher Aussagen ermittelt. Das Verfahren konfrontiert die Anklagebehörde mit einer heiklen Situation. Auf der einen Seite stützt sie ihre Anklage im Wiederaufnahmeverfahren gegen Marschall auf Graebe, auf der anderen Seite verdächtigt sie ihren Zeugen der Unwahrhaftigkeit .

Und dieses Dilemma blockiert den Marschall-Prozeß: Kein deutsches Gericht kann darüber entscheiden, ob die Vorwürfe gegen Graebe begründet sind oder nicht. Denn US-Bürger Herman Frederik Graebe – »ich war und bin stolz, als Deutscher geboren ... zu sein« – kommt freiwillig nicht nach Deutschland zurück, und zwingen kann ihn die deutsche Justiz nicht.

Zu den großen Zeitgenossen wie General Rommel und Winston Churchill, unter die er sich eingereiht sah, zählt Herman F. Graebe jedenfalls nicht. Und von dem Buch, das ihm solche Wahlverwandtschaft attestieren soll, hat die »Columbia University Press« keine Ahnung. Der renommierte Universitäts-Verlag beschied dem SPIEGEL: »We have never heard of the book.«

Horst Sassin

Ablehnung, Reserve, Stolz: Die Wahrnehmung Fritz Gräbes in seiner Heimatstadt Solingen 1945–2002

Die vierziger Jahre

Hermann ›Fritz‹ Gräbe, bis zum Ende des Zweiten Weltkriegs ein scheinbar völlig systemkonformer erfolgreicher Bauingenieur, geriet durch seine Zeugenaussage im Rahmen des Nürnberger Prozesses erstmals in das Blickfeld einer Solinger Öffentlichkeit, die über den engeren Rahmen seiner Berufstätigkeit, seines familiären und nachbarschaftlichen Umfeldes und seiner Kirchengemeinde hinausging. Wie wurde er in Solingen wahrgenommen?

Am Ende des Zweiten Weltkriegs war Fritz Gräbe in Solingen alles andere als eine Berühmtheit. Von seinem früheren Arbeitgeber, der Baufirma Josef Jung in Solingen-Wald, hatte er sich schon 1944 getrennt. Die Nachbarn von der Gräfrather Schulstraße hatten ihn seit Jahren nur noch sporadisch zu Gesicht bekommen, da ihn seine Tätigkeiten als Versicherungsvertreter nach Essen und als Bauingenieur in die Eifel und schließlich nach Wolhynien verschlagen hatten. Erneut im Gebiet des Westwalls tätig, war er im September 1944 von amerikanischen Truppen in das befreite Hinterland und schließlich nach Wiesbaden gebracht worden, wo er Zeugenaussagen für die US Army War Crimes Agency machte, darunter jene, die er für den Nürnberger Hauptkriegsverbrecherprozess am 10. und am 13. November 1945 eidesstattlich niederlegte. Anfang 1946 ging sie in den Nürnberger Prozess ein. Mit der Publikation seiner Aussage über die Ermordung von tausenden Juden bei Dubno wurde Gräbe mit einem

Schlag auch in Solingen bekannt. Mit voller Namensnennung zitiert der Bericht des Nürnberger Reporters auf der Titelseite der *Neuen Rhein-Zeitung* auf 42 engbedruckten Zeilen ausführlich Gräbes Zeugenaussage.[1] Wie die Solinger auf diese Veröffentlichung reagiert haben mögen, darüber lässt sich nur spekulieren. Nachbarn, Freunde, Arbeitskollegen, Bauunternehmer, nicht zu vergessen persönliche Widersacher und die erst wenige Monate zuvor entmachtete braune Szene Solingens erfuhren über den Zeitungsartikel erstmals von seinen antinazistischen Aktivitäten.

Im Gegensatz zu der Verlesung von Gräbes Aussage über die Gräuel der Einsatzgruppen in Wolhynien gab die in Solingen vertretene Presse ein halbes Jahr später zwar das Schlussplädoyer des britischen Anklagevertreters Sir Hartley Shawcross wieder, nicht aber seine ausführlichen Zitate aus Gräbes Schilderung des Massakers bei Dubno, aus der er eine Stelle am Schluss seines Plädoyers wiederholte.[2] Haben die Solinger erst durch die Publikation des 19. Bandes der Verhandlungen des Nürnberger Prozesses, also erst 1948, von der Verwendung von Gräbes Aussage für das britische Schlussplädoyer erfahren – soweit sie diese Publikation überhaupt benutzten? Das muss offen bleiben. Gräbe selbst gibt an, im Juni 1946 habe es die ersten Morddrohungen gegen ihn gegeben. Sein Sohn berichtet in einem Interview davon, wie sein Vater von einem Mitschüler als »Verräter« bezeichnet worden sei.[3]

In den Akten dieser Zeit ist Gräbe im Stadtarchiv Solingen nur durch einen einzigen Vorgang erfasst. Er betrifft seine Bemühungen vom Juni bis zum August 1945 um die Rückerstattung seines Privatwagens, eines Mercedes-Benz »Sedan«, Typ 170 V, der nach der Besetzung Solingens durch alliierte Truppen am 17. April 1945 von der Militär-Regierung beschlagnahmt worden war. Nun betrieb er über das Allgemeine US-Kriegsgericht für den europäischen Kriegsschauplatz die Rückgabe des Wagens in die Hände seiner Frau Elisabeth, die weiterhin auf der Schulstraße 53 in Solingen-Gräfrath wohnte.[4]

Außer im Stadtarchiv ist Gräbe auch in den Akten seiner Gräf-rather evangelischen Kirchengemeinde sowie des Landeskir-chenamtes präsent. Es ging um die Nachfolge des Gemeinde-pfarrers Roeßle, der seit Oktober 1943 von der Vikarin Hildegard Stracke vertreten wurde. Bestrebungen des Presbyteriums 1946/1947, einen männlichen Pfarrer zu berufen, standen Be-mühungen eines Kreises Gräfrather Gemeindeglieder gegenüber, die Vikarin Stracke im Amt zu belassen. Zu den Initiatoren die-ses Kreises zählte das Ehepaar Fritz und Elisabeth Gräbe. Die Auseinandersetzungen, die sich über mehr als ein halbes Jahr hinzogen, endeten mit der Berufung eines neuen Pfarrers. Be-merkenswert ist der Vorgang, weil das Ehepaar Gräbe hier ein zweites Mal nach der Heirat in prononcierter Weise Stellung zur kirchlichen Entwicklung bezog.[5] Bei der Hochzeit 1924 hatte das Brautpaar dem eigenen, deutschnational-militaristisch orientier-ten Gemeindepfarrer einen pazifistisch eingestellten religiösen Sozialisten vorgezogen: den Pfarrer Dr. Hans Hartmann von der Nachbargemeinde Ketzberg. Beides betrifft Neuland für den da-maligen deutschen Protestantismus. Wie die Religiösen Sozialis-ten und die Pazifisten innerhalb des Protestantismus der Wei-marer Republik eine marginale Minderheit darstellten, so war auch die Frauenordination in der Evangelischen Kirche der Nachkriegszeit nur in Ausnahmefällen in einzelnen Landes-kirchen möglich; die Evangelische Kirche im Rheinland zählte nicht dazu. Wenn Fritz Gräbe und seine Frau sich für die Vika-rin Stracke einsetzten, befürworteten sie damit zwar nicht zu-gleich die Ordination; faktisch kam ihre Stellung in der Ge-meinde aber der eines ordinierten Pfarrers gleich, da ihr sämtli-che Amtshandlungen gestattet waren.

Welche Einstellung die Solinger in der Nachkriegszeit gegen-über der Militärregierung hatten, kann nur durch indirekte Rück-schlüsse annähernd vermutet werden. Ein beträchtlicher Teil der deutschen Bevölkerung verstand die alliierte Besatzung nicht als Befreiung zu einem demokratischen Neubeginn, sondern als

Unterdrückung. Damit wurde auch der Nürnberger Internationale Militärgerichtshof als »Siegerjustiz« abqualifiziert – und so gesehen stand Gräbe auf der falschen Seite. Andere Maßnahmen wie etwa die mechanisch durchgeführte Entnazifizierung schufen viel böses Blut, weil zum Teil prominente Täter sich durch falsche oder unterlassene Angaben, Schutzbehauptungen und »Persilscheine« rein wuschen, während das »Fußvolk« für seine Taten belangt wurde.[6] Dies löste emotionale Abwehrmechanismen aus, denen rational nur noch schwer beizukommen war. Zudem wuchs erneut der Antisemitismus, gegen den Gräbe in der Ukraine energisch agiert hatte; in einer demoskopischen Umfrage des Meinungsforschungsinstituts Allensbach bezeichnete sich 1949 fast ein Viertel der Befragten als demonstrativ oder gefühlsmäßig antisemitisch.[7]

Gräbe muss damals in Solingen nicht wenige Neider gehabt haben. In der Siedlung »Am Stadtwald« des Spar- und Bauvereins Gräfrath, zu der auch die Häuser an der Schulstraße gehörten, gab es nur geringe Bombenschäden, aber immerhin ein Sechstel des Wohnungsbestandes des Gräfrather Spar- und Bauvereins war beschädigt oder zerstört.[8] Das Wohnhaus Schulstraße 53, in dem auch Gräbes wohnten, war unversehrt geblieben. Gräbes Besuche in Solingen, in einem Wagen der US-Militärregierung, gefahren von einem amerikanischen Soldaten, müssen in der Gräfrather Siedlung ein Ereignis gewesen sein. Die Existenznöte vieler Solinger – Ernährung, Arbeitslosigkeit, Wohnungsnot – brauchte er nicht zu teilen. Den ehemaligen Nationalsozialisten konnte er als willkommene Zielscheibe dienen; denn dumpfe Verdächtigungen – Verräter, Spion, Überläufer – haben nicht nur den erwünschten Effekt der Disqualifikation, sondern entheben auch der moralischen Pflicht, sich den Vorwürfen verbrecherischer Taten und der Frage nach der Verantwortung zu stellen.

Gräbe nahm die Abmeldung aus Gräfrath nach Wiesbaden am 10. September 1946 »im Gefolge der amerikanischen Wehr-

macht« vor; nachdem eine Wiederaufnahme seiner Berufstätigkeit in der Heimat aufgrund der Anfeindungen nicht mehr
möglich schien, meldete die Familie sich am 28. August 1948 zur
Emigration in die USA aus Solingen ab.[9]

Die fünfziger Jahre

Nach seinen Erfahrungen mit der deutschen Nachkriegsgesellschaft pessimistisch gestimmt, hielt Gräbe nur persönliche Kontakte in seine Heimatstadt Solingen, die er auch gelegentlich besuchte. In dieser Zeit ist er in Solinger Dokumenten nicht nachweisbar. Ohne Zweifel hat aber eine größere Anzahl Solinger in
zahlreichen wissenschaftlichen und populärwissenschaftlichen
Publikationen und Dokumentationen seine Nürnberger Aussagen gelesen. Als beispielhafte Auswahl soll hier genannt werden:
➤ Robert W. Cooper: Der Nürnberger Prozess. Krefeld 1947 (S.
   155-157).
➤ Léon Poliakow, Joseph Wulf (Hg.): Das Dritte Reich und die
   Juden. Berlin 1955 (S. 143-145).
➤ Gerald Reitlinger: Die Endlösung. Hitlers Versuch der Ausrottung der Juden Europas 1939-1945. Berlin 1956 (S. 231-
   233, 266).
➤ Walther Hofer (Hg.): Der Nationalsozialismus. Dokumente
   1933-1945. Frankfurt 1957 (S. 300-303).

Die drei zuletzt genannten Dokumentationen erzielten wiederholte Auflagen, und speziell Hofers Sammlung, eine preiswerte
Taschenbuchausgabe, entwickelte sich zu einem Standardwerk
für interessierte Hochschul- und Gymnasiallehrer und ihre Schüler. Es würde jedoch ein einseitiges Licht auf die 50er Jahre werfen, wenn daraus auf eine einhellige, breite Zustimmung zum
deutschen Widerstand und zur Aufarbeitung des nationalsozialistischen Unrechts geschlossen würde. Vielmehr konnten in der

neugegründeten Bundesrepublik ehemalige Nationalsozialisten aufgrund des 131er-Gesetzes wieder in hohe Staatsämter aufrücken.[10] Der Politikwissenschaftler John Herz urteilte: Der »recht törichte[n] Inkriminierung einer ganzen Bevölkerung« durch die Entnazifizierungsprozedur folgte nun eine pauschale »Entkriminierung en gros«.[11] Eine verbreitete »Schlussstrich«-Mentalität entsorgte die jüngere deutsche Vergangenheit, um den wider Erwarten schnell erworbenen Wohlstand zu genießen. Die politische Rechte forderte eine »Generalamnestie«, damit die Millionen ehemaliger Nationalsozialisten vorbehaltlos in die Bundesrepublik integriert würden. In skandalösen Verfahren wurden die Standrichter von Dietrich Bonhoeffer, Hans von Dohnanyi und anderen Widerstandskämpfern wiederholt freigesprochen. Letztinstanzlich stellte der Bundesgerichtshof 1956 den Staatsschutz über den Personenschutz und sprach einen beteiligten Richter frei, während ein anderer wegen eines Formfehlers eine Freiheitsstrafe erhielt.[12] Es ist der Beharrlichkeit von Juristen wie dem Staatsanwalt Fritz Bauer (Remer-Prozess, in den sechziger Jahren der Auschwitz-Prozess) zu verdanken, dass das Dritte Reich auch juristisch als Unrechtsstaat qualifiziert wurde.

Von alledem fehlt ein konkreter Niederschlag an Reaktionen in Solingen. Allerdings steht fest, dass wegen des Lehrermangels nach 1945 bald auch wieder ausgewiesene, exponierte, ehemals nationalsozialistische Lehrer in den Schuldienst eingestellt wurden, deren Themenschwerpunkte in Fächern wie Geschichte ein eklatantes Desinteresse am Charakter des Dritten Reiches erkennen ließen. Immer wieder berichteten Schüler älterer Jahrgänge, der Unterricht habe 1890, 1914 oder 1933 geendet. Andere hatten das Dritte Reich zwar kurz thematisiert, aber ohne konkrete Schwerpunkte auf seinen Unrechtscharakter. So verwundert es nicht, dass das Fachorgan der Historiker 1955 davor warnte, vor den Fragen nach der NS-Zeit auszuweichen.[13] Der Pädagoge Heinrich Weinstock warnte 1958 vor der Flucht des Geschichtsunterrichts »in die friedlichen Gefilde der Kultur«.[14] Zu Beginn des Jahres 1960 beanstandete die Kultusministerkonferenz, dass die NS-Verbrechen in vielen Schulgeschichtsbüchern der vergangenen Jahre »weitgehend verfälscht und verharmlost werden«.[15]

Die sechziger Jahre

Nachdem die Bundesrepublik Deutschland mit dem Überleitungsvertrag vom 5. Mai 1955 die volle Souveränität zur Verfolgung von NS-Verbrechen erhalten hatte, liefen entsprechende Verfahren zunächst nur zögerlich an. Mit der Verjährung nationalsozialistischer Totschlagsverbrechen am 8. Mai 1960 schienen die Befürworter eines »Schlussstrichs« unter die jüngste deutsche Vergangenheit mächtigen Aufwind zu bekommen, und im März 1965 debattierte der Bundestag über die Frage der Verlängerung oder der Aussetzung der bis dahin auf zwanzig Jahre bemessenen Verjährungsfrist für Mord. Diese Jahre sind aber auch vom Abschluss der Rekonstruktionsphase der westdeutschen Wirtschaft und der ersten Massenarbeitslosigkeit 1966 gekennzeichnet, die damals zum Sturz der Koalitionen aus CDU/CSU und FDP in der Bundesrepublik und in Nordrhein-Westfalen und zur Bildung einer großen Koalition aus CDU/CSU und SPD in Bonn und einer sozialliberalen SPD-FDP-Koalition in Düsseldorf führte. Verbunden mit der wirtschaftspolitischen Krise war ein auffälliger Anstieg der Rechtsradikalen, die 1964 aus verschiedenen kleineren Parteien die Nationaldemokratische Partei Deutschlands (NPD) gebildet hatten. Die NPD zog in den sechziger Jahren in die Mehrzahl der bundesdeutschen Landtage ein (Baden-Württemberg 1968: 9,8 % der Stimmen) und scheiterte bei den Bundestagswahlen 1969 mit 4,3 % nur knapp an der Fünf-Prozent-Klausel.

Andererseits sind die sechziger Jahre auch bestimmt durch eine zunehmende Aufklärung über die Verbrechen des NS-Regimes, wobei an vorderster Stelle der Auschwitz-Prozess (1963-

1965) zu nennen ist. In weniger prominenten Prozessen waren auch Solinger Täter angeklagt, etwa der für den Mord von Babi Jar verantwortliche Paul Blobel.[16] Dass Fritz Gräbe, inzwischen Hermann F. Graebe, in einem solchen Prozess 1960 gegen den Gebietskommissar von Sdolbunow, Georg Marschall, aussagte, fand in der Solinger Presse keine Beachtung. Bereits 1961 wurde auf Betreiben von Marschalls Verteidiger ein erstes Meineidsverfahren gegen Gräbe eingeleitet (er überzog die Zeugen mit Meineidsverfahren), weil es Widersprüche zwischen seiner Aussage in Stade und früheren Aussagen gab, 1963 wurde das zweite Meineidsverfahren eröffnet und das Wiederaufnahmeverfahren im Falle Marschall angeordnet. Selbst der Anklage ausgesetzt, kam Gräbe nicht mehr nach Deutschland zu Besuch, sodass er seine Heimatstadt bis zu seinem Tod 1986 nicht mehr wiedersah.

Von alledem nahm die Solinger Presse keine Notiz. Sie berichtete auch nicht über die Verleihung des ehrenden Titels eines »Gerechten unter den Völkern« an Gräbe durch die israelische Erinnerungsstätte Yad Vashem, obwohl er einer der ersten Deutschen war, die diese Ehrung erfuhren, und obwohl diese Auszeichnung mit einer Verleihung der Urkunde und der Medaille, mit der Gedenkfeier an der ewigen Flamme und der Pflanzung eines Johannisbrotbaums auf der Allee der Gerechten einen würdigen Rahmen hatte und hat. Von dieser wie von weiteren Ehrungen, die in den USA folgten, erfuhren die Solinger aus der lokalen Presse kein Wort. Das ist umso bemerkenswerter, als die Ehrung Gräbes nicht nur für ihn persönlich, sondern auch für die Deutschen und speziell für die Solinger von Bedeutung war.

Hingegen besteht kein Zweifel, dass viele Solinger den Artikel des Nachrichtenmagazins Der Spiegel vom Jahresende 1965, in dem Gräbes Glaubwürdigkeit in Frage gestellt wurde, lasen.[17] Der Spiegel war 1962 nach der Aufdeckung der Probleme, die aus der überstürzten Aufrüstung der Bundeswehr resultierten, von der Bundesregierung des Landesverrats bezichtigt worden. In einem aufsehenerregenden Verfahren mit der Festnahme des Herausgebers Rudolf Augstein profilierte die Zeitschrift sich als »Sturmgeschütz der Demokratie« und gewann hohes Ansehen und wachsende Leserzahlen. Von einem solchen Organ angegriffen zu werden, gab den Vorwürfen besonderes Gewicht. Das Problem des Spiegel-Artikels war seine Einseitigkeit zugunsten der Verteidigung Marschalls, während Gräbe auf fragwürdige Weise in ein schlechtes Licht gerückt wurde.[18] Von konkreten Reaktionen der Solinger erfahren wir wiederum nichts, weil weder die Solinger Lokalzeitungen auf den Artikel eingingen noch der Spiegel auch nur einen Leserbrief zu dem Thema veröffentlichte. Dass Yad Vashem 1966 und 1967 die Glaubwürdigkeit Gräbes hinsichtlich seiner Rettungstaten in zwei Publikationen unterstrich, verschwiegen sowohl der Spiegel als auch die Solinger Presse.[19]

Einer solch uninformierten beziehungsweise nur einseitig aus der Sicht Marschalls und seines Verteidigers informierten Leserschaft präsentierte die führende Solinger Lokalzeitung, das Solinger Tageblatt,[20] am Samstag, dem 18. Februar 1967, aus Anlass des Wiederaufnahmeverfahrens gegen den Sdolbunower Gebietskommissar Georg Marschall eine Sonderseite über Gräbe, die bereits auf der Titelseite mit einem kleinen zweispaltigen Artikel mit Foto Gräbes als Thema der Woche angekündigt wird; Oberzeile im Kasten: Schwere Vorwürfe gegen den Solinger Fritz Gräbe, Überschrift: Kronzeuge der Alliierten des Meineids verdächtigt. Der Hauptartikel von Heidrun Wedewen, der etwa die Hälfte der Sonderseite ausmacht, ist über drei der fünf Spalten wie folgt betitelt; Oberzeile: Solinger macht in der Welt von sich reden, Überschrift: Fritz Gräbe – Kronzeuge der Alliierten – ist jetzt des Meineides verdächtig, Unterzeile: Zeuge beim Nürnberger Kriegsverbrecherprozeß und bei 55 anderen Schwurgerichtsverfahren. Ein zweispaltiger Artikel trägt die Überschrift Eintragungen in seinem Tagebuch vermutlich nachträglich gefälscht mit der Unterzeile Aussagen mit der ehemaligen Geliebten abgestimmt, ein weiterer Zweispalter den Titel Auf der Suche nach der Vergangenheit. In einem einspaltigen Artikel wird sodann Gräbes Zeugenaussage über den Pogrom von Rowno vor dem Nürnberger Gerichtshof dokumentiert, Überschrift: Peitschen – Schüsse / Gekürzte Aussage. Illustriert ist die Seite mit fünf Fotos; sie zeigen Fritz Gräbe als jungen Mann, Georg Marschall in den 30er Jahren, den erhängten jüdischen Tischler Josef Diener (1942), den Gedächtnisschrein von Yad Vashem und Gräbes ehemaliges Wohnhaus Schulstraße 53.

Der Vorspann des Hauptartikels listet zunächst Gräbes Verdienste auf: seine Aussagebereitschaft seit den Kriegsverbrecherprozessen, sein Ansehen bei Amerikanern und Israelis, seine Rettungstaten in der Ukraine, seine Ehrung durch Yad Vashem, die Präsenz seiner Aussagen in Büchern. Im letzten Viertel des Vorspanns wendet sich das Blatt: Gräbe traue sich nicht mehr in seine Heimatstadt zurück. Er wolle sich trotz seiner genauen Angaben in anderen Prozessen nicht vor deutschen Gerichten rechtfertigen, obwohl ihm freies Geleit zugesichert sei. Denn die »Staatsanwaltschaft Stade ermittelt gegen ihn wegen Verdachtes falscher eidlicher Aussage«. Der weitere Text des Artikels ist mit vier Zwischenüberschriften gegliedert. Unter der Überschrift *Zu Lebenslänglich verholfen* geht der erste Abschnitt zunächst auf Gräbes Rolle beim Marschall-Prozess ein, die entscheidend war für die Verhängung der lebenslänglichen Freiheitsstrafe. Dann werden unter der Überschrift *Gräbe macht falsche Angaben* Zweifel an seiner Glaubwürdigkeit geäußert, weil er das Ende seiner NSDAP-Mitgliedschaft falsch datiert hatte (auf 1932 statt 1934). Die nächste Überschrift lautet: *Kosten: Hunderttausende*, weil zur Klärung der Verantwortlichkeit für die Erhängung des jüdischen Tischlers Diener, die für die lebenslängliche Haftstrafe maßgebliche Tat, Reisekosten des Gerichts in deutsche, amerikanische und israelische Städte anfielen. Die letzte Überschrift des Artikels, *Er kommt nicht nach Solingen*, leitet zu der Frage über, ob die Wahrheit überhaupt noch zu ermitteln sei. Es wird behauptet, dass Gräbe »in Amerika inzwischen mehrere Baufirmen besitzt«, und dargestellt, dass der Meineidsvorwurf gegen ihn nicht zu klären sei, weil Gräbe sich der deutschen Justiz nicht stelle. – Diesem Artikel sind die Fotos von Gräbe und Marschall sowie das von Yad Vashem beigefügt.

Gut ein Drittel der mittleren Spalte dieser Seite macht Gräbes stark gekürzte Aussage vom 10. November 1945 über den Pogrom von Rowno aus. Ein Vergleich mit dem Originaltext zeigt, dass etwa ein Sechstel der Aussage zitiert wird, wobei unter anderem Hintergründe des Geschehens, besonders dramatische und grausame Ereignisse sowie Gräbes Hilfeleistung ausgespart bleiben.

Die beiden rechten Spalten der Sonderseite zeigen die Fotos des erhängten Tischlers (oben) mit ausführlichem beschreibendem Text und das ehemalige Wohnhaus Gräbes auf der Schulstraße (unten). Dazwischen stehen die beiden anderen, nicht signierten Artikel, die ebenfalls von Heidrun Wedewen verfasst sein dürften. Der Artikel *Eintragungen in seinem Tagebuch vermutlich nachträglich gefälscht* informiert über Gräbes Vernehmung durch das Landgericht Stade im Januar 1967 in San Francisco. Als US-Staatsbürger konnte er zwei amerikanische Staatsanwälte und seinen Rechtsanwalt zu der Vernehmung hinzuziehen, die vor dem deutschen Generalkonsul stattfand. Dann wird auf Widersprüche zwischen den Aussagen Gräbes und denen anderer Zeugen verwiesen, wonach die willkürliche Hinrichtung Dieners nicht im Juni, sondern im August 1942 erfolgt sei. Gräbes Tagebucheintragung vom Juni 1942 wird als Fälschung verdächtigt. Gräbe und der Zeugin Bobrow wird unterstellt, ihre Aussagen miteinander abgestimmt zu haben. An zwei Stellen des Artikels wird der Schluss gezogen, dass Gräbes Aussagen im Marschall-Prozess keine Rolle mehr spielen würden. Der letzte Absatz stellt in Frage, ob die anderen 55 Schwurgerichts- und Wiedergutmachungsverfahren, in denen Gräbe Aussagen gemacht hatte, Bestand haben könnten.

Der letzte Artikel: *Suche nach der Vergangenheit*, geht den Erinnerungen von Solingern an Gräbe nach. Gleich im ersten Absatz heißt es, ihm sei »kein guter Leumund« ausgestellt worden. Im zweiten Absatz wird seine berufliche Karriere über eine ganze Reihe von Stationen mit angeblich kurzzeitigen Arbeitsverhältnissen angeführt. Im dritten Absatz wird – ohne Namensnennung – derjenige Solinger Firmeninhaber, den Gräbe antisemitischer Vorfälle in Wolhynien beschuldigte, herangezogen. Der letzte Absatz fasst zusammen, Gräbe sei »in Solingen bekannter, als wir geahnt hatten«, um dann auf das zu erwartende Urteil des Stader Landgerichts abzustellen.

Wenngleich diese Sonderseite des *Solinger Tageblatts* viele Sachinformationen enthält, fallen verschiedene subjektive Notationen auf, die hier zusammengestellt werden. Zu der Information, Gräbe sei 1960 zuletzt nach Deutschland gekommen, heißt es: »Natürlich in seiner Eigenschaft als Zeuge.« Offenbar hatte die Journalistin nicht in Erfahrung gebracht, dass er zu Besuchen von Verwandten und Freunden wiederholt in Solingen war. In zwei Fällen werden die Kosten betont, zum einen bei der Reisetätigkeit des Stader Gerichts (Zwischenüberschrift, aber im Text nur ein Satz: »hunderttausende« Mark), zum anderen bei den Baukosten für Yad Vashem, die der Bildunterschrift als Abschluss hinzugefügt sind: »Die Errichtung des ganzen Komplexes hat etwa 800.000 Dollar gekostet.« Beides in Bezug zueinander gesetzt, wirkt wie ein Vorwurf überzogener Ausgaben, zumal wenn man die Durchschnittseinkommen der Bevölkerung bedenkt. Die Aussage vor dem Generalkonsul in San Francisco wird als »große[r] Auftritt« qualifiziert. Dass Gräbe von den durch das *Solinger Tageblatt* befragten Solingern »kein guter Leumund« ausgestellt wird, muss nicht wundern. Die Zeitung beruft sich auf nur drei Zeugen: eine Frau, die sich neutral äußert, einen Mann, der die Kürze der Arbeitsverhältnisse und sein wiederholtes »Scheitern« betont, aber nicht erklären kann, wie Gräbe beruflich so rapide aufsteigen konnte, und einen persönlichen Feind, vor dem Gräbe seine Aktionen zur Judenrettung tarnen musste. Dass Gräbe als »bekannter« als erwartet eingestuft wird, ist unter diesen Prämissen gewiss nicht wohlwollend zu verstehen. Schließlich heißt es in der Bildunterschrift zu seinem Wohnhaus, dass »er 1945 Solingen den Rücken kehrte und sich in Wiesbaden bei den Amerikanern um die Einreise in die Staaten bemühte«, als hätte er 1945 alle Brücken zu seiner Heimatstadt und seinem Heimatland abgebrochen. Durch die zweimalige Überschrift *Kronzeuge der Alliierten* auf der Titelseite und auf der *Thema der Woche*-Seite wird dieser Eindruck noch verstärkt. Wenn man zudem bedenkt, dass Gräbes Nürnberger Aussage der Aburteilung der politisch Verantwortlichen für die Verbrechen des NS-Unrechtsregimes diente, wirkt die Hervorhebung der Eigenschaft eines Kronzeugen nur »der Alliierten«, also nicht der Deutschen, pejorativ.

Obwohl diese Berichterstattung des *Solinger Tageblatts* so groß aufgemacht wurde, erschien in der Folgezeit nicht ein Leserbrief zu dem Thema. Während es im Falle des *Spiegel*-Artikels nur mündliche Hinweise auf Leserbriefe gibt, in denen die Tendenz des Artikels in Frage gestellt wurde, liegt auf die Themenseite des *Solinger Tageblatts* ein unveröffentlichter Leserbrief vor, verfasst von Werner Böwing, dem langjährigen Gewerkschaftssekretär der Industriegewerkschaft Bau-Steine-Erden, Verwaltungsstelle Solingen-Remscheid.[21] Böwing hatte in Solingen weit über seine gewerkschaftlichen Aktivitäten hinaus einen Namen. Als Gewerkschaftssekretär setzte er sich engagiert für seine Gewerkschafter ein, mit dem Erfolg, dass er bis zum Rentenalter alle drei Jahre als Sekretär wiedergewählt wurde. Seinen Gesprächspartnern von der Bauinnung trat er mit Sach- und Menschenkenntnis gegenüber. In der SPD engagierte er sich vor allem kommunalpolitisch, und in der Friedensbewegung war er ein bedeutender Initiator und Organisator bis hin zur Bundesebene. In Solingen zählte er 1960 zu den Initiatoren der Ostermarschbewegung, in der er, der DDR-Flüchtling von 1949, den Kommunisten keine maßgebliche Rolle einräumen wollte. Böwing war ein Mann von Prinzipien, der einem Streit nicht um des lieben Friedens willen aus dem Weg ging, der aber auch klug genug war, den Streit nicht zu suchen.[22]

Böwing wirft dem *Solinger Tageblatt* und seiner Redakteurin tendenziöse Berichterstattung oder zumindest Leichtfertigkeit vor, die das Lokalblatt in die Nähe der nationalistischen *Deutschen National- und Soldatenzeitung* rücke. »Ein solcher Artikel«, schreibt Böwing, »ist unfair und gewissenlos, weil er in seiner Konsequenz denjenigen Wasser auf die nationalistischen Mühlen gibt, die seit langem um die tatsächlichen Zahlen ermordeter Juden feilschen, als ob es wesentlich wäre, ob nun 6 Mill. oder ,nur‘ 5 Mill. von ihnen umgekommen sind.« Seine Empörung begründet er mit der Reduzierung der vielen Verdachtsmomente auf einen einzigen beweisbaren Vorwurf, das falsche Datum von Gräbes Austritt aus der NSDAP. Nachdem Böwing davor gewarnt hat, mit zweierlei Maß zu messen, weil Falschaussagen in anderen Verfahren weniger oder keine Konsequenzen gehabt hätten (Fall Brühne) und auch hochgestellte Persönlichkeiten ähnlich ungenaue Angaben wie Gräbe gemacht hätten, kommt er zum Kern seines Briefes: »Hier soll einer fertiggemacht werden, der nach Auffassung vieler Volksgenossen (nicht Staatsbürger!) das eigene Nest beschmutzt hat.« Böwing begründet dieses Verdikt mit der Gewichtung der Aussagen in dem Artikel. So findet er die Judenrettung in dem Artikel an den Rand gedrängt, während das weltweite Von-sich-reden-Machen darüber einen abwertenden Beigeschmack erhalte. »Hart an der Grenze des Rufmordes« wertet Böwing die Gegenüberstellung der »lieben und ruhigen [Ehe-] Frau« und der »jüdischen Geliebten«. Den Verdacht der Journalistin, dass Gräbe und die »Geliebte« ihre Aussagen miteinander abgestimmt hätten, wertet er als unseriös und tendenziös. An diesen und anderen Verdächtigungen des Artikels macht Böwing seinen eigenen Verdacht fest: »Wollen Sie damit Kriegsverbrecherprozesse oder gar die Geschworenen und Richter beeinflussen?« Umgekehrt moniert er die dunklen Andeutungen, wo aufgrund von Recherchen auch klare Aussagen möglich sind: Andeutungen wie, Gräbe habe, »ohne auf Einzelheiten eingehen zu wollen«, »keinen guten Leumund« gehabt; er habe »wegen irgendwelcher Vorfälle« seine Lehre abbrechen müssen. Solche nebelhaften Umschreibungen öffnen den wildesten Spekulationen Tür und Tor, was Böwing als Gewerkschaftssekretär besonders aufstößt. Aber »auch die vorgeworfenen ›kurzen Arbeitsverhältnisse‹ bei ‚wechselnden Firmen‘ dienen Ihrem Artikel als Waffen gegen die Glaubwürdigkeit Gräbes«. Solche »üblen Methoden« zur Wahrheitsfindung erklärt Böwing des *Tageblatts* »unwürdig«. Er schließt mit dem Absatz: »Artikel wie der erwähnte und Hakenkreuze auf jüdischen Friedhöfen, NPD-Wahlerfolge[23] und Brandstiftungen an den Wohnungen kritischer Schriftsteller – ich verstehe, warum Herr Gräbe lieber in Amerika bleibt und nicht nach Deutschland kommt.«

Böwings Philippika verweist auf deutliche Probleme des Artikels: seine Einseitigkeit nach langem Schweigen des *Solinger Tageblatts* in Sachen Gräbe; seine fast ausschließlich auf Verdächtigungen beruhenden Wertungen der Persönlichkeit Gräbes; die zu befürchtenden Folgen des Artikels, nämlich eine Stärkung der neonazistischen und antisemitischen Bestrebungen. Dass die Zeitung es nicht für angebracht hielt, diesen Brief in voller Länge oder in gekürzter Form einer breiten lokalen Öffentlichkeit zur Debatte zu stellen, ist angesichts ihrer nahezu monopolartigen Stellung auf dem Solinger Zeitungsmarkt fragwürdig.

Nach dreimonatigem Schweigen meldete sich das *Solinger Tageblatt* mit einem Bericht der Redakteurin Heidrun Wedewen über das Urteil im Fall Marschall.[24] Im Lokalteil der Zeitung erschien ein dreispaltiger Artikel im Umfang von knapp einer Viertel Seite mit der Oberzeile im Kasten: *Beinahe hätte er dem Angeklagten zu »Lebenslänglich« verholfen!*, und der Überschrift: *Kronzeuge Fritz Graebe unglaubwürdig / Werden andere Prozesse neu aufgerollt?*

In der Einleitung des Artikels erinnert die Redakteurin an die Sachlage aus dem ersten Prozess, als Marschall aufgrund Gräbes

Aussage zu lebenslänglicher Freiheitsstrafe verurteilt worden war. Gräbe hatte als Beweis ein Gespräch zwischen ihm und Marschall im Jahre 1942 genannt. Im folgenden Artikel gibt sie erneut die falsche Datierung des Austritts aus der NSDAP wieder, die Zweifel an der Glaubwürdigkeit des Zeugen geweckt hatte. Die vom Gericht als unglaubwürdig eingestufte Datierung der Erhängung des Tischlers Diener auf Juni 1942 wird im Fettdruck ausführlich dargestellt. Gegen Gräbe wurde die ungenaue Datierung in seinem Tagebuch auf den Monat statt, wie er es sonst pflegte, auf den Tag und der Umstand, dass acht andere Zeugen mit verschiedenen Gedächtnisstützen den Monat August als Tatzeit nannten, ins Feld geführt. Nachdem das Gericht nun die Aussage Gräbes als unglaubwürdig ausschied, war auch die Verurteilung Marschalls wegen Mordes hinfällig. Das Urteil lautete nun auf fünf Jahre Zuchthaus, von denen Marschall vier abgesessen hatte, sodass er auf Bewährung freigelassen wurde.

Heidrun Wedewen äußert erneut scharfe Kritik an Gräbe, die sie in diesem Artikel allerdings auf das Urteil des Landgerichts Celle stützen kann. Ihr wiederum fett gedruckter Schlussabsatz lautet:»Man fragt sich unwillkürlich: Wie wird es nun mit den zahlreichen Prozessen, in denen Graebe als Zeuge ausgesagt hat? Eine Glaubwürdigkeit lässt sich auch nach Meinung des Oberlandesgerichtes Celle nicht teilen. Werden alle diese Verhandlungen, unter anderem der Nürnberger Kriegsverbrecherprozess, auch zur Wiederaufnahme kommen? Sitzen nicht vielleicht auch andere Menschen aufgrund der Aussage von Graebe zu Unrecht im Zuchthaus? Im Falle Marschall ist ein neues Urteil gefällt worden und nicht zuletzt auch über Graebe. Der früher renommierte Zeuge, der sowohl bei den Amerikanern und Israelis in hohem Ansehen steht, und auf der Allee der Gerechten in Jerusalem einen Baum pflanzen durfte, ist für unglaubwürdig erklärt.« Damit knüpft der letzte Absatz an die Überschrift und an die Einleitung des Artikels an, wo wiederum von den »55 Schwurgerichts- und Wiedergutmachungsverfahren« die Rede ist, in denen Gräbe ausgesagt hatte. Hier sei nur erwähnt, dass kein einziges weiteres Verfahren wiederaufgenommen werden musste. Allerdings schieden Gräbes Aussagen bereits seit dem Urteil des Oberlandesgerichts Celle von 1963 aus anhängenden Verfahren aus.

Wiederum, wie nach der Sonderseite des *Solinger Tageblatts* vom Februar 1967, erschien dazu kein Leserbrief, obwohl die Vermutung naheliegt, dass es kommentierende, vermutlich kontroverse Meinungen der Leserschaft zu dem Thema gab. Vielleicht hätten einige Leserbriefe darauf hingewiesen, dass Gräbes Aussagen von 1945 durch spätere Aussagen der Geretteten bestätigt wurden; vielleicht hätten andere daran erinnert, dass Gräbes Tagebuch, von der Eintragung über die Erhängung des Tischlers abgesehen, genaue Daten enthält. Gräbes Glaubwürdigkeit war erschüttert, aber Wedewens Rundumschlag gegen sämtliche 55 Schwurgerichts- und sogar Wiedergutmachungsverfahren schießt über das Ziel hinaus.

Von nun an herrschte in der Solinger Presselandschaft 15 Jahre lang Schweigen über Gräbe.

Die siebziger und achtziger Jahre

Nachdem die Außerparlamentarische Opposition in den sechziger Jahren den restaurativen Charakter der Bundesrepublik und ihre politische Unterstützung der USA im Vietnam-Krieg angegriffen hatte, entstand eine basisorientierte Geschichtsbewegung, die verschüttete Teile, insbesondere der lokalen Geschichte, aufarbeitete. Diese Bewegung, die von einem aufklärerischen, pädagogischen Impetus geleitet wurde, erhielt durch die Macht der Bilder eine massive Unterstützung. 1978 wurde die US-amerikanische Fernsehserie *Holocaust* im deutschen Fernsehprogramm – in den Dritten Programmen – ausgestrahlt; die Folgen waren überwältigend: Fragen nach ähnlichen Schicksalen vor Ort, Diskussionsrunden im Fernsehen, an der Volkshochschule und in vielen – auch Solinger – Schulen aller Schulformen. Aus Anlass des 40. Jahrestages der »Reichskristallnacht«, in der auch die Solinger Synagoge, Solinger jüdische Geschäfte und Privatwohnungen zerstört worden waren, erschienen eine Ausstellung des Stadtarchivs und zwei offizielle Broschüren der Stadt.[25] Im folgenden Jahr brachte die Stadt eine Gedenktafel am ehemaligen Standort der Synagoge an.[26]

Drei Jahre später wiederholte die ARD die Fernsehserie *Holocaust* im Ersten Programm, was die *Solinger Morgenpost*, wie die Lokalausgabe der *Rheinischen Post* jetzt hieß, zu einem großen Artikel mit vier Solinger Biographien veranlasste. Unter der schlichten Überschrift *Holocaust* geht Wilhelm Rosenbaum zunächst auf Adolf Eichmann ein, den gebürtigen Solinger, der als Organisator der »Endlösung« zur Symbolfigur des Schreibtischtäters schlechthin wurde. Dann wendet er sich dem Pfarrer Johannes Lutze zu, der die Bekennende Kirche in Solingen mitgründete und sie gegen den Machtanspruch des Staates behauptete. Sein nächster Fall ist Gräbe, dessen Nürnberger Aussage er zitiert, und den Abschluss bildet der prominente Bestseller-Autor Jürgen Thorwald, der wenige Jahre zuvor ein Buch über die amerikanischen Juden veröffentlicht hatte. Rosenbaum gibt seine Stellungnahme zur ersten Ausstrahlung der Sendung *Holocaust* wieder, in der er die historische Einmaligkeit und Unvergleichlichkeit der nationalsozialistischen Judenvernichtung betont.[27]

In den folgenden Jahren herrschte wieder Schweigen über Gräbe in der Solinger Presse. Hunekes Buch *The Moses of Rovno* aus dem Jahr 1985 blieb unbeachtet; wahrscheinlich gelangten Informationen über diese Veröffentlichung nicht nach Solingen. Erst Gräbes Tod am 17. April 1986, der über die amerikanischen Zeitungsmeldungen auch von der Deutschen Presseagentur aufgegriffen wurde, brachte ihn mit Kurzmeldungen wieder in die Solinger Zeitungen.[28] Das *Solinger Tageblatt* veröffentlichte wenige Tage später aus diesem Anlass eine halbe Seite über Gräbe, wobei es eng an die Berichterstattung vom Marschall-Prozess

1967 anknüpfte.[29] Der Hauptartikel von Wolfgang P. Getta hat wiederum Oberzeile, Überschrift und Unterzeile: *Fritz Graebe starb in San Francisco / »Engel der Juden« nicht ohne Makel / Kronzeuge der Alliierten in Nürnberg.* Schon die Überschrift zitiert den Hauptartikel der Sonderseite wörtlich und wiederum nimmt sie von der eingeschränkten Eigenschaft eines Kronzeugen allein »der Alliierten« nichts zurück. Der Artikel referiert und zitiert zunächst längere Passagen aus Heidrun Wedewens Artikel *Fritz Gräbe – Kronzeuge der Alliierten – ist jetzt des Meineides verdächtig* vom Februar 1967, referiert auch den Verdacht der Fälschung des Tagebuchs und nimmt abschließend den Artikel der Journalistin vom Mai 1967 auf. Getta zitiert auch die Frage nach der möglichen Wiederaufnahme der Prozesse, in denen Gräbe ausgesagt hatte, und fügt an: »Diese Frage ist in der Rückschau mit Nein! zu beantworten.« Illustriert wird der Artikel mit dem Foto des Gedächtnisschreins in Yad Vashem, das auch in der Februarausgabe 1967 gestanden hatte. Die Bildunterschrift nimmt, im Gegensatz zu 1967, keinen Bezug auf die Baukosten. Zwei zweispaltige Kästen ergänzen die Berichterstattung. Im kleineren Kasten mit der Überschrift *Suche nach der Vergangenheit* zitiert Getta wörtlich den Lebensweg Gräbes nach dem entsprechenden Artikel vom Februar 1967 mit allen von Böwing darin monierten Unterstellungen (Abbruch der Lehre, Scheitern, kurze Arbeitsverhältnisse). Der größere Kasten, *Peitschenklatschen und Gewehrschüsse / Die Aussage von Friedrich Hermann Graebe* (!), gibt die stark gekürzte Aussage über den Pogrom von Rowno in wortwörtlich der Fassung vom Februar 1967 unter dem Titel *Peitschen – Schüsse / Gekürzte Aussage* wieder.

Fünf Monate später – die Gründe für die Verzögerung sind nicht nachvollziehbar – brachte die *Solinger Morgenpost* einen kleinen, einspaltigen Kasten, in dem sie Gräbe als Retter von 348 jüdischen Zwangsarbeitern bezeichnet, eine Zahl, die spekulativ ist. Aussagen über den Nürnberger Prozess und seine wirtschaftlichen Folgen für Gräbe entsprechen der dpa-Meldung. Abschließend wird die Teilnahme von Vertretern der presbyterianischen und der lutherischen Kirche sowie des Rabbinats, des israelischen Generalkonsuls und des stellvertretenden bundesdeutschen Generalkonsuls bei Gräbes Beerdigung genannt.[30]

Auffällig ist die unterschiedliche Tendenz der Berichterstattung der beiden Solinger Zeitungen. Während die *Morgenpost* ganz auf Gräbes Rettungstaten und deren Würdigung auch durch die Anwesenheit eines Vertreters der Bundesrepublik bei der Beerdigung abstellt, rücken beim *Tageblatt* die Bedenken gegen Gräbe in teilweise pejorativer Wortwahl in den Vordergrund.

Die neunziger Jahre bis heute

Der zweite Umschwung in der Wahrnehmung Gräbes in Solingen setzte 1994 ein. Wiederum zeigt sich die Macht der Bilder, diesmal in Form des Spielfilms *Schindlers Liste* des Meisterregisseurs Steven Spielberg, der den bekannten Retter nicht eindimensional verklärt, sondern auch seine Schattenseiten plakativ zur Schau stellt. Als Ende März 1994 der Film in die Solinger Kinos gelangte, wurde wie in ganz Deutschland[31] auch in Solingen nach vergleichbaren Persönlichkeiten gefahndet. Dafür kam kein anderer als Fritz Gräbe in Frage, denn er war der einzige Solinger, der jüdische Verfolgte in größerer Anzahl gerettet hatte. Hinzu kommen weitere Parallelen wie der Einsatz im Osten, Schindler im Generalgouvernement (Polen), Gräbe in Wolhynien (Reichskommissariat Ukraine), die Eigenschaften als selbstständiger Unternehmer (Schindler) oder als regionaler Manager (Gräbe), beide auch NSDAP-Mitglieder vor 1933, beide hinsichtlich ihrer Integrität angegriffen.

Bemerkenswert ist der völlige Umschwung der Berichterstattung im *Solinger Tageblatt*. Dieses hatte inzwischen den neuen, jungen Chefredakteur Stefan Kob bekommen, der sich des Themas selbst annahm: *Auch Solingen hatte einen »Oskar Schindler«,* titelte er sechsspaltig im Lokalteil.[32] Sein ausführlicher Artikel referiert Gräbes beruflichen Werdegang sachlich – im Gegensatz zu den wertenden Bemerkungen von 1967 und 1986. Seine humanitären Leistungen in der Ukraine und seine Aussagen vor dem Nürnberger Gerichtshof und in anderen Verfahren werden ebenso ausgeführt wie, in knapper Form, die späteren Zweifel, die nicht aufgearbeitet werden konnten, weil Gräbe sich einem Prozess nicht stellte. Kob stellt fest:»Seine Taten in der Ukraine sind allerdings über Zweifel erhaben, sie wurden von unabhängigen Zeugenaussagen bestätigt.« Ergänzt wird der Artikel durch ein kurzes Zitat aus Gräbes Nürnberger Aussage über den Pogrom von Rowno und ausführliche Zitate aus der Aussage über Dubno sowie durch drei Fotos.

Der Artikel des *Solinger Tageblatts* löste eine breite Berichterstattung in den bergischen Medien aus. Der *Westdeutsche Rundfunk* brachte in den nächsten Tagen Beiträge im Radioprogramm und im Lokalprogramm des Fernsehens, in denen auch eine in Solingen bisher fehlende Gedenktafel angemahnt wurde.[33] In der *Solinger Morgenpost* erschien ein ausführlicher Beitrag über Gräbe, der alle Fakten sachlich abgewogen berichtet. Bereits die Oberzeile moniert die geringe Erinnerung an den Bauingenieur in Solingen. Abschließend zitiert dieser Beitrag ausführlich das Zeugnis von Alojzy Dutkowski, der als mit einer Jüdin verheirateter Pole in Sdolbunow und Poltawa von den Rettungstaten Gräbes unmittelbar betroffen war.[34] Der *Remscheider General-Anzeiger* nahm Kobs Artikel gekürzt auf,[35] die *Bergische Illustrierte* brachte einen ausführlichen Beitrag des WDR-Redakteurs Jürgen Herweg, der schon im Untertitel eine angemessene Kultur des Erinnerns anmahnt.[36] Die evangelische Kirchenzeitung *Der Weg* griff in ihrer bergischen Beilage den Fall auf.[37] Inzwischen hatte das *Solinger Tageblatt* aus seinem Artikel die Konsequenz gezogen; Stefan Kob mahnte in seinem wöchentlichen Kommentar: »Spannend wird jetzt die Frage werden, ob die Verantwortlichen in Solingen sich aufraffen, für diesen Mann in unserer Stadt eine bleibende Erinnerung zu schaffen. Dass nur in Yad Vashem ein Baum für Graebe, den ‚Gerechten der Nationen', wächst, ist schwer zu verstehen. Eine Korrektur wäre gerade heute eine wohltuende Geste.«[38] Im Gegensatz zu 1967 veröffentlichte das *Solinger Tageblatt* auch einen Leserbrief, in dem der Sekretär der Industriegewerkschaft Bau-Steine-Erden, Werner Böwing, die Würdigung Gräbes unterstützte und den Oberbürgermeister aufforderte, »diese Angelegenheit zur Chefsache [zu] erklären«, um »über Parteigrenzen hinweg« eine angemessene Würdigung zu erzielen: »Eine Gedenktafel am ehemaligen Wohnhaus der Graebes in Gräfrath wäre das mindeste.«[39]

Einen Monat später griff das *Solinger Tageblatt* den Fall Gräbe noch einmal auf.[40] Auf einer Sonderseite brachte es ausführliche Auszüge aus drei Zeugenaussagen von Menschen, die der Bauingenieur in Wolhynien gerettet hatte,[41] sowie einen Aufruf an Zeitzeugen sich zu melden. Eingeleitet wird diese Seite durch einen sechsspaltigen Beitrag von Stefan Kob: *Ein ‚Gerechter der Nationen' wurde fast vergessen / Wenig Interesse an Fritz Gräbe, dem ‚Oskar Schindler aus Solingen', der Hunderte Juden vor den NS-Mördern rettete*, in dem er sich für ein nachhaltiges Erinnern an Gräbes Taten einsetzt. Hier werden auch die Tabus genannt, die Spielbergs Schindler-Film aufgebrochen hatte: »Die ‚anderen Deutschen', die es ebenfalls im angeblich völlig gleichgeschalteten Hitler-Reich gegeben hatte, waren (und sind?) nicht besonders gefragt. Bei den einen nicht, weil sie nicht in das Bild des durch und durch schlechten Deutschen zur damaligen Zeit passen. Den anderen nicht, weil Menschen wie Schindler und Gräbe auf die eigene Untätigkeit, den Mangel an eigener Courage hinweisen.« Hier mahnt Kob eine differenzierte Sichtweise an und fährt fort: »Hätten die meisten nur ein wenig wie Gräbe gedacht und gehandelt, es hätte die millionenfachen Verbrechen namenloser Unmenschlichkeit nicht geben können.« Damit greift Kob die auch in der Forschung festgestellte mangelnde Einsatz- und Handlungsbereitschaft auf, die zu viele Menschen zu Zu- oder Wegschauern macht, während anderen Unrecht geschieht. Im nächsten Satz stellt Kob an einem Solinger Beispiel, ohne es namentlich zu nennen, einen Bezug zur Gegenwart her. Er spielt auf den Brandanschlag vom 29. Mai 1993 an, den eine Gruppe Jugendlicher und junger Erwachsener gegen ein von einer türkischen Großfamilie – 22 Personen – bewohntes Haus verübt hatte,[42] bei dem fünf Angehörige starben und andere zum Teil schwer verletzt wurden, ein Anschlag, der viele Solinger zutiefst erschütterte und letztlich dazu führte, dass neue Kontakte zwischen »deutschen« und »deutschländischen« (türkischen oder der Herkunft nach türkischen) Solingern geknüpft wurden. Kob mahnt zur Hilfe, wenn er schreibt: »Eine Lehre, die gerade in der heutigen Zeit brennend aktuell ist: Wieder müssen Menschen sterben, nur weil sie aus einem anderen Land zu uns gekommen sind, wieder werden Menschen bedroht, nur weil sie anders denken, anders sprechen oder behindert sind.« Zu den Vorwürfen gegen Gräbe urteilt er: »Heute [...] lässt sich nicht mehr klären, wieviel an den Vorwürfen ‚dran‘ war, wieviel von interessierter Seite daran ‚gedreht‘ wurde.«

Die Berichterstattung aus Anlass des Films *Schindlers Liste* war in allen lokalen und regionalen Medien einhellig. Es ging um eine Rehabilitierung des Bauingenieurs, dessen Rettungstaten unter Einsatz seines Lebens jahrzehntelang von begründeten und unbegründeten Vorwürfen verdeckt wurden. Auch die Politik nahm die Persönlichkeit Gräbes nun wahr, an der Spitze der Oberbürgermeister Gerd Kaimer (SPD), aber es dauerte zwei Jahre, bis unter verschiedenen Alternativen – Umbenennung einer Straße, Namensgebung einer Schule, eines anderen Gebäudes oder eines Gebäudeteils u.a. – die kleinste mögliche Lösung herauskam: eine Gedenktafel an Gräbes Wohnhaus Schulstraße 53. Zuvor war Rosa Schachter, eine Jüdin, die ihr Überleben Fritz Gräbes spontaner Hilfsbereitschaft zu verdanken hatte, aus den USA nach Solingen gekommen und hatte gegenüber dem Oberbürgermeister Kaimer und vor Schülern über ihre Rettung berichtet.[43]

Nachdem auch der Bauverein Gräfrath als Hauseigentümer zugestimmt hatte, wurde zehn Jahre nach seinem Tod an seinem Geburtstag, am 19. Juni 1996, eine kleine Gedenktafel an seinem Wohnhaus angebracht mit dem Wortlaut:

> *In diesem Hause wohnte*
> *Fritz Gräbe*
> ** 1900 in Gräfrath † 1986 in San Francisco*
>
> *Fritz Gräbe setzte im Zweiten Weltkrieg ein*
> *Zeichen für Menschlichkeit und Toleranz,*
> *indem er mehrere hundert Juden und andere*
> *Verfolgte des Nazi-Regimes vor dem sicheren*
> *Tod bewahrte.*

Die »Einweihung« der Tafel erfolgte im kleinen Kreis vor dem Haus durch Oberbürgermeister Kaimer und mit Vertretern der Bezirksvertretung Gräfrath, mit Solinger Bürgern und Pressevertretern.[44] Alle Beteiligten äußerten ihr Unverständnis über die unscheinbare Größe der Gedenktafel – 12 x 20 Zentimeter – allen voran der Oberbürgermeister, der für Ersatz durch eine größere Tafel von 17 x 30 Zentimetern im Oktober 1996 sorgte. Kaimer begründete die Anbringung der Tafel mit Gräbes mutigen Rettungstaten und beanstandete, dass er bisher »nicht die Anerkennung gefunden hat, die seiner würdig gewesen wäre«.[45]

Ein weiteres Zeichen setzte die Stadt Solingen 1997, indem sie auf Empfehlung des Vorsitzenden des Bergischen Geschichtsvereins, Jürgen Stohlmann, einen für eine Vereinspublikation vorgesehenen Aufsatz über Gräbe zu ihrer eigenen Sache machte und einen Sonderdruck in einer Auflagen von 2000 Exemplaren vorab publizierte, von denen jede Solinger Schule 25 Exemplare kostenlos anfordern konnte.[46] Mit gleichem Text, aber anderer

Bebilderung erschien der Beitrag 1998 in der nächsten Ausgabe der *Heimat*.[47] Der Bergische Geschichtsverein, dessen Hauptvorstand und dessen Vorstand der Solinger Abteilung sich sehr für die Gräbe-Publikationen einsetzten, veröffentlichte in dem Periodikum des Gesamtvereins einen ausführlichen Beitrag über Gräbes Biographie, ergänzt um seine Aussagen vor dem Nürnberger Gerichtshof und um Zeugenaussagen mehrerer von Gräbe geretteten Juden und Polen: Barbara Faust, Rosalia Warchiwker, Bronislawa Waszczynska, Wincenty Romanowski, Alojzy Dutkowski, Lidia Dutkowska, Rosa Schachter und Hanah Nussenblatt.[48]

Da Gräbe Genossenschafter im Gräfrather Spar- und Bauverein gewesen war, erinnerte im Jahre 1997 auch ein Buch über die Solinger genossenschaftlichen Bauvereine an Gräbes humanitären Taten in Wolhynien.[49]

Starke Beachtung fand in der Solinger Presse die Verleihung des Bundesverdienstkreuzes an Maria Bobrow, die als jüdische Sekretärin Gräbes in Sdolbunow ihn bei seinen Rettungstaten nach Kräften unterstützt hatte.[50] Die 89-jährige Witwe wurde am 12. Oktober 1998 in den USA ausgezeichnet, weil ihr Gesundheitszustand eine Flugreise nach Deutschland nicht mehr erlaubte. Die Ehrung, für die der Berliner Autor Wolfgang Heuer sich mit Hilfe des Solinger Materials engagiert hatte, war auch unter dem Aspekt wichtig, dass sie als stellvertretend für den verstorbenen Gräbe verstanden wurde, dem eine solche Auszeichnung aus Deutschland versagt geblieben war.

Der 100. Geburtstag

Der seinerzeit bevorstehende hundertste Geburtstag von Fritz Gräbe am 19. Juni 2000 veranlasste den Verfasser im Januar, dem Oberbürgermeister Franz Haug (CDU) eine nachhaltigere Ehrung des Bauingenieurs vorzuschlagen. Wiederum nahmen die lokalen Medien sich der Sache an und hakten nach.[51] Haug schaltete die Gräfrather Bezirksvertretung als zuständige Instanz ein, die den Verfasser zur Darlegung der Gründe für die Ehrung Gräbes einlud. Nach den Erfahrungen von 1996 hatte der Verfasser die Benennung eines Platzes am oberen Ende der Schulstraße, etwa hundert Meter von seinem Wohnhaus entfernt, nach Fritz Gräbe empfohlen. In der Sitzung am 15. Mai 2000 traten sämtliche Fraktionen, CDU, SPD, Grüne und FDP, für die Namensgebung ein, die sie nun aber höher rangieren lassen wollten. Für die Entscheidungsfindung der Bezirksvertretung Gräfrath waren auch die positiven Voten des Bergischen Geschichtsvereins und des Heimatvereins Gräfrath wichtig. Die Fraktionen vereinbarten in einer Sitzungspause den Beschluss: »Die Bezirksvertretung Gräfrath nimmt einstimmig den 100. Geburtstag von Fritz Gräbe in diesem Jahr zum Anlass, ihn für sein Lebenswerk zu ehren, und empfiehlt den zuständigen Gremien und der Verwaltung, das Jugendzentrum Gräfrath in der Schulstraße ergänzend nach Fritz Gräbe zu benennen. Außerdem spricht sich die Bezirksvertretung Gräfrath dafür aus, im zukünftigen Gewerbegebiet Piepersberg eine Straße nach Fritz Gräbe zu benennen, und bittet die Verwaltung um entsprechende Berücksichtigung.«[52] Die *Solinger Morgenpost* kommentierte diese Entscheidungen mit den Worten: »Eine späte Ehrung erfährt der zu Unrecht in den 60er Jahren der Lüge bezichtigte ›Solinger Schindler‹ nun endlich auch in seiner Heimatstadt, die ihn lange ignorierte. Nicht als ‚Wiedergutmachung‘ will OB Franz Haug dies verstanden wissen, sondern als ›Eingeständnis‹, spät, aber nicht zu spät, die Bedeutung dieses Mannes erkannt zu haben. Schließlich werde Geschichte durch Einzelne geschrieben.«[53]

Unterstützt wurde die Ehrung durch den Film *In Deutschland unerwünscht – Hermann Graebe* des Regisseurs Dietrich Schubert, der am 7. Mai 2000 in Köln uraufgeführt wurde.[54] Der Film, der als Koproduktion der Filmstiftung Nordrhein-Westfalen und des

Westdeutschen Rundfunks entstanden war, hatte auch einen Finanzierungszuschuss der Stadt Solingen erhalten. Die Stadtverwaltung organisierte für Gräbes Geburtstag, den 19. Juni, eine ganztägige Aufführung des Films im Solinger Kulturzentrum *Cobra*.[55] In der öffentlichen Berichterstattung wurde hervorgehoben, wie der Film, der Fritz Gräbe als »Mensch mit Ecken und Kanten« zeigt, im Gegensatz zu *Schindlers Liste* gerade durch seine leisen Töne wirkt.[56] Allerdings entsprach der Publikumszuspruch nicht den Erwartungen, da die Schulen erst spät von dem Termin informiert wurden.[57] Schon damals war klar, dass Fernsehausstrahlungen folgen sollten.[58]

In den engeren Kontext des 100. Geburtstages gehört auch eine Sonderseite in der *Solinger Morgenpost*, die unter anderem auch über die Präsenz Fritz Gräbes in den Medien informiert. In Anspielung auf den Filmtitel von Schubert betonte der Solinger Oberbürgermeister: »Bei uns wäre Hermann Gräbe nicht unerwünscht gewesen.«[59] Zu der geplanten Umbenennung des Jugendzentrums und der Namensgebung einer Straße wolle er Frederick Graebe, den Sohn, einladen.

Die Umbenennung erfolgte am 18. November 2000 durch den Oberbürgermeister Franz Haug und den Gräfrather Bezirksvorsteher Franz Zweschper in Gegenwart des Ressortleiters »Jugend und Soziales« der Solinger Stadtverwaltung, Günter Smentek, der Bezirksvertreter und des Filmemacher-Ehepaars Dietrich und Katharina Schubert.[60] In seiner Eröffnungsrede fand Haug entschiedene Worte für die Bedeutung der Namensgebung. Dem »Rechtsextremismus und Nazismus« als ständigem Appell »an Gier, Neid und Gewalttätigkeit, an Hass, Angst und Feigheit« stellte er die couragierten Taten des Namensgebers gegenüber: »Menschen wie Fritz Graebe zeigen, dass man diesem nicht nachgeben muss.« Er ergänzte: »Das Handeln dieser Wenigen erlaubt es uns, weiter an das Gute im Menschen und an die Zukunft einer humanen Gesellschaft glauben zu dürfen.«[61] Zum ersten Mal erhielt auch Fritz Gräbes Sohn, der verhindert war, eine in

Solingen öffentlich wahrgenommene Stimme, als Haug sein Grußwort verlas, in dem Frederick Graebe seine besondere Genugtuung über die Umbenennung des Jugendzentrums bekundete, weil es auf die Gestaltung der Zukunft durch die heutige Jugend ankomme. Schon der Vater habe seine Hoffnungen auf die deutsche Jugend gesetzt.

In einem umfangreichen Programm, das vom späten Vormittag bis weit in den Nachmittag des 18. November 2000 reichte, fand auch eine Podiumsdiskussion zu dem etwas unbeholfen formulierten Thema »Zivilcourage – ja oder nein? Wegschauen hilft nichts« statt, an der der Leiter des Jugendzentrums, Christian Schönenborn, der Vorsitzende der Jüdischen Gemeinde Wuppertal, Leonid Goldberg, der Regisseur Dietrich Schubert und der Verfasser teilnahmen. Dabei äußerte Schubert sein Erschrecken darüber, dass einige Leute sein Projekt, einen Film über Gräbe zu drehen, schon als einen Akt der Zivilcourage angesehen hätten.[62] Eine solche Haltung mangelnder Couragiertheit hatte der Schriftsteller Günter Grass schon in den sechziger Jahren mit den Worten kritisiert: »Wer hierzulande Selbstverständliches sagt, gerät neuerdings in den Geruch, Tabus zertrümmern zu wollen, ein extravaganter Störenfried zu sein.«[63] Gräbe hatte seine Rettungstaten – unter dem Damoklesschwert des NS-Unrechts – als Selbstverständlichkeiten menschlichen Miteinanders verstanden, während Schuberts Film höchstens ein finanzielles Risiko war. Goldberg rief vor allem die Lehrer auf, den Kindern Kenntnisse über das Judentum zu vermitteln. Dass die Veranstaltungen, die auf die Enthüllung der Gedenktafel folgten, recht schwach besucht waren, rief Kritik der beiden Lokalzeitungen hervor.

Die zweite Maßnahme der Bezirksvertretung Gräfrath zu Gräbes 100. Geburtstag, die Namensgebung einer Hauptschließungsstraße im Gewerbegebiet Piepersberg, steht noch aus, da der Bebauungsplan erst im Laufe des Jahres 2002 erstellt werden soll; sobald er beschlossen ist, kann die Namensgebung erfolgen.

Resümee

Die Wahrnehmung Fritz Gräbes in Solingen zwischen 1945 und 2000 entspricht in hohem Maße dem allgemeinen Umgang der Deutschen mit ihrer nazistischen Vergangenheit. Auf die Ablehnung in den vierziger Jahren, die zur Auswanderung der Familie führte, folgte eine Phase des Verdrängens und Vergessens in den fünfziger Jahren, in denen Gräbe nur durch nichtörtliche Publikationen in Solingen präsent war. Mit den Presseangriffen des *Spiegel*, gefolgt von einer Solinger Tageszeitung, wurde er vollends zur persona non grata. Mit dieser Einstellung war damals – zumindest vorübergehend – in der Solinger Presseöffentlichkeit die Erwartung einer Totalrevision sämtlicher Verfahren, an denen Gräbe als Zeuge beteiligt war, verbunden, einschließlich des Verfahrens gegen Hitlers Reichsmarschall Hermann Göring und andere vor dem Internationalen Militärgerichtshof in Nürnberg 1945/1946, mit der erwünschten oder wenigstens in Kauf genommenen Konsequenz einer Revision des deutschen Geschichtsbildes. Die humanitären und juristischen Maßstäbe, die der Internationale Militärgerichtshof gesetzt hatte, wurden so in Frage gestellt – eine angesichts des segensreichen Wirkens der Internationalen Tribunale gegen Kriegsverbrecher in Ruanda und im früheren Jugoslawien fatale Entwicklung, wenn sie so eingetreten wäre. Rechtsextremisten wie die NPD, die 1966-1968 in neun bundesdeutsche Landtage einzog, hätten sich bestätigt sehen können. Vieles, was inzwischen wissenschaftlich und juristisch gesichert ist, wurde damals auch in Solingen bestritten: die ungefähre Zahl der ermordeten Juden, das Tagebuch der Anne Frank, die Echtheit historischer Fotos und Dokumente oder auch die Verantwortung Nazi-Deutschlands für den Ausbruch des Zweiten Weltkriegs.[64] Erst mit der Anerkennung des Unrechtscharakters des Dritten Reiches durch die breite Bevölkerung und mit der Anerkennung der Ergebnisse des Zweiten Weltkriegs (deutsch-polnische Grenze 1970), mit dem Generationenwechsel, auch in der Solinger Presse, wurde die Gesellschaft wieder offen, die Taten eines Menschen anzuerkennen, der den Tätern und den Zu- und Wegschauern ein beschämendes Zeugnis ausstellt. Bezeichnend für unsere moderne Mediengesellschaft ist der Umstand, wie nachhaltig Filme wie *Holocaust*, *Schindlers Liste* und zuletzt *In Deutschland unerwünscht – Hermann Graebe* wirkten, die in Etappen die Neubesinnung auf die historisch entscheidenden Taten Gräbes förderten. Erst seit wenigen Jahren ist Solingen wieder stolz auf einen Mann, zu dessen facettenreicher Persönlichkeit der mutige Einsatz für Verfolgte als pure Selbstverständlichkeit gehörte.[65]

Anmerkungen

[1] NRZ vom 5.1.1946: Hitler selbst befahl Gefangenenmord / SS., SD. und Gestapo weiter unter Anklage im Nürnberger Prozeß.

[2] Der Prozess gegen die Hauptkriegsverbrecher vor dem Internationalen Militärgerichtshof. 42 Bände. Nürnberg 1947-1949, Band 19: Plädoyer Shawcross vom 26./27.7.1946, S. 482-594; Zitate Gräbes S. 568-570 und 594.

[3] In dem Film: In Deutschland unerwünscht – Hermann Graebe, von Dietrich Schubert, 2000.

[4] StAS, SG 2292: Stellvertreter im Amt des Kriegsgerichts der US-Streitkräfte an die Militärregierung, Abt. Straßentransport, Hauptquartier der 21. Heeresgruppe, vom 2.8.1945 (Abschrift).

[5] Holger Ueberholz: Nationalsozialismus und Wiederaufbau. Die Probleme der evangelischen Gemeinde Solingen-Gräfrath im kirchengeschichtlichen Kontext. Solingen 1995, S. 96-101.

[6] Vgl. Wolfgang Benz: Nachkriegsgesellschaft und Nationalsozialismus. Erinnerung, Amnesie, Abwehr. In: Dachauer Hefte 6, S. 12-24. Vgl. Willi Dreßen: Die Zentrale Stelle der Landesjustizverwaltungen zur Aufklärung von NS-Verbrechen in Ludwigsburg. In: ebd., S. 85-94.

[7] Benz: Nachkriegsgesellschaft, S. 17f.

[8] Armin Schulte: Gemeinsam bauen und wohnen. 100 Jahre Solinger Baugenossenschaften. Solingen 1997, S. 232.

[9] Stadtarchiv Solingen, Einwohnerkartei.

[10] BGBl. I 1951, S. 307. Vgl. Jörg Friedrich: Die kalte Amnestie. NS-Täter in der Bundesrepublik. Frankfurt 1984. Und: Ernst Klee: Was sie taten – Was sie wurden. Ärzte, Juristen und andere Beteiligte am Kranken- und Judenmord. Frankfurt 1986. Der Artikel 131 GG und sein Ausführungsgesetz regeln die Versorgungsansprüche der Beamten des Dritten Reiches. Um diesem Kostenfaktor zu entgehen, wurden die NS-Beamten im großen Umfang wieder in den deutschen Staatsdienst übernommen.

[11] John H. Herz: Bürde der Vergangenheit oder: Wie die Deutschen mit der Nazi-Hinterlassenschaft fertig wurden. In: Tel Aviver Jahrbuch für deutsche Geschichte, Bd. 19, 1990, S. 13-32, hier S. 17.

[12] Vgl. Christoph U. Schminck-Gustavus: Der »Prozess« gegen Dietrich Bonhoeffer und die Freilassung seiner Mörder. Bonn 1995.

[13] Hans Mähl: Geschichte als Denkfach. Ein Beitrag zur Urteilsbildung unserer Schüler im Geschichtsunterricht. In: Geschichte in Wissenschaft und Unterricht 6, 1955, S. 423-439, hier S. 427. Vgl. GWU 10, 1959, S. 541.

[14] Heinrich Weinstock: Die politische Verantwortung der Erziehung in der demokratischen Massengesellschaft des technischen Zeitalters. (Schriftenreihe der Bundeszentrale für politische Bildung, 33). Bonn ^{5}1966 (Erstauflage 1958), S. 68.

[15] Adolf Grote: Unangenehme Geschichtstatsachen. Zur Revision des neueren deutschen Geschichtsbildes. Nürnberg 1960, S. 11: Verlautbarung der westdeutschen Kultusministerkonferenz vom 3.2.1960. Vgl. GWU 10, 1959, S. 519.

[16] Michael Okroy: Exzesstäter, Fanatiker, Karrieristen. Prozesse wegen nationalsozialistischer Gewaltverbrechen vor Wuppertaler Gerichten. In: Romeryke Berge 47, 1997, S. 24-32.

[17] NS-Prozesse: Bewegtes Leben. In: Der Spiegel Nr. 53 vom 29.12.1965, S. 26-28.

[18] Einige Vorwürfe des Spiegel hat der Regisseur Dietrich Schubert in den USA recherchiert und in seinem Film »In Deutschland unerwünscht – Hermann Graebe« richtiggestellt.

[19] »Der Spiegel« and Hermann Graebe – a Correspondance. In: Yad Vashem Bulletin 19, 1966, S. 18-23. Es folgen zwei Zeugenaussagen, S. 23-28. – Testimony of Herman F. Graebe, Given in Israel. In: Yad Vashem Studies, Bd. 6. Jerusalem 1967, S. 283-313.

[20] Zur Geschichte des Solinger Tageblatts (ST) vgl.: C[arl] Müller-Sohler: Das Solinger Tageblatt. Eine Darstellung seiner Entwicklung von 1809-1945. Solingen 1950. – Das ST war unbestritten Marktführer in Solingen; andere Lokalausgaben waren vom Markt verschwunden, nur die

Rheinische Post behielt eine kleine Solinger Lokalausgabe bei. Die Samstagsausgabe des ST hatte die höchste Auflage aller Wochentage.

[21] Werner Böwing an das ST, 20.2.1967 (Kopie der Durchschrift).

[22] Vgl. seine Lebenserinnerungen, in denen er den Gräbe-Vorfall nicht erwähnt: Werner Böwing: Erinnerungen an den Versuch, mit einer Luftpumpe die Windrichtung zu ändern. Hg. von Manfred Krause/Geschichtswerkstatt Solingen. Solingen 1997.

[23] In Solingen erzielte die NPD weit unterdurchschnittliche Ergebnisse: Bei der Bundestagswahl 1965 erhielt sie 1,0 %, bei der Bundestagswahl 1969 2,7 % der Zweitstimmen in Solingen. Bei den Kommunalwahlen 1964 und 1969 sowie bei den Landtagswahlen 1966 kandidierte sie nicht.

[24] ST vom 27.5.1967.

[25] Nationalsozialistische Herrschaft in Solingen. Zusammengestellt vom Stadtarchiv. Solingen 1978 (Ausstellung und Begleitbroschüre). – Aus der Vergangenheit lernen. Zum 40. Jahrestag der Reichskristallnacht 1938. Hg. vom Kulturamt der Stadt Solingen. O.O.u.J. (Solingen 1978).

[26] Horst Sassin u.a.: Solinger Synagoge Malteserstraße – ein historischer Abriss. In: »... daß ich die Stätte des Glückes vor meinem Tode verlassen müßte«. Beiträge zur Geschichte jüdischen Lebens in Solingen. Hg. von Manfred Krause/Geschichtswerkstatt Solingen. Solingen 2000, S. 188-215, hier S. 214. – ST vom 29.11.1979.

[27] Wilhelm Rosenbaum: Holocaust. Solinger Morgenpost (SM) vom 13.11.1982.

[28] ST vom 21.4.1986: Solinger Retter der Verfolgten in den USA gestorben. SM vom 22.4.1986: H. F. Graebe +: Helfer verfolgter Juden.

[29] ST vom 29.4.1986.

[30] SM vom 27.9.1986: Fritz Graebe †.

[31] Vgl. etwa in der Wochenzeitung Die Zeit Nr. 14 vom 1.4.1994 das ausführliche Dossier von Thomas Kleine-Brockhoff und Dirk Kurbjuweit: Die anderen Schindlers.

[32] ST vom 26.3.1994.

[33] WDR-Hörfunk: Mittagsmagazin, geleitet von Horst Kläuser, vom 26.3.1994; WDR-Radio Bergisch Land, Beitrag von Tilman Rauh vom 28.3.1994 und Interview mit Werner Böwing vom 5.4.1994. WDR-Fernsehen: Film von Jürgen Herweg: Friedrich Graebe – der »bergische Schindler«, in West 3 aktuell vom 31.3.1994 (Kurzbeitrag); Jürgen Herweg: Friedrich Graebe – der »bergische Schindler«, in der Aktuellen Stunde vom 31.3.1994.

[34] SM vom 23.4.1994: Annemarie Kister-Preuss: Hermann F. Gräbe rettete 348 Juden vor dem Tod. Das Zitat stammt aus dem Buch von Anton

Maria Keim (Hg.): Yad Vashem. Die Judenretter aus Deutschland. München 1983, S. 55f.

[35] RGA vom 7.4.2000.

[36] Jürgen Herweg: Der bergische »Oskar Schindler«. Friedrich Graebe rettete 350 Juden das Leben – doch im Bergischen Land erinnert nichts an ihn. Bergische Illustrierte (Bergisch Gladbach) vom Juni 1994, S. 6f.

[37] Ulrike Katoli: Ein Solinger Schindler. Der Weg, Ausgabe Bergisches Land, Nr. 25 vom 19.6.1994.

[38] Stefan Kob: Mutige vor! ST vom 2.4.1994.

[39] ST vom 12.4.1994.

[40] ST vom 7.5.1994.

[41] Berichte von Wincenty Romanowski und Bronislawa Waszczynska aus dem Yad Vashem Bulletin 19, 1966, S. 23-28. Bericht von Alojzy Dutkowski aus Keim (Hg.): Yad Vashem (wie Anm. 34).

[42] Vgl. Der Brandanschlag von Solingen. Auswirkungen und Konsequenzen. Eine Dokumentation. Hg. vom Verein zur Förderung der Völkerverständigung/SOS-Rassismus Solingen e.V. Solingen 2001. Zum Prozess gegen die Attentäter vgl. Metin Gür, Alaverdi Turhan: Die Solingen-Akte. Düsseldorf 1996.

[43] Wolfgang Schreiber: »Er hat fast so große Verdienste wie Schindler«. ST vom 16.5.1996.

[44] ST vom 20.6.1996: Tafel für Solinger »Oskar Schindler«. SM vom 20.6.1996: Gedenken an Hermann Friedrich Gräbe.

[45] ST vom 20.6.1996.

[46] Horst Sassin: Hermann Friedrich Gräbe. Ein »Solinger Schindler«. Sonderdruck aus: Die Heimat. Mitteilungsblatt des Bergischen Geschichtsvereins, Abteilung Solingen e.V., Heft 12-13. Solingen 1997, mit einem Geleitwort des Oberbürgermeisters Gerd Kaimer.

[47] Horst Sassin: Hermann Friedrich Gräbe. Ein »Solinger Schindler«. In: Die Heimat, Heft 12-14. Solingen 1998, S. 85-100.

[48] Horst Sassin: Fritz Gräbe, ein Solinger Bauingenieur im wolhynischen Holocaust. Eine Dokumentation. In: Zeitschrift des Bergischen Geschichtsvereins, 97, Jahrgang 1995/96. Neustadt an der Aisch 1997, S. 205-256.

[49] Armin Schulte: Gemeinsam bauen und wohnen. 100 Jahre Solinger Baugenossenschaften. Solingen 1997, S. 232.

[50] ST vom 16.10.1998: Juden gerettet: späte Ehrung. – Stefanie Mergehenn: Gemeinsam bewahrten sie hunderte Juden vor dem Tod. SM vom 17.10.1996.

[51] Vgl. ST vom 20.4.2000: Keine Ehrung für Solinger »Schindler« geplant?

[52] Die Stadt. Amtsblatt der Stadt Solingen, 54. Jg., Nr. 21 vom 25.5.2000. – Vgl. SM vom 16.5.2000; ST vom 17.5.2000.

[53] Stefanie Mergehenn: Einzelne schreiben Geschichte. SM vom 9.6.2000.

[54] Kölner Stadtanzeiger vom 5.5.2000. Kölnische Rundschau vom 5.5.2000. – Zur Entstehungszeit vgl. ST vom 1.6.1999: Film über »Solinger Schindler« / Dokumentation über die couragierte Rettungsaktion von Juden in der Ukraine durch Hermann Friedrich Gräbe.

[55] SM vom 29.4.2000: Film über den Solinger ‚Schindler' wird im Cobra gezeigt. – ST vom 15.5.2000: Cobra: Film über Solinger ‚Schindler' / 100. Geburtstag des Menschenretters Gräbe.

[56] ST vom 9.6.2000: Der Schindler Solingens / Dokumentation über Solingens ‚Schindler' Hermann Gräbe macht mit nüchterner Betrachtung betroffen. – SM vom 9.6.2000: Jetzt will OB den Sohn einladen.

[57] ST vom 20.6.2000: Ein Dokument des Grauens.

[58] Erstausstrahlung am 22.10.2000 im 3Sat, weitere Ausstrahlungen am 12.3.2001 im WDR-Fernsehen, am 12.8.2001 im Hessischen Fernsehen, am 29.10.2001 in ARTE.

[59] SM vom 15.6.2000: Jetzt will Franz Haug Gräbes Sohn einladen.

[60] ST vom 18.11.2000: Späte Ehrung für Solinger Helden / Filme, Ausstellung und Diskussion im »Jugendzentrum Fritz Gräbe«. – ST vom 20.11.2000: »Fritz Graebe als Verpflichtung« / Gräfrather Jugendzentrum wurde »getauft«. – Andreas Vesper: Jugendzentrum Fritz Gräbe. In: Gräfrather Heimatspiegel, Jg. 52, Nr. 3 vom 8.12.2000, S. 27.

[61] ST vom 20.11.2000.

[62] Annemarie Kister-Preuss: Wegsehen hilft nicht, wegbleiben auch nicht. SM vom 20.11.2000.

[63] Günter Grass: Die Nadelstichrede. In: Essays und Reden I. 1955-1969. (Werkausgabe, hg. von Volker Neuhaus und Daniela Hermes, Bd. 14). Göttingen 1997, S. 212-219, hier S. 213. Die Rede wurde am 29.1.1967 vor dem Bund der politisch, rassisch und religiös Verfolgten e.V., Berlin, gehalten.

[64] Rechtsextremisten benutzen den Spiegel-Artikel von 1965 bis heute, um ihre Propaganda hinter seriösen Quellen zu tarnen, wie Schubert in seinem Film »In Deutschland unerwünscht – Hermann Gräbe« nachweist.

[65] Auch der Spiegel hat sein Gräbe-Bild gewandelt; vgl. Christian Habbe: Einer gegen die SS. Spiegel Nr. 30 vom 25.7.2001, S. 132-134.

Wolfgang Heuer

Der unerwünschte Retter –
Hermann Gräbes Schicksal
in Deutschland nach 1945

Als 1985 der Presbyterianer-Pfarrer Douglas K. Huneke die Ergebnisse seiner langen Gespräche mit Hermann Gräbe und seiner Recherchen veröffentlichte, war Gräbe in Deutschland völlig unbekannt. Auch in den USA wußte bis dahin kaum jemand von seinen unglaublichen Erlebnissen und Rettungsmaßnahmen in der Ukraine. Er hatte diese Erfahrungen mehr oder weniger für sich behalten, allenfalls mit seiner Frau noch einmal darüber gesprochen, nicht aber mit seinem Sohn. Er war ein Mann, der seine Entscheidungen allein traf und die Folgen seines Handelns mit sich selber abmachte. Es schien ihm auch angeraten, in seiner neuen Heimat nicht darüber zu sprechen. Bis weit in die 70er Jahre hinein gab es weder in Deutschland, noch in den USA ein Interesse an deutschen Nonkonformisten, Oppositionellen und Rettern. In Deutschland scheute man die Auseinandersetzung über die persönliche Verantwortung, in den USA die Mühen der Differenzierung. Daß Gräbe ein Deutscher war, reichte bereits dafür, daß in dem Architekturbüro in San Francisco, in dem Gräbe anfangs arbeitete, einer seiner Kollegen ein Tintenfaß über dessen Papiere goß. Gräbe blickte nach vorn. Nur nachts kehrte die Erinnerung in seinen Träumen wieder.

Ende der 70er Jahre wurde ein erstes Mal in der ›Los Angeles Times‹ über ihn berichtet, und ein Regisseur aus Hollywood zeigte Interesse, ohne daß anfänglichen Gesprächen etwas gefolgt wäre. Andere wies er ab, so Claude Lanzmann, der ihn bei den Vorbereitungen für seinen Film ›Shoah‹ aufsuchen wollte. »Ich halte Ihre Teilnahme an diesem Film für äußerst wichtig und möchte Ihnen einen der führenden Teile geben.«[1] Viele ähnlich lautende Briefe ließ er einfach liegen, auch den ersten von Douglas K. Huneke. Erst Gräbes Sohn stellte den Kontakt her, und erst mit Huneke zusammen durchlebte er noch einmal sein ganzes Leben. Es war ein schmerzlicher Vorgang.

»Wenn Gräbe irgendetwas hatte, das ihn verfolgte«, so erzählte mir Huneke, »dann war es dieser Alptraum, er hätte geschickter, klüger sein müssen, daß er mehr hätte tun müssen, um Menschen zu retten. Noch in der Woche, bevor er im St. Lukas-Krankenhaus in San Francisco starb und in der ich ihn täglich besuchte, da sagte Gräbe zu mir: Ich habe versagt, ich habe nicht genug getan, ich habe nicht genug Leute gerettet.«

Gräbe verfügte über ein großes Maß an Phantasie, er konnte sich das Schicksal seiner Arbeiter in Sdolbunow genau ausmalen, und diese Vorstellung war unerträglich für ihn. Er war, so schroff und individualistisch, wie er wirkte, ein sehr empathischer Mensch. Deshalb war es so schwer für ihn, die Vergangenheit zu ertragen und in seinen Träumen und in den langen Gesprächen mit Huneke noch einmal zu durchleben. Immer wieder mußten diese Gespräche unterbrochen werden.

»Eine Sache, die die Retter während der Nazi-Zeit auszeichnete«, so Huneke, »war ihre Phantasie. Sie konnten vorausschauen, wie sie am besten handeln sollten. Sie waren sehr planvolle Menschen, und sie konnten sich alles in Gedanken ausmalen. Gräbe konnte das auf eine ganz ungewöhnliche Weise. Als er an dem Massengrab stand, wo Gräbe den alten Mann sah, der sich über den kleinen Jungen beugte, da versetzte sich Gräbe selber an die Stelle dieses Mannes und seinen eigenen Sohn an die Stelle dieses kleinen Jungen. Zu genau diesem Zeitpunkt waren gerade seine Frau und sein Sohn zu Besuch bei ihm, ein paar Kilometer entfernt, und ich glaube, daß auch deren Anwesenheit seine Vorstellungskraft förderte. Aber als dieser alte Mann sich gerade über den Jungen beugte und ihm etwas ins Ohr flüsterte, was Gräbe nicht verstand, da hatte sich Gräbe bereits in Gedanken ganz genau vorgestellt, was er seinem eigenen Sohn gesagt hätte. Als Gräbe Jahre später in seiner Küche in San Francisco saß und mir diese Geschichte erzählte, da sagte er: Mr. Huneke, ich weiß ganz genau, was ich in diesem Augenblick zu meinem Sohn gesagt hätte. Und er zeigte zur Decke seiner Küche wie zum Himmel hinauf und sagte: Ich hätte zu meinem Sohn gesagt: Hab keine Angst, denn wir gehen dahin, wo es keine Massengräber und keine SS gibt. Und dann sagte Gräbe: In diesem Augenblick, als ich da stand, hörte ich meine Mutter mich fragen: Fritz, was würdest du tun?«[2]

Einem Sozialwissenschaftler antwortete er auf die Frage, woher er seinen Mut genommen habe:

»Mein Nachbar hier, der fragte mich oft, sehr oft: Woher hast du den Mut genommen, wie konntest du das tun, was hat dich dazu gebracht, nicht? Er fragte mich das. Ich sagte: Herbert: Was würdest du getan haben, wenn du das gesehen hättest, was ich in Dubno sah, daß da zehn Leute nackt langgehen mußten, eine Familie, das waren zehn Leute, und der Vater legt die Hand über das Kind und zeigte zum Himmel rauf, wo die Sterne schienen. Das war so weit entfernt wie von hier bis zu der Tür da. Mr. Oliner, das vergessen Sie nicht. Das vergessen Sie nicht. Das hat mein Leben verändert.«[3]

Gräbe erlebte noch kurz vor seinem Tod die Präsentation des Buches, das wiederum Ehrungen durch die Stadt San Francisco und durch eine jüdische Organisation nach sich zog. In Deutschland aber blieb Gräbe weiterhin unbekannt und ungeehrt. Hätte nicht Huneke dieses bewegende Buch geschrieben, wäre er vielleicht auf Dauer in Vergessenheit geraten. Wie Huneke schon erwähnte, ist dies kein Zufall, sondern das Ergebnis einer Verdrängung, die beispielhaft für die deutsche Nachkriegsgeschichte ist. Gerade weil er nach dem Krieg als Zeuge der Anklage im Nürnberger Prozeß eine besondere Rolle eingenommen hatte, war er vielen Deutschen unbequem, und so erhob sich keine Stimme zu seiner Verteidigung, als er im Verlauf von zwei Prozessen gegen die Täter von Sdolbunow für unglaubwürdig erklärt, in einem begleitenden SPIEGEL-Artikel als dubioser Glücksritter diffamiert und anschließend in rechtsradikalen Schriften als negativer Kronzeuge der ›Auschwitzlüge‹ mißbraucht wurde. Dieser Vorgang in den 60er Jahren ist ein sehr deutliches Beispiel für den schwierigen Weg, den die westdeutsche Gesellschaft bei der juristischen und moralischen Aufarbeitung zurücklegte. Dieser Vorgang soll deshalb im folgenden genauer beleuchtet werden, im Anschluß daran aber auch die Ehrung, die Hermann Gräbe und Maria Bobrow schließlich in den 90er Jahren in Deutschland doch noch erfuhren.

Der Zeuge der Anklage

1960 wurde in Stade der Prozeß gegen den Gewerbeoberlehrer und ehemaligen Gebietskommissar Georg Marschall eröffnet. Die Anklage warf ihm vor, den Befehl gegeben zu haben, im August 1942 den jüdischen Tischler Josef Diener zu erhängen, weil er den Anordnungen des Gebietskommissars nicht Folge geleistet habe. Dahinter stand ein Machtkampf zwischen dem Gebietskommissar und der Abwehrstelle der Wehrmacht, für die Diener arbeitete und die ihn nicht an den Gebietskommissar abgeben wollte. Gräbe sagte aus, er habe später von einem der deutschen Polizisten, Butenhoff, die Auskunft erhalten, der Befehl für die Tat sei ›von drüben‹, also dem Gebietskommissariat gekommen. Der als Zeuge geladene Polizist konnte sich nicht mehr daran erinnern, hielt es aber für sehr wahrscheinlich. Marschall bestritt diesen Vorwurf und machte während der vorherigen Verhöre und während der Verhandlung verschiedene, teils sich widersprechende Angaben darüber, welche Rolle er in diesem Konfliktfall gespielt habe. Unter anderem habe er dem SD in dem 12 km entfernten Rowno Bericht erstattet und von dort sei dann auch vermutlich der Befehl gekommen. Das Gericht folgte den

Aussagen von Gräbe und dem Polizisten und verurteilte Marschall nach acht Verhandlungstagen zu lebenslanger Haft wegen Mordes.

Marschall war kein Scharfmacher, aber ein williger Befehlsempfänger und Vollstrecker in Hitlers Vernichtungskrieg. Er wurde 1903 in Pommern geboren, verließ die Schule mit dem Zeugnis der Oberprima, arbeitete zweieinhalb Jahre bei der Deutschen Bank in Berlin als Lehrling und machte anschließend an der Handelsschule in Berlin das Examen als Diplom-Kaufmann und ein Jahr später als Diplom-Handelslehrer. Vier Jahre lang arbeitete er bis 1933 an einer städtischen Handelsschule in Berlin, anschließend – er war 1930 der NSDAP und der SA beigetreten und vorübergehend auch Abgeordneter der Berliner Stadtverordnetenversammlung – als Lehrer für Wirtschafts- und Sozialpolitik an der Landesführerschule der Deutschen Arbeitsfront in Kulmbach und anschließend in Königswinter. Ab 1937 arbeitete er als Lehrer auf der ›Ordensburg‹ Vogelsang in der Eifel, einer NS-Parteischule, meldete sich 1939 freiwillig zum Kriegseinsatz und wurde 1941 nach einer kurzen Einweisung als Gebietskommissar nach Sdolbunow abkommandiert. 1943 wurde er für den persönlichen Einsatz im Kampf gegen ›auftretende Banden‹ ausgezeichnet.

»Die Stadt war sehr klein«, erzählte mir Maria Bobrow, »und die Deutschen schickten nicht die besten Offiziere hin und nicht die besten Verwalter. Es war ein Pack ganz kleiner Leute, die urplötzlich eine schöne Uniform bekommen hatten und ein bißchen Macht, und so benahmen sie sich auch, und sie stritten untereinander, wer von ihnen wichtiger sei.«[4] Gräbe berichtete über seine erste Begegnung mit Marschall: »Ich bemerkte, nachdem unsere Unterhaltung einige Minuten gedauert hatte, mit wem ich es zu tun hatte. Marschall war ein sichtlich charakterschwacher Mensch, der seine Minderwertigkeitskomplexe kaum verbergen konnte. Er war von kleiner Statur, schwächlich und blaß. Er wollte seine Komplexe damit verdecken, daß er seine

Parteizugehörigkeit herausstrich. Marschall fragte mich dann, wie es mir in Sdolbunow gefalle«, und berichtete von der ersten Erschießung, bei der nur Männer erschossen worden waren. »Er setzte hinzu: Dieses Vorgehen war unüberlegt, brutal und nicht human, so etwas darf nicht mehr vorkommen. In Zukunft machen wir das anders, humaner: wir werden nicht nur die Männer erschießen, sondern auch die Frauen und Kinder, das ist die einzig richtige Methode. Wir müssen sie total beseitigen.«[5]

Das Gericht verglich die Aufgabe eines Gebietskommissars in mehr als verharmlosender Weise mit der eines preußischen Landrats. Das Reichskommissariat Ukraine war in fünf Generalbezirke aufgeteilt, die wiederum in Gebiete unter der Leitung der Gebietskommissare unterteilt waren. Sdolbunow gehörte zu dem Generalbezirk Wolhynien-Podolien mit 4,2 Mio. Einwohnern, die von 25 Gebietskommissaren verwaltet wurden. Erst später wurde Sdolbunow als ein kleineres Gebietskommissariat mit etwa 100.000 Einwohnern und der Größe des Saarlandes gegründet. Die Gebietskommissare hatten keine militärischen, sondern zivile Aufgaben, die unter anderem in der Einrichtung der Ghettos und der Kontrolle der jüdischen wie nicht jüdischen Bevölkerung bestanden. Marschall unterstellt war der Gendarmerie-Gebietsführer Paur mit drei Gendarmerieposten, darunter dem in Sdolbunow mit sechs Mann unter dem Kommando des Postenführers Wacker und dessen Stellvertreter Butenhoff. Diese Polizei wurde durch eine ukrainische Miliz mit 50 bis 80 Mann unterstützt. Sie alle waren bei der Liquidierung des Ghettos aktiv beteiligt. Spätestens hier stellt sich die Frage, inwieweit Marschall nicht nur für den Mord an dem einen Juden verantwortlich war, sondern sich auch der Beihilfe zum Mord an etwa 5.000 Juden des Ghettos von Sdolbunow schuldig gemacht hatte. Denn auch wenn die Liquidierung von SS und SD aus Rowno unter der Leitung des unerbittlichen Sturmbannführers Dr. Pütz durchgeführt wurde, so war doch Marschall zumindest um Unterstützung gebeten worden, um den größtmöglichen Erfolg zu garantieren.

Keiner aber der 26 Gebietskommissare wurde wegen Beihilfe zum Mord an den über 200.000 Juden allein in Wolhynien-Podolien verurteilt, ja nicht einmal angeklagt. Als Gräbe und Bobrow in die USA zurückreisten, glaubten sie, zumindest das Kapitel des einen Mordes an dem Tischler sei abgeschlossen und es habe sich immerhin gelohnt, in schier unerträglicher Weise in Stade den Tätern von damals, darunter den Polizisten, in demselben Hotel begegnen zu müssen. Aber sie irrten sich. Mit Unterstützung der Organisation ehemaliger Nationalsozialisten ›Stille Hilfe‹ wechselte Marschall den Anwalt. Friedrich Schümann aus Stade setzte nun erfolgreich alles daran, eine Wiederaufnahme des Verfahrens zu erreichen. Seine Strategie bestand darin, den Hauptbelastungszeugen Gräbe mit allen Mitteln als unglaubwürdig erscheinen zu lassen. Dazu zog er dem Gericht gegenüber Gräbes »Lebenslauf und Charakter« in Zweifel. Bei Gräbe habe es sich »um den Prototyp eines Opportunisten« gehandelt, »d.h. um eine Persönlichkeit, die jede Möglichkeit einer Vergünstigung für sich ausschöpft«[6]. So habe Gräbe, »während Millionen deutscher Männer an den Fronten als Soldaten ihre Pflicht taten und die Frau entbehren mußten (...), keine Bedenken getragen, entgegen den damals bestehenden Gesetzen eine Liebesbeziehung zu einer Jüdin aufzunehmen.« Marschall, ein Mensch mit »anständiger Gesinnung«, habe Gräbe erfolglos vor der Folgen der ›Rassenschande‹ aufgrund seiner Beziehung zu Maria Bobrow gewarnt und sich schließlich dazu bewegen lassen, »die Jüdin zu ›arisieren‹ und ihr einen Paß zu behändigen, der die Zeugin als Polin auswies.« Beide hätten sich bei Kriegsende den Amerikanern gegenüber als Gegner des Nazismus ausgegeben, um »die schweren Jahre der Nachkriegszeit unter den besonders günstigen Lebensbedingungen eines Helfers der Besatzungsmacht zu überdauern«. Und nicht nur aus diesem Grund habe Gräbe von der Judenverfolgung in den ›Ostgebieten‹ berichtet, sondern auch, um seine Ausreise in die USA zu erwirken, »als es noch völlig offenstand, ob es dem deutschen Volk gelingen würde, aus dem Abgrund der Niederlage wieder hoch zu arbeiten« (sic). Dazu mußte er seine vermeintliche Rolle als Retter in besonderer Weise herausstreichen, um seine Parteimitgliedschaft aufzuwiegen.

Dieser Versuch der psychologischen Einstimmung des Gerichts gegen Gräbe reichte natürlich nicht hin. Deshalb strengte Schümann im Lauf der Zeit noch drei Meineidsverfahren gegen Gräbe an. So habe er wider besseren Wissens behauptet, Marschall hätte in Sdolbunow unbeschränkte Befugnisse gehabt, klagte Schümann, dann habe Gräbe behauptet, er sei von 1931 bis 1932 Parteimitglied gewesen, obwohl aus Unterlagen des Document Center in Berlin eine Mitgliedschaft mindestens noch im Jahre 1935 nachweisbar sei. Und schließlich gebe es offenkundige Ungereimtheiten in seinen Aussagen über den Zeitpunkt der Erhängung des Tischlers.

Das Gericht ließ sich von den nationalistischen Tönen nicht beeindrucken und wies auch die Meineidsklagen als nicht stichhaltig zurück. So handelte es sich beispielsweise bei den Angaben Gräbes bezüglich seiner Parteimitgliedschaft ganz offensichtlich um ein Versehen, denn er hatte bereits mehrfach angegeben, ab 1934 nichts mehr von der Partei vernommen zu haben und vermutlich zu diesem Zeitpunkt ausgeschlossen worden zu sein. Das Gericht befand aber zugleich, daß die bisherigen Aussagen nicht für eine Verurteilung Marschalls hinreichten und ein neues Verfahren mit mehr Zeugen den Sachverhalt klären sollte.

Schümanns forsches Auftreten entsprach seinem Naturell. Er wurde 1907 als Sohn eines Postbeamten geboren, studierte Jura, trat im Mai 1933 der NSDAP bei und legte 1933 und 1934 seine Examina mit nur ausreichendem Ergebnis ab. Deshalb fand er anschließend bloß Anstellungen als Hilfsrichter und Leiter der Entschuldungsstelle der Kreissparkasse Schleswig. Erst seine Arbeit als Gerichtsassessor beim Luftwaffengericht in Kiel ab 1938 und der Beginn des Zweiten Weltkriegs brachten ihm den ersehnten beruflichen Aufschwung. Als Kriegsgerichtsrat reiste er quer durch das besetzte Europa von Afrika bis Finnland, wurde mit zahlreichen Auszeichnungen geehrt und erhielt lobende Erwähnungen: mal wegen seines ausgesprochenen Selbstbewußtseins, das ihn gelegentlich zur Selbstüberschätzung und allzu großer Selbständigkeit verleitete, mal wegen seiner ausgesprochenen Führereigenschaften und des Wohlvertrautseins mit dem nationalsozialistischen Gedankengut.[7]

Das wieder aufgenommene Verfahren fand von Oktober 1966 bis Mai 1967 statt. Doch trotz des großen Aufgebots an Zeugen der Anklage und der Verteidigung konnte in dem Verfahren nicht geklärt werden, ob Marschall den Befehl zur Erhängung des Tischlers gegeben hatte. Zugunsten des Angeklagten sagten drei frühere Freunde und Kollegen Marschalls aus seiner Zeit als nationalsozialistischer Lehrer in Königswinter aus, »anständige Nationalsozialisten«, wie mir gegenüber Schümanns Witwe voller Überzeugung sagte, deren Aussagen aber das Gericht wegen ihrer besonderen Nähe zu Marschall keinen Glauben schenken konnte. Da aber das Gericht auch nicht Gräbes Festlegung auf ein Datum, an dem die Tat vollbracht worden sein soll, folgen konnte, weil mehrere andere Zeugen dem widersprachen, konnte Marschalls Behauptung, er sei zu der fraglichen Zeit auf Heimaturlaub gewesen, nicht widerlegt werden. Auch Maria Bobrows Aussage verlor wegen ihrer Nähe zu Gräbe ihre Bedeutung. Ebenso konnten die Aussagen der 14 Überlebenden, die aus verschiedenen Ländern angereist waren, keine Klarheit erbringen, weil sie alle nur indirekte Aussagen machen konnten. Niemand konnte eine eindeutige Aussage über die Schuld Marschalls machen. Die Richter gelangten so zu dem Urteil, daß Marschall nach eigenen Aussagen die Weigerung des Tischlers, sich in den Dienst Marschalls zu stellen, an den SD nach Rowno weitergegeben habe, von dort der Befehl von dem Leiter des SD Dr. Pütz zur Ermordung des Tischlers ausgegangen sei und sich so Marschall allenfalls der Beihilfe zum Mord schuldig gemacht habe. Pütz war seit Kriegsende tot und konnte sich nicht mehr zu dem Fall äußern. Marschall wurde zu 5 Jahren Haft verurteilt, die mit der bisherigen Haftzeit abgegolten war.

Schümann hatte sich während des Verfahrens mit allen Mitteln für seinen Mandanten eingesetzt. So hatte er versucht, die Zeugenaussage des ehemaligen Gebietslandwirts Seiler zu beeinflussen, der Marschall belasten wollte. So schrieb Schümann an Seilers Anwälte: »Nun tritt plötzlich Ihr Mandant, der ehemalige Gebietslandwirt Seiler, auf und zwar mit Äußerungen, die recht belastend sind. Andererseits ist wiederum in Misotsch der Jude Gelmann erhängt worden und zwar aus Gründen, die dem damaligen Ressort des Herrn Seiler unterstanden. Herr Seiler soll am 10. November 1961 hier in Stade als Zeuge vernommen werden. Ich möchte gern mit Ihnen als den Bevollmächtigten des Herrn Seiler Rücksprache nehmen.«[8]

Seiler belastete daraufhin Marschall nicht.

Gegen 11 der Überlebenden und Zeugen der Anklage strengte Schümann ebenfalls Meineidsklagen an, die aber von der Staatsanwaltschaft eingestellt wurden. In einer Beschwerde schrieb Schümann, jüdische Zeugen könnten in Deutschland ungeprüft und ungestraft willkürlich Zeugenaussagen machen. Das sei so im Auschwitz-Prozeß gewesen und werde so auch »im anlaufenden Monster-Prozeß gegen ehemalige SS-Führer in Lublin« zu erwarten sein. »Zu Zeiten der Nazis war es ein Verdienst, Juden zu verfolgen. Heute erscheint es als besonderes Verdienst, angebliche Naziverbrecher zu jagen.

Die heutige Presse spiegelt durchaus nicht die wahre Auffassung unserer Volksangehörigen. Man will endlich Schluß machen mit dieser Art von Prozessen, die nur geeignet sind, unser Ansehen im Ausland immer wieder in Frage zu stellen und zu beschmutzen.«[9]

Die ›Verurteilung‹ Gräbes

Während der Wiederaufnahme des Marschall-Prozesses kam es gleichzeitig in Nürnberg-Fürth zu einem Prozeß gegen den Stellvertreter Marschalls und Verantwortlichen für ›Judenangelegenheiten‹, Otto Köller, den Gendarmeriegebietsführer Paur und den Postenführer Wacker. Der ebenfalls angeklagte Gendarm Attinger hatte sich in der Untersuchungshaft das Leben genommen. Er hatte sich als regelrechter Schlächter der Juden hervorgetan. »Der Zeuge R. hat dem Schwurgericht geschildert, daß sich kein Mensch darum gekümmert hätte, wenn beispielsweise er selbst damals einen Juden zu Unrecht erschossen hätte«, heißt es in dem Urteil. »Der frühere Mitbeschuldigte A. hat, wie sich aus seiner eigenen Einlassung ergibt, völlig unbehelligt auf Juden Jagd gemacht, ohne daß ihm von irgendeiner Seite, auch nicht von dem Angeklagten Paur als seinem Vorgesetzten, Einhalt geboten worden wäre.«[10] »Ich hatte Angst vor Attinger, er war gefährlich«, erzählte Maria Bobrow. »Eines Tages kam er von einer Aktion zurück. Ich ließ ein Taschentuch fallen, und er versuchte, ein großer Kavalier zu sein. Er hob das Taschentuch auf und legte es auf den Tisch und sagte dann: Ich möchte Sie nicht berühren, weil meine Hände voll Blut sind.« Und Gräbe: »Es war wohl im November 1942, als mir mein Polier einmal erzählte, Attinger habe seinen 2.000sten Juden erschossen. Darauf fragte ich Attinger einmal, wieviel er schon vor die Büchse bekommen habe. Er meinte, es könnten gut 2.000 sein. Ich sagte, das sei ja doch wohl ein Grund zu feiern. Attinger erwiderte freudestrahlend: Herr Gräbe, das haben wir auch.«[11]

Paur und Wacker wurden beschuldigt, an der Ermordung der Ghettobewohner von Sdolbunow beteiligt gewesen zu sein, Paur darüber hinaus an denjenigen von Misocz und Ostrog, an der Erschießung von Geiseln und an Juden, die die Massaker überlebt hatten. Paur hatte den Juden Gelman, wie das Gericht befand, auf Befehl des Gebietskommissars oder seines Stellvertreters erhängt.

Näheres konnte das Gericht nicht klären. Vielleicht wußte Schümann mehr, als er Seiler damit unter Druck setzen wollte. Bemerkenswert ist jedenfalls, daß die Verantwortlichen für diesen Mord nicht weiter ermittelt wurden. Paur wurde zu sieben Jahren Zuchthaus und Wacker zu drei Jahren und acht Monaten verurteilt. Paur war nach dem Krieg in die Gruppe der Mitläufer eingestuft, von der Bayerischen Landespolizei als Kriminalinspektor eingestellt und 1960 pensioniert worden. Wacker war in Württemberg wegen seiner Zugehörigkeit zur NSDAP aus dem Polizeidienst entlassen worden und lebte bis zu seinem Ruhestand 1958 von Gelegenheitsarbeiten.

Köller, der nach zahlreichen übereinstimmenden Zeugenaussagen ein gnadenloser Antisemit war, wurde beschuldigt, Paur die Ermordung der Jüdin Irena Pater befohlen zu haben. Pater hatte sich als Volksdeutsche ausgegeben, außerhalb des Ghettos gelebt und im Gebietskommissariat als Dolmetscherin gearbeitet. Köller leugnete die Tat, wurde aber durch Zeugenaussagen überführt. Allerdings hielt ihm das Gericht zugute, daß er die Erschießung »nicht aus niedrigen Beweggründen, insbesondere nicht aus Rassenhaß oder zur Terrorisierung der jüdischen Einwohner von Sdolbunow, befohlen hat, sondern deshalb, weil er sie als Agentin und Spionin überführt hielt.«[12] Sie hatte die Dienstpost des Gebietskommissariats für ihre Korrespondenz mit der Schweiz genutzt und Passierscheine entwendet. Köller wurde deshalb nicht wegen Mordes, sondern Totschlags verurteilt, der inzwischen verjährt war. Daß dabei aber nicht nur Irena Pater, sondern kurz darauf auch ihre 8jährige Tochter umgebracht wurde, schien dem Gericht nicht weiter bedenkenswert, obgleich dieser Mord kaum als Totschlag einer Spionin verharmlost werden konnte. In einer 1965 stattfindenden erneuten Verhandlung konnte die Tat nicht mehr eindeutig rekonstruiert werden. Köller und Paur wurden nun von dem Vorwurf des Totschlags freigesprochen. Köller kehrte als freier Mann in die Eifel zurück, wo er seit dem Krieg als Steuerhelfer ein beschauliches

Leben führte. Er wurde für keine seiner Taten zur Rechenschaft gezogen und starb, noch bevor der zweite Prozeß gegen Marschall stattfand.

Die Staatsanwaltschaft hatte bei dem ersten Verfahren gegen Köller und die Polizisten ein sehr großes Interesse daran, den Zeugen Gräbe zu hören. Gräbe hatte Köller beschuldigt, bei der Ermordung der Juden des Ghettos in Sdolbunow beteiligt gewesen zu sein und mit gezogener Pistole Anweisungen für die Durchführung der Aktion gegeben zu haben. Als sich die Staatsanwaltschaft mit Gräbe in Verbindung setzte, hatte Schümann bereits zwei seiner Meineidklagen gegen Gräbe erhoben. Gräbe war deshalb nur bereit, nach Deutschland zu kommen, wenn man ihm freies Geleit zusicherte. Das geschah, doch Gräbe sagte seinen Besuch schließlich aus gesundheitlichen Gründen ab. Nun war es also so weit gekommen, daß ein Retter wegen einer dreisten, aber schließlich erfolglosen Strategie eines ehemaligen Nazi-Kriegsrichters um freies Geleit in einem freien Land bitten mußte. Doch die Richter in Nürnberg trieben diese Wende noch weiter, indem sie Gräbe wegen der Ermittlungsverfahren wegen Meineides generell für nicht mehr glaubwürdig erklärten. Gegen seine Glaubwürdigkeit bestünden erhebliche Zweifel, und seine Aussage gegen Wacker »ist im Zusammenhalt mit den bisherigen, dem Zeugen nachgewiesenen Falschaussagen unglaubwürdig«,[13] heißt es in dem Urteil. Mit der Abweisung der Meineidsklagen erklärte dagegen das Gericht in Stade zugleich, daß die Irrtümer in Gräbes Aussagen minder bedeutsam waren und deshalb keineswegs die Behauptung rechtfertigten, der Zeuge sei insgesamt unglaubwürdig.

Schümann protestierte auch noch nach Abschluß des Prozesses in Nürnberg/Fürth gegen die Zusage eines freien Geleits und forderte, daß »ein Zeuge, der so viel Unheil angerichtet hat, (...) bei jedem Betreten unseres Staates festgenommen und im Zuchthaus untergebracht werden« sollte. »Ein Zeuge dieser Art verdient keine Rücksichtnahme.«[14] Und im Schlußplädoyer 1967 in Stade bezeichnete er ihn immer noch als meineidig.

Der ›Lügner‹

Im Sommer 1965 wurde Hermann Gräbe nach Jerusalem eingeladen, um dort von der Gedenkstätte Yad Vashem als einer der Gerechten der Völker geehrt zu werden. Er reiste mit Maria Bobrow hin und war überrascht, welch freundlichen Empfang ihm die Überlebenden bereiteten. Es war das erste Wiedersehen. Auch Maria Bobrow und Gräbe hatten sich in den USA nur selten gesehen. Keiner von beiden hatte das Geld oder den Anlaß, den anderen zu besuchen. Maria Bobrow lebte erst in New York, später in Miami, Gräbe an der Westküste.

»Das war eine sehr bewegende Geschichte mit Israel«, erzählte Maria Bobrow. »Weil Israel alles tat, was es tun konnte, um das Beste aus diesem kleinen Land zu machen. Mir war nicht bewußt, wie viele Leute aus Rowno und Sdolbunow in Israel lebten. Ich wusste auch nicht, wie viele Leute aus Rowno und Sdolbunow die ganze Zeit wussten, was Gräbe machte. Ich sprach mit Gräbe darüber, und er lachte. Wenn ich gewußt hätte, daß alle anderen es auch wussten, hätte ich es nicht tun können. Dann hätte ich Angst gehabt. Denn es war erschreckend, daß es überhaupt funktionierte. Ich fing an zu zittern, so viele Jahre später. (...) Das war eine großartige Erfahrung, auch für Gräbe. Jeder schüttelte ihm die Hand und betete für ihn. Und sie segneten ihn und dann kamen einige sehr gläubige, merkwürdig gekleidete Juden und beteten für ihn. Es war sehr, sehr beeindruckend.«[15]

Darunter war auch der damalige Junge, den Maria Bobrow an das Steuer des Lastwagens gesetzt hatte, um die Arbeiter aus Rowno abzuholen. Sie hätte nie geglaubt, daß sie ihn noch einmal wiedersehen würde.

»Und am Ende bekam er den Brief vom SPIEGEL, der das Ganze ruinierte.«[16]

Im Dezember desselben Jahres erschien der Artikel über Gräbe, der ihn angesichts der Fragen, die ihm der SPIEGEL zugesandt und die er detailliert beantwortet hatte, vollkommen bestürzte. Unter der Überschrift »Bewegtes Leben« in der Rubrik »Affären« hatte der Autor Axel Jäschke alles ungeprüft wiedergegeben, was Schümann über Gräbe an Verdrehungen und Unwahrheiten zu erzählen wusste. Ein Photo zeigt Hermann Gräbe, wie er einen kleinen Baum in der Allee der Gerechten pflanzte, nicht weit von dem Baum Oskar Schindlers entfernt; sie waren unter den ersten Deutschen. Unter dem Photo stand höhnisch »Gräber-Gräbe«, wodurch die Ehrung und seine Zeugenaussage in Nürnberg ins Lächerliche gezogen werden.

Der Artikel beginnt mit der Rahmengeschichte, Gräbe sei in einem Buch mit dem Titel ›Man in Contemporary Society‹ der Columbia University Press als einer der Großen des 20. Jahrhunderts aufgeführt worden, und endet nach der Aneinanderreihung von angeblichen Lügen Gräbes mit der Feststellung: «Der renommierte Universitäts-Verlag beschied dem SPIEGEL: ›We have never heard of the book‹.« Tatsächlich aber gibt es dieses Buch. Es ist eine zweibändige Sammlung von Texten, und dort ist in Band 2 zwischen Hannah Arendts ›Ideology and Terror: A Novel Form of Government‹ und ›The Concentration Camps‹ einerseits und José Ortega y Gassets ›The Sunset of Revolution‹ Gräbes Aussage beim Nürnberger Prozeß ›The Graebe Memorandum‹ zu lesen.[17] Gräbe informierte schriftlich den SPIEGEL darüber, der aber nicht darauf reagierte.

Dann folgt die Behauptung, das Schwurgericht Nürnberg/ Fürth habe Gräbe Falschaussagen bescheinigt und des Meineids verdächtigt, obwohl doch Gräbe dort gar nicht ausgesagt hatte. Außerdem habe er mit der Gründung eines Ingenieurs-Büros und mehrerer Baufirmen einen »rasanten wirtschaftlichen Aufstieg« vollführt, bei dem, so Schümann, deutsche Wiedergutmachungsleistungen an Juden »keine geringe Rolle gespielt« hätten. Im Übrigen gibt Jäschke ohne weitere Erläuterungen Schümanns Meineidsvorwürfe zum Besten.

Jäschkes Bericht ist das Beispiel für einen fatalen Sensationsjournalismus. Er erfuhr von dem Fall Marschall durch einen Kollegen der Hamburger ›Morgenpost‹ und glaubte, an der Aufdeckung eines Fehlurteils mitwirken zu können – zumal als Anwalt, der nebenbei in der Kanzlei von Otto Schily und Christian Ströbele arbeitete. Allerdings missglückte ihm diese Investigation so gründlich, daß er zum Sprachrohr Schümanns und ungewollten Lieferanten der rechtsradikalen Szene wurde. Gräbe hatte nur eine bescheidene finanzielle Unterstützung für die Überfahrt in die USA erhalten und ist dort mit seinen beruflichen Tätigkeiten nicht reich geworden. Unter anderem baute er Getreidesilos in Sacramento und San Joaquin-Valley. Für einen Silobau in Mexico erhielt er nicht einmal sein Honorar. Das aber interessierte niemanden, sondern die Unterstellungen passten bestens in ein verbreitetes Klischee von Antisemitismus und ›Vaterlandsverrat‹. Jäschkes Betonung, daß Gräbe prominenter Zeuge der Nürnberger Prozesse war, ließ ihn geradezu als wohlfeilen negativen Kronzeugen der Auschwitz-Leugner erscheinen.

In einer 1974 erschienenen Broschüre druckte deshalb auch der damals 60jährige Alt- und Neonazi Erwin Schönborn triumphierend den SPIEGEL-Artikel nach und behauptete, Gräbe werde seit jener Zeit in Deutschland wegen Meineids gesucht.[18] Zudem habe Joachim Fest in der 2. Auflage seines Buches ›Hitler‹ den Namen Gräbe gestrichen. Es sei nun auch an der Zeit, das anonyme Gräbe-Memorandum ebenfalls aus dem Buch als Zeugenaussage eines Meineidigen zu streichen. Mit Einführung des Internets wurde in rechtsradikalen Texten, auch in Frankreich und Kanada, von dem »professionellen Falschzeugen« mit ausdrücklichem Hinweis auf den SPIEGEL-Text gesprochen.

Der SPIEGEL hat es bis zum Jahr 2001 nicht für nötig befunden, eine Richtigstellung vorzunehmen. Eine Rundfunkhörerin erhielt 1996 auf ihre Frage nach diesem Artikel vom SPIEGEL die Antwort, diesen Text gebe es gar nicht, und ein Redakteur des Bayerischen Rundfunks mochte der Koproduktion des Features über Gräbe nicht zustimmen, weil die Geschichte zwar spannend, aber die Einwände des SPIEGEL doch glaubwürdig seien.

Er konnte sich nicht vorstellen, daß im SPIEGEL ein unglaubhafter Bericht stehen würde. Erst als Gräbe und Bobrow von Deutschland offiziell geehrt wurden, änderte er seine Meinung, und erst, als im Fernsehen Dietrich Schuberts Film »In Deutschland unterwünscht: Hermann Gräbe«[19] lief, gestand der SPIEGEL in einem positiven Bericht über Gräbe ein, die Kampagne gegen Gräbe mit angeheizt zu haben.[20]

Die Rückkehr der Erinnerung

Hunekes Biografie brachte Gräbe nach Deutschland zurück. Horst Sassin in Solingen bemühte sich erfolgreich darum, daß an Gräbes Wohnhaus in Solingen-Gräfrath eine Gedenktafel angebracht wurde, die Stadt ihres früheren Bürgers gedachte und schließlich auch eine Straße und ein Jugendheim nach ihm benannt wurden.[21]

Ich selber stieß zufällig auf die Biografie und beschloß, ein Rundfunkfeature über diese unglaubliche Geschichte der Rettung und der Verleumdung zu machen. Dabei wollte ich an den Orten des Geschehens, in Gesprächen mit Überlebenden und Zeugen sowie durch das Studium der Archivunterlagen prüfen, wie glaubwürdig die Erinnerung und ihre biografische Aufzeichnung einerseits und wie stichhaltig die Kritik an Gräbe andererseits waren. Nach der Hilfsbereitschaft von Dr. Sassin begegnete ich zu meinem Erstaunen großer Skepsis bei Maria Bobrow, dem in den USA lebenden Sohn Gräbes und auch bei Douglas Huneke. Sie fürchteten eine Neuauflage der Verleumdungen, so daß mich Maria Bobrow mit der Bemerkung, es sei nun wirklich zu spät, zunächst abwimmeln wollte. Es war immerhin 50 Jahre nach Kriegsende, und sie war bereits 85 Jahre alt.

Als ich sie schließlich traf, beeindruckte mich ihre Lebendigkeit, geistige Präsenz, große Erzählgabe und ihr kritischer Humor. Sie war eine außerordentliche Persönlichkeit, die auch im

Alter nichts von ihrem wachen Urteil verloren hatte und ahnen ließ, mit welchem Mut, welcher Phantasie und Empathie sie Gräbe zur Seite gestanden hatte. Gräbe und Bobrow waren ein Team, bei dem sich beide gegenseitig beflügelten und unterstützten. Als Gräbe von der ersten Vernichtungsaktion in Rowno erfuhr, ins Büro platzte, Maria Bobrow anschrie, warum er nichts davon erfahren hatte, und erklärte, daß sie etwas unternehmen müssten, begann die gemeinsame Arbeit.

»Auf einmal stand er auf und sagte: Da muß etwas geschehen. Ganz ruhig. Er schrie mich nicht mehr an, er sagte bloß: Ich kann es nicht allein tun. Ich kann mit niemandem reden, ich verstehe die Leute hier nicht, sie verstehen mich nicht, aber das muß gestoppt werden. Etwas, irgend etwas muß dagegen getan werden. Damit ging das Ganze los. Als er mich dann fragte, wie wir es anfangen sollten, sagte ich: Die Leute müssen hier raus, weil sich hier niemand verstecken oder neue Papiere bekommen kann. Sie brauchen neue Papiere, die Leute müssen eine neue Identität bekommen, und das geht nur, wenn einige einen anderen Arbeitsplatz bekommen und fortgeschickt werden. Da sagte er: Ganz einfach. Ich habe gestern eine Arbeitsstelle in Rowno übernommen. Da sagte ich: Ich glaube, wir sollten mit meiner Freundin anfangen, sie hat ein Kind, sie muß weg. Also ging sie. Sie wußte, was zu tun war, sie war sehr tüchtig. Er schickte ihr dann einige Deutsche, sie richteten eine Baustelle ein und hatten dafür 500 Arbeiter aus den Dörfern der Umgebung eingestellt. Sie bekamen neue Papiere. Die Leute mußten verschwinden. Ich sagte zu Gräbe: Sie haben jetzt zwei, warum nicht drei? Und inzwischen hatten wir schon vier, fünf, weil er damit eben angefangen hatte.«[22]

Sie war die einzige Person, mit der er aufgrund der notwendigen Geheimhaltung seine Maßnahmen besprechen konnte. Sie wußte immer Antworten auf seine Fragen, sie gab ihm die nötige Rückendeckung gegenüber den anderen Angestellten in seinem Büro sowie den anderen Besatzungsdienststellen und stärkte sein Selbstvertrauen; sie koordinierte mit ihm zusammen die Rettungsaktion der Arbeiter in Rowno; sie richtete die illegale Arbeitsstelle bei Poltawa in der östlichen Ukraine ein, zu der besonders gefährdete Juden aus Sdolbunow gebracht wurden, und sie beherrschte die Illegalität so perfekt, daß weder die Arbeitgeber in Solingen, noch die örtlichen deutschen Besatzungskräfte Verdacht schöpften; sie organisierte gegen Kriegsende die erfolgreiche Flucht eines Teils der Arbeiter dieser Baustelle mit einem Zug und koordinierte mit Gräbe zusammen die lange Irrfahrt eines anderen Zuges mit den restlichen Flüchtlingen nach Westdeutschland bis zu den amerikanischen Truppen; und es gelang ihr dann schließlich in Frankreich mit Hilfe ihres Cousins Severin Caven, Propagandaoffizier bei der amerikanischen Armee, die Amerikaner von ihrer und Gräbes Integrität zu überzeugen. Sie hatte in Polen der sozialistischen Bewegung nahe gestanden, war politisch erfahren und dachte entsprechend strategisch. Das paßte ausgezeichnet zu Gräbes moralischen Beweggründen und großer Menschenkenntnis.

»Ich für meinen Teil bin nach ganz kurzer Zeit zu der Ansicht gelangt, daß er überhaupt nichts von Politik verstand«, erinnerte sich Maria Bobrow. »Er nahm alles sehr emotional, und da das nicht politisch ist, habe ich auch nicht so viel mit ihm über Politik diskutiert. Er war aufgebracht, als erstes war er immer aufgebracht. Aber abgesehen davon hatte er bei mir ein solches Ansehen, daß, egal was jemand behauptet hätte, z.B. er hätte seinen Vater umgebracht oder so was, ich hätte nichts geglaubt. Er war so deutsch wie das Brandenburger Tor. Ich sah niemanden, der so deutsch wie er war. Er war im Grunde sehr reaktionär, konventionell, er hatte keinerlei Attribute eines Helden, obwohl er ja wirklich einer war. Er war überhaupt nicht geistig anspruchsvoll, er interessierte sich nicht für Literatur, Kunst oder so etwas. Aber er hatte kein schlichtes Gemüt, sondern einen scharfen Verstand. Er kannte sich mit den Menschen aus, er sah jemanden an, und er wusste Bescheid. Er hatte ein ungewöhnliches Gespür dafür, wie er mit Menschen umzugehen hatte. Das hatte ich noch nie zuvor gesehen. Ich konnte mir nicht erklären, warum es ihm immer gelang, eine Situation sofort zu erkennen.«[23]

Gräbe bestand darauf, daß bei der Ehrung in Yad Vashem und 1984 bei der Eröffnung des Holocaust Museums in Washington stets auch Maria Bobrow anwesend war. In dem im Anschluß an die Eröffnung des Holocaust Museums erschienenen Buch ›The Courage to Care‹[24] wird unter den 14 Geschichten von Rettern auch die von Hermann Gräbe und Maria Bobrow gemeinsam erzählt.

In Dubno fuhr ich zu dem Gelände des ehemaligen Flughafens, an dessen Rand die jüdische Bevölkerung der Stadt ermordet und verscharrt wurde. Dort hatte Gräbe gestanden und die Familie gesehen, deren Schicksal ihn nie mehr los ließ. Ich war überrascht, auf dem heutigen, sich weit über die Anhöhe erstreckenden Weizenfeld einem landwirtschaftlichen Verwalter zu begegnen, der dieses Massengrab genau kannte. Er führte mich hin und zeigte mir ein unbearbeitetes Stück des Feldes mit einem großen Stein darauf, der verhindern sollte, daß die Pflüge den Boden aufreißen.

»Meine Großmutter hat mir erzählt, daß man viele Leute auf dieses Feld brachte, man hat befohlen, alle Kleider abzulegen, und man hat diese Leute erschossen. Nach ein paar Tagen hat man die Leute, die hier wohnten, mit Zwang hierher gebracht, sie mußten hier alle Leichen begraben. In diesen Gräbern lagen sehr viele Leichen. Und die Großmutter erzählte, daß man auch nicht näher kommen konnte, der ganze Boden bewegte sich, da gab es mehrere verwundete Leute. Man konnte früher sehen, daß die Pflanzen hier sehr gediehen sind, an diesen zwei Stellen waren die Pflanzen viel größer als irgendwo anders auf dem Feld.«[25]

In Dubno befand sich auch der Widerständler Axel von dem Bussche, zu der Zeit Regimentsadjutant eines Ersatzheeres, das in dieser Stadt nur im Fall von »Notzuständen und Partisanen« Unterstützung leisten sollte. Von dem Bussche erlebte mit, wie der Gebietskommissar den Wehrmacht-Kommandeur bat, bei der bevorstehenden Aktion den Flugplatz abzusichern. Doch dieser lehnte ab. Am nächsten Tag wurden sie Augenzeugen des Geschehens – wie Gräbe.

»Ich ging heraus, und zu meinem fassungslosen Erstaunen waren auf der Flur Riesengruben, die da schon immer oder schon sehr lange gewesen waren. Dort hatte sich ein Kreis von SS-Leuten drum herum versammelt; und dann standen ungefähr 1 Kilometer lang nackte Menschen Schlange. Links hinten kamen Lastwagen gefahren, die ausgeladen wurden. Die Menschen zogen sich aus, und die Bekleidung wurde auf die Lastwagen geworfen, und die fuhren rasch weg. An den Gruben hörte man ab und zu Schüsse. Ich stand so auf 400 Meter Entfernung, guckte mir das an. Und bis das dann so durchdringt, was da so vor sich ging, das dauerte eine ganze Weile.«[26] Von dem Bussche stellte mit dem Kommandeur hilflose Überlegungen an, mit ihrer Kompanie gegen die SS vorzugehen, doch sie befürchteten eine unweigerlich nachfolgende Strafaktion gegen sie. Das bestärkte von dem Bussche darin, ein Attentat auf Hitler zu versuchen. Die polnische Schriftstellerin Hannah Krall hat dieses Ereignis zum Thema ihrer bewegenden Erzählung ›Phantomschmerz‹ gemacht, in der einige der vielen namenlosen Opfer Gesicht und Namen zurückerhalten.[27]

In Israel traf ich Barbara Faust, von deren Rettung durch Gräbe Huneke berichtet und die mir Photos zeigte, auf denen sie in der Uniform der polnischen Untergrundarmee und schließlich am Ende des Krieges zusammen mit anderen Soldaten am Brandenburger Tor zu sehen ist.

In Luxemburg sprach ich mit Henri Messerig, der sich nach der Besetzung seines Landes weigerte, einer nazifreundlichen Organisation beizutreten, und deshalb zum Arbeitsdienst in die Eifel verschleppt wurde. Dort arbeitete er für Gräbe, gewann Vertrauen zu ihm und bat ihn, nach Sdolbunow mitgehen zu können. Bei ihm fühlte er sich sicher.

Andere Überlebende und Zeugen sind inzwischen verstorben,

und ich kann nur ihre Aussagen in den Prozeßunterlagen lesen. Darunter die des Christen Aloizy Dutkowski, der mit seiner jüdischen Frau ins Ghetto ging, ein enger Vertrauter Gräbes.

»Ich erinnere mich des Falls mit meinem guten Bekannten mit Namen Fliter, der auf Befehl des Gebietskommissars Marschall dafür erschossen worden ist, daß er die Umzäunungsdrähte des Ghettos auf seinem Hause verbesserte. Vor dem Erschießen wurde er der deutschen Gendarmerie zugeführt.«[28]

Dieser Mord wurde nie juristisch verfolgt.

Jakob Segal berichtete, daß in der Nacht nach der Erhängung des Tischlers Diener dessen Frau und Kind erschossen wurden. Ihr Tod war während des Prozesses gegen Marschall keine Erwähnung wert.

Jakob Mediuk wurde Zeuge, wie Otto Köller einen Zwerg in der ehemaligen Synagoge, die zur Besatzungszeit als Kantine diente, wegen eines Stückes Brot erschoß, ebenso auch dessen Schwester, die auf den Knien Köller um Gnade für ihren Bruder anflehte. Auch diese Morde wurden nie Gegenstand juristischer Ermittlungen.

Andere Ermittlungen wurden eingestellt, so die gegen den Vorarbeiter der Firma Jung, Karl Schmale, dessen Brutalitäten gegenüber mindestens acht jüdischen Arbeitern, mehrfach mit Todesfolge, von verschiedenen Überlebenden bezeugt wurden.

Zur selben Zeit, als ich meine Untersuchungen machte, fuhr Horst Sassin nach Lodz, um Gräbes weitere Sekretärin Bronislawa Waszczynska zu treffen. Sie erzählte ihm, wie sich nach der Vernichtung der Ghettos langsam der polnische Widerstand organisierte. Eines Tages kam der Widerstandskämpfer Josef Roman zu Gräbe mit der Bitte um einen Passierschein. Roman war Chef des polnischen Nachrichtendienstes in Wolhynien und mußte im polnischen Gebiet umherreisen. Gräbe half ihm. Als eines Tages einer der wichtigsten Männer des Widerstandes, Wescendowsky, in Rowno verhaftet wurde, bat Roman Gräbe wieder um Hilfe.

»Man brauchte Geld und zwar goldene Zaren-Rubel, und ich glaube, es waren fünf goldene Rubel für jeden Gefangenen, für den ersten aber gleich fünfmal so viel, glaube ich, Bronka war dabei und hatte gehört, daß man auch mit Drogen bezahlen könnte. Bronka hatte mit Hilfe einer Ärztin die Drogen besorgt, und nach zwei, drei Tagen kam zu mir ein Bahnarbeiter aus Kowel, den ich kannte, und brachte mir die goldenen Rubel. Gräbe fuhr mit dem Wagen nach Rowno, um das zu erledigen, und erfuhr, wann er entlassen werden sollte. Gräbe beobachtete dann die Entlassung, fuhr Wescendowsky nach und sprach ihn dann in einiger Entfernung an. Aber beide konnten sich nicht verständigen. Wescendowsky kannte Gräbe nicht und wollte nicht in seinen Wagen steigen. Am nächsten Tag sind wir dann zu dritt nach Rowno gefahren, um Wescendowsky abzuholen. Wir sind zu dem Haus, haben den Wagen woanders abgestellt und haben zu dritt ganz laut auf Deutsch und Ukrainisch gesprochen, sind zu der Wohnung und haben brutal wie die deutsche Polizei an die Tür geklopft. Als er fragte: Wer ist da? haben wir gesagt: deutsche Polizei.«[29]

Für einige, denen Gräbe half, endete der Schrecken nicht, sondern dauerte unter der stalinistischen Verfolgung fort. Josef Roman verbrachte sechs Jahre in polnischen Gefängnissen. Ein Weißrusse, den Gräbe in seinem Zug bis an die belgische Grenze mitgenommen hatte, wurde in Belgien von der Kontaktgruppe sowjetischer Militärs ausgesondert und nach Sibirien deportiert. Auch der Fahrer des Lastwagens, der bei einer seiner Todesfahrten vom Ghetto in Sdolbunow zu den Kalkgruben eine Panne vortäuschte, damit die dem Tod geweihten Juden von der Ladefläche springen und flüchten konnten, wurde wegen Kollaboration nach Sibirien verfrachtet. Sein Hilfsversuch hatte auch nichts bewirkt. Niemand war geflohen, alle waren wie erstarrt auf dem Lastwagen geblieben, obwohl sie nur von zwei ukrainischen Milizionären bewacht wurden.[30]

Die Überlebenden waren in alle Welt verstreut, Israel, Australien, Uruguay, die wenigsten hatten Kontakt untereinander oder auch zu Hermann Gräbe. Als Bronislawa Waszczynska von seinem Tod 1986 erfuhr, schrieb sie an Huneke: »In diesem Augenblick verspürte ich den Verlust einer Person, die ich bewunderte und schätzte.« Zwei Überlebende aus Melbourne schrieben: »Wir werden nie vergessen, wie er uns gerettet hat. Er ist oft in unseren Gedanken und wird es immer bleiben.« Und der New Yorker Photograph Hans Namuth schrieb, als er aus der New York Times von Gräbes Tod erfuhr: »Ich hatte die Ehre, ihm zu begegnen, als ich für den US-Nachrichtendienst bei der 2. Infanteriedivision in St. Vith in Belgien während des verhängnisvollen Winters 1944/45 arbeitete. Wenn ich mich richtig erinnere, kam Ihr Vater durch die deutschen Linien kurz vor der Ardennenschlacht, und ich war vermutlich der erste Geheimdienstagent, der mit ihm sprach, sehr lange. Ich war sofort von seiner ehrenwerten Erscheinung eingenommen.«[31]

Über 200 Christen und Juden kamen zu seiner Beerdigung in San Francisco, die aufgrund einer Bombendrohung erst mit einer Verzögerung beginnen konnte. »Gräbe lehrte mich, ›eine doppelte Erinnerung – eine Erinnerung des Besten und des Schlimmsten‹, wie es Camus nannte, zu bewahren«, sagte während der Trauerfeier Rabbi Schulweiss, der die Beerdigung mit Huneke zusammen vornahm. »Es ist die erste Frage, die Gott Adam stellte: Wo bist du? Unser aller Leben ist darauf ausgerichtet, diese Anfrage zu beantworten. Hermann Gräbe antwortete eindeutig darauf mit seinem ganzen Sein. Er würde kein angepaßter Mensch sein. Er könnte nicht die brüchigen Rechtfertigungen hinnehmen: ›Es ist zu spät.‹ – ›Es ist zu weit weg.‹ – ›Da kann man nichts tun.‹ ›Ich bin doch nur einer, ganz allein.‹ Es gibt eine Alternative zur passiven Komplizenschaft mit dem Bösen. Man kann immer etwas tun, etwas versuchen, etwas sagen.«[32]

Gräbe wäre gern noch einmal nach Deutschland gefahren, doch auch nach Abschluß des Marschall-Prozesses traute er sich nicht, und niemand lud ihn ein. Erst Bundespräsident Herzog würdigte die großen Verdienste Gräbes und zeichnete Maria Bobrow mit dem Bundesverdienstkreuz aus. Kurz nachdem Schuberts Film im Fernsehen gezeigt wurde, starb sie. Ihre Asche wurde ihrem Wunsch entsprechend über dem Atlantik verstreut.

Anmerkungen

[1] Claude Lanzmann an Gräbe, 30. Dezember 1977, im Nachlaß.

[2] Wolfgang Heuer, Hermann Gräbe, der Oskar Schindler von Rowno. Audiobook, Der Hörverlag, München 1998.

[3] Tonbandaufzeichnung von Samuel P. Oliner, Autor von (zus. mit Pearl M. Oliner): The Altruistic Personality. Rescuers of Jews in Nazi Europe. What Led Ordinary Men and Women to Risk Their Lives on behalf of Others? New York 1988.

[4] Wolfgang Heuer, Hermann Gräbe, a.a.O.

[5] Zeugenaussage von Herrn Ing. Hermann Friedrich Graebe, Oktober 1965, in: Yad Vashem Archives, Jerusalem, Graebe-File, 032875.

[6] Antrag auf Wiederaufnahme des Verfahrens am Landgericht Stade, 11. Februar 1961, Niedersächsisches Staatsarchiv in Stade, Rep. 171a Stade acc. 43/1987. Nr. 18.09.

[7] Bundesarchiv Kornelimünster, LP 32235, Personalakten Reichsluftfahrtministerium.

[8] Schümann, 6. November 1961, Rep. 171a Stade acc. 43/1987, Nr. 26.16a

[9] Schümann, 15. August 1967, a.a.O., Nr. 17.103

[10] Justiz und NS-Verbrechen, Bd. XXII, hg. v. J. Sagel-Grande, u.a., Amsterdam 1979, S. 553 a-16.

[11] Wolfgang Heuer, Hermann Gräbe, a.a.O.

[12] Justiz und NS-Verbrechen, Bd. XXII, a.a.O., S. 553 a-20.

[13] Schümann 1. November 1963, Rep. 171a Stade acc. 43/1987, Nr. 18.112.

[14] Wolfgang Heuer, Hermann Gräbe, a.a.O.

[15] Wolfgang Heuer, Hermann Gräbe, a.a.O.

[16] DER SPIEGEL, Nr. 53, 1965, S.26-28.

[17] Man in Contemporary Society, New York 1955.

[18] Erwin Schönborn, Fest und sein Zeuge. Der Fall Gräbe – ein Fall Fest, Frankfurt/Main 1974.

[19] 22.10.2000, 21.15 Uhr, 3-sat.– Filmproduktion Schubert, Lütticher Straße 52, 50674 Köln, Tel. 0221/528510.

[20] Einer gegen die SS, von Christian Habbe, DER SPIEGEL, 30/2001, S. 132-137.

[21] Vgl. Horst Sassin, Fritz Gräbe, ein Solinger Bauingenieur im wolhynischen Holocaust, in: Zeitschrift des Bergischen Geschichtsvereins, Bd. 97, Jg. 1995/96, Neustadt a.d.Aisch, 1997, S. 205-256.

[22] Wolfgang Heuer, Hermann Gräbe, a.a.O.

[23] Wolfgang Heuer, Hermann Gräbe, a.a.O.

[24] Carol Rittner/Sandra Myers (Hg.), The Courage to Care. Rescuers of Jews during the Holocaust, New York 1986.

[25] Wolfgang Heuer, Hermann Gräbe, a.a.O.

[26] Axel von dem Bussche. Hg. von G. von Medem, Mainz 1994, S. 149f.

[27] In: Hannah Krall, Tanz auf fremder Hochzeit, Frankfurt 1994, auch in: Axel von dem Bussche, a.a.O.

[28] Rep. 171a Stade acc. 43/1987, Nr. 17.103.

[29] Wolfgang Heuer, Hermann Gräbe, a.a.O.

[30] Tonbandgespräch mit Prof. Kopistianskaja, Lemberg 1995.

[31] Im Nachlaß.

[32] Harold Schulweiss, One of the Righteous Is Laid to Rest, and Now His Challenge is Ours. In: Los Angeles Times, 1. Mai 1986.